大元传

大元集团建企七十周年纪实

艾洪涛 著

光明日报出版社

图书在版编目（CIP）数据

大元传：大元集团建企七十周年纪实 / 艾洪涛著
. -- 北京：光明日报出版社，2023.1
ISBN 978-7-5194-7042-5

Ⅰ.①大… Ⅱ.①艾… Ⅲ.①建筑企业集团－概况－
河北 Ⅳ.①F426.9

中国版本图书馆 CIP 数据核字 (2022) 第 253188 号

大元传：大元集团建企七十周年纪实
DAYUAN ZHUAN： DAYUAN JITUAN JIANQI QISHI ZHOUNIAN JISHI

著　　者：艾洪涛	
责任编辑：鲍鹏飞	责任校对：贾云香
封面设计：河北创元数字文化	责任印制：曹　净

出版发行：光明日报出版社

地　　址：北京市西城区永安路106号，100050

电　　话：010-63169890（咨询），010-63131930（邮购）

传　　真：010-63131930

网　　址：http://book.gmw.cn

E － mail：gmrbcbs@gmw.cn

法律顾问：北京市兰台律师事务所龚柳方律师

印　　刷：沧州山水彩色印务股份有限公司

装　　订：沧州山水彩色印务股份有限公司

本书如有破损、缺页、装订错误，请与本社联系调换，电话：010-63131930

开　　本：170mm×240mm		印　　张：27.75	
字　　数：410千字			
版　　次：2023年1月第1版		印　　次：2023年1月第1次印刷	
书　　号：ISBN 978-7-5194-7042-5			
定　　价：99.00元			

序

何香久

大元集团是一家有胸襟的企业。

李建国是一位有胸襟的企业领袖。

找不出比"胸襟"二字更合适的字眼来涵盖他们已经过去的，或正在经历的，或即将来临的岁月。

我与这部传记的作者和传主都是好友，熟悉他们的声容笑貌，也熟悉他们的所思所想，而且作者艾洪涛在写作中，我也是他的采访对象之一。

对大元集团，我应该是熟悉的，他们数年来一直在同行业中保持着排头兵的位置。从单一土建施工的地市级建筑公司，到今天业务涉及建筑施工、规划设计、全过程咨询、科研、金融、装配式建筑、地产、智慧物管、检测与租赁、新型建材、农业、文旅等多个领域，市场布局全国 30 个省（市、自治区）和澳大利亚、东南亚、中东、中亚、欧亚等10 多个国家和地区，形成了"以科研设计集团为科技引领，以建筑工业化集团为转型方向，以建业集团为发展基石，以实业发展集团为新增长极，以元正文旅建设集团为文化引擎"的五大产业布局。从一个计划经济下的国营企业，成长为以大元投资集团为母公司的股份制企业集团，创造了地方性、传统型建筑行业优质、高效、快速发展的奇迹。

大元的发展变化，是每一个关注大元的人看在眼里的，更是大元人感同身受的。从"沧县专区建筑队"一个条件简陋、工艺原始，只有三五名技术人员的传统建筑作坊，到囊括建筑工程施工总承包特级、市政公用和钢结构等 10 余项施工总承包一级、建筑行业工程设计甲级、造价咨询、房地产开发、检测、建材、劳务等专业资质 40 余项，员工 5000 余人，中高级职称人员 800 余人，注册建造师队伍 1000 余人，位列中国承包商 80 强、全国建筑业 200 强、河北省民营企业 100 强，其中的波澜起伏犹如一唱三叹。作者艾洪涛循着这条路径，进行了艰苦卓绝的采访，整个过程走下来，他自己仿佛受了一场大洗礼。艾洪涛在高校执教席，是个严谨的学者。他本着严谨的治学之道，理性地去处理他所获得的材料，但又实在按捺不住胸中澎湃起伏的激情，凭着对大元历程的深刻解读，恰当地采用了歌剧的结构样式，几近一年的时间，一部厚厚的《大元传》奉献在读者面前。

我同大元集团党委书记、董事局主席李建国交情甚笃，这位只长我数月的兄长，每每带给我新的欣喜和感动。他给你的第一印象也许是不苟言笑、风骨凛烈的人，但交往长了，你会发现，他骨子里的那种谦和与幽默，奔放的激情和诗人一样浪漫。

一个团队最重要的是什么？必定是团队的灵魂人物。失去了灵魂人物，团队也将失去其存在的意义。翻看近代创业史，一个非常明显的现象是，灵魂人物的性格、眼光、格局、状态，决定了各自团队的格局、状态乃至命运！

灵魂人物的综合素质也是一个团队的综合价值。比如执行力，学习力，再比如，这个团队的抗压能力和复盘能力，还有承载能力和消化能力等。说白了，一个团队的实力既是这个团队的能力体现，又是核心人物——企业领袖综合素质的体现。

我觉得《大元传》的作者首先厘清了灵魂团队和团队灵魂之关系。作者用五编的篇幅写了"大元前史"，把大元人艰苦奋斗的精神写了出来，比如，援建震后唐山的硬仗，比如，投身沧州大化和华北油田建设。1985 年年初，不满 30 岁的生产科调度科长李建国被推上了改革的潮头——他被时任公司一把手李荣点了"将"。李荣出任一把手的唯一条件，就是让李建国出任副经理，否则不接这个担子。李荣看重李建国，只有一条："这是一个用心干事，脑子清楚，做事有谱，肯下功夫的人。"于是，"有能力、有脾气，干事不会拐弯"的李建国进了公司领导班子。谁知新班子三把火烧得正旺，李荣却被免职。面对打击，年纪轻轻的李建国定力十足，不仅努力化解危机，而且以更饱满的热情投入工作之中，直到他去进修充电、光荣入党。作者很仔细地描述了李建国出身、成长的特定条件和环境，抽丝剥茧一般透彻地做了心理解析，让李建国的木本水源变得更加清晰。

作者笔下的人物形象血肉丰满。他总是在风口浪尖的巅峰时刻去突出"人物个性"。作者写李建国上任经理后做的第一件事，就是申请晋升一级建筑资质。当时一级资质是行业最高的，升级资质越高，升级标准越严格，程序也越复杂。因此，很多企业都是把这项工作花大价钱交给专业申报公司承办。

而李建国坚持要自己申办。

公司专门成立了晋级办公室，开始了艰苦卓绝的工作。经过了为时半年多的精心准备，终于按要求完成了相关材料的组卷。然而，最后还是功败垂成。

李建国这个铁汉子流泪了，他不是为丢了一级资质委屈流泪，他想的是"我没有给大家创造好的竞争条件和环境"。

流泪之后，是深长的思考：痛定思痛，经历了这样一个过程，他认真地看清自己和这个资质间的距离，找到了发力点。他告诉同志们："一级资质我们必须得，也一定能得！要吸取教训，只有把自己做强，才是真正的成功。"

第二年，资质申报又开始了。这一年，公司的硬件建设已补齐短板，李建国再三强调，资质升级的申办，本身也是对全员质量意识、规范意识的培养。既要重结果，有必胜信心；又要重过程，对照申办标准，全面改进施工管理，全面提升对资质指标的认识。

这一次，他们顺利拿下一级资质证书。整个公司，也如同经历了一次洗礼。

作者依靠细节的力量，把人物刻画完成于鲜活的事件之中。

毫无疑问，李建国是一位有"酒神"性格的男人。他为人严谨、诚信、刚毅、坚忍、百折不回而又激情澎湃，年近古稀生命依然充满活力。他情商极高，认准了你这个朋友他可以舍弃一切，又极具包容心和亲和力。他能喝酒，在酒场上霸气十足，可以把任何场面都搞得和谐热闹。他脾气大，容易冲动，但冲动过后又很快面露惭色。朋友们议论起他来总以"这是条汉子"一以言蔽之。

大元集团的成长史波澜壮阔，但落到纸上又千头万绪。作者善于用精于布局的功夫，在纷扰的头绪中理出最为精彩的华彩段。比如，1997年的"拆楼事件"，作者将李建国拆掉自己建造的300平方米有质量问题的楼房，同海尔集团张瑞敏砸掉自己76台不合格冰箱做比较，夹叙夹议，在对比中彰显出人物个性。这样的范例还能列举出很多。

作者写的是《大元传》，一个企业的传记，除了企业建设、企业变迁、企业发展、企业文化等要素的描述外，重在企业精神的开掘。作者从沧州大化建设、援建震后唐山、支持华北油田建设、创建QC小组（Quality Control Circle）、建设沧州第一桥——彩虹桥、问鼎鲁班奖、鏖战白城等情节，突显了这支队伍无坚不摧的战斗力。也塑造了李荣、强师傅、于玉树、张关振、宫圣、王连兴、郝书明、张春荣、于宙、汤长礼、李润岗、张太盛、韩秀海、赵建峰、郑培壮等血肉丰满的人物群像，把"多声部重唱"的舞台展现得异彩纷呈。

作者还浓墨重彩地写了"大元精神"铸造的全过程。

2005年沧州一建更名"河北大元建业集团有限公司"，大元进入"元时代"。如果说"一建"时代已经创造了令人瞩目的辉煌——用时任建设局局长边老刚的话说："'一建'这个字号，无形资产就得一个亿。"

更名"大元"，其意是"大象人形，元含天意；以人为本，天人合一"。

不要看只是换了个称谓，这是大元集团历史上头一件至关重要的大事。孔夫子曰："必也正名乎。""名不正则言不顺，言顺则事不成。"可见名称是何等重要。

更名的同时，是改制。为畅通集团的管理机制，集团开启了管理模式的改造，对一些部门的职责、权限进行重新调整划分。重新拆分、重新赋能，使管理机制更加优化。在全市 200 多家有资质的建筑企业环伺的沧州建筑市场，大元集团的市场占有率迅速攀升。从 2004 年的 6%，直接跃升到 2005 年的超过 10%。走出沧州、走出河北的战略效果初步显现，2006 年集团业务承揽量首度超过 10 亿元，2007 年年底达到 16 亿元，2008 年首度突破 20 亿元，实现承揽量 22.4 亿元、完成产值 14.7 万元，"大号"完成了 2005 年集团揭牌仪式上提出的"实现产值 10 个亿、利税突破 4000 万元"的阶段目标。

李建国把品牌的创立工程称为"增桨添翼"，以集群效应创品牌，于是一批"兴"字号公司应运而生——"冀兴""国兴""胜兴""渤兴""合兴""立兴"等。接下来又投入巨资，分别成立路桥公司、安装公司、消防公司、开元建筑检测有限公司、狮诚项目管理公司、开元劳务有限公司等 10 多家子公司，迅速形成"众人划桨开大船"的格局。

结缘蒙牛，是李建国又一大手笔。与蒙牛集团的合作经历了长期而艰难的磨合过程，在日益加深的合作中，李建国与牛根生两位跨领域的企业领袖也有了深度的思想交流，尤其是影响巨大的蒙牛失火事件，让蒙牛集团深刻感受到了大元集团的真诚守信，为大元集团走向全国战略的实施进行了一场极佳的实兵演练。2009 年 1 月 20 日蒙牛集团位于黑龙江尚志市的立体仓库智能货架发生坍塌，仓库中 170 多万件鲜奶面临全部受损的危险。情急之下，牛根生向大元求救，没有丝毫犹豫，李建国立即从四川、保定、任丘等地工地上组织起 400 多人救援队伍，千里驰援黑龙江。当时正是回家过年的民工潮高峰期，这批"逆袭"的大元精英数千里奔袭，相继在最短的时间赶到尚志，蒙牛集团的同志们不禁热泪滚滚。接下来的救援工作十分艰难，400 多人大年三十、初一都不休息，一直冒着零下 20 多摄氏度的严寒，奋战到正月初五，硬生生凭着肩扛人抬，抢出了全部牛奶，为蒙牛尚志公司挽回了巨大的损失。大元集团敢打敢拼的企业精神也得到进一步升华。

与蒙牛结缘 20 年，李建国不仅学到了牛根生的企业管理理念、企业做大做强的独门秘籍，以及企业文化的构建，而且他的很多想法做法也与牛根生不谋而合。牛根生有一句座右铭："小胜凭智，大胜靠德。"这也正是李建国的口头禅。在经营哲学上，牛根生信奉"财聚人散，财散人聚"，从 1999 年至 2005 年担任蒙牛总裁期间，他把自己 80% 的年薪散给了员工、产业链上的伙伴及困难人群。而李建国 1998 年国企改制时先尽着员工认股，为 130 名管理精英配股，成立大元投资公司，兑现奖励、激励，让集团公司收入最高的永远是贡献最大的人，等等，也是信守的这一原则。

尤其是蒙牛接地气的企业文化环境创设，更对李建国的胃口。

2002 年 5 月，沧州一建以红头文件的形式，印发了一批蒙牛乳业的企业文化和管理理念的环创标语，要求公司各单位各部门参考学习。从这些"蒙牛语境"中不难看出李建国对大元文化构建的"心境"。

"急人危难，扶危定倾"的大元文化产生了巨大的辐射力，在与蒙牛合作的影响及效应下，大元集团与伊利、君乐宝、天邦饲料等相关产业都建立了良好的合作关系。

就是凭着这种文化精神，他们在汶川地震的救灾和援建工作中创造了 7 个第一：沧州市第一支向灾区派出的援建队伍，第一个完成板材和门窗加工生产，第一批向灾区发送安置房；救援都江堰市的 7 省 100 多支施工队伍中，第一个开盘打灰，第一个完成地基浇筑，第一批通过验收，第一批移交使用。

如果说"09 工程"的实施和推进更加验证了大元文化、大元精神生生不息的伟力，而"1318 工程"战略，则把大元文化、大元精神推向了一个崭新的高度。从指导思想、战略目标、战略重点和战略步骤上看，"1318 工程"绝不是"09 工程"的延续，而是质的飞跃。战略以"敢于变革、科学发展，资质整合、战略协同，平台建设、集约道路，传承创新、百年大元"为指导思想，提出未来十年把大元建设成为"中国城市投资建设综合服务商"的发展目标，勾画了打造科技型、人文型，承担社会责任、致力企业富强、满足员工愿景、弘扬家人文化的幸福企业的"大元梦"。

战略规划了"圆梦三步走"的路径：一是 2014 到 2018 年，培育投资业务，强化科研与设计，打造上市公司；二是 2016 到 2021 年，在科研、设计能力提升保障下，培育工程咨询板块业务，强化投资驱动；三是 2020 到 2025 年，在工程咨询、投资业务板块成熟的基础上，把经营重心转向资本经营。

在思想建设上，重新明确了"敬、信、仁、和"的核心价值观，"改革、发展、责任、卓越"的思想基础，强调了"政治成熟是立企之本"，提出"解放思想是立企之基"。以此为保障，规划把未来 5 年的发展目标定位为"年产值 318 亿元，利润 12 亿元，净资产 29 亿元，员工收入倍增，全国知名的大型建筑企业集团"。此战略在宣贯过程中不断发现新问题、不断克服新瓶颈而日臻完善。

李建国曾写下《我的大元梦》：

这里是以人为本、处处体现家人文化的地方；

这里是尊贤爱士、施展才华、实现梦想的地方；

这里是充满激情与智慧、勇往直前、欣欣向荣的地方；

这里是学习改进、持续创新、追求卓越的地方；

这里是奋斗者实现幸福的地方；

这里是做人要诚、做事要实、依法经营的地方；

这里是讲道理、讲规矩的地方；

这里是员工满意、股东信任、社会认可、合作伙伴放心的地方；这里是爱党、爱国、乐于奉献社会的地方；

这里是为人类社会进步而不懈努力的地方。

作者写道："透过李建国的大元梦，我们看到了他为大元人营造幸福家园、事业舞台、发展平台的初心，读懂了他以幸福大元人为核心，以诚信、平等、互爱为基础的企业文化设计，还有他为家、为国、为社会、为人类而奋斗的使命和情怀。"其中也包含着李建国对历史的追溯和对未来的向往。

这是个为了梦想能豁得出一切的铁汉子。他的酒神性格能在任何时候散发出光芒。在大元总部乔迁和大元股份揭牌典礼宴会上，他向每一位客人和员工敬酒，创下了连他自己都吃惊的酒量纪录——足足喝下去三斤白酒。

凭着这种"永不言败"的性格，他果敢闯进自己陌生的领域：信息化建设的提升，BIM 技术的应用……高科技为大元人插上腾飞的翅膀。凭着坦诚的性格，他勇敢地向海外开拓市场，成功地拿下乌兹别克斯坦、沙特阿拉伯、几内亚、印度、菲律宾、印度尼西亚、马来西亚等多国建设项目，业务疆域拓展到了东南亚、中东、中亚、非洲等。凭这种"唯旗是夺"的精神，大元的各项事业都走在了同行业之前。企业文化建设持之以恒，扎实有效，党史馆的建设堪比专业馆，成为全市进行党员教育的基地，甚至成为网红打卡地。凭着这种"咬定青山"的性格，他们坚定不移地推进"蓝海战略"——2030 年实现"千亿企业"、2052 年实现"百年大元"的目标。

我钦佩洪涛老弟组织材料的手段，他不是把一堆材料简单地"合并同类项"，或者依照时间顺序进行拼装，而是按照事物的发展规律和时空定位（方位式）来有序组织材料，按照内容定位（并列式）来运用材料。在一堆材料中分拣出有用的，然后按照各自的空间关系进行有序组合，使读者感到眉目清晰，有条有理，而不致产生阅读上的时空错乱。另外，他还用了首尾呼应法（照应式）、线索和总起法、分述法等综合方法。总之，他果敢处理了大元集团这个大企业的横断面和纵剖面的关系——横断面：一个超大型企业的几次重大转型及阵痛，以及个中错综复杂的各方面关系、各方面矛盾、各方面纠结、各方面碰撞。纵断面：大元和前大元时代 70 年的彷徨史、奋进史乃至辉煌史的关系，并顺理成章，厘清次序，让每一个可用的材料（素材）发挥最大作用。

掩卷做深长思，一部《大元传》，留给了读者太多、太多。我不揣冒昧，勉为序文，见教于读者诸君。

2022 年 7 月 1 日三稿于文澄阁四库全书项目中心

前 言

2022年，大元集团迎来了公司70周年华诞。

70载风雨砥砺，70载一路高歌，大元集团的成长进步与共和国的发展同频共振。

从"沧县专区建筑队"一个条件简陋、工艺原始，只有三五名技术人员的传统建筑作坊，到囊括建筑工程施工总承包特级、建筑行业工程设计甲级、市政公用和钢结构等一级资质10余项，造价咨询、房地产开发、检测、建材、劳务等专业资质40余项，员工5000余人，中高级职称人员800余人，注册建造师队伍1000余人，位列中国承包商80强、全国建筑业200强、河北省民营企业100强。

从单一土建施工的地市级建筑公司，到今天业务涉及建筑、科研、金融、市政路桥、装配式建筑、钢结构、地产、智慧物管、检测、设备租赁、酒店等多个领域，市场布局全国30个省（市、自治区）和澳大利亚等10多个国家和地区，形成了"以科研设计集团为科技引领，以建筑工业化集团为转型方向，以建业集团为发展基石，以实业发展集团为新增长极，以元正文旅建设集团为文化引擎"的五大行业布局。

从一个计划经济下的国营企业，成长为以大元投资集团为母公司的股份制企业集团，创造了地方性、传统型建筑行业优质、高效、快速发展的奇迹。

回顾70年岁月征程，大元集团党委书记、董事局主席李建国同志深情地说："大元是一群无私的人团结起来，实现了传统行业的快速发展。"

那么，是谁缔造了这支无私的队伍？又是靠什么把这支队伍紧密团结在大元的旗帜之下呢？

循着这条线索不难发现：第一代大元人凭着对党朴素而又坚定的信仰，翻身解放、建设家园的奉献热情和自力更生、吃苦耐劳、敢打敢拼的奋斗精神，凝聚了大元 70 年不辍发展的红色基因。改革开放以来，坚定贯彻党的方针政策，时刻听从党的召唤，诚信为本、质量为天、敢试敢闯、敢为人先，厚积了大元 70 年保持旺盛生命力的发展底蕴。

面对市场经济初期的沉渣泛起，大元集团坚守底线、坚定自信，做出了历史性的选择。1996 年 5 月以来，李建国成了大元集团现代化发展的设计者和引路人。

在他的带领下，大元集团坚持党的政治统领，实施标准化党建，把政治优势转化为发展动能；主动创新求变，内提素质、外树形象，盘活精神物质资产；勇于拓展提升，实施三大战略工程，打造六大核心产业集群，统领多元化产业齐头并进，实现了从"谋发展"到"大发展"，从"追赶者"到"领跑者"，从"系统领先"到"行业领先"的飞越。

试看今天的大元集团，是李建国主席倡导的"党建筑起红心元、红心元强'五心'"的红色文化，为大元凝魂聚魄，缔造了一个有责任、有担当、有温度的大元家园。

是李建国主席坚守的"守住灵魂，政治成熟以修身；仁孝守正，务本读书以齐家；创新实干，诚信责任以兴业"的经营之道，为大元人强身赋能，锻打了一支建筑业的强军、铁军。

是李建国主席确立的"发展硬道理、目标定方向、创新为动力、人才做保障"的发展观，为大元的昂首阔步担纲指路。

是李建国主席朴素而又宏阔的"大元梦"，为"百年大元""幸福大元"树立了高山景行！

这里是以人为本、处处体现家人文化的地方；

这里是尊贤爱士、施展才华、实现梦想的地方；

这里是充满激情与智慧、勇往直前、欣欣向荣的地方；

这里是学习改进、持续创新、追求卓越的地方；

这里是奋斗者实现幸福的地方；

这里是做人要诚、做事要实、依法经营的地方；

这里是讲道理、讲规矩的地方；

这里是员工满意、股东信任、社会认可、合作伙伴放心的地方；

这里是爱党、爱国、乐于奉献社会的地方；

这里是为人类社会进步而不懈努力的地方。

2021 年 7 月 1 日，在庆祝中国共产党成立 100 周年大会上，习近平总书记庄严宣告，全面建成小康社会的第一个百年奋斗目标已经胜利实现，正在意气风发向着全面建成社会主义现代化强国的第二个百年奋斗目标迈进。站在实现中华民族伟大复兴两个百年目标的历史交汇点，由李建国主席亲手擘画的"蓝海战略（2020—2030、2031—2052）"两个阶段战略目标，已吹响了冲锋的号角。

乘历史大势而上，走人间正道致远。我们完全有理由坚信，有中国共产党的坚强领导，背靠国家振兴、民族复兴的坚强后盾，大元人"创新企业、上市企业、千亿企业、幸福企业、百年企业"的"五大愿景"一定会实现，"中国梦""大元梦"必将梦梦成真！

2022 年，在喜迎党的二十大、庆祝大元集团成立 70 周年之际，恰逢李建国先生为大元服务奉献满 50 春秋。本书将以全面回顾公司发展历程、记录发展足迹、梳理发展思路、总结发展经验的形式，力争有效回答大元集团"为什么好""为什么行""为什么能"的问题，并以此志庆大元集团 70 华诞，致敬大元集团的灵魂——李建国主席！

目 录

序曲：火红的年代

创建于 1952 年"三大改造"时的大元集团，其前身是沧县专区建筑公司。虽然脱胎于松散管理的城镇建筑队，但是作为中华人民共和国成立初期中国共产党领导建立的国营公司，以及由翻身解放的劳动人民组成的施工队伍，天然地拥有了服从命令、听党指挥、一心为公、不讲价钱、敢打敢拼、不怕困难、雷厉风行、能打硬仗、艰苦奋斗、勤俭节约的红色基因，并蓄积为大元集团不断创新发展的丰厚底蕴。

"文革"中公司也无可幸免地遭到冲击，1970 年一度被撤销。幸运的是 1972 年即获重建，不仅召回了原班人马，还迎来了添薪续火的契机，让大元的精神血脉得以保存和赓续，成就了大元集团 1952—1984 年的火红年代！

移山入海，虽不见巍耸，但一切过往，皆为序章！

第一章 从红色大地上走来

一、这是一片红色的大地

沧州，是一座因运河而兴的城市。穿城而过的京杭大运河，九曲十八弯，留下了一段旖旎优美的身姿，也赋予了这座北方小城独特的文化韵味。

沧州是一片富于革命精神的热土。

历史上发生过多次反抗封建暴政的乡民起义。清朝末年的洋务运动，在这里诞生了被史学家称为"北洋军阀的鼻祖""小站新军的奠基石"的定武新军。辛亥革命后，讨伐张勋、反对复辟就是从这里誓师起兵的。1922年，张隐韬烈士就加入了中国共产党，1925年领导建立了中国共产党北方最早的农民革命武装津南农民自卫军，发动了农民武装起义。1923年，年仅18岁的刘格平在这里建立了津南地区第一个社会主义青年团支部，1926年又建立了津南地区第一个党支部。

"七七事变"爆发后的第八天，1937年7月15日，中国共产党领导下的津南第一支民间抗日武装华北民众抗日救国军宣告成立。抗日战争中，沧州大地上不仅活跃着平原游击队、敌后武工队、冀鲁边回民抗日大队、马本斋回民支队、白洋淀雁翎队等地方抗日武装，给日寇以沉痛打击，由"娃娃司令"萧华同志率领的八路军东进抗日挺进纵队，还在这片土地上留下了"三打灯明寺"，三战三捷、吓破敌胆的光辉战例。1939年，八路军120师更是在师长贺龙、政委关向应的指挥下，取得了著名的齐会战斗的胜利，毙伤日军700余人，创造了我军对日平原歼灭战的历史。

1947年6月，晋察冀野战军根据中共中央军委关于"配合东北作战，不使敌人向东北增援"的指示，为牵制华北国民党军，策应东北民主联军的夏季攻势，发动了著名的青沧战役。12日夜到15日，经过三天三夜的激战，沧县、青县、永清三座县城得以彻底解放，重新回到了人民的手中。1949年8月，刚刚成立的河北省政府在这里设立了沧县专区，下辖周边 11 个县、镇。

大元集团的前身——河北省建筑公司沧县专区分公司（当时统称"沧县专区建筑公司"）就诞生在这片红色的热土之上。

二、沧州建筑业的长子

此时的沧州和全国一样，在连年的战火之下，城乡满目疮痍、民生百废待举。修缮民生设施、建设新中国成了解放后党和政府的首要任务，也是人民群众的热切期盼。因此，各县、镇纷纷成立了一批以瓦工、木工为主的国营建筑社。

1951 年下半年，为了有计划地发展国民经济，恢复和扩大生产，改善人民群众的生活条件，沧县专区行署开始着手组建专区直属的国营建筑公司，为迫切进行的全区基础设施建设，组建一支施工能力强、能承接大型项目的专业化队伍。

1952 年年初，沧县专区行署做出决定，从沧镇、泊镇等较大的建筑社抽调人员作为骨干力量，组建国营性质的"沧县专区建筑公司"。1952 年 9 月，专区行署发布命令，正式任命谢德梓同志、王志远同志任正、副经理，马春台同志为党支部书记，吕景纯同志为副书记。公司直接隶属专区行署领导，办公地点在沧州市建华街紧邻八一荣军厂的几间平房内。

这就是今天大元集团的前身。因为它是沧州地区的第一家国有建筑企业，因此了解这段历史的人们一直在说，大元集团是当之无愧的沧州建筑业长子。

初建时的沧县专区建筑公司有正式职工 900 多名，只有一名工程师、几名技术员。正式工以泊镇和沧镇建筑社为主，又从各县建筑社抽调了一批骨干，施工旺季还要招收大量的临时工、季节工。据档案资料记载，公司所有项目工地上的职工最多时 21000 多人。

今年已过 95 岁高龄的刘恩治同志，1951 年 1 月在泊镇建筑社参加工作，1951 年下半年就成了组建当中的专区建筑公司的一员。1975 年到 1984 年，他担任公司经理（处长）整整十个年头，在拨乱反正、改革开放之初的特殊时期，保持了公司的稳定发展。1984 年 7 月调任沧州市工程质量监督站站长后，直到今天他仍然一直关心着公司的发展。2022 年年初，大元集团领导去慰问刘老时，他一只手握着集团董事局主席李建国的手，一只手深情地抚摸着李主席胸前的党徽，语重心长地叮嘱："你一定要带好队，把大元集团发扬光大，为社会做贡献！"

李建国主席看望老经理刘恩治

作为目前健在的为数不多的公司创业元老之一，刘恩治老先生的讲述，为我们大致还原了沧州地区建筑公司初创时期的样子。

虽然这是一支"东拼西凑"拉起来的队伍，但是经过一段时间的政治学习和业务培训后，这支队伍迅速成为沧州及周边地区建筑施工的重要力量。不仅在修复战争创伤、恢复经济民生中发挥了主力作用，而且在设施设备和施工技术非常原始的情况下，出色完成了一系列重要的工业、商业、办公、民用甚至军事工程项目的设计、施工任务，充分体现了在中国共产党的领导下集中力量办大事的优势，为正在进行的"三大改造"树立了标杆，起到了示范引领作用。

三、先天的红色基因

虽然刘恩治老人简单的描述无法再现当时的情景，但是我们完全可以放在时代的背景下想象出这批创业者的心境。他们曾经是祖祖辈辈面朝黄土背朝天的贫苦农民，或者是散落在城市角落、处于社会底层的苦力；是共产党的领导、新中国的成立，让他们成了受人尊重的国家正式职工，能够以国家主人的身份亲手创造和建设自己的美好家园。

这是何等的自豪和荣光！

也正是这种自豪感和荣誉感，让这支队伍有了灵魂，有了不断向上的力量！从他们身上，我们可以清晰地看到，一是在中国共产党的领导下，劳动人民翻身解放、当家做主的新社会，全面激发了人民群众奔向美好新生活的热情和动力；二是这支由翻身农民和城镇手工业者组成的队伍，有着中华民族吃苦耐劳、自力更生、敢试敢闯的优良传统，尤其是广大职工对中国共产党有着朴素而又坚定的信仰，听党话、跟党走是他们唯一的信条！

这，也成了大元集团70年发展中深入骨髓的红色基因。

走进今天的大元集团，扑面而来的就是以党建为统领的企业文化气息。"坚持党对一切工作的领导""政治成熟是立企之本""党建筑起红心元、红心元强'五心'"，已经成为集团5000多名员工共同的精神信仰和行动追求。

文章《政治成熟是立企之本》刊登在《沧州日报》头版

第二章 积淀起丰厚的底蕴

一、隶属三变，两度搬迁

1954年5月，随着"三大改造"的持续深入，按照上级的布局调整，河北省政府决定把沧县专区建筑公司收归省属，作为河北省第二建筑公司下属的第四工程处，基地仍设在沧州。与此同时，沧县专区也指派尹平同志牵头组建了专区建筑工程局，工程局下设两个工程处和一个综合加工厂。但仅仅几个月后，河北省第二建筑公司就被撤销，省二建第四工程处原班人马随即归隶沧县专区建筑工程局，为第三工程处。

1958年2月，天津划为河北省辖市，省会随后由保定市迁入天津市。同年6月，沧县专区并入天津专区，沧县专区建工局也与天津行署建工局合并，1959年年初又随天津专区并入天津市，第三工程处被更名为天津市第八建筑工程公司，公司的基地也随之迁到了天津丁字沽。

在当时来说，公司更名并不会增加太大的经营和管理成本。但是基地迁徙，则会给干部职工的工作和生活造成巨大的影响。几乎所有的人员都要面临"抛家舍业"的难题，个别"双职工"家庭只好举家迁徙，困难可想而知。

接到命令后，公司上下坚决听从组织的召唤，服从上级安排，立即安排基地搬迁工作，以最快的速度开赴了新的战场，没有一个人掉队，更没有一个人打退堂鼓。据老同志们回忆，公司搬到丁字沽后生活条件十分艰苦，当地很快就有了"穷八建、富安装，小火轮、菠菜汤"的顺口溜。尤其是职工们大都是背井离乡，离家最远的有300多里。那时交通不发达，回家一趟光在路上就得花一整天，还得起早贪黑。那些家在沧州各县农村的职工，大都一去就是半年、一年，难得有机会回一次家。

1961年6月1日，河北省决定恢复沧县专区，直属省政府，改称沧州专区。原沧县专区建工局及其所属也划归沧州专区，第三工程处的基地重新迁回沧州。1967年沧州专区改称沧州地区，公司也随之更名为沧州地区建筑工程公司，隶属沧州地区建工局，直到1970年在"文化大革命"

中被撤销。

二、激情燃烧的岁月

这是一段"激情燃烧的岁月"。虽然公司隶属关系几番变换，公司基地两度搬迁，但公司上下无论是一线工人，还是技术、管理人员都做到了令行禁止、坚守岗位，体现了听党指挥、服从分配、四海为家、埋头苦干的优良作风，依然保持了建设新中国的高涨热情和不断提高施工水平的前进动力，出色地完成了姚官屯军用机场（1956—1958年）、天津工学院教学楼和宿舍楼、天津十四中学教学楼、天津华翔中学教学楼（1959年）等重点工程项目，施工质量、建设速度、项目管理等得到了建设单位的充分肯定和高度评价。

尤其难能可贵的是，这个时期沧州还没有专门的规划设计部门，设计技术人员大多分散在各个企业，力量非常薄弱。沧州地建一直到20世纪70年代，只有一名工程师，两三名技术员。但是他们不仅要完成技术指导、施工组织、质量监理等任务，还要为建设方提供规划设计、施工图绘制、造价预算等服务。

老沧州人几乎都知道一个顺口溜，说的是"一条马路一座楼，一个公园一只猴，一个警察管两头儿"。马路就是今天的新华路，公园指的是人民公园。而"一座楼"则是公园对面、时名沧县专区医院（今沧州市中心医院）的病房大楼。

大楼1958年年初建成，是当时沧州城区唯一的一座三层砖混大楼，不仅建设最早，而且体量最大，建筑面积达到7434平方米，

曾经的沧州第一楼

直到 20 世纪 60 年代末 70 年代初,仍号称"沧州第一楼"。这座楼从规划定位、结构设计、施工图绘制、工程预算,到建设施工、配套装修,全部由当时的沧县专区建筑公司承担。大楼以坚固的质量,见证了原沧州地区医院和沧州市整整半个世纪的风雨变迁,直到 2009 年才因医院扩张发展而忍痛拆除,原址建起了地上 22 层的沧州市中心医院综合大楼。

那个时代的沧州地区建筑公司,技术和施工人员还有许多发明创造。比如,位于今天沧州市供排水集团浮阳大道营业所院内的圆形建筑,就是 1972 年由沧州地建自己设计建造的职工餐厅。建筑主体为圆柱体,墙体为柱梁结构加砌砖,直径 24 米,面积达 450 平方米。顶部为穹形,是用 24 块自制的"虾弓弯"预制板吊装拼接而成的,不用顶柱和砌墙支撑,不仅内部空间完整,还节省了大量的建筑材料,节约了成本。

这座建筑算得上是沧州"装配式"建筑的鼻祖,在当时被认为是沧州建筑的一个奇迹、市区的标志性建筑。直到 20 世纪 90 年代中期,这里曾经被外租给个人开饭店,取名"圆宝园"。因为就餐环境有特色,一时成了市民消费的热门去处。

沧州装配式建设的"鼻祖"

三、艰难中的坚守

从 1959 年起,我国大范围遭遇了历史罕见的三年自然灾害,加之 1958 年"大跃进"造成的影响,使得国计民生遭遇了前所未有的严重困难。为此，中央决定实行"调整、巩固、充实、提高"的"八字方针"，要求全国减少城市人口 2000 万。此时，由于经济困难，国家和地方的大批建设项目被迫停工停产，各地的建筑公司就成了动员安置工人回乡的首选对象。

沧州地区建筑工程公司也不能幸免，随着正在承建项目的陆续完工，一批批来自农村的季节工、正式职工被下放回乡。到 1962 年，公司职工已由 1000 多人削减到 340 人。队伍小了，施工力量薄弱了，而且处在那个物资匮乏的年代，无论是被迫返乡的工人，还是留下来坚守的职工，他们经历的艰辛与困苦可想而知。虽然如此，当国家有需要时，他们又义无反顾地南征北战，冲在了国家建设的第一线。

1963 年 8 月，河北省发生全境性的大洪水，邯郸、邢台、衡水、沧州的献县、河间等西部县遭受了重大灾害。洪水发生时，刘恩治和公司的施工队伍正在衡水进行衡水银行金库的建设。项目上的全体职工，顾不上自己家人的安危，就地参加到抗洪救灾当中，得到了当地政府和群众的认可。洪水过后，修复重建被水冲毁的衡水地区行署办公楼、衡水粮食局办公楼、自来水厂等多个重大项目都放心地交给了沧州地区建筑工程公司。

公司调动设计、施工的精干力量，精心组织、赶抢工期，出色地完成了任务，为衡水市的灾后重建做出了重大贡献，树立了公司的形象，也赢得了政府、驻军和各界的好评。随后，根据上级指示，公司连续承担了位于当时河北省蓟县（今天津蓟州区）的解放军 2561 医院和香河的一处国防军工工程。公司员工在施工中严格遵守保密纪律，对于军工项目的特殊要求，主动钻研、攻坚克难，圆满完成了施工任务。

四、珍贵的精神财富

时光的流逝，会把历史冲刷成记忆的碎片，却永远不能溶解深藏于心的情感。作为亲历者，95 岁的刘恩治老人依然耳聪目明、表达清晰。但他并没有绘声绘色地描述，只有从他那时而深情、时而明亮的眼神中，我们才可以读懂老人的情感波澜。因为，其中凝聚了第一代大元人太多的心血和汗水，也饱蘸了他们朴素而又坚定的信念。

这个时期，从谢德梓、马春台组成的第一届领导班子开始，在吕景纯、王志远、张玉苍、吕金鳌、杨萌阔，以及胡进德、刘群虎、张仲山、王德禄、耿连义、黄长奇等五届公司领导的接力下，公司无论是施工技术、施工管理，还是党的思想政治工作，都形成了一套行之有效的规范和制度，在广大职工中树立了牢固的政治和工作纪律意识，不仅创造了大元历史上的光辉业绩，也凝聚成了不断引领大元发展的精神珍宝。那就是：越是在艰苦的环境下，他们越能坚持；越是在困难面前，他们越能凝聚起向上的力量！

这就是支撑大元 70 年不辍发展的丰厚底蕴！

第三章 涅槃中薪火相传

一、"文革"中被撤销

1966 年开始，一场史无前例的"文化大革命"席卷全国，很快也波及了沧州这个京沪铁路的沿线城市。沧州地区建工局和公司领导班子不同程度地受到了冲击，相继被"靠边站"。但是，基层和一线的工人却坚持"革命、生产两不误"，保持了工人阶级应有的本色。

1967 年，河北省政府决定将河北水利专科学校迁到沧州市，沧州地区建筑公司奉命承担了教学楼、宿舍楼等主体建筑的建设任务。经过两年多的建设，1970 年河北水利专科学校完成了整体搬迁并开始招生。从此，沧州市拥有了历史上第一所河北省直属的工科高校。

1969 年年底，地区建工局和公司领导班子被集体送进位于献县的"学习班"接受审查，公司在完成河北水利专科学校的建设任务后，已无法再进行施工组织，于 1970 年年初被撤销。一部分人员和设备资产转入沧州化工厂（今沧州炼油厂）参加建厂会战，一部分职工划归当时的国防工办，再次背井离乡调往邢台山区支援"三线"建设。虽然是一分为二，好在也是人尽其用，没有彻底被遣散。

原河北省水利专科学校

二、难得的重聚

一支曾经转战南北、创造了沧州建筑业历史，在民用、工业、军事建筑领域创造出骄人业绩的优秀队伍，难道会就这样走向消亡吗？

答案当然是："不！"

1971年，沧州地区行署为解决工业和生活用电严重不足的问题，报请上级批准，决定扩建增容沧州发电厂。在当时的政治、经济环境下，上马这项工程，其艰巨程度可想而知。重任当前，地区行署想到了正在"靠边站"的原地区建工局负责人尹平。决定任命尹平同志为沧州电厂扩建工程筹建处总指挥，由孟宗同志担任副总指挥，组织施工队伍，成立突击队。

沧州发电厂

打硬仗需调精兵强将，遇强敌当用快马好刀。尹平同志最熟悉、最信任的莫过于沧州地区建筑公司了。这支队伍在划归河北二建、转战天津丁字沽、1963年大洪水后鏖战衡水战场的艰辛过程中，依然能创造辉煌业绩，一直是他和沧州地区建工局的骄傲。

他向地区领导郑重提出，以电厂筹建处施工突击队的名义召回沧州地区建筑公司原班人马，包括合并到沧州炼油厂、支援邢台"三线"建设和三年困难时期下放的工人。

1972 年 3 月，经过沧州行署领导批准，几乎是初创时期的原班人马重新聚在了一起。

散是满天星，聚仍旧是一团火！这是一次不同寻常的重聚，因为他们这一辈创业者身上承载着的优良品质和光荣传统，就像是风雨中微弱的一粒粒火种，终于可以聚星成火、星火燎原！

战友重聚，免不了一番激动与激情，但他们更真实的感受却像是从一个工地上收工归来，握一握手、拍一拍肩膀，就又投入新的工作中。

沧州地区一建老经理张绍华是这段时光的亲身经历者：大家报到后几乎是被安排从事原来的工种、回到原来的岗位。当时，电厂扩建指挥部下属的施工队的办公地点只有现在沧州市京剧团旁边的两间平房。从队长、技术员到工人，从来没有坐办公室的概念。上班时间是早上 8 点，大家每天 7 点就都早早来到这里"上班"。"上班"后的第一件事是队长站在门前的马路边，给聚在身边的同志们分派工作。领受任务后大家再到基地领取工具、物料，准时赶到各自的岗位，开始热火朝天的劳动。

在张绍华等老一辈人心中，这次重建机会难得。大家都愿意回到这个集体当中，这既是那一代人的思想觉悟，也是这个集体的凝聚力。

三、添薪续火

电厂扩建项目工程量较大，机械化程度低，工人人手明显不足。根据工程建设需要，电厂筹建处向地区行署申请招工。地区行署及时批复，1972 年 7 月，从沧州地区所属各县招收了 700 名 20 ～ 35 岁的青壮年，除部分分配到沧州电厂以外，其余全部充实到了沧州地区建筑公司。虽然此时是十年"文革"中难得的治理整顿时期，但是在那个动乱的年代，又是沧州这座小城，有如此的招工规模仍然是一个大手笔。正因此，他们中有一大批是有着初高中文化水平的"知识青年"。

从改变个人命运轨迹上说，这 700 人是幸运的；从企业的发展来说，沧州地区建筑公司也是幸运的。正是这批人，他们生在新中国、长在红旗下，经历了三年困难时期的磨炼，造就了他们与生俱来的坚韧顽强、吃苦耐劳的优秀品质，成了公司发展的新鲜血液。也正是他们，赓续了沧州地建的优良基因和优秀传统，逐步成长为今天大元集团的四梁八柱！

这批人中就有大元集团现代化发展的设计者和引路人——李建国。他曾经多次回忆刚刚进入公司的那段时光，其中令他终生难忘的就是他刚到公司时的几位师傅。

李建国的第一个岗位是打灰工。打灰队长强义峰师傅是一个把最简单的工作做到极致的人。工地8点上班，他带领打灰队7点半就开始工作，保证砌体、抹灰工人上班时就有砂浆使用。和灰前，先要把沙子仔细筛净，然后按照技术员给出的配合比，给水泥、白灰、沙子、水一一称重，再进行反复搅拌。

还有调入器材科中心库当保管员后，他的师傅于玉树的认真、仔细、诚实、无私，电厂工地器材科科长马志山对器材质量近乎苛刻的要求，钣金铣工张相廷师傅的精打细算、手脚不闲等，都对他产生了潜移默化的影响。

李建国几十年来对几位师傅的态度，正反映了他们这批人在大元精神传承和发扬中的接续作用。正是他们这批人从第一代创业者身上接受了精神的洗礼，接过了创榛辟莽、砥砺拼搏、精益求精、认真负责的接力棒，完成了薪与火的精神传承，并让这团火越烧越旺，最终照亮了当代建筑业的一片天空！

从这批老同志的回忆中，让人感受最深的是公司管理制度和规范的建设。

受"文化大革命"的冲击，初创时期形成的一些制度规范遭到破坏，甚至荒废。公司被撤销后，分散到了不同的地方，重组后纪律标准和行动步调需要统一。新招录的青年工人更需要技术、安全的培训和思想、纪律的教育。因此，重新组建后的沧州地区建筑公司，急需的是在队伍管理、施工组织、质量安全等方面建章立制。

1974年年初，公司被分成第一和第二施工处后，第一施工处（大元集团前身）在刘恩治、张梓义、雷全镜、董恩仓、万作义、尤平顺、赵全顺等公司元老和调入公司担任领导职务的老同志的带领下，参与了沧州化肥厂建设大会战，通过在大型项目建设的实践中摸索研究、学习借鉴，迅速形成了从施工、技术、质量、安全管理和保障，到人员、器材、物资的组织调配等一整套规范制度。坚持和完善了质量和安全大联查制度，确立了由公司领导和技术人员带队，定期下工地检查评比的机制。

制度建设和各项管理的全面走向成熟，对于沧州地区建筑公司来说，让公司始终保持了旺盛的斗志，成为改革开放之初保证公司稳定发展的压舱石；对于1972年进入公司的这一批人来说，则如同为他们在大元集团的职业生涯"系好了第一粒扣子"，最终让他们成为大元集团奇迹般腾飞中最强的上升力。

第四章 会战沧州化肥厂

一、一场载入史册的大会战

1973 年年初，当时的国家燃化部在庐山召开会议，根据我国农业生产形势，决定由中央投资从荷兰、美国等地引进先进的化肥生产装置，在全国建设 13 座大型化肥厂。经过努力争取，决定在河北省沿海城市沧州建设一座现代化化肥厂，并要求一年土建、一年安装、一年试车投产，否则将重新选址建设。

这是沧州从新中国成立以来接受的排名第一的国家大项目。为加强沧州化肥厂的建设，1973 年 6 月，河北省委、省政府成立了沧州化肥厂建设指挥部，由时任沧州地委副书记、地区革委会副主任阎国均任主任。厂址选在了当时的沧州市北郊，一是因为这里紧邻大运河，取水方便；二是这里被称为"北大荒"，土地盐碱薄瘠，长不了庄稼，只有片片相连的坑塘，被开挖成了养鱼场。

7 月 29 日，地委召开筹建沧州化肥厂动员大会，开始做开工建设前的"三通一平"准备。为了填平这数十个大大小小的鱼塘，需要的土方量就达 48 万立方米。由于机械化作业施展不开，只能用小推车从几千米远的地方一车一车地推过来。沧州档案馆里有一幅照片记录了当时民工们推着独轮小车往来奔跑的热烈场面。

1974 年 1 月 2 日，地委召开了沧州化肥厂开工誓师大会。同时，地区行署做出决定，把地区建筑公司分为第一、第二施工处，由第一施工处参加"沧州化肥厂建设大会战"。

手推车

令当年参加"大化会战"的建设者们到现在记忆犹新的，是沧州化肥厂建设指挥部"接地气"的战前动员。

虽然我国是传统的农业国家，曾经创造了辉煌的农耕文明，但是清代以来的闭关锁国，使得农业生产技术远远落后于西方世界。

"庄稼一枝花，全靠肥当家！""一斤化肥十斤粮！"沧州化肥厂早一天投产，就能让土地早一天多打粮食，人民早一天丰衣足食。

"仓中有粮，心中不慌。""多、快、好、省"地建设好沧州化肥厂，是响应毛主席"备战、备荒、为人民"的指示，是为保证国家粮食安全、"反帝防修"做贡献！

带着这种激情与豪情，沧州地建施工一处把基地搬到了当年沧州的"北大荒"。在今天从红卫街一直到水月寺街北口的空地上建起了临时工棚，与来自全国各地的上万名建设者一起并肩战斗，全程全力地投入这项创造沧州历史的项目建设中。

二、一个难得的学习机会

由于沧州化肥厂项目引进的是国外比较先进的化肥生产技术，一些重点关键设备的基础建设和安装，由国家部委和河北省政府调派的十三化建、河北四建等专业施工队承担。在建设施工中，勤劳智慧的建设者们充分发扬了创新创造、优质高效、艰苦奋斗、人定胜天的精神品质，出色地完成了任务。尤其是自力更生，在很短的时间内就研制成功的中国第一辆载重 400 吨的大型公路平板车，安全、顺利地把巨大的造粒塔整体从天津港运回了沧州，更是轰动一时。

和众多的国字号专业施工队伍同场作战，给了沧州地建一处一次从技术、工艺、设备到施工组织、管理和创新的学习机会。参战人员很好地把握住了这次机会，不仅促进了自身施工能力和水平的提高，也在全国同行面前展示了自己的能力、精神和素养。

地建一处承担的是沧州化肥厂生产用水的供水管线工程，办公培训楼等厂区配套工程和生活区（今大化小区）全部工程等。董恩仓是输水管线施工的负责人。

20世纪70年代初，由于生态环境的变化，京杭大运河的来水量迅速减少，很快进入到干涸状态，失去了为沧州化肥厂提供水源的能力。为了保证化肥生产用水的质量，沧州地区行署经过水文勘测，在距厂区20千米的杜林镇周边几十平方千米的地面上，打了近百眼生产用水深机井。输水管线就是要把每个水井的水通过支管汇入干管，再集中到输水总干线输往厂区。省水文队和水利部门设计了输水线路后，管线基础和管道组装施工就交到了沧州地建一处手上。

按照设计要求，施工人员精确测量标高、严格组织施工，保证管道输水过程中的稳定和节能。为了保证近百口机井抽出的水，能够经过准确控制后，按生产需求汇入主管道，沧州市自来水公司专门投资了自应力管道生产线，解决了输水动力调配问题。地建一处器材科从山东采购了直径150～300毫米和直径500～600毫米的各种管材，又在泊头定制了直径从150～600毫米的各种铸造弯头、变径、管箍。经过科学测算、反复试验，解决了不同口径、不同角度的管线汇聚问题，最终实现了供水管线组网、供水一次性成功，为沧州化肥厂生产车间顺利投产创造了条件。

在办公培训楼和职工宿舍的建设中，地建一处的施工能力更是得到了指挥部的认可。沧州化肥厂建设指挥部提前搬入了位于厂区的办公大楼，新招录的职工培训工作如期开始，部分先期调到沧州化肥厂工作的专家和技术人员也入住了新建成的单元楼房，为沧州化肥厂的顺利建成投产提供了配套保障。

如今的沧州化肥厂厂区已经被整体征收，作为工业文化遗址加以保护和开发利用，即将成为沧州市大运河文化保护带的一个重要景点。而50年前由大元集团承建的项目中，原位于沧州化肥厂厂区内的办公培训楼，在沧州化肥厂搬迁到渤海新区后，一度被沧州市委征用作为沧州市群众工作中心的办公场地，直到2021年年底才被拆除，成为大运河非物质文化遗产公园的一部分。生活区（职工宿舍）里，一批沧州化肥厂建厂时的老职工仍然选择在这里安度晚年。大元集团一直与沧州化肥厂是近邻。站在大元集团总部大厦的高层上，一南一北可以近距离地观察建于 50 年前的这两处建筑。办公培训大楼置身 21 世纪的城市氛围中，仍不失庄严的气度，大化生活区虽然建筑外形和户型格局带有明显的时代特征，但建筑结构和设施的质量，仍然让很多人留恋。所以，今天的大化小区依旧万家灯火、市井温馨。

三、一次艰苦面前的选择

由于承担的是外围配套工程，沧州地建一处的入场时间比较早，紧邻着沧州化肥厂建设指挥部就扎下了营盘。当年，今天的华北商厦一期以北，是一片广阔的水面，地势低洼，地下水位高，施工降水前随便挖上几锹就开始冒水。沧州地建分成一、二处后，为了方便施工，一处全部集中到了沧州化肥厂项目部办公，包括办公室、木工车间、仓库、车队等，都住进了干砖砌成的临建房子里。

临建就建在原地坪上，地面上永远都是水汪汪的，刚开始走在上面都粘脚，不得不铺上一层油毡再垫一些干土。屋顶只有一层苇席和一层油毡，根本谈不上隔热保温。再加上环境潮湿，夏天闷热异常，蚊虫叮咬，冬天再旺的炉火也抵不住四面而来的寒风，甚至还不如屋子外面暖和。就在这种异常艰苦的环境下，为了加班加点赶工期，很多参战人员仍要经常住在工地上。

一处、二处分家时，职工可以有选择权。很多人就是看到一处的工作环境太恶劣才选择了二处，离开了沧州化肥厂工地。当时，还有部分人在 1973 年 7 月电厂扩建项目的土建施工任务完成后，就被派到了任丘施工项目部。李建国、杨永胜、段三立、宋玉春、张关振、于文戏、刘宝山等人被分到了吕公堡金桥建设项目的工地。

金桥工地离项目部所在地吕公堡还有 4 千米。李建国和段三立是材料员，办公、住宿就都在工地现场用秫秸秆搭成的仓库里。虽然顶上和四周都抹了泥，可工棚的架子就是插在土里的木棍，平时风一吹秫秸秆就摇晃，早把泥晃酥了，所以一下雨上下左右都在跑风漏水。他俩还得先尽着材料，别泡了水，几次都是穿着雨衣一蹲就是一宿。刚开始桥桩施工时，吃饭都是指挥部送。等浇筑完成后的养护期间，工地上只剩下他们两三个人，指挥部干脆连饭也不送了，让他们"自给自足"。都是十七八岁的小伙子哪会做什么饭呀！有一次李建国和段三立两个人鼓起"勇气"，好不容易包成了几个饺子，可锅太大，又没有煮饺子的经验，最后闹出了"饺子跑没了"的笑话。

有过这样的经历，李建国、张关振等人面对沧州化肥厂项目的艰苦环境已不在话下。从任丘回来后，虽然任丘金桥项目上的大多数人选择去二处报到，但他们却毅然选择了一处，投入到火热的沧州化肥厂项目建设中。李建国继续当材料管理员，张关振成了一名会计。

由于管道、铸件等体积较大，沧州化肥厂指挥部和地建一处就把今天小王庄路口西北角的位置划出来，盖了临建房用于大型物料的存放和加工。材料员李建国被指派在这里负责各种材料的收发、入库和出库，每天还要数次往返为沧州化肥厂办公楼、生活区和水源地的工地运送材料。当时的北环路（今永济路）只有六七米宽，早已被轧得坑坑洼洼。由于历史原因，人们习惯把水泥叫作"洋灰"，所以就有人诙谐地称这条路晴天是"洋灰（扬灰）路"，而且一下雨还能立即变成"水泥路"。

路上来来往往的大多是运输队自制的 12 马力柴油四轮翻斗车。由于马力不足，翻越一个连一个的深坑时，司机恨不得把油门踩到地上去。老式柴油机发出刺耳的"嗒嗒嗒嗒"声，震得人脑仁儿都疼。空气中更是烟尘弥漫，即便是坐在车上，也是晴天一身土，雨天一身泥。

在如此艰苦的条件下，大家却毫无怨言，工作热情十分高涨。地建一处的职工们把建设好沧州化肥厂，为国家做贡献的口号落实到了项目的每一个细节当中，出色地完成了上级交给的任务，为沧州化肥厂顺利建成投产做出了贡献。

第五章 救援唐山大地震

一、一场特殊的战斗

1975 年 12 月，原沧州地区建筑公司改建为沧州地区建筑工程局，公司名称也相应改称沧州地区建筑工程局第一工程处，但仍被习惯叫作"地建一处"。刘恩治同志被任命为处长，赵合顺同志任党支部书记。

1976 年 7 月 28 日，河北唐山丰南一带发生震惊世界的里氏 7.8 级强烈地震，仅仅 23 秒钟的时间，唐山这座世界闻名的工业城市就被夷成废墟，造成重大人员伤亡和财产损失。

党中央、国务院在获知唐山地震的准确消息后，立即成立了中共中央抗震救灾指挥部和国务院抗震救灾办公室。一天之内，从中央到河北省、唐山市，从县区到部门、乡镇、街道、村庄，全部建立、畅通了救灾指挥系统。危急时刻，人民子弟兵永远是最可信赖的力量。中央军委一声令下，解放军北京军区、沈阳军区十万官兵紧急出动，日夜兼程赶赴灾区。北京军区驻承德某部"英雄团"急若星火，数百里急行军，当天下午就到达了唐山，打通了外地通往震区的道路，上演了一场从死神手中抢救生命的"生死时速"。

随着震后生命救援工作的结束，党中央、国务院发出了全国人民支援唐山灾后重建的号召。按照中央的统一部署，河北省委、省政府决定迅速调派力量，彻底清理废墟，重新规划建设，全面恢复这座英雄城市的生机和活力。

由于有沧州化肥厂建设的经验，沧州接到的任务是恢复重建大地震中完全损毁的丰南县化肥厂。地区行署委派建工局副局长张清富和负责化肥生产设备安装调试的化工局副局长李春生作为领队，施工队伍由沧州地区建工局第一工程处组建。

特殊的政治环境、特殊的历史时期、史无前例的地震灾害，都预示着摆在沧州地建一处面前的是一场特殊的战斗。

二、悲痛中出征

唐山地震属于地质板块破裂造成的构造地震。根据已知的地震规律，构造型地震主震级别越高、与余震的级差越小，余震的持续时间越长。而且，余震是叠加在主震后果之上，既难以预测，更容易造成重大人员伤亡和财产损失。因此，国外常把构造型大地震的余震称为"幽灵地震"。唐山大地震震级高达里氏 7.8 级，而且当天下午 6 点 45 分，又在滦县发生了里氏 7.1 级余震。所以，虽然大地震已经过去了一个多月，但较大级别的余震仍然不断。

面对未知的凶险，沧州地建第一工程处上下没有丝毫的退缩，纷纷主动报名申请参加援建队伍。工程处领导决定，由时任副处长的张梓义同志带队，抽调业务精湛的董恩仓、万作义为技术员，组建了一支 90 多人的施工队伍奔赴战场。

9 月 9 日，沧州地区建筑工程局为第一工程处援建队的壮士们举行了出征仪式。也就是在这一天，中国革命和中国人民的伟大领袖毛泽东同志不幸逝世。得到消息后，援建队员们在巨大的悲痛中，默默地揭去了车辆上的彩色壮行标语，换上"继承毛主席遗志""多、快、好、省完成援建任务"黑白标语，誓师出征。

三、获奖"人定胜天"

丰南是唐山大地震的震源中心，援建队员们刚刚到达时，整个县城几乎所有的建筑都已经荡然无存，到处都是废墟和瓦砾。白天望去满目苍凉，夜晚一片死寂。

更令人毛骨悚然的是地面上巨大、幽深的地震裂缝。听地震幸存者描述，地震时这些地缝像巨蟒一样在大地上上下、左右扭动，还会像怪兽的大嘴一样一张一合。工人们后来发现，发生较大震级的余震时，肉眼就能看出这些地缝还在忽而变大、忽而变小，让许多援建队员多年以后回想起来仍然心有余悸。

援建队员们没有被危险和困难吓倒，他们争分夺秒立即扎下营盘，搭建工棚、清理施工场地、安装机器设备，在随时发生的余震中迅速做好了施工准备。刚开始，一发生有感余震，工人们都会停工躲避，甚至晚上睡梦中都要跳起来冲出工棚。可没几天工夫，大家就都习以为常了，再有余震，即便是在脚手架上，也只是先扶稳站牢，观察一下情况，就又紧张地投入工作中。

在一次较强的余震中，一名工人在剧烈的晃动中不慎从二楼预留的设备孔中掉了下来，经过队医检查，身体多处挫伤和擦伤。队领导要带他到医院做进一步检查，然后送回沧州治疗。可这名同志简单活动了一下却说"不用检查了，我感觉没问题，不能耽误了施工进度"，只休息了两天就又投入了工作中。

就这样，经过三个多月艰苦紧张的施工，援建队员们冒着生理和心理上的巨大压力，克服了常人难以想象的困难，圆满完成了丰南化肥厂的原地重建任务，被河北省人民政府授予抗震救灾"人定胜天"奖。沧州地区建筑工程局第一施工处不仅赢得了这场特殊战斗的绝对胜利，而且经受住了这次援建任务的洗礼，起到了锻炼队伍、锤炼意志的效果，更成就了大元集团服务社会、勇于担当的企业品质。

四、刻骨铭心的经历

在援建队伍中有一名年轻的财务人员，他就是后来成长为大元集团财务总监、监事会主席的张关振。

开工不久，队领导派张关振回沧州领取材料款和工人工资。回到沧州后，他迅速办好手续，顾不上和家人团聚就坐上了返回的火车。本来火车到丰南站的时间是下午5点，可这天却晚点了近四个钟头，直到晚上9点多钟才下火车。火车站到工地还有五、六千米，是一条突击清理出来的通行路线，沿路不要说路灯，连住户人家都没有。此时已经找不到其他交通工具，也无法联系工地，他只好咬咬牙一头冲进茫茫的暗夜当中。

那一年，张关振刚刚年满20周岁，正是年轻气盛、血气方刚的年纪，也懂科学、不迷信，可是要说不害怕，那绝对是瞎话儿。这条路他曾走过几次，两边到处还是断瓦残垣和一些动物腐烂的尸体，还常有莫名的小动物追逐其间，大白天都有一丝阴森。如今孤身一人、背着2万元巨款在黑暗中行走，张关振脑子里挥之不去的都是白天曾见过的情景，耳朵里总有对自己脚步声的幻听，再加上废墟中不时传来瓦砾掉落的回响和不知是什么动物的叫声，更是让他一惊一炸、汗毛倒竖。为了壮胆，他一边在心里无声地哼着壮胆的小曲，一边紧张地辨寻着返回工地的道路，凭着顽强的意志力，一路磕磕绊绊地坚持到了工地。

此时已经是夜间 11 点多了，劳累了一天的工人师傅早已入睡。

第六章 沧州建筑的主力

一、第一座办公楼

1975 年，公司承建的沧州化肥厂办公培训楼交工后，沧州化肥厂建设指挥部搬入了新大楼。指挥部主任、沧州地委副书记、地区革委会副主任阎国均对建设速度和质量十分满意，高兴地对时任地建一处处长刘恩治说："指挥部搬家了，指挥部这块地方就给你们一处了。"

大元集团第一座办公楼

得到领导指示，在完成沧州化肥厂建设第一批任务后，地建一处的领导们就决定在原大化指挥部原址上修建一座办公楼。办公楼由地建一处副处长兼总工程师万作义同志亲自设计。由于资金和技术限制，大楼设计为四层，共计 2300 平方米。

由于周边历史地貌的原因，大楼地基松软，地下水丰富，地基基槽挖到地下一米深就出水了，只能一边降水，一边开挖，然后从大化生活区工地上运回废砖头、落地垃圾灰土等回填进去，夯筑起来后再做基础。唐山大地震时，正处于基础回填土施工阶段。由于大地震的原因，设计和施工人员对办公楼主体工程进行了设计变更，增加了抗震加强柱、圈梁。整个建设过程，地区一建首先要保证大化生活区的续建、唐山抗震救援及其他承担任务的完成，所以办公楼的建设就像是自己家的零活。地建一处的管理人员都要利用业余时间从小王庄加工厂（现一建小区位置）运送楼板等材料。使用的工具是安在两个轮子上面的一根吊杠。由于要翻越运河桥，两人一组一次只能运送一块。就这样，1976年冬天大楼主体刚建成，大家就迫不及待地决定先搬迁入驻，第二年才完成地面、墙面抹灰工程。

尽管是一座"毛坯房"，但这是一处、二处分家后一处人第一次走出"临建时代"，从"地盘"上拥有了自己的固定办公场所。这座今天看来毫不起眼的四层砖混小楼，不仅是"一穷二白"的一处人自己创造的财富，也是整个沧州地区建筑企业拥有的第一座四层办公大楼。

二、重回正轨

1976年10月，饱受了"文化大革命"十年动乱之苦的共和国终于盼来了一声"十月春雷"，国家和民族的命运迎来了历史性的转折。"大快人心事，揪出'四人帮'！"党中央为中华民族复兴发展的航程清除了一块最为凶险的礁石。随着中央一系列拨乱反正政策的实施，社会主义建设翻开了新的篇章。

1977年，根据沧州地区经济社会和建筑业发展的形势需要，地区行署决定，把日益壮大的沧州地区建工局第一工程处改建为沧州地区第一建筑公司，隶属沧州地区建工局革命委员会。处长刘恩治改任经理，高文志、张绍华、李志珍、王宝珍等先后任副经理；经过治理整顿建立了公司党总支，岳全信任总支书记，赵合顺、刘志诚任副书记。同时，各项规章制度和管理措施逐步建立并落实到位，各项工作也全面走上了正轨。

刘恩治是1952年公司成立时的元老，身上保持着听党指挥、一心为公、雷厉风行、敢打硬仗的优良作风，而且处事公正、待人真诚、用人得法、管理到位。在他的安排下，1977年5月29日至31日，由副经理万作义带队，组织各施工队技术负责人、质检员、安检员等组成质检小组，对公司所有在建工程项目进行了全面大检查。这是"文革"开始以来的首次大规模联合检查，在公司上下引起了强大反响。一些老同志激动地说："老地建要彻底恢复元气了！"此举强化了公司质量和安全意识，调动了员工真抓实干的积极性，促进了公司业务从量到质的全面提升。

沧州地建在20多年的发展中，在京、津、冀地区创造了良好的业绩和口碑。破坏力极强的唐山大地震后，北京、天津等地出现了一批因震受损的建筑，需要进行科学的加固。一些政府部门和单位就纷纷找上门来求助。从1977年下半年开始，沧州地区一建在全力保证沧州化肥厂生活区和厂区配套工程等建设任务的同时，相继承担了北京石油科学研究院计算机机房、生产厂区、职工生活区，天津市河北宾馆等大型建筑的除险加固任务。

三、转战华北油田

1975年2月17日，华北石油勘探部3269钻井队在沧州任丘境内打出了我国第一口日产超千吨的油井，即载入史册的日产原油1014吨的"任4井"。这口井的成功创造了中国石油开发的三个历史，除了第一高产井外，它还是我国最大的碳酸盐岩油田，而且标志着像任丘这样的"古潜山"地质结构同样可以蕴藏丰富的石油资源，开创了我国石油勘探从未涉足的一个新领域。

10月16日，当时的国务院副总理余秋里、石油化学工业部部长康世恩和河北省委领导亲临任丘调研。1976年1月25日，石化部上报了开展"冀中石油会战"的报告。报告第三天就得到了国务院的批准，很快来自石油战线的三万大军会师任丘，一场全国层级的、规模宏大的华北石油大会战全面打响。

伴随着任丘油田大会战的开始和任丘油田的成功开发，华北油田总部及所属部门、公司的机关、后勤等全部落户任丘。大规模的集中建设任务摆在了油田建设者的面前。这也是华北油田建设的另一场"会战"。

如此大会战，当然少不了沧州地区一建。根据华北石油管理局和省、市政府的要求，1980年年中，在完成天津市河北宾馆加固项目后，地区一建第一施工大队就直接转移到了任丘，并在这里扎下营盘，一干就是20年。

任丘是一座历史文化名城，在发现石油前，还只是一个人口较少、经济并不发达的小县，自身建筑力量相对较弱。沧州一建对这里并不陌生，曾经多次在这里施工，也得到了当地政府和群众的认可。这次是国家级别的石油大会战，参加基础设施建设的队伍也是天南海北、千军万马。沧州一建作为本地建筑队伍的代表，表现毫不逊色，一出手就拿下了华北油田第一个重大建设工程——南大站基础设施的建设任务。

任丘油田是第一个，也是极为罕见的高产潜山油田，很快就形成了日产万吨原油的规模，原油外运的压力十分急迫。为了尽快地把石油输向四面八方，以满足社会主义建设的急需，国家石油化工部下达了抢建任丘至沧州输油管线的命令，整个工程包括长度400千米的输油管线和年处理能力500万吨的"任一联合站"，即南大站。输油管线由江汉油田管道施工处承担，得到了当时沿线1市4县27个公社120多个农业生产队的无私支持。南大站的原油处理和输送设施安装由华北石油会战指挥部油建一公司二大队负责。

沧州地区一建承担的是南大站的行政办公楼、科技实验楼、住宅楼和站区生活、交通设施的建设任务。队伍刚到工地，眼前是一片杂草丛生、盐碱泛白的荒原，几具10000和20000立方米浮顶大罐矗立其上，连通着半米多粗、纵横交错的输油管道和星罗棋布的"采油树"（由于任丘油田的单井产量极高，一口油井上经常安装类似"三通""四通"式的多个采油管道，像一棵分出多个枝杈的大树，石油人形象地将之称为"采油树"）。

从天津大城市的工地一下子来到荒郊野外，大家并没有丝毫的不适应，迅速搭起窝棚组织施工。可"老天爷"却一见面就给了他们一个"下马威"。

南大站在任丘城区以南10余千米，为了尽量少占耕地，建在一处地势低洼的荒碱地上。一天傍晚，刮起了一阵狂风，用草帘、油毡搭起的窝棚瞬间就被揭去了盖顶。狂风一过，工人们赶紧连夜重新搭盖棚顶。这时大块、大块的黑云豕突而来，一场瓢泼大雨顷刻而至。正当人们庆幸屋顶已经修好时，混浊的雨水已经开始漫入窝棚。不一会儿，床已变成水中的小舟。虽然油田已经开始投产，但是交通、通信等设施还没跟上，工人们只能在风雨中一直挨到天亮。这时，往外一看，十几个工棚都成了汪洋中的一个个小岛。大雨过后，很长一段时间道路一片泥泞，车辆根本无法进入，很多物资只能靠人抬肩扛进入工地。

1982年南大站建成后，又转战即将投产的油田北大站，同时承接了建筑面积11500平方米的华北石油管理局青少年宫项目。随着会战结束，任丘油田进入稳产建设阶段，沧州一建第一施工大队也成了华北石油基础建设的长期合作单位，大项目不断，直到2000年前后华北油田战略转移，20多项标志性建筑都是由第一施工处完成。

四、"龙头老大"

作为国营建筑公司，从1978年到1984年，沧州一建在保证沧州化肥厂后续工程建设和唐山震后援建等硬性工作外，公司还完成了华北油田、026航校、沧州啤酒厂、沧州师范专科学校、沧州税务局、沧州地铁运输公司、天津宾馆等几十个重大项目，多项工程被评为河北省优质工程，是当之无愧的沧州建筑业的第一主力；不论是施工业绩，还是工程质量、企业上缴利税，都是毫无争议的"龙头老大"。一直到20世纪90年代初，凭着随处可见的建设工地、实实在在的材料工艺、值得信赖的工程质量、优质贴心的客户服务，"地区一建"成为沧州建设发展和百姓生活离不开的一个名字。

沧州啤酒厂

原沧州师专大门、教学楼

咏叹调：改革中的沉浮

改革开放之初，作为体制改革"先行先试"的企业，沧州地区第一建筑公司推行了以承包经营、独立核算等为核心的制度性改革措施，取得了一定的实效。但是，作为沧州最早的国营建筑企业，基于长期计划经济环境下所形成的制度文化，根深蒂固的"大锅饭""铁饭碗"等思想，对企业改革形成了强烈的"制动"效应。此时的沧州一建整体上表现出了市场竞争意识不足、发展渴望缺失的问题。

尤其是进入20世纪90年代，面对市场经济的浪潮，管理上的"以包代管"直接造成了"撒手不管"的局面。公司"跑、冒、滴、漏"现象严重，经济效益严重下滑，而且制度性地放松了对建设质量的要求，严重影响了沧州一建公司的社会形象，挫伤了新老员工的工作积极性。

1984—1995年，大元人在改革开放和市场经济浪潮的沉浮中演绎了一曲时代的咏叹调！

第一章　"红利"与"阵痛"

一、一场大考

1978年12月，党的十一届三中全会在北京召开。这是一次新中国成立以来党和国家的全局性、根本性、历史性的伟大转折，结束了粉碎"四人帮"之后两年徘徊不前的局面，重新确立了解放思想、实事求是的路线纲领，做出了把党和国家的工作重点转移到社会主义现代化建设上来，对内改革、对外开放的战略决策。中央决定，首先从经济体制改革入手，提出了"计划经济为主、市场调节为辅"的方针政策。

建筑业被确立为经济体制改革的先行先试行业。1978年7月，国务院连续下发的《关于扩大国营企业经营管理自主权的若干规定》等五个扩权文件，从多个方面赋予了建筑企业更多的自主权。1980年，再次改全额利润留成为基数利润留成加增长利润留成，增强了企业发展的自身造血能力。

1983年起，开始试行的"利改税"政策，促进了建筑业的政企分开，提高了企业经济效益，为建筑企业在市场环境下的公平竞争创造了条件。随后出台的企业承包经营责任制、租赁制，资产经营责任制、股份制等企业制度改革措施，以及允许建筑市场价格浮动和禁止本地市场封锁等政策，进一步刺激了建筑业的活力。

1987年，国内建筑业开始推行"鲁布革"工程管理经验，以"管理层与劳务层分离"为标志，以"项目法施工"为突破口，启动了建筑业生产方式变革和建设工程管理体制的深层次改革大幕，"市场"迅速成为建筑业经济活动中的重要成分。

应该说这个阶段既是建筑业的政策"红利期"，也是行业发展的"阵痛期"。承包制、市场化等改革手段，在思想上较易为各方面接受，一定程度上激发了企业的活力。但这个阶段的改革仍然是一种过渡性的改革，在总体上没有真正突破计划经济与商品经济的根本对立，各行各业都在期待新的制度设计和改革。

此时的沧州地区一建虽然仍是沧州地区无可撼动的"老大"，但相较于全国的建筑行业改革大潮来说，不过是太平洋上滔天巨浪中的一叶扁舟，随时都会有被吞没的危险。然而，就是这样一只小船，舵把儿却没有全部操在自己的手中。

这对沧州地区一建来说，无疑是一次大考。

二、一夜白头

1984 年，中央提出了"干部四化"的标准。按照这一要求，沧州地区建工局免去了刘恩治同志的经理职务，调其到刚刚成立的沧州地区质量检查站主持工作。党总支部书记岳全信先是被调到沧州地区建委，1986 年沧州地区第三建筑工程公司与地区开发公司合并成立了沧州地区第四工程处（1987 年改名沧州地区建筑工程总公司第四分公司，1992 年被沧州地区一建兼并），岳全信同志再次被派到地区第四工程处任处长兼党支部书记。

1984 年 4 月，原副经理张绍华同志被任命为地建一公司经理，调原地区二建副书记李英才同志任一建党总支部书记。李荣、赵曼萍、何玉俊、高庆辉等任副经理，张长国任副书记。

张绍华 1941 年出生在河北省昌黎县大禹村，是 20 世纪 50 年代入学的工科大学生，技术功底深，思想觉悟高。1961 年从张家口建筑专科学校毕业后，先是在沧州地区行署建筑工局施工一处、二处的工地上任技术员，1962 年 8 月调至粮食局工作，1963 年进入沧州市建工局设计处。1972 年被派往沧州电厂扩建项目筹建处，一直在工程科、技术科从事专业技术工作。1982 年任公司副经理，仍然是主抓施工和技术。

1984 年的沧州地区一建，正处于国家各项改革措施刚刚起步落地的阶段，"摸着石头过河"是当时很多改革者最真切的心理感受。在长期的计划经济体制下，早已形成的僵化思想和行政化的企业经营模式，犹如一块块横亘在改革浪潮面前的礁石。虽然不能真正阻挡历史的潮流，却也引发惊涛无数。各项政策不明朗、配套措施不健全，也导致人们思想意识的转变更加缓慢而且困难。尤其是传统建筑业的人员构成、经营方式等特殊原因，给改革措施的推行带来了更大的阻力。

在张绍华经理的带领下，地区一建贯彻中央精神、落实上级要求，进行了一系列创造性的改革探索。从今天的角度来看，这些措施无疑是正确的、可行的。但是在当时的思想环境下，人们完全是基于计划经济体制下养成的"平均主义"来思考问题，干部岗位调整、职工调资和住房指标的分配、老同志的养老，甚至子女的就业等等，都成了矛盾的爆发点。公司经理班子一时陷于这些无休止的纠缠中，不仅严重影响了工作、办公秩序，更破坏了企业正常的发展环境。

改革是痛苦的，也是必须进行的，开弓没有回头箭。张绍华殚精竭虑，顶住压力，几乎是一点点地向前"拱"。为此，他和领导班子的同志们付出了巨大的努力和牺牲，不到一年的时间，只有43岁的张绍华竟然白了头发。也正是他的咬牙坚持，为地区一建的改革进入正轨奠定了坚实基础。

张绍华 拍摄于 2022 年 2 月

三、激流中换桨

1985 年年初，随着改革的持续深入，沧州地区行署决定组建沧州地区建筑工程总公司。地区一建由直接隶属地区建工局，改为总公司下属的第一分公司，简称"地建一公司"或者"地区一建"。地区建工局调张绍华、董恩仓进入地区建筑总公司班子，改革的接力棒传到了时任副经理李荣手中。

李荣出生于 1951 年，比张绍华年轻了整整 10 岁，当时只有 34 岁。1971 年高中毕业后，"上山下乡"到了张家口崇礼县马丈公社太子村，当了三年插队知青。插队期间经常协助公社和村干部处理工作，给了李荣与基层群众打交道的经历和经验，也让他赢得了群众的认同和认可。三年后，经层层推荐、考试，他顺利进入河北省张家口建工学校学习。

李荣的学习机会的确来之不易。"文革"开始后，大学生停课闹革命，已经连续三年没有招生了。1970 年 6 月 27 日，中共中央批转《北京大学、清华大学关于招生（试点）的请示报告》，同意全国高校从当年的下半年开始恢复招生，招生条件和办法按北大、清华的报告意见执行，即招收政治思想好，身体健康，具有三年以上实践经验，年龄在 20 岁左右，有相当于初中以上文化程度的工人、贫下中农、解放军战士和青年干部。条件中还特别注明，要注意招收上山下乡和回乡知识青年。招生方式实行群众推荐、领导批准和学校复审相结合的办法。这就是"工农兵学员"的来历和"推荐"上大学的政策依据。

不同的是，1973 年年初在毛泽东主席、周恩来总理的支持下，受"四人帮"排挤的邓小平同志复出工作，担任了国务院副总理。接着周恩来总理又向中央建议，在他生病住院期间，由邓小平同志全面主持国务院工作。但是，在当时形势下，邓小平同志还无法从根本上扭转高校招生的局面，只能要求对上述的推荐办法进行修订，增加了"文化考试"内容。所以在这一年的招生过程中，各地都采取了公社和县两级考试的方式，一批有文化基础的知识青年得以有机会继续学习深造。不过由于辽宁发生了"张铁生交白卷"事件，8 月 10 日《人民日报》转发后，引发了全国对文化考试是否有必要的争论，不少地方重新回到了"群众推荐、领导批准和学校复审"的老路上。

李荣是幸运的，没有受到实质影响，顺利地进入了大学。也正因此，他不仅十分珍惜自己的学习机会，而且一生中更加爱

李荣 拍摄于 2022 年 2 月

惜人才、重视人才，成为公司发展中一众良将的伯乐。

34 岁就担任公司"一把手"，而且正是公司面临改革步入深水区的特殊时期，这无异于船在江心、激流中换桨。所以公司内外流传着李荣经理是"要了上任条件"的说法。据说，是他提出必须提拔时任公司生产调度科科长的李建国任副经理，否则不接这个担子。时至今日，老经理李荣同志对这个说法仍是一笑而过、不置可否，但也曾经说过："建国当副经理是我点的将！"

四、工地上结缘

李荣和李建国的相互熟悉是在二大队时。1978 年，李建国被调到二大队任器材组组长。在队长何玉俊的带领下，他主动与大队领导密切配合，使二大队的生产业务快速发展。由于承建的项目多，大队领导不能及时到工地调度。项目开工初期，器材组组长要保障工程全部物资供应，必须每天去工地。所以，大队领导就常把一些与甲方的协调工作交给李建国。在原沧州师范专科学校老校区主教学楼项目的施工过程中，李建国谦逊、坦诚、负责的态度和良好的沟通能力得到了沧州师专领导的认可，所以大队领导更是很少出现在师专项目现场。

这时李荣结束了在河间采油三厂的项目施工，回到公司后被任命为第二施工大队的副大队长。沧州师专主教学楼工程建筑面积一万多平方米，主体五层，局部四层，当时属于比较大的工程。李荣上任后就主抓这个项目。

李荣一上手，李建国就发现他与众不同。比如，预制楼板计划单，以往工长只是用一张纸简单地写出用什么规格的，剩下的事都由李建国去完成。而李荣则是根据施工图纸，把不同楼层对楼板型号、预应力规格、数量的需求全部核算清楚，请自己的亲戚帮忙刻成蜡版，油印成册，分发给工长、技术员、施工员、安全员、材料员和加工厂。这样不仅克服了因楼板尺寸、规格不符合结构要求影响施工进度和质量安全的问题，而且清楚明了，便于加工生产、提货运送和检查验收。接触时间一长，李建国更是心服口服，这是一位干工作实在、认真，有计划，有创新，要求严，标准高的好领导，也是一位人品端正、为人厚重的好老兄。

李建国主动向李荣学习请教，这也让李荣全面了解了李建国。惺惺相惜，他感兴趣的居然也是李建国自己设计的器材单。虽然是手工画成的表格，但各种器材、用料提前填写了详细的名目、规格，使用时不用再每次抄录，只需在表格相应的位置标注计划用量即可。表格还预留了实际用量和价格折算、成本统计等栏目。这样的一张表既可以作为用材计划，又可以体现实际用量，还可以用于成本核算，可以说整个项目的器材工作一目了然。

当时公司还没有油印、铅印器材单的条件，为了省时省力，李建国就在两张纸中间夹上一张俗称"靛蓝纸"的复写纸，这样就能一次画出三五张。填写使用时要留存根，不管是一式两份还是三份，都要垫上复写纸。这种方法有很多不利的地方，一是为了能多复写一两张，用纸必须尽量薄、尽量软。二是为了字迹清楚，画表、填表时要用力，这样经常会把纸张划破。特别是只要稍一用力压，"靛蓝纸"就会把纸面污染得蓝乎乎的，一张新表都容易字迹模糊。再有，因为纸太薄，钢笔用不上，只能用"原子油"的圆珠笔。而圆珠笔的笔迹时间长了，或者稍微遇潮就会褪色，所以施工原始资料的保存就受到了限制。

可就是这样，施工旺季用量大，上班时间又顾不上，为了赶着明天用，李建国还要下班后带回家画。有一次正是大热天，李建国照例趴在桌子上大汗淋漓地画表，为了不让汗水浸湿纸张，他光着膀子在胳膊上戴上两只劳动布的套袖。这时，一位邻居来串门，见到他滑稽的样子忍俊不禁，居然哈哈大笑着跑出了门……

看到李建国画的器材表，李荣也不由得多看了这个只有20多岁的小伙子一眼，认定"这是一个用心干事、脑子清楚、做事有谱、肯下功夫的人"！

于是两张材料单，让两个人结下了不解之缘。一天，李建国根据李荣印制的楼板需求单，亲自到加工厂挑选几块楼道用的特殊楼板。他爬上了两米多高的楼板堆，正在低头寻找，突然踩上了一块探头楼板，身子一歪随着倒塌的楼板掉进夹缝。幸好两垛楼板间有一根电线杆，李建国反应敏捷地一下子抱住，才没有侧倒，否则最低也会是双腿被砸断。正当他庆幸自己福大命大时，他感到小腿上有一股钻心的疼痛。原来，右腿的迎面骨被掉下来的楼板磕了一个大口子，鲜血立时浸湿了裤子。

李荣知道这事后，更加看重李建国的敬业和认真。一来二往，两个人对彼此的品性、为人有了深入了解。李荣注意到，李建国干器材工作清清正正、原则性强，一心为公，从不搞歪门邪道；而且工作之余，还坚持自学工程预算、成本核算、财务管理、施工技术等建筑方面的专业知识，李荣认定他是个踏实敬业的年轻人。因此，组织谈话要让他主政沧州一建时，他首先想到要起用李建国。

"建国，组织上要我当经理，你要配合我工作。"李荣找上门跟李建国交底。"那是肯定的。你工作上让我佩服、为人上让我敬服，是个好领导。我一定好好干！"李建国一脸真诚。可当他听到是推荐他当副经理时，立马又是一脸惊讶："我当副经理？哪有的事啊！我一个管器材的，刚当上科长，怎么会提副经理！再说，我也干不了啊！"

"你想干，就能干得了。你的老科长孙玉春评价你'有能力、有脾气、干事不会拐弯'，可我还发现你有办法、会处事、能服众。尤其是你非常愿意公司好，我找你也是为了公司好。我们都是为了公司好。所以，我干经理，你必须干，你不干我也没法当经理。"

一句"我们都是为了公司好"，将住了李建国。他郑重表态，一定服从公司领导，尽心尽力辅佐李荣把地区一建的工作做好。

第二章 被浇灭的"三把火"

一、先解决人的问题

很快，沧州地区建筑工程总公司宣布了第一建筑工程公司新一届领导班子，李荣为经理，何玉俊、赵曼萍、李建国任副经理，李英才为党总支书记，张长国为副书记。李建国是1984年张绍华经理上任后，才刚刚被提拔为公司器材科兼生产调度科科长，任职只有8个月。年不满30周岁，一年内两次被破格提拔，成为公司历史上最年轻的副经理，李建国可谓是风头无两。

按照领导的分工，李建国分管行政、人事、器材等。"新官上任三把火！"李荣认为，改革首先要解决人的问题，因此第一把火就烧向了行政管理和人事制度改革。

新班子雷厉风行，上任不到一个月的3月2日，公司就印发了《关于劳动人事制度改革和加强劳动纪律的规定》（以下简称《规定》），而且是"即日起执行"。《规定》改革了人事管理办法，强化了劳动纪律，规范了职工行为。在公司领导班子的强力推行下，根据《规定》条款，开除了一名长期领工资不上班，还无理取闹人员的公职，在全员中引起了极大的震动，也刹住了其他方面的不正之风，为建立正常的工作秩序、确保各项改革顺利开展打下了基础。

作为配套措施，在经营管理上，成立了联合开发科，加强了对施工挂靠单位的管理；成立了服务大队，既解决了老弱职工上岗和职工家属的就业问题，又减轻了施工负担。

二、改革艰难推进

5月17日，新班子上任不到100天，由李荣经理亲自带队，用三天的时间对公司包括在本地和外地的施工工地进行了一次全面、认真、严肃的大检查，对检查结果进行了评比公示，严格落实了公司规定的奖惩措施。此举在各施工队伍当中起到了立竿见影的效果，生产质量和安全意识明显提升，重新唤起了地区一建"质量立企"的根基意识。

1986 年 1 月，公司又出台了《关于管理人员奖惩办法》，专门针对机关各部门和各施工队业已存在的一些不正之风，严肃了纪律，明确把机关管理人员的奖惩与服务和管理工作挂钩，力图从制度建设和行动导向上，打破机关人浮于事、各施工处各自为政的涣散局面，密切了有关部门与各施工处的关系。

随着管理措施的加强，机关和各生产部门的精神状态为之一振，大多数人不无欢心地说："终于又看到了老地区一建当年的样子。"

三、有争议的免职

然而，就在"三把火"刚刚点起的时候，由于地区建工局和建筑总公司领导层对地建一公司部分改革举措发生了争议，1986 年 2 月，一纸命令免去了李荣的经理职务，由老经理刘恩治临时主持工作。

李荣是一位只对工作上心、对人不存芥蒂的人。他对这次颇有争议的被免职虽然十分愕然，但也不追究是谁在背后做了什么。"下台"后的李荣直接带着几个人去了泊头，按照公司制定的承包经营办法，承包了泊头市政府办公大楼的建设项目，而且邀请李建国给他当材料员。

李荣被免职的同时，党总支书记李英才也被调离了公司，何玉俊由副经理兼二大队队长改任公司党总支书记，调孙国庆任二大队队长。刘恩治主持工作后，顺势对各个大队班子进行了调整。

对于李荣和他的班子来说，这是一场被意外浇灭的"三把火"，可对于地建一公司来说，却是一次无情的倒退，甚至是灾难。

由于正是改革的试水期，临阵换将实属兵家大忌！尤其是来自外部的干预，让公司刚刚鼓起的一点儿士气遭受了极大的挫折。鼓气如逆水行舟，泄气则如洪水决堤。公司很快就出现了管理松懈、质量安全无人问津的局面。连二大队这个业绩占了公司"半壁江山"的先进单位，由于思想麻痹、放松管理，居然在一百天内连续发生了两次重大安全事故，两名工人失去了宝贵的生命，在地区建工局和社会各界引起强烈震动。

第三章 迷雾中前行

一、官复原职

李荣去职，最受打击的除了李荣本人恐怕就要数李建国了。短短的一年间，在李荣经理的支持下，公司推出的一系列改革措施中凝聚着他的心血和汗水。俗话说"开弓没有回头箭"，可刚刚射出的利箭却被人为的因素硬生生地折断，对于一个已经披挂出征的壮士来说，甚至要比"引而不发"更让人痛苦。

但李建国就是李建国，他的人生字典里没有"认输"这两个字。

这一次，他选择了主动站出来。不仅是因为李荣对他有知遇之恩，更是出于对公司改革发展大局的执着和对李荣经理的充分信任。

李建国答应了李荣的请求，一边主动协助老经理刘恩治完成各项任务，一边为李荣承包的泊头市政府办公楼项目当起了"编外材料员"。他一方面是想帮老领导一把，二也是为了更方便联系，做他的思想工作。同时，李建国开始反复向建工局和总公司领导实事求是地反映情况，不断协调各方关系、澄清事实、沟通思想、统一认识。

其实，在对待地建一公司领导班子的处理上，地区建工局与地区建筑总公司一开始就存在争论。加之连续两起事故惊动了地区行署领导和社会各个方面，地区建筑总公司支持李荣的呼声也越来越高。这也为李建国的争取工作增添了底气。最终，3 个多月的努力没有白费，1986 年 6 月，李荣被再次起用，继续担任公司经理。

这个过程也让建工局和总公司领导全面认识、了解了李建国的为人和工作协调、推动能力，为他日后的个人发展奠定了坚实的基础。

二、遭遇迷雾

"官复原职"的李荣一如既往，展现了一名党员干部的胸襟。为了深化改革，1987 年李荣调整了一建的领导班子，提拔第一施工处主任吴宗超、第二施工处技术副主任李凤佩、第三施工处主任步进弟为公司副经理。其中吴宗超、步进弟仍主持原岗位的工作。在李建国的协助下，公司逐步理顺了管理架构、充实了市场力量、强化了质量安全。

与此同时，加快了解决人浮于事、等靠要、吃大锅饭现象的改革步伐。从 1987 年年初开始，连续制定实施了《内部经济承包核算办法》《工程质量奖惩规定》《关于加强物资管理的奖惩规定》《关于生产与技术管理工作的暂行规定》等一系列规章制度，为公司改革挺进深水区打下了制度和思想基础。

但是，改革本身就是"摸着石头过河"，对于一个传统建筑行业来说，无论是思想还是实践，注定这个过程并不轻松。

制度的制定需要改革创新的眼光，而制度的落实则需要高、中、低层的同步发力。否则，制度只能是挂在墙上的摆设，永远成不了翻开荒地的犁铧。

从全国范围来看，关于改革也出现了一些意识形态领域起伏不休的争论。而这个时期的沧州地建一公司以沧州建筑业"长子"的身份地位，凭着自身良好的施工素质，在沧州本地、北京、天津、冀东南、华北石油等地区和行业都有着极高的企业信誉，生产业务上也一直处于高位运行。从生产数据上看，公司连年超额完成任务指标，企业效益、职工待遇也是水涨船高。在李荣经理的努力争取下，在市区育红路为职工新建了 3600 平方米的 3 号住宅楼，为 1 号、2 号住宅楼安装了取暖设施，改善了职工的生活条件。此时的地区一建似乎是在尽情地享受传统体制残存的红利。

这种状况像一针致幻剂，麻痹了一些人的神经，更像一团迷雾，遮蔽了一些人的目光。随着改革的持续深入，市场环境正无可逆转地发生着翻天巨变。国营建筑企业已经失去了"指令性"业务这棵"铁杆庄稼"，必须从过去的"等人喂"到"找食吃"，从甲方投资、乙方干活，到成本核算、自负盈亏……为此，首先需要管理者彻底转变观念、与时俱进，学习掌握市场规则。广大职工也要明白，过去"旱涝保收"的工资必须和效益挂钩，多干才能多得，不干就只能不得。

三、异味的歪风

然而，无论是某些领导，还是部分职工，在长期的计划经济体制下，已经习惯了守着"大锅饭"，端着"铁饭碗"，别人盛多少吃多少。如今抬头看"锅"似乎还在，却没有了现成的饭；低头看手里的饭碗，也似乎不再"铁"。一时间，人们心里仿佛没了底儿，公司上上下下都弥漫着一种莫名的怨气和抵触。

政策不能落实、措施不能推行，人不好管、队伍不好带、业务不好开展，这些都成了沧州地建一公司发展中的一只只"拦路虎"，不断考验着管理者的政治智慧、创新意识和管理才能。

伴随着迷雾而生的还有一股股裹挟着"异味"的歪风，充斥着公司的上下左右。尤其是一部分"逍遥"惯了、"伸手"惯了的人，由开始的"讨价还价"进而变本加厉，为了涨一元钱的工资、分房排名时的一个小分都要打得不可开交。更有个别人无耻到"撒泼打滚"的程度，白天堵在李荣经理办公室的门外连哭带闹，晚上还要追到家里，围着人家的饭桌纠缠，严重破坏了公司的工作环境，危及了公司领导、家人的正常生活和人身安全。

对个人所受的委屈，李荣经理并不过分在意。只不过，此时的他虽然雄心犹在，也得到了李建国等大多数公司领导和职工群众的信任、支持，但是经过免职、复职这一"劫"，思想深处也多多少少留下了一丝阴影。在狂飙突进的改革大势面前，他就像是一个身处完全陌生、充满凶险漩涡的海域，又突然遇到了漫天迷雾的航行者，自然而然地选择了最保险的策略：坐等云消雾散。而他麾下曾经披坚执锐、破冰改革的李建国，也时常有一种"夜雾寒浓"的感觉。带着对国家改革开放政策的执念和建筑企业现实问题的思索，李建国在 1987 年到 1989 年选择了去河北建筑工程学院管理系进修。

第四章 求学之路

一、"你得想办法去进修"

1987年9月，沧州地建一公司副经理李建国成了河北建筑工程学院管理系的一名大一新生。

河北建筑工程学院旧址

消息在公司传开，好嘀咕事儿的人很快就有了不同的说法。有的说，李建国带职脱产进修，这是"镀金"去了，回来就要当经理；有的说，他是被逼走的，因为他的改革策略触动了一些人视为可以继续独享的"蛋糕"；有的说，他"眼里不揉沙子"，遇事敢管、敢说话的性格，"冒犯"了某些人的"尊严"；还有人指名道姓，说他强势的能力展现，让某些人感到了"威胁"！只有少数几个"知情人"了解，李建国决定去进修的起因是他与当时沧州地区建工局董海局长的一番对话。

1987年的一天，李建国奉命去地区建工局汇报工作。汇报结束，建工局董海局长却没有送客的意思，而是主动地聊起了天。

"建国，你是什么学历呀？"

"董局长，我算是高中毕业。"

"你已经是副经理了，中央要求干部队伍要革命化、年轻化、知识化、专业化，你得想办法去进修，拿个学历呀！"

李建国一愣，还没等他说话，董局长又说道：

"改革还要深入，企业还要发展，你作为副经理也要不断提高自己的知识水平和业务能力。"

一语点破迷津，李建国当即表示"一定努力争取"。回来后他就找到公司"一把手"李荣经理。

李荣说："董局长说得对，你确实应该学习深造，为将来发展打好基础。学习的事我给你联系河北建工学院吧，你自己回家做通母亲和家里的工作。"

事情就这么简单。但是简单的背后，却有着一番不为人知的深情。

董海局长是保定涞源人，一直在沧州工作，担任过县长、县委书记、沧州师专和河北工专的党委书记。他的很多老部下、老同事都有一个深刻的印象，就是董书记的"劝学"。1996年到原沧州师专工作后，他就专门制定政策，鼓励青年教师报考研究生、学外语、学计算机，甚至组织学习汽车驾驶。他给李建国的"建议"，当然是出自对青年干部成长的关心，但更多的应该是"斯人难得"的爱才之情。而真正让已过而立之年的李建国毅然打起行囊、千里求学的动力，还是源自他骨子里面的好学上进的精神和对知识的渴望。

二、生活中学习

李建国出生于1955年12月，童年是在老家河北青县县城度过的。

青县是一个历史悠久、文化厚重的小县城。史料记载，西汉初年高祖刘邦曾设置参户县，据近年考证，县治应该是在今天大城县留各庄镇完城村，县域包括今天的青县大部分。汉武帝时升治为侯国，为献王刘德之子、参户侯刘勉的封地。唐朝时，大概是因为邻近大运河的缘故，参户县移治到今天的青县县城。

青县是传说中盘古择居之地，有盘古墓遗存和盘古大庙遗址，还有传说中老子修性悟道的觉道庄。世代生长繁衍于此的人们，涵养了纯朴善良、宽容厚道的品性和乐善好施、侠义热情的性格。如今这里更是全国闻名的"好人之城""道德之乡"，先后有近30人荣登"中国好人"榜。

李建国家兄妹三人，上有一位哥哥，下有一位妹妹。在他儿时的记忆中，是祖母带着母亲和两个姑姑靠做零活、杂工，日夜操劳，苦苦支撑着这个特殊的七口之家，哺育着他们兄妹三人。特殊的家庭构成，也让幼小的李建国和哥哥、妹妹一起，早早地担起了生活的担子。

"草长莺飞二月天，拂堤杨柳醉春烟。儿童散学归来早，忙趁东风放纸鸢。"少年李建国不止一次地吟诵过这首脍炙人口的《村居》小诗。可是，在他的学童生涯中却少有如此的天真烂漫。放学归来，他要尽可能地帮助母亲和奶奶分担一些家务，稍大一点儿，他就开始学着哥哥干起"力气活儿"。

早些年的青县人都知道，浅井水涩、运河水甜，有条件的人家都是爬坡过坎、跑上几千米，用水车到城东的京杭大运河拉水吃。李建国和哥哥、妹妹都还小，还要上学，家里没有壮劳力，平时都是母亲用扁担就近担咸涩的井水吃。只有过年过节时，才会借别人家的水车到运河里去拉上一车甜水。

李建国的记忆中，自打哥哥十一二岁开始，就再也没让母亲担过一次水，直到县城通上了自来水。刚开始是他们哥俩一起抬水，个子长高了一些后就一个人担水。李建国至今还清楚地记得他第一次一个人担水时的情景。

挑井水最难的是从井里把水打上来。一起担水的大人们想帮他，李建国没同意，他要掌握这个"技术"。学着大人的样子，他蹲在湿滑的井边，用扁担小心地摆动着水桶。在大人的指点下，一次只打半桶水，然后吃尽全力把水桶从三四米深的井里提上来，歇上一会儿再一路歪斜地担回家。

在李建国看来，这是他受用一辈子的人生财富，不仅强壮了他的体格，也培养了他不怕吃苦、不怕受累，困难面前不皱眉、艰险面前不退步的性格。

母亲和奶奶是他的人生良师。奶奶是一个心地善良、慈眉善目的老人，从小听奶奶说得最多的一句话就是"吃亏是福"。对李建国的成长影响最大的还是他的母亲。母亲外柔内刚，为人平和、待人真诚，行事端正、处事大方，深得街坊邻居和亲戚朋友的敬重，整条街上的男女老少都尊称她为"大姑"。奶奶和妈妈都没有正式工作，家中也没有固定的收入，但靠着母亲和奶奶的精打细算、勤俭操持，一家人依然可以过得三餐有食、节庆有肉，大人孩子也能夏有单、冬有棉，乡邻间人情随往、孩子们读书上学，"从没有因过日子借过饥荒"。

在清苦而又温馨的环境中，李建国长大了。遗憾的是由于初中、高中都赶上了"文化大革命"，从小就有学习天赋的他，错失了继续学习深造的机会。不过正像人们常说的，只要是有准备的人，命运在关上一扇门时，一定还会留着一扇窗。1972 年 7 月，面临高中毕业，本来考大学无望，只能"上山下乡"的李建国，遇上了沧州电厂扩建筹备处招工。当时听说是招工人，人们都挺高兴，可确认招的是建筑工，整天要风吹日晒、爬高下低，与沙子水泥、砖头瓦块打交道，很多城里人就又打起了退堂鼓。

姑姑把消息告诉了母亲。那个年代，高中毕业都得"上山下乡"，能找个工作不容易。可他们家毕竟是城镇户口，母亲还是先征求了李建国的意见："国呀，干建筑可是个苦差事呀！你愿意去吗？"母亲有些心疼儿子。

"妈，我想去，这不就上班了吗？多好的事。我有的是力气，不怕累。"

李建国没有丝毫的犹豫。他知道，奶奶年岁大了，哥哥去当兵，妹妹还得上学，母亲养这个家不容易。他也该挣钱帮老人养这个家了。

"没学可上，就去生活中学吧！"李建国在心里对自己说。

就这样，这个不满 17 周岁的翩翩少年毅然打起行囊，只身来到了沧州。

三、"打灰工"认师傅

工人招上来了，电厂筹建处的办公用房还在施工中。筹建处的位置在今天浮阳大道东侧，紧邻沧州市文化艺术中心，现在是市供排水集团的浮阳营业厅。这里原来属于地区建工局，曾经的两排"W"形船形预制水泥板屋顶的平房是办公室。现仍保存完好的圆形建筑是当时的大食堂，这座特殊建筑已经有整整 50 年的历史，是沧州市区为数不多的老建筑。

报到后的第一天，李建国就被分到筹建处基建工地上当"打灰工"。就是在这里，他认识了职业生涯中的第一个师傅强义峰。

打灰工本来是工地上最简单的工种，他在上学时参加义务劳动、家里修房子时都和过泥，觉得应该差不多，无非就是硬了加水、软了添料。可是到了工地上，打灰队队长强义峰却要求根据需要分开盘打几种灰，每盘灰都必须按技术员给出的水泥、沙子、石膏、水等用料的配比，一一称量准确才能投料搅拌，而且还要把沙子仔细筛干净。李建国天生就是不管干什么事都要先"问个为什么"的性格，总是追着强师傅问个究竟。三天下来，李建国就掌握了什么样的活要打什么样的灰，如何掐算用灰的数量、打灰的时间等等，成了打灰队的主力。

打灰工在建筑工地上还有一个统称——"壮工"，意思是干这活儿必须有力气。的确如此，当时施工机械化程度低，需要工人用铁锨手工搅拌"沙子灰""石子灰""石膏灰"。这个活儿既要全身用力，还要手脚会发力，还真不是个"轻省活儿"。

论力气，李建国虽然年轻，刚刚成年，但身大力不亏，使锨动锹也都干过，难不住他。难就难在了推小独轮车上。每盘砂浆中用料配比是比较严格的，水泥袋子上有标重，沙子和水则需要过秤或者斗量。搅拌好后先要装好一车灰膏过秤，然后每车都要装到同样程度，方便计数。刚开始时，掌握不好推独轮车的技巧，推着符合计量标准的满车灰膏很是吃力。路线还有上坡，常常有点儿障碍一车灰膏就倒了，只能细心地重新装好。

为了不耽误工作，他就下班以后自己偷着练习推小车。先是练推空车，再徐徐地加载，慢慢体会如何借力用力，直到能单手推动空载的独轮车自如地在工地上穿梭。强师傅发现这个才十七八岁的小伙子有股认学、好学的钻劲，也就对他格外喜欢，不仅有问必答，主动指导，还经常逢人就夸："小国这孩子手脚勤快，还爱动脑子，将来一定有出息。"

四、"秀才"师傅

身强体壮、头脑机灵的李建国很快成了强师傅手下的"主力"，但领导却没让他接着干打灰工。1972年10月，人事科要挑选一些入职以来表现好的青年工人安排到管理岗位工作。"聪明、好学、肯干、会干、不惜力、不藏奸"的李建国，被安排到器材科中心库房当保管员。

中心库房有个老师傅叫于玉树，解放前曾经在街头摆一张小桌，靠代写诉状、代笔书信谋生。老先生写得一手好字，而且做事严谨，思路清晰、账目清楚，为人也有些清高，被人们称作"老秀才"。李建国在母亲的言传身教下，从小就待人热诚、谦逊有礼，而且好学上进、不怕吃苦、做事细致严谨，因此很快就深得老先生喜欢。赏识之余老先生便手把手教他认识各种材料，讲解各个品种、规格、性能、用途，如何计算用量，如何科学摆放、方便存取等等。很快李建国就成了器材管理的行家里手，而且做到了把库房里和堆场上的器材位置、数量、型号烂熟于心。拿到施工队报上来的计划清单，他不用翻、不用找，带着领料员转上一圈就"一把清"，还不时对领料单上的数量、规格提出合理、恰当的建议，连那些老工长、老材料员都佩服。

五、自己偷着学

从打灰工到保管员，半年的时间李建国由一个懵懂的小孩儿，变成了一个工作投入、业务熟练、像模像样的年轻工人。随着电厂工程的逐步推进，1973年3月李建国被调往沧州电厂工地器材科任保管员。工地器材科科长叫马志山，是一位经历过河北省二建、天津八建时期的老同志，业务能力强，工作认真负责，但脾气大，不善交流，对同事、下属要求极严格，批评人不留情面。

李建国敬佩他的业务水平，只能"敬而远之"，悄悄暗中学习。马师傅看在眼里，嘴上不说，态度却有了变化。在李建国请示工作时，他常破例多讲几句，为的是让这个小伙子明白为什么。这样李建国很快就对如何配合、满足施工进度需求做好材料计划入了门，掌握了很多施工知识和器材供应管理的方法。如大型吊装如何匹配滑轮、钢丝绳，各种构件需要什么型号、标准的钢筋，钢筋入库的抽检标准、取样办法、送检程序及检验数据的合格标准等。

　　当时，工地器材科还有一位钣金工叫张相廷，心灵手巧，平时寡言少语，但干活仔细、精打细算，同样的活儿，总比别人省工省料。李建国记着奶奶的一句话，"艺不压身"，因此没事时常凑在张师傅旁边看他干活。张师傅见这孩子勤快好学又精力充沛，就有求必应，教了他一些放大样、下料和制作的技术。李建国很快就能单独制作雨落管、白铁水桶、洗衣盆等。

1974年公司器材科全体合影（后排左二为李建国）

六、事上磨、行中悟

　　李建国的好学上进，得到了器材科科长孙玉春的认可。1973年7月，电厂扩建项目的土建工程基本完工，进入设备吊装阶段，一建的施工队伍就开始转入其他项目。公司在任丘承接了一批建桥工程，李建国被派往位于吕公堡公社的金桥建设工地。

接到命令的第二天，领导就派他押车从沧州往任丘运送建桥用的大型木质模板。解放卡车的驾驶室本来可以坐三个人，可司机曲万仓却说："我要带徒弟学开车，三个人不方便，你坐后边车斗上去！"当年司机的社会地位很高，说一不二。学车也没有驾校，都是老司机带徒弟，也可能是怕李建国"偷艺"吧。

"不能让模板有一点儿闪失！"李建国心里想的是车上的模板，根本没在意司机的态度，二话没说就爬上了车厢。

吕公堡在任丘以东，当时从沧州过去要绕青县流河，100多千米的路程有一半还是土路。路况坑洼不平，即使坐在大卡车的驾驶室里，也会被颠得东倒西歪，要是在车斗里坐着能颠得"肚肠子痛"。所以坐大卡车的人如果没有合适的坐具，不管路途多远都得扶着车帮站立一路。可车装上了模板后，人再站上去就危险了，只能坐在板子上。解放卡车的车厢只有3.6米长，要运送的模板超过6米，装上车一跑起来，随着车颠，模板颠得更厉害，坐在上面，能把人弹起一尺多高，还会左右摇摆，很是危险。

汽车上路不一会儿，坐在模板上的李建国就感觉所有的内脏似乎都在腹内上下窜动、左右翻滚，真有一种痛不欲生的感觉。一路上，车轮带起的尘土裹着从模板缝隙里飞出的锯末，时不时就迷了他的眼睛。而他还要时刻留意着捆绑模板的缆绳，生怕模板掉下去一块。可别无办法，他只能用手死死地抓住栏杆，横下一条心：不管怎么样也必须坚持住，必须把模板安全运到工地。

靠着这股子"犟劲"他坚持了将近4小时。这次押运模板，是李建国工作50年来常讲的一段经历。他的感受是，只要把精力用在工作上，再大的困难、再大的艰苦都能被克服！

在任丘金桥工地的几个月里，作为工地器材员，李建国和段三立一直吃住在荒郊野地里用秫秸秆搭成的草棚里，圆满完成了施工保障任务。这是他第一次比较独立地负责工地具体的器材业务，让他全面地理解了器材管理对工程建设的重要性。一个项目需要大大小小几百种设备，各种通用、专用工具，钢筋、沙石、水泥、砖瓦、木材等上百种、成千上万吨的建筑材料。计划经济时代这些都需要申请指标、报批采购、列入成本预算。工程立项，先要根据图纸和工期制订采购计划，既不能影响施工进度，还要尽量不挤占资金。项目开工后，要根据工程进度科学调配器材物资，既要保证不挤占施工场地，又绝不能出现停工待料，设备、器材还要实现周转有度、高效利用。这既需要器材员深入现场，与项目负责人及时、准确地保持沟通，还需要具备相应的专业知识，能严密测算、科学组织调度。尤其是一个施工队伍的器材组长，既是"大管家"，还要是"内当家"。管不好家，施工必乱；当不好家，必然会造成浪费。

七、"当司机"和"当经理"

1972 年 10 月，人事科在分配这批新招收的青年工人时，曾经让他们填过一张意见征求表，其中一项是"自己想干什么工作"。用李建国后来自己的话说，他"有点不知天高地厚"，因为他填了两个今天看来有点不搭界，却都实现了的岗位：一是当司机，二是当经理。其实，对于当时只有 17 岁的少年来说，这是他想学习和努力的方向。从那以后，他一直干器材工作，经常要押车运送材料，与司机、车辆接触较多。司机师傅们大都比较喜欢这个既勤快又聪明、稳稳当当"会来事儿"的小伙子，纷纷教他学习开车。车队的刘洪泉师傅是从央企调回来的，驾驶、维修、保养技术非常专业，他开的车永远都清洁干净、很少出故障。李建国经常向他请教，慢慢地刘师傅就认下了这个徒弟。李建国也是学啥像啥，1978 年 3 月 14 日上午，顺利地考取了驾驶证。1980 年他还主动要求调到车队，当了几个月的专职司机。

李建国之所以对拿到驾驶

李建国在车队开过的车

证的日子记得这么准，是因为有一个巧合。和他同一天拿到驾驶证的还有杨延明，而且就在那天下午，刘恩治经理和岳全信书记找他俩一起谈话，安排杨延明去二大队任器材组组长，李建国去三大队任器材组组长。时间不长，由于二大队器材工作出现问题，李建国被调到二大队任器材组组长，"收拾烂摊子"。在这里，他又得到了学习"当经理"的机会。

八、独当一面

1978 年 10 月，李建国到二大队报到，向大队长何玉俊提出要与前任组长交接工作。

"他们弄了个乱七八糟，没什么可以交接的。你得自己重新弄清楚。"何大队长无奈地说。

李建国只好组织全体器材员一边全力保障好大队各项目物资供应工作，一边盘点材料物资，重新建立仓库台账，建立健全管理制度，杜绝乱拿乱要现象。到年底，器材管理混乱的局面被彻底扭转，何大队长也就放心地把器材工作全盘交给了李建国。

二大队的领导班子力量很强，何玉俊、王月生、王振玲等都是老建筑。尤其是大队长何玉俊，工作认真，业务全面，为人处世原则性强，而且善于做思想工作，重大问题都是由他做出妥善处理。何玉俊等队领导几乎每天都要巡视工地，现场解决实际问题。李建国就坚持每天早上 7 点向大队领导报到，汇报工作进展和请示新的工作安排。同时，在领导们的工作布置中，学习和领会他们的工作思路和方法，以及优良的工作作风和做人品德。

公司有严格的器材管理制度。按规定，各大队所需的材料一律由器材组统一采购。由器材组组长根据工程进度提出需要的品种、规格、用量制订采购计划，然后去跑办各种审批手续。计划经济时代，几乎所有的建材都需要指标，如钢筋、水泥、砖瓦三大材料必须有计划委员会的指标卡，五金、机电产品需要相应的批文才能采购到。因此，器材组组长不能全听工长一句话，必须全面真实地掌握施工进度和材料需求。

在二大队任器材组组长的 6 年间，李建国养成了对所有工地至少两天转一遍的工作习惯，以便及时汇总器材需求信息，及时领取到位，保证施工需求。二大队是地区一建的施工主力，1979 年，仅在市区就有 14 个工地在同时施工，器材用量和管理难度相当大。器材需求旺季大都是酷暑难耐的季节，李建国每天都要骑着自行车在从北到飞机场、南到啤酒厂的工地间奔波，一天下来汗水浸透的工装干了湿、湿了干，肩头、肘窝布满了盐渍。

九、"神组长"

李建国风里雨里跑工地绝不是走马观花、为了落个不辞辛苦的名儿，而是时时处处都在操着心、用着力。

一次，一位负责转运器材物资的拖车司机接到李建国的命令，要把一批物资运送到某工地，然后把这个工地上卸下的模板顶柱装运到另一个工地。司机师傅一边开着车一边叨念："运送顶柱转场？不可能吧。昨天我刚到过工地，顶柱还牢牢地顶在那里，哪会这么快就拆下来运走？"

谁知，等他到了工地，看到工人们已经把大部分顶柱都拆了下来，只剩四五根就全部拆完了。原来，李建国每天跑工地，对工程进度、物资需求、器材设备轮换早已烂熟于心，而且精于观察测算，经常指导工长做出合理安排调度。因为这对于建筑企业来说，减少设施器材的占压时间，就等于增加了器材的相对量，是成本核算的重要一项。靠着他精湛的业务和出色的协调、组织能力，二大队的工地无论大小，总能最大限度地实现器材周转的无缝衔接，而且从来就没有因为器材停过工，不仅大大降低了施工成本，还让公司有限的运输能力，能够在几十个工地之间往来穿梭，来回"赶脚儿"，很少有放空车的时候。

当这位司机师傅卸完车上的物资，又把已经拆下的顶柱装上车，最后一根顶柱刚好也被拆下来。当时，这个司机师傅情不自禁地跷起了大拇指，用地道的沧州话说了一句："建国，你真神！"

从此，"神组长"的雅号就在工地上流传开来。

李建国管器材不仅"神"，还有点"抠门儿"，所以还得过一个"破烂组长"的绰号。

有一次，李建国照例去一个主体即将完工的工地，现场调配脚手架转场。刚到工地就看到几个捡破烂的人正在拆卸现场疯抢满地的铁丝圈。李建国知道这是绑扎脚手架围挡用的 8 号铅丝，拆除时被工人拦腰剪断，成了废品。他走过去随手捡了一个，蹲在一旁的地上用砖头砸直，试了试韧度，判断至少还能再使用一次。

李建国是个看到了敢说、遇到了敢管的人。他没跟领导请示，当即就和工长沟通，要求工人拆脚手架时，不要剪断，要拧开，统一回收，然后安排专人在工闲时砸直。由此他又想到了筑模上的铁钉，于是安排工人起下来回收再利用。二大队的材料员统计了一下，仅铁丝一项一年下来就节约了两吨多。

十、学然后知不足

李建国天性就是一个干一行爱一行、好学习、肯钻研、不服输的人。十几年的工作中，李建国始终把更好地完成任务当成学习知识、增长本领的机会和过程。当器材员时，他就把器材管理与施工管理结合起来，成了工长和技术人员的参谋助手。在干好本职工作的同时，他还自学了工程预算、财务管理、施工技术、成本核算等建筑管理方面的专业知识，这也为他走上副经理领导岗位工作打下了坚实基础。

正如《礼记·学记》中所说："学然后知不足，教然后知困。"在不断的学习、实践和思考中，他越发认识到自身知识能力的不足，产生了进修提升、改造自我的强烈意识。尤其是走上公司副经理的位置后，两年多的切身体会，让李建国清醒地认识到自己理论上的不足。在面对沧州地区一建历史积累和目前存在的诸多问题时，他曾努力试图从整个建筑行业发展的高度来思考公司的未来格局，从全局的把控上为许多实际问题找到一个清晰的答案，然而，却囿于理论的不足而无法厘清。

他利用业余时间找人请教，借来一堆管理学理论书籍、名人传记阅读，且行且思，且思且悟。然而，由于缺少系统的基础理论修养，其很难在支离破碎的时间里把支离破碎的新兴理论串联起来，成为融会贯通的思想体系。因此，他越发深切地体会到，正像为人处世不能没有原则和底线，从事企业管理不能没有哲学思维。而他欠缺的正是支撑思想的理论体系。如果仅靠沙里澄金式的积攒，无法跟上时代的发展。他渴求的大脑需要填充，需要一次"恶补"式的填充。

"我该何去何从？"

此时的李建国正在苦苦思索如何实现自身的一次嬗变。

"福以德昭""多行义事自有贵人相助"，李建国从小就常听奶奶讲的这句话，再次在他身上得到了应验。多年来对"学习"的上心、对知识的渴望，以及他在副经理位置上的尽职尽责、为李荣经理正名过程中的尽心尽力，让公司内外，包括地区建工局和地建总公司的领导，都知道地建一公司有这样一个想干事、能干事、做事雷厉风行的副经理。这才有了他与董海局长、李荣经理的那一番对话。

也正是董海同志的一句话，点醒了苦苦思索中的李建国：要想走出靠威信、凭经验管理的低层次徘徊，最需要的是学习、充电和提升。

李荣经理听完李建国的请求，第一反应是不舍。眼下正是公司也是他这个经理的用人之际。公司改革发展面临的诸多问题，需要这个他一手提拔起来的爱将去承担。缺少了这位改革路上的闯将和工兵，公司各项改革举措的执行落实一定会大打折扣。但是，惜才、爱才的李荣还是为李建国有如此眼光和见识而高兴，于公于私都发自内心地给予了支持。他一方面亲自联系母校河北建工学院的老同学，为李建国争取到了一个插入"高考班"脱产学习的名额，一方面又与李建国进行了一番"讨价还价"，给出了令李建国无法推辞的条件：毕业后必须回公司服务，条件是进修期间保留副经理职务，保留工资待遇。

自 1972 年进入公司以来，李建国第一次因为领导的悉心安排湿润了眼睛！

第五章 大学生涯

一、插入"高考班"

李荣经理联系的是河北建筑工程学院教务处的朱大宾处长。朱处长向院领导专门做了汇报，得到了院领导的重视。经过征求李建国个人的意见，决定把他插入当年高考录取的管理专业新生班级当中。

1987年9月，经过一番考试、考察，已经担任公司副经理两年多的李建国成了河北建工学院管理专业1987级2班的一员。

虽然是在职带薪进修，但放下妻儿老小，千里求学，绝不是一件容易的事。这时他才深入理解了李荣那句"自己回家做通母亲和家里的工作"的话。当时，他的工资不低，有150多元，但他还有奶奶、母亲和妻子、儿女。从上班以来，李建国的工资一直是"大头"交到家里，刚开始工资28元，自己留12元，挣32元时自己留15元……可这次是在职进修，按规定要自己负担伙食费、住宿费，还要购买学习用的图书、资料。他算了又算，才决定每个月的工资自己留90元，剩下的全部交给家里。

在许多人眼中，在职进修无非是为了"镀金"，混个文凭好升官。可李建国志不在此。他没有和其他进修生一样选择阶段性地在校学习，而是主动要求插入"高考班"，全程在校听课、学习、考试。已经是30多岁的"高龄"，又是"插班生"，虽然有多年来坚持自学的底子，但不经过一番苦学、恶补，即便能跟上进度，混到毕业也绝非易事。这让李建国的大学生涯既不浪漫也不轻松。

二、优秀学员

班上只有李建国一个人是插班生，而且还是位"副经理"，一开始同学们都有点儿"敬而远之"。慢慢发现，这名"经理"同学不仅很遵守学校纪律，每天都会早早来到教室，上课认真听讲做笔记，晚自习也是静静地读书、做作业，而且"平易近人"，积极跟大家一起参加学校和班级组织的课外活动，学习上虚心向老师、同学请教。这样，李建国很快就融入了集体生活，受到同学们的敬重。

有李荣经理和学院领导的关照，任课老师们也主动关心帮助这位插班生。识图、结构、放线、力学、微积分、英语、制图、建筑、管理，几乎每堂课下来，老师们都要特意地问一下他是否能掌握。系主任张景天老师和徐国才老师更是在生活、学习等方方面面给予关心和照顾，还专门鼓励他发挥阅历和思想作风优势，把地建一公司的优良传统带到班级建设中来。

事实上，他的朴实、沉稳、诚恳、仗义和出色的组织管理能力，也很快让他成了全班的"精神领袖"，班主任的得力助手。在系领导、老师们的指导下，李建国配合班、团委的工作，从一言一行中为同学们做表率。带头参加思想政治学习，用自己的经历和体会引导青年学生的人生观、世界观、价值观。虽然他的生活费并不充裕，但多次对一些家庭生活困难的同学给予全力资助。第一学年，管理专业1987级2班就被评为校级优秀班集体，李建国也被授予"优秀进修学员"称号。

三、当了一次助教

李建国有多年的管理实践和社会经验，平时又爱思考、善发现，他积攒了许多管理学方面的现实问题需要通过学习来解决。非常幸运的是，教管理学的王素文老师是朱大宾处长的爱人，平时对李建国就关照有加。走进王老师的课堂，李建国的这些疑问终于有了可以请教的良师、能够解惑的通道。

王老师很讲究教学艺术，李建国提出的这些问题，正好成了她课上分析研究的课题。

一次，她课下找到李建国："建国，管理学理论一定要与实际工作相结合，才能理解得更深刻，也才能用于今后的工作中。你能就咱们学过的管理学理论，给我们举个在实际工作中应用的真实案例吗？"

李建国略略思考了一下，就讲了公司刚刚发生的一件事。

1987年下半年，李建国正要去河北建工学院报到，公司承接了026机场歼-8型战斗机机库的施工任务。军工项目本身就工期紧、对质量要求高，而且歼-8战机已经确定列装主力部队，026机场作为空军新型战机的主要培训基地，急需接收这批战机开展教学。所以，部队首长专门叮嘱："沧州地建一公司是长期合作单位，一定要保证质量、保证工期。"

机库的建筑形式特殊，屋面要采用网球架结构。军方选用的是他们的供货商，安徽芜湖某厂生产的栓接网球屋架，地建一公司协助安装。施工方法是现场搭满堂架子，高空组装。但是问题出现在高空安装进行到全部屋面的三分之二时，剩余的受拉受压杆件组装不能就位，只能落地拆解，重新组装。

部队方面迫于部队训练周期的压力，提出了严苛的赶抢工期要求，必须限时完工，还要求按合同给予经济赔偿。公司领导面对巨大的压力，多次组织原因分析会议，最终从技术管理方面分析出了失败的原因：一是厂家提供的栓接螺栓、螺母和网球上的丝扣误差较大，加工精度不符合规范要求；二是产品没有配备专用测力公斤扳手；三是厂方没有进行安装方案技术交底；四是施工过程缺乏对工人的培训。

从分析结果看，几乎都是网球架生产厂家的责任。因此军方不再提赔偿的事，而是要求生产厂家返修，提供专业工具和技术培训。地建一公司也化解了一场质量、进度赔偿和信誉、社会影响等系列危机。

从这个案例中，李建国认为，其中的关键因素是材料采购方在管理上的缺失。这些本应可以通过程序化的管理提前解决的问题，直到施工进入尾段才发现，说明整个项目负责人在工程管理上存在着较大漏洞。

王素文老师听后非常高兴："太好了，建国！这是一个很有针对性的案例，你的分析也很到位，回去后再与咱们课上讲的管理学理论结合起来，准备一下，下节课由你给同学们进行分享。"

经过师生两人的共同努力，这堂案例分析课收到了意想不到的效果，同学们都说，通过这堂课，我们对管理学理论的认识不再是一连串的名词术语，而是一个个生动故事中蕴含的哲理。

从此以后，在王老师的教学中，经常安排李建国参与课堂讨论，利用他的经历、阅历进行案例剖析，把一门管理学理论课上成了实战操演课，成为这届学生最大的学习收获。王老师也把多个李建国提供的案例和分析编入了她的讲义，运用到了其他班级的教学中。因为这件事，李建国在同学们中的称呼除了"大哥"之外，又多了一个"李助教"。

当然，收获最大的还是李建国自己。通过理论指导下的案例分析，他在管理思想、管理理论和管理手段上得到了前所未有的领悟。他的许多疑惑，许多心中有、说不出的感受，有了完整的理解和提高的通道。随着学习内容越来越深入，他越发有一种如饥似渴的感觉。在他的心底，总有一个雄浑的声音在回响："这次学习，付出再多，也值了！"

四、光荣入党

在河北建工学院学习的两年中，李建国还有一个重大的收获。凭着他对党的深厚情感和旗帜鲜明的政治态度，勤奋刻苦的学习精神，团结同志、乐于助人的品质，他实现了自己多年的夙愿，光荣地成为一名中国共产党党员。

李建国的第一封入党申请书是1981年在二大队任器材组组长期间写的。当时是大队长何玉俊亲自找李建国谈心："建国，这几年你在二大队的工作表现不错，大队领导希望你能主动向组织靠拢。"

李建国听了很激动，认真地回想了自己参加工作以来的表现，觉得很荣幸能得到领导的认可，也决心再进一步，不断从思想觉悟上提高自己，从能力上争取得到更多的锻炼。几天后，他拿着写好的《入党申请书》找到何大队长。何队长提出了修改意见，李建国认真修改、抄写好后，报送到了地区一建机关党支部（当时二大队属于机关党支部）。

刚开始的两年，李建国几次提交思想汇报，何玉俊作为支部委员也经常跟他谈话、谈心，进行培养。但是，一晃六七年过去了，他都当了公司副经理，却再也没人跟他提入党的事。

有段时期，由于个别人的影响带动，机关里面弥漫着一股"江湖"风气，"拜把子""联盟"，相互吃吃喝喝，形成了"仨一群、俩一伙"的混乱局面，甚至有点乌烟瘴气。

有平时关系不错的几个人也找李建国说："咱们也拜盟兄弟吧，不然显得咱们不入群。"李建国没答应："咱们关系不错，是因为脾气相投。

大家没有团伙利益，不拜盟兄弟更好相处。"还曾经有人找到李建国的家中，非要认他母亲做"干妈"，同样被深明大义的老人婉言回绝了。

在这样的气氛下，入党这件严肃的事情就被江湖义气冲淡了，即使有人想入党，也成了团团伙伙之间的"私相授受"，当然就轮不到李建国了。

李建国不结拜、不联盟，还有另外一个原则性的原因。他清楚，自己是一名业务干部，既管钱又管物，加入进去，吃吃喝喝，时间久了，难免就会有人向自己张嘴。而他的底线是绝不能在工作中做违背原则的事、伤害公司利益的事。与其那时得罪人"做不成兄弟"，还不如不做兄弟"相安无事"。至于能不能加入党组织，当时环境下，在心中第一位的还是竭尽全力干好党组织交给的本职工作。

来到河北建工学院后，在系领导和辅导员老师的启发下，他认识到，加入党组织的过程，就是一个学习、锤炼和提高的过程。因此，他主动找到了系党总支书记张惊天老师，汇报了自己的想法。

张书记郑重地对李建国说道："建国同学，你入学以来各个方面的表现都不错，给班里同学起了好的带头作用。你是进修生，也是建院的学生，你的入党申请书等组织材料也可以转到学院来，由我们继续培养。我代表系党总支欢迎你。"

经过河北建工学院党组织的考察、培养，1988年成为了李建国的又一个元年。从此，他以一名共产党员的身份和责任开启了他人生的新一段里程。

他在入党志愿书中这样写道：我是从单位来学院进修的，也是党对自己的进一步培养。我一定把对党无限的爱用在这次难得的学习机会上，努力学习，克服基础差、家庭困难多等不利因素，以好的成绩报答党对自己的培养。为使我真正成为"四有"人才，为在党的领导下进行社会主义初级阶段的革命打好基础。

我决心努力学习马克思主义、列宁主义、毛泽东思想，学习党的路线、方针、政策，学习科学文化知识，坚持党和人民的利益高于一切，吃苦在前，努力工作，团结同学，互帮互助，向坏人坏事做斗争，把社会上的好作风带到同学中间来，协助班级做好工作，起好带头作用。

朴素的语言，道出了当年李建国心窝子里想说的话，这既是他做人的写照，也是他一生奉行的信条！

第六章 失去的五年

一、一场闹剧

两年的脱产进修，李建国在专心致志的学习中悄然度过。他把个人学习的机会当成了一次为谋求公司生存发展的"取经之旅"，学成归来后就全身心地投入工作中。

李建国入学后，公司进行了分工调整。吴宗超、步进弟等班子成员原来都兼任着施工处主任，主要精力在施工处，在公司没有具体分工。这次，公司让他们脱离了施工处的业务，全职分管沧州一建公司层面的相关工作。李建国回公司上班后，李荣经理分配给他的是分管行政和器材两项工作。1989年下半年，他接手主持了公司水月寺北头两栋家属楼的暖气安装工程。在他的坚持下，采取了"上给下回、单管串联"的技术，比原来的预算节约了三分之一的资金，而且提前10多天完工，正常通上了暖气，得到住户的好评。

然而，对于公司经理李荣来说，从他1985年任职，无论是建筑行业的发展形势和环境，还是公司内部的结构和生态，就一直处于一种极其艰难的状态。接下来发生的一场闹剧，仍然让他觉得不可思议。

1990年，地区建委给地区一建下达了一个工人身份转干部身份的指标。这在每年都有，李建国当副经理5年，从来没有太关注这件事，更没有为自己提过特殊要求、私下争取过。一是觉得公司是国企，自己已经是副经理了，就没在乎干部这个身份。二是总认为"转干"首先要把工作干好才有说服力，自己还年轻，不着急。

但是这次他却明显感到了一种异样的眼光在看向自己。很快他就了解到了真相。原来，一些人心里清楚，李建国进修回来，拿到了大学文凭，优势明显。而且论资排辈，"轮也该轮到他了"。而这也正好触动了个别人觊觎已久的"奶酪"。

当时，本届经理班子任职已经五年，李荣经理也流露出了退意。所以，个别人认为，谁能获取这个转干指标，谁就能增加当上经理的砝码。于是，就有人就开始私下串联争夺这个指标，最后演化成了老沧州一建人尽皆知的"联名上书"事件：八名中层干部违背组织原则，联名到地区建委请愿。

好在沧州地区一建是一个有着优良传统的老国企，少数人的无知和滑稽，并不代表公司广大干部职工的意愿，反而引发了群众强烈的反感和反对，最终以失败告终。

但是，行为虽幼稚可笑，对公司内外发展环境的伤害却十分巨大。不仅败坏了公司的社会形象，而且这种无原则、无底线的恶劣行径，直接造成了公司内部的分裂和不安定，成为公司连续多年一路滑坡的罪魁祸首。

二、无奈的妥协

一场滑稽可笑的闹剧，也深深地伤害了李荣经理的心。五年多来，李荣经理和领导班子大多数成员一道，带领公司蹚过了改革初期的急流险滩，挺过了建筑业狼烟四起的困难时期，艰难地推动着公司负重前行。面对汹涌而至的市场经济的新浪潮，这位心怀公司发展、时刻以大局为重的共产党员，本已萌生让贤之意。遭遇了这场打击后，刚届不惑、正当壮年的他坚决地提出了辞呈。

李荣辞职的理由是要让位于有能力驾驭沧州地区一建这艘航船的年轻人。这期间，他也听说关于一建经理的人选，上级领导有个意见。但按照李荣的真实想法，他是希望能把一直支撑着公司大半江山的李建国"扶正"。

李荣了解李建国，他的骨子里有一种领导气质，是一个嗅觉敏感、判断准确、思路清晰、敢想敢闯敢试的建筑企业管理奇才。他既心细如丝，又能在纷乱中理出主线，出手便能切中肯綮、直击要害。他少年老成、为人谦和，但是非面前却坚如冰、硬如铁。他好学上进，干一行、钻一行，追求完美极致。尤其是经过河北建工学院两年多的脱产学习，无论是知识理论，还是实践运用更是如虎添翼。他等待的辞职时机就是李建国的归来。

因此，在上级领导象征性地征求他的意见时，"实在人"李荣向考察组诚恳、郑重地推荐了唯一的人选——李建国。多年后，李荣依然记得他给李建国的评语：有胆识、有闯劲、有能力、有威信，工作扎实、作风正派、处事公允、为人厚道、一心一意为了公司发展。经过进修学习，政治素养、专业技术和管理能力具备了领导公司实现更好更快发展的水平。

李荣还曾经单独向一位领导坦陈自己的想法："李建国是匹良马，作为副职和我搭班子、拉边套，不争权、不夺利，为公司尽了心、出了力、创造了业绩。推荐李建国既是我个人的意见，更是为了让地区一建这驾马车跑得更快更稳。李建国是为公司提纲驾辕的最佳人选。"

在公司内部，群众对李建国的呼声也极高，不论是业务能力、管理素质，还是为人品质、行事风格，大家都希望他能站出来主持大局，带领公司闯出一条新路。

在地区建委和总公司领导层中，很多人了解地建一公司的状况，也认为李建国是最恰当的人选，尤其是出了"联名上书"事件后，所谓的"上级意见"就有点"站不住脚"了。因此，在讨论一建经理人选的会议上，一番争论下来，最终的结果却是双方妥协，建工局和总公司既没有选择上级领导的推荐人选，也没有提拔使用李建国，而是任命时年50岁的原副经理步进弟为经理，李建国、李凤佩、吴宗超继续担任副经理。郑春台任党总支书记，张长国任副书记。

三、失去的五年

但是，这样的安排却给地区一建带来了巨大的伤害。经过了一场沸沸扬扬的闹剧，却以"妥协"而告终，刚刚燃起的改革热情像是新生起的炉子里面被填上了几块潮湿的劈柴，只见烟腾，不见火起。

经理步进弟和这届领导班子同样也是受害者。从公司的种种态势和满天飞的"小道消息"中，人们都认为地区建委和地建总公司之所以做出如此安排，很显然是想通过妥协寻求平衡。上级只是想让步进弟经理先维持一阵，等风平浪静了再给一建公司配齐班子。因为按照当时的政策，步进弟同志任经理一是年龄偏大，二是学历不达标。于是公司上下就把这届班子当成了"过渡政府""看守内阁"，这无疑加大了步进弟经理的工作难度。很快公司就形成了"诸侯并起""各自为战"的混乱局面。

事实上，这绝对不是当时建设局和总公司所愿意看到的，只是还没来得及做出其他安排，就遇上了沧州地、市合并前的"人事冻结"。

1993年6月19日国务院做出批复，同意河北省政府关于沧州等6个地区地市合并的请示。这是经省委、省政府反复研究的一个重大行政管理体制的改革措施，6月25日河北省就发布了《关于地市合并的实施方案》，7月1日，6个新的市级领导机构正式办公。随之而来的就是地、市各直属机关、单位的合并运行，明确了干部和人事继续"冻结"的纪律和要求。沧州地区建筑工程公司第一分公司更名为沧州市第一建筑工程公司后，原班人马也随之隶属沧州市建设委员会领导。虽然不存在"干部消化"的问题，但班子调整却无法进行。

按说，从1990年到1995年，是改期开放的跃进期，也是建筑业飞速发展、重新洗牌、布局的五年。尤其是1992年邓小平同志南方谈话的发表，彻底冲破了关于市场经济和计划经济究竟姓"资"还是姓"社"的理论框框，为建立社会主义市场体制奠定了理论基础。1993年11月，党的十四届三中全会通过了《中共中央关于建立社会主义市场经济体制若干问题的决定》，确立了社会主义市场经济体制的基本框架，也为建筑企业转换经营机制、完善市场环境，为构建以市场为导向的资源配置主体提供了政策和法律依据，也为建筑业带来了全新的发展机遇和广阔的发展空间。

然而，此时的地建一公司还笼罩在观望、等待之中。领导班子既无战略构思，又无战斗精神，一幅"老牛、破车、疙瘩套""躺吃老本"的景象。而"拉帮结派"风气的流毒仍在蔓延，改革之初制定的制度、章程落实不到位，承包经营成了"以包代管""各自为战"，奖惩措施被"哥们儿义气"冲淡成了"撒手不管"。尤其是发展意识、人才观念淡漠，5年间只被动接收了几名指令性大学生分配计划，技术和管理人才出现了严重断档。如此种种，直接导致公司各项经营指标全线下滑，全年产值在六七千万元上下徘徊不前，已经被地区二建等过去的"小弟"们超越。而且公司内部形成了"小河有水大河干"的局面，公司总部开工资居然要向各个施工处"化缘"。

沧州地区一建经历了一个"失去的五年"！

四、只手扶倾

学成归来的李建国比之前多了几分成熟稳重，但遇事不绕行，敢于挑战、敢于迎难而上的脾气却没改，一切从工作出发，不掣肘、不甩手的作风更没有改变。

20世纪80年代末，十二届三中全会以来的第一波下海潮正在中华大地上波起浪涌。风云际会之间，千千万万不甘心"捧着铁饭碗、拿着死工资"的年轻人一头扎进了商海。"你下海了吗？"曾经是流传在年轻人之间最流行的问候语。

这波热潮当然也影响到了沧州这座小城。公司一度出现一大批要么擅自离岗、长期不上班，要么不服从分配，要么不按约履行合同的人员，严重地影响了公司业务的开展和施工的组织。

1990年年初，根据国发《国营企业实行劳动合同制暂行规定》，经公司领导集体研究，人事处在充分调研摸底、正面接触、沟通意见的基础上，6月27日做出了对68人予以解除劳动合同、公司除名的处理决定。

作为一个国营企业，"自我革命"式地一次砸掉这么多人的"铁饭碗"，这是公司成立以来的第一次，恐怕也是沧州历史上的第一次。不仅在公司内部，在社会上也引起了不小的风浪。

由于李建国已经不再分管人事，本可以"明哲保身"。可他看到矛盾和压力都压到了李荣经理身上，就主动出来做工作。他公开地讲了一番话："公司与你们解除合同是对事不对人，领导是对公司发展和大多数人负责。不干活吃白饭，吃的是认真上班的人的肉，喝的是大家伙儿的血。不是公司不讲情义，而是你们不仗义。相反，对于占大多数的在工作岗位上呕心流汗的职工来说，公司的做法才是最大的讲情义。尊重、保护为公司出力的人的利益，是公司领导的职责。"

李建国的出手，不仅赢得了大家的支持，也得到了被处理职工的理解。这项举措也全面整肃了公司纪律，鼓舞了在职职工的士气。当年公司完成施工产值 1588.72 万元，超过合同产值 238 万余元，超额 17.68%，实现利税 11.96 万元。

"联名上书"事件中，虽然李建国"被"拉入其中成了主角之一，但对李建国的心理并没有太大的影响。因为无心于此，就像无意中在镜头前走过，成了一名最真实的"路人甲"。作为上届班子中的主力成员之一，他并没有被流毒所浸染，仍然一如既往地维护步经理的核心权威地位，在自己分工的领域内竭尽全力地协助经理推进各项改革措施，努力支撑着地区一建在沧州建筑行业"老大"的尊严。

1992 年邓小平同志南方谈话发表后，全国性地兴起了第二波"下海"潮。公司针对实际情况，及时制定出台了规章制度，再次依法解除了 56 名相关职工的合同。有人见这次是由李建国直接处理，就没再吱声，直接签字走人了。

值得一提的是，后来公司取得快速良性发展时，这两批人中有很多人想申请恢复劳资关系，甚至要求重新回到公司工作。此时公司已经完成股份制改造，又是李建国亲自主持召开了专题会议，说服了不愿接收这些人的公司领导，给了这批老职工一次机会。

在这次会议上，李建国说："这些人当初离开公司，是时代造成的，不能怪他们。申请回来的都是公司的老员工，对公司有感情。公司是我们大家的，我们都曾经是一家人，如今他们无处可去了，我们要接着。怎么接？大家拿个意见，公司要出台一个政策。"

说服了股东们，李建国又专门和要求回来上班的人谈话，约法三章："回来了，就必须遵守公司章程，必须服从岗位分配，必须坚持一线劳动，否则只能彻底清退。"

李建国的敢担事、敢碰硬、有胆识、有情义可见一斑。

1995 年年底，账务科进行年终决算，结果令人出乎意料。沧州地区一建历史上第一次出现了亏损，而且一下子亏了 200 多万元。步经理是从瓦工队长、工长、工地主任（项目经理）一路干过来的。各施工处接了多少工程、能挣多少钱、是不是亏损，他心里知道个大概，所以对这个数字感到很吃惊。近两年，各施工处该交的提成交不上来，公司机关人员的工资没着落，他就亲自张嘴找各施工处追讨。你 5000 也好，他 8000 也罢，都是挑着"有钱"的施工处，而且数字也不是随便张口就说的。

但毕竟是在他们这一任上出现了亏损，他们吃惊之余更感到内疚、伤心。步经理就跟党总支书记郑春台同志一起去了沧州市建委，向领导汇报了公司运营情况，并提出他们两个人岁数大了，请建委领导考虑地区一建的领导班子调整问题。

对这个亏损数字，李建国也有怀疑。而且名声在外的地建一公司出现了亏损，必然会在社会上造成极大的负面影响。

"不能让一建的面子栽在自己人的手里！"李建国主动请缨，重新盘实公司的营收。他找到章之海、张关振、张金德等人，布置从原始报表开始重新核算，对各生产部门运营情况逐一分析，剔除不合理成本，使财务报表达到了对客观情况的如实反映。重新核算的结果是全年实现利润 200 万元。郑书记和步经理看后对结果很满意，郑春台书记再次到市建委进行了汇报。

第七章 兼并地区四建

一、一个亏损企业

今天来看，1992 年沧州地区一建对原沧州地区四公司的兼并，算得上"失去的五年"中唯一的亮点。

沧州地区四建全称沧州地区建筑总公司第四分公司，成立于 1983 年，当时叫沧州地区第三建筑工程公司。1984 年曾短暂与沧州地区安装公司合并，第二年又分了家。1986 年与沧州地区开发公司合并，改名为"沧州地区第四工程处"，1987 年才定名为沧州地区第四建筑工程公司。

地区四建从组建以来，生产经营一直没有太大的起色。据说 1986 年由"第三"改"第四"时，就是有人认为"三"这个字的读音不好，有点像"散"，所以才加了一号成了"四"。

地区四建虽然成长于"改革开放"的环境中，但却没有树立真正的改革思想和市场意识。进入 20 世纪 90 年代，市场开拓意识、工程承揽能力再也跟不上时代节奏，管理松懈，"等、靠、要"思想严重，弥漫着人浮于事、混天过日的氛围。夏天本来是施工的黄金期，但是在公司机关上班的管理人员寥寥无几，一些领导干部也同样穿着大裤衩、端着大茶缸、摇着大蒲扇，随意闲逛、串门，下棋、打扑克。工地上更是松松垮垮，连工人们干活都是不紧不慢，没有一点儿精气神。有的施工队伍已经到了养着工人没活可干、有了工程没人想干的地步。当时公司全年产值只有几百万元，而累计亏损额却高达 277 万元，已经资不抵债，工人连续几个月都不能正常开工资。

二、行署做出决定

1992 年 3 月中旬，地区一建副经理李建国接到通知，到地区建委参加会议。会议开始后，李建国才知道，建委和总公司领导要专题研究解决四建的问题。除了建委和总公司的领导及相关部门负责人，基层公司参加的只有一公司。

建委领导首先通报了沧州地委、行署领导的意见，为四建职工的吃饭问题，维护沧州社会的和谐稳定，建议在建委的主持下，由地区一建接手地区四建。领导还强调说，之所以让一建参加会议，重点是讨论由地区一建兼并四建的可行性，听取一建的意见。

会上，有关同志分析了四建的情况，认为问题的症结是班子不硬、风气不正、人浮于事。

这个观点与李建国的认识差不多。不同的是，李建国还了解到，沧州四建近年来出于各方面的原因，接收了一批建筑相关专业的大学毕业生，所以在专业技术人员储备方面是一支很有潜力的队伍。如果有一个能挑大梁的领导人，强化管理，恢复生机无须时日，可以立竿见影。

李建国向领导简单表明了态度：原则上服从上级意见，要回公司向经理、书记汇报，讨论一个可行方案后再向建委和总公司报告。

听完会议精神的传达，经理步进弟和书记郑春台一致同意了李建国的意见，并回复了地区建委。地区建委又紧急向行署领导做了汇报。1992年4月1日，沧州地区行署做出决定：撤销地区四建，并入地区一建。

虽然此时的地区一建在如何破局发展方面也是后继乏力、危机四伏，但是一大批老员工和他们身上的优良传统还在，公司成熟的各项管理制度还在。而建委和总公司领导之所以做出这样的安排，看中的也正是地区一建的这些资源。

三、亲自"站台"

然而，怎么合，怎么并？当时上级领导并没有具体的指导意见。地区一建立即行动，经过深入沟通，摸清了四建的底数，提出了两个备选方案：一是把四建就地解散，拆分到一建的五个施工处。另一个是四建的原建制不动，派驻管理人员，改造提升。反对第一个方案的理由是担心分散到各施工处后，可能会把四建不好的文化和风气传染给一建的职工。

客观地说，这种担心是多余的。相反，拆分解散真正伤害的是四建这支队伍。一旦这样做，四建人无论去到哪里都会有一种众目睽睽之下的感受，很难融入新的集体，也很难再次焕发出个人和集体的意志、斗志。

综合各方意见，一建领导决定，除四建车队等附属部门并入一建相关单位外，其他人员整建制组建成地区一建第六施工处。由一建派驻由主任、经营核算副主任和器材组组长组成的核心管理团队，执行一建的管理制度、考核办法和企业文化理念。

一建公司把兼并过程的具体落实工作交给了李建国。经研究，时任一建生产科科长的金根发被任命为新成立的第六工程处主任，李明桥为经营核算副主任，杨向成为器材组组长。4月10日，由李建国带领三名同志进驻原地区四建，宣布第六施工处成立和班子成员。原四建的债务和债权由地建一公司承接，同时挤出资金为六处职工补发了三个月的工资，稳住了"军心"。

地区一建仅用时10天就完成了这项艰巨的任务，得到了上级领导的肯定。但是接管工作并不顺利。

正所谓"积习难改"，一个多月过去了，原四建的精神状态几乎没有什么改变，各项管理和改革措施推行不下去，业务上也没有任何起色。四公司原管理干部还没有从领导的角色心理上转过弯来，面对新任领导有时还要指点一二。而新上任的管理团队面对原来兄弟公司的领导，也经常是指挥伸不出手、批评张不开嘴，员工们当然也是上行下效。

无奈之下，金根发到了副经理李建国的办公室。

金根发比李建国大了好几岁，是1976年招工进入地建一公司的，彼此知根知底。不管平时嘴头子上怎么样，其实他打心眼儿里还是挺认可李建国的能力的。所以，金根发一方面是按程序向领导汇报，一方面也是想让这位老哥们儿给支个着儿。

在接手兼并四建这项工作中，李建国对原四建又有了一些新的了解。地区四建成立以来，也曾经承建过一些重大工程项目，技术力量、施工能力并不弱，甚至在人才储备上还远远高于地区一建。能把这支人马纳入麾下，只要管理使用得当，未来必是一支生力军。这对于年轻技术人才短缺的地区一建来说是一件幸事，是一件"稳赚不赔的买卖"。

他一边听金根发的汇报一边琢磨，这些年四建走下坡路主要是输在了领导班子的思想意识和管理上。而管理上的规章制度都差不多，关键是落实。落实靠有人管，管好管坏是领导的能力问题，更是思想意识问题。至于基层干部和工人，谁都想着要公司好，只要管理上去了、业务上去了，有活干、有饭吃，群众的思想觉悟和实际行动自然也就上去了。

李建国决定亲自出马，为老金和六处的管理团队站一次台。他让金根发召集六处全体员工开大会，议程只有一项，公司副经理李建国讲话。

"四建已经不存在了，六处是地区一建的六处，就要按照一建的规矩来！"

李建国开门见山，没有任何客套。大会前后只开了40多分钟，李建国讲了整整40分钟，但没有一点儿长篇大论、苦口婆心，而是说现象、点本质、提要求，干脆利索。核心内容就是三点：放下架子、改变作风、一心干事。"放下架子针对的是原四建的领导班子，只有认清现实，才能正确定位。原四公司走到今天的地步，你们是有责任的，没有资格摆架子。必须有重新归零、从头干起的勇气，才能在六处立足。公司上下必须彻底改变散漫作风，要向一公司的管理标准看齐，这样才能打起精神、鼓起干劲儿。一心干事是态度，只有大家齐心想干事，才能干成事，才能融入一公司的文化氛围，才能有事业、有前途。"

四、立竿见影

很多原地区四建的职工还是第一次参加这样的会议，见识这样的领导。会场静得仿佛掉根针的声音都能把人惊出一身冷汗。

时任地区四建技术员的张春荣对这次会议至今记忆犹新。

张春荣是1989年毕业分配到四建的一位女大学生。女生学建筑本身就是寥寥无几，而且她还是一个身材纤细、外表娇柔的女孩子。行走在钢筋水泥之间，在不了解她的人心中，总有一种"违和"感。进入四建后的三年多时间，这个小姑娘却毫无骄娇之气，一直风里雨里摸爬滚打在工地上，赢得了领导、同事和施工人员的认可和尊重。

严肃、严厉吗，这是她当时对李建国的印象。在别人觉得不留情面的讲话中，事业心极强的张春荣却看到了希望，也激发了这位女中豪杰干事创业的热情。并入地区一建后，她继续担任六公司的技术员，作为项目技术负责人，出色地完成了河北大化百利塑胶有限公司车间和办公楼项目的施工任务。施工期间，她已经怀有身孕但仍忘我工作，攻坚阶段不顾已经出现的流产症状，直到工程进入收尾阶段才请假休息保胎。此后，她又凭着扎实的专业功底，"工作狂"式的精神和意志，很快被任命为六处技术科科长、技术副主任、公司施工管理处处长、生产经营部部长，最终成长为大元集团的副总裁。

这次会议也让原地区四建上上下下为之一振。从李建国的讲话和对李建国工作作风的耳闻中，一些"玩儿惯了""混油儿了"的人深深地感觉到今后必须改改了。而那些改不了、不想改，甚至不服气、不服管的人自己也明白再也没有了"混"的空间。第二天，就有6个人提出了辞职、调动申请。

对此，公司的态度简单明确，愿意走的，概不挽留，以礼相送；愿意留的，保证有活儿干、有饭吃，但前提是必须遵守纪律、服从管理，自觉融入公司文化。

这次大会的效果可以说是立竿见影，不仅肃正了风气、扭转了颓势，也为选择留下来想干事的人创造了能干事的环境，让真干事的人们看到了希望，有了干成事的动力。六处的精神面貌焕然一新，生产业务也突飞猛进。5月当月就拿下了施工面积5600平方米的中国人民解放军空军026部队体训楼项目，当年的营业额比去年的地区四建时期翻了一番，工人的工资收入也增加了将近一倍。

五、一场翻身仗

关于六处成立后的第一个项目，已经75岁的原一建六处第一任主任金根发有一段深情的回忆。

一场大会、一番讲话，李经理把我们扶上了马。紧接着他还送了我们一程，让六处打赢了一场彻底的翻身仗。

当时空军026部队要建四栋体训大楼。李经理给六处开完会没几天，就亲自带着我去谈，说让六处承建其中的一栋。可人家026

部队的基建处处长一听我们就是原来的地区四建，张口就说："建国，这个项目给地区一建没问题，我也信得过你李建国这个人。但是绝对不能让四建的人干，我信不着他们这支队伍。"

当时我毕竟是六处的人了，被人家当面拒绝，一点儿情面都不留，很是窝火。

回来后李经理问我能不能干好，我说能，如果让我们干，一定能干漂亮。李经理决定先答应026的要求，由公司签下合同后还是让我们上。当时李经理严肃地跟我讲："老金，活儿给你们了，一定要干出个样儿来，必须创优质工程。剩下的事，我来办。"

我回到六处，就跟项目部的全体人员讲了这件事的过程，尤其是人家026部队首长的态度和李经理跟我讲的话。大家伙儿都被刺激到了，所以干劲一下子被调动起来。项目经理派的是大学生昝凤鸣。小昝刚办完婚礼，正想带着新媳妇回老家，接到命令后主动放弃了休假，上了工地。

甲方的要求是当年开工、当年完工，我们跟026承诺的是8月30日拿下主体。因为我跟026部队的基建处处长见过面，为了不出矛盾，李经理要求我在完工之前不能去工地露面，只能用电话指挥。所以我对工地上的实际情况总觉得心里没底儿。只要有从工地上回来的人，我就追着问情况。有一次跟着视察工地回来的李经理从办公楼一直走到了他的家。

到了8月30日这天，我一直守在办公室的电话旁，吃饭都不出屋，上个厕所都是跑着去，总怕错过了接电话。可一直到了晚上，电话还没来。我没法儿去现场，也清楚他们肯定正忙着，不能去电话打扰，只能盯着墙上的电子钟焦急地等。我是数着倒计时等到了零点前的最后一秒，可电话依然没响。当时我的心就忽悠了一下子。其实现在想，当时的心态还真是莫名其妙，早一秒、晚一秒真的那么重要吗？

零点8分，电话铃突然响起。没等第一声落地，我已经抓起了电话，正是昝经理的声音。他先是向我报喜，说主体工程刚刚顺利完工，然后又向我承认错误，因为延误了8分钟。我当时就哽咽住了，半天没说出一句话。

这个项目最终被评为市优、省优工程，026部队的张副司令还主动要求我们申报军优工程，而且顺利通过。这个项目就成了市优、省优、军优"三优工程"。从此，我们六处不仅改变了在026部队眼中的印象，更树立了团队的信心，打出了一连串的大胜仗。

我们六处都说要感谢李经理，可他却说，他这个副经理就是给各个施工处牵马坠蹬的。

正如李建国的判断，六处的技术力量是雄厚的，只要干劲调动起来，准能干出不一样的业绩。

1993年10月，六处中标了沧州大化百利塑胶有限公司生产车间项目。百利塑胶是与台资合作的新项目，引进的也是进口成套设备。生产车间的设计要求是跨度超过30米的大通间，屋顶采用网架结构，工期要求是开工到设备入场为6个月。车间的墙、顶结构由沧州市设计院和大化设计院共同完成。由于没有成熟的设计经验，在网架安装施工中遇到了一系列的问题。项目部就把设计人员请到现场，共同研究、改进，攻克了十余项技术难题，才使生产车间主体工程得以按时顺利完工。汤长礼、张春荣等技术人员深厚的专业功底、精钻细研的工作态度得到了设计和建设单位的充分尊重。进入基础设备施工阶段，由于建设方与台商确定的时间有误，项目部直到5月4日才拿到施工图，而且图纸全部是英文标准。此时距离交工日期只有20天了，为了赶抢工期，在建设方的请求下，汤长礼和张春荣两个人只好自己边翻译、边出图、边放线施工，最终在1994年5月底前如期完工，并继续承建百利塑胶高层办公大楼项目。这两个项目最终被评选为河北省优质工程，打破了当时沧州一建连续多年的省优"安济杯"荒。

正是依靠充分的人才储备，从1992年到1996年，在公司总体下滑的局面下，施工六处不仅在生产经营上连续中标了沧州市中级人民法院审判大楼、大化 5 万吨项目集群、大化集团办公楼、衡水枣强县复合化肥厂群体、衡水汽车站等数项大型工程项目。而且，凭借沧州市运东 10 万吨级污水处理厂精湛的施工工艺，公司为沧州市争得了第一个中国建筑工程质量最高奖——鲁班奖。

成功兼并地区四建，以及六处的绝地腾越、一鸣惊人，为刚刚进入 20 世纪 90 年代的沧州地区一建带来了一抹亮色！

第八章 共同的选择

进入 20 世纪 90 年代的中华大地，历史的车轮在市场经济的大路上轰响前进。整个建筑市场灵活的用工制度、丰富的市场资源，催生了行业的快速发展和剧烈嬗变。然而，传统的国营建筑企业却束缚于传统的体制、机制之下，只能眼睁睁地看着市场被小而活的个体建筑公司大片大片地蚕食。

"沉舟侧畔千帆过，病树前头万木春。"市一建这个沧州国营建筑行业的老大哥也同样面临着前所未有的危机。公司各项指标徘徊不前，技术人员只出不进，生产经营和管理全面陷入 1972 年恢复重建以来的最低谷，已渐渐失去了往日的辉煌。仅从 1993 年实行国际借贷记账方式后的财务报表上看，公司连年处于"潜亏损"的状态，分别是 1993 年的 53.76 万元、1994 年的 18.38 万元、1995 年的 5.54 万元。尤其是 1995 年还发生过"亏损 200 万"的桥段，让沧州市建委不得不重新考虑市一建的班子重组问题。

时光转瞬来到了 1996 年。

随着地市合并后人事工作的解冻，公司内部又有了对李建国上位的呼声。五年来，沧州市一建的种种表现，以及原地区四建由半死不活到红红火火的市一建第六分公司，市政府和市建委领导对李建国也开始再一次刮目相看。

5 月 25 日，沧州市建委做出决定，免去步进弟同志沧州市第一建筑工程公司经理的职务，刚刚年满 40 周岁的李建国被无可争议地任命为公司经理。

这是沧州市一建公司员工和上级领导共同做出的选择，应该也是改革时代风云际会的选择。尽管这个正确的选择迟到了整整五年，当初代表广大职工积极向上级举荐李建国的老经理李荣同志也带着遗憾于 1994 年调离了市一建。但心系于公司发展的人们却深知，沧州一建终于有了新的期盼。

对于李建国个人来说，从 1985 年到 1996 年任职副经理的十余年，却是他人生中宝贵的一个年代。

十余年间，他曾经初露锋芒；

十余年间，他曾闭门修读；

十余年间，他曾中流击水；

十余年间，他也曾春泥落红。

正是这十余年的锻打和锉磨，才有了在构建大元集团宏图伟业中这把"离鞘寒光起，舞动众神惊"、为大元改革发展劈山开路的利剑！

历史也最终证明，沧州一建从此走进了一个属于李建国的新时代！

间奏：三年拨火

燃烧需要燃料，更离不开氧气。

在改革浪潮中沉浮的沧州一建，难免成为沾湿的木炭。

陈腐的体制、机制，难免窒息着火的生命。

但是，只要是炭，只要还有着足够的温度，一旦遇到新鲜的空气，燃烧、闪光，必然是它的前程。

沧州一建这只发暗的火盆，需要有人拨动，需要新鲜的空气唤醒沉睡的火种，注入新的生命！

李建国来了。

1996 年到 1999 年，他用三年"三部曲"，弹响了沧州一建再一次爆发前的间奏。

第一章 做一个拨火人

一、苦心拨火

人生"四十不惑",在副经理岗位上锉磨、等待了 10 多个年头的李建国,自知已经不再"年轻"。

时不我待,亟待整顿的公司现状裹挟着他对公司的深挚情感,让李建国的内心充满着强烈的不能等、等不起的紧迫感。

上任当天,他先去了一趟财务科,只问了科长张关振一句话:"(六月)一日按时发工资有问题吗?"在得到肯定的答复后,李建国转身就回到了办公室。

虽然工作千头万绪,但是李建国却手握着线头。不需要调研、熟悉情况,从基层器材员到副经理,20 多年的深耕,他对公司了如指掌。他深知,面对思想解放、市场开放的新形势、新问题,一些中高层管理人员长期在计划经济体制下养成的习惯和心理,已经完全不能适应市场经济环境下的生存和发展。公司现有的管理层和中层几乎都是从一线工人摸爬滚打上来的,优点是对党和事业忠诚、作风朴实、工作踏实,但在经营管理意识上也普遍存在着"施工靠经验、管理靠义气、业务碰运气"的保守思想。

这已经成为公司发展的最大阻碍。

但是,从 1952 年成立至今,走过了 45 个年头的沧州一建,凭着创业初期老一辈一建人建设新中国的热情和战天斗地的革命精神,为公司打下了一片江山,也积淀而成了听党召唤、敢打硬仗、诚实守信的优良作风。这是沧州一建的根和魂,是沧州一建雄起的火种。

今天的沧州一建就像一盆没有烧旺的火,并不缺少优良的火种和木炭,只不过是被一时的风霜打湿了表面,炽热的火种被覆埋得太深。

沧州一建缺的是一个能把这盆火拨旺的人!

李建国就是要做这个沧州一建的拨火人!

多年来的管理学理论学习与实践的碰撞摩擦,以及对国家宏观政策和建设市场的持续关注和思索，让李建国早已对沧州一建当下的发展症结把清了脉象、预备了良方。

一条清晰的"拨火"路线正在李建国心中绘成蓝图。

二、医心换脑

路是人走出来的，事是人干成的，企业兴衰关键在人才。

李建国上任时，正值大学生毕业季。他首先破除了公司多年来"不增人员、不要（大）学生"的保守思想，一次性引进了15名建筑专业高校毕业生，为企业发展注入了新鲜血液，更为企业用人导向带入了一股清新的风气。

中医讲究"上医医心"。领导层是公司的大脑，只有领导层的认识提高了，才能挥动全局、攻坚破局；经过组织认真考察，以有学历、懂技术、年富力强为标准，向上级推荐了经理班子人选。9月5日，市建委做出批复，任命李凤佩、张金德、范志强为公司副经理，改善了领导班子的整体结构。

为了拓宽领导班子的眼界，1996年10月初，李建国带领时任党委副书记张长国、副经理李凤佩等一行来到了秦皇岛第二建筑工程有限公司，对标学习、交流技术和管理经验。考察中，他们有意重点关注了秦皇岛二建的人才梯队建设和正在进行的ISO 9000质量体系认证等内容。很明显，李建国是在为公司下一步的改革发展谋篇布局。

考察期间，他们抽空去了一次海边。10月的海滩已经秋风渐起，没有了夏日的喧嚣。面向水天相接、苍苍茫茫的大海，李建国的心头响起了毛主席的那首有名的诗篇："萧瑟秋风今又是，换了人间！"

是啊，沧州一建不能只是人员和形式上的改变，若想实现真正的快发展、大发展、好发展，必须从思想和内涵上改天换地。

此时，他已经有了一招破局的谋划。

俗话说，主帅谋定，须有勇将出征。早在1938年延安时期，毛泽东主席在党的六届六中全会上就曾做出过一个著名论断："政治路线确定之后，干部就是决定的因素。"用现代管理理念来说，就是顶层设计需要中层强力推动。

李建国选择的破局点就在中层干部身上。虽然公司领导层坚持了中央关于"四化"的选人标准，但在中层管理岗位上却一直奉行着经验主义的用人标准，美其名曰"姜是老的辣"。老同志有老同志的优点，管理经验丰富，社会关系积累稳定，施工组织方面有套路。但是，在新形势下的缺点更突出，思想僵化、模式固守，只想做能做的、会做的，没有开创意识，新技术、新工艺被忽视、被否定，他们甚至倚老卖老，对改革举措有较强的抵触心理。

因此，给中层干部"换脑"势在必行！"换脑"必须先"换血"！

从秦皇岛归来后，一项更为广泛的中层干部人事调整立即进入了实施阶段。

10月12日，公司召开全员大会。会上通报了秦皇岛一行的考察情况后，李建国经理发表了上任4个多月以来的第一次长篇"施政报告"，目的就是先给大家洗洗脑。

李建国全面分析了当前和今后一个时期建筑业市场的形势和走向。由于国家对国民经济和建设投资进行了结构性调整，建筑业队伍总量过剩、结构不合理的问题越发突出，再加上建筑市场上已经存在的不报建、不招标、私下交易、肢解发包、层层转包等违法违纪和不正当竞争等行为，导致建筑企业特别是国有建筑企业的市场存在空间被恶意压缩，生产经营面临极大困难，经济效益更是严重下滑。

李建国指出，上述问题只是国有建筑企业面临的普遍现象，对于沧州一建来说，问题则更加突出。由于工程款拖欠、业务量低、管理不精细等原因，公司连续多年处于潜亏损状态，已经影响到了公司的生存，必须有所作为、有所突破。

为应对这些问题，国家层面已经引起有关部门的高度重视，正在研究部署、密集出台相关的产业政策，试点引导建立现代建筑企业制度，并通过企业资质管理、质量监查、项目执法等手段进行建筑队伍宏观调控和微观引导，提升建筑业的整体水平。

"国家的政策再好、再多，但是我们不用、不会用，也是白给。即使天上真的掉馅饼，但也绝对没有专门往我们头上砸的。作为一个市属小型建筑企业，唯有跟上时代大潮，主动求变，主动适应国家宏观调控和具体的改革措施，才能走向沧州一建的春天！"

李建国神色凝重，大声疾呼。

"新机遇需要新观念、新思想，更需要新知识、新创造。为全面提升管理水平，公司决定调整中层管理人员，全面起用年纪轻、学历高、思路新、能力强的青年干部。"

李建国的话斩钉截铁！

三、强心换血

10 月 12 日会议结束当天，公司就公布了经理办公会研究通过的第一批任免名单，并即刻交接上任。此后紧锣密鼓，两天时间，一口气调整充实了 73 名机关和施工单位的中层管理干部。几乎是清一色管理和技术冒尖的年轻人走上了前台！

响鼓重槌，一击定音！当然也是巨石激起万重浪！

首先是在任的中层们，大家心里都清楚，按照"惯例"，新班子上任中层肯定要调整。所以，很多施工处的负责人无心再主动去争取工程项目，而是抱着"七月十五定旱涝、八月十五定收成"的心态，准备工程扫尾回家"猫冬"，坐等年底分钱"走人"了。还有的人用半开玩笑、半认真的话说，本来已经编好了"小笊篱"，准备年底决算时要最后"捞一勺儿"，可没想到这次提前了，让李经理直接把锅端走了。

但是，李建国讲在先、讲得清、讲得透、讲得明、讲得实实在在，被调整下来的老同志尽管一时不能接受，但大多数人也觉得时代发展了、理念更新了、技术先进了，自己真的难适应了；让出位置给有能力、有闯劲的年轻人是必然，也是应该的，只是没想到这么快、这么干脆利索。当然也有不理解的人，因为他们没有体会到李建国的所思所想。如果仍然按照老习惯，等到年底再换班子，新领导要接手熟悉情况，要磨合队伍，再去开展业务，起码又是半年、一年。

"今年不行了，明年必须动起来！"在李建国的意识里，沧州一建等不起了，就像一个久病卧床的人，恨不得一针下去就能让他立即从病床上蹦起来。

而且，正如小船急流转向，稍有犹豫，结果都将是毁灭性的颠覆。沧州一建不能有一分一毫的差池和耽搁。

这就是李建国此时的心情，也是李建国一生对工作的态度。当然，公司也并没有"亏待"这些老同志：保留中层待遇，直到正式退休。从今天来看，这恐怕是开创了一个政策的先河，就是后来大家都熟悉的一个词——"二线"。

事实证明了"换血"这一招的奇效——中层管理人员被彻底地"换上了鸡血"。

最突出的是刚刚走马上任的各施工处主任们，他们开始抢抓年底前的结算期，接手工程项目，维护客户关系，拓展业务市场，整顿内部管理，把过去建筑业冷冷清清的第四季度变成了岁末冲刺的练兵场。季度环比、同比，各项效益指标全线飘红、回暖向好。也是在这一年，公司彻底补齐了 1992 年以来接手的原地区四建时的债务。

在这次大会上，李建国也分析了企业发展的机遇。随着住宅分配制度市场化改革的深入，我国居民住宅消费正在成为新的建设热点和新的经济增长点，这为建筑行业一定时期成为国民经济支柱产业创造了新的机遇。为此，他坚定地提出了沧州一建三年发展的任务目标：实现产值超亿、晋升一级资质、通过 ISO 9000 认证。这就是后来被人们称道的"李建国三部曲"。

第二章 产值破亿

在这批新上任的施工处主任中，就有后来先后担任大元集团总裁的宫圣和郝书明。

宫圣生于 1966 年，是河北农大 1989 届优秀毕业生，大学 4 年间一直担任班长、学生会主席，1987 年就加入了中国共产党。毕业分配到沧州一建后，一直坚守在施工一线，担任过技术员、施工员、项目经理，已经取得了工程师任职资格。此次被任命为第四施工处主任前，刚刚担任该处技术副主任不足 7 个月。

李建国对宫圣的了解主要是工作层面的，知道他好学习、肯钻研，看事有眼光、处事有韬略，而且精于技术、善于管理，是一名不可多得的全面手、开拓型人才。

宫圣上任后的第一件事就是握着一张借款单找到了公司，要在决算之前预支 20 万元，理由是拓展业务需要。李建国没有细问，提笔签下了"同意"。因为从宫圣身上，他似乎看到了自己当年的影子。签完字，宫圣也没有多余的言语，两个人只是会心地一笑，转身出了办公室。

就是这一笑，让李建国认定这是一个和自己"对频道"的年轻人。

宫圣也不负所望，凭着这 20 万元，开启了施工四处不断上升的新发展阶段。1997 年，四处的工程业务量直线拔高，比上年新增 1000 多万元。此后的 6 年中，四次获得公司年度"经营管理先进单位"。他本人也多次被市建委和公司评为优秀共产党员和先进个人。2002 年，在李建国的力荐下宫圣进入公司领导班子，任职公司副总经理，并被推荐为当年度沧州市建设系统"十大青年英才"。2008 年 3 月，宫圣担任大元集团公司总裁，汶川大地震，他第一时间赶赴灾区进行现场指挥，得到了河北省建设厅的表彰。为集团改革的入轨、发展做出了突出贡献。

同样第一时间走进经理办公室的还有刚刚被任命为施工五处主任的郝书明。

郝书明生于 1965 年，1988 年从河北建筑工程学院工民建专业毕业后进入公司，一直从事技术工作，专业基础扎实，精于施工管理。此前已经任职公司技术科科长。

由单纯的从事技术和施工管理，到担任施工单位"一把手"，细致、认真、善于学习的郝书明多次向李经理请教。

李建国爱学习，更喜欢爱学习的人。他在重用有学历、有知识、有技术的人时，还有一个附加条件，就是他能不能坚持不断学习、不断进步、不断创新。所以，两人见面一个是真心请教，一个是真诚倾囊，郝书明满载而归。很快，施工五处也由"小弟"变身"老大"，在郝书明和继任者王连兴的带领下，成为后来大元建业的核心力量。

表现突出的还有第一施工处。1997年，同期任命的一处主任张新月带病坚持工作，进一步巩固了华北石油这一市场，开辟了北京等外埠市场，全年工程承揽量接近2000万元。第二施工处、第三施工处、第六施工处、加工厂等也毫不逊色，产值、效益和工程质量再次迈上了新台阶。

李建国想要的就是这种群雄并起的效果。千好万好，关键还得是产值高、效益好。上产值就得靠集体的力量。

"夫战，勇气也。一鼓作气，再而衰，三而竭。"

在李建国的规划中，产值超亿元是第一个阶段性的小目标，目的是提振士气。只有"三部曲"的第一首唱响了，其他目标才能一驰而全胜。

为了实现这个目标，他和公司领导们披挂上阵，在殚精竭虑谋划公司全面发展的同时，奔波在各部门、各客户单位之间，守候在项目招投标的现场。在当时的社会环境和行业风气下，他和分管生产经营的副经理张金德等人，曾经无数次深夜甚至凌晨，亲自驾车递送刚刚修改完成的标书，无数次为了饭局上一句真真假假的承诺，一口喝下满杯的白酒，也曾不止一次因为倾注心血的项目投标失利而放声大哭……

靠着这股为了公司能发展、职工能获益的拼劲，在新领导班子和中层干部们的带动下，公司员工再次焕发了老沧州一建人的豪迈气概和虎虎雄风。1997年，在亚洲金融危机、流动性吃紧的不利情况下，全年完成施工产值1.0236亿元，历史上首次突破亿元大关，比已经回暖向好的 1996 年，猛增了 3132 万元，增幅达 45%，工业产值同比更是增长了 710%。从全员劳动生产率看，人均产值超过了 6.5 万元，增长率在 40% 以上。利税总额首破 300 万元，达到 383.6 万元，同比增长接近 50%。公司资产也从 1995 年的 3477 万元增加到 5724 万元，增幅 65%。

李建国亲自导演的"三部曲"第一首完美唱响！

这一曲新词，犹如给沉寂的炭盆中吹进了一缕新鲜的空气，沧州一建再次燃起了火红的希望之光！

第三章 晋升一级

一、春天的忧虑

1998 年的春天如约而至。央视春节晚会上，两位著名歌手共同演唱了一首《相约九八》。一时间，"相约在温暖的情意中""相约在甜美的春风里"，轻松、缠绵的旋律充塞了大街小巷。

这样的情调似乎也成了沧州一建的流行。随着产值、效益和职工收益的显著提高，沧州一建人再次真切地体会到了改革带来的春天的气息。人们的脸上开始洋溢出幸福、满足的光芒。

然而，此时的李建国却毫无欣赏春光的心情，反而对歌曲所传递的情调有了一些忧虑。沧州一建这盆火刚刚烧起来，还远远没有达到可以松口气、歇歇脚儿的程度。公司上下，首先是他，必须保持足够的清醒，绝不能"暖风熏得游人醉，直把杭州作汴州"。

打铁需趁热，要抓住这个不错的势头，以提质量、创品牌为根本战略，加快企业发展基础的修复和夯筑。

"'三部曲'必须'三步并做两步走'！"李建国决心已定，亲自指挥了资质提升和 ISO 9000 质量标准认证的"合奏"。

二、受困于资质

20 世纪 90 年代中后期，随着改革开放和市场经济的深入，经济社会持续高速发展，古城沧州也进入了城市建设现代化的高潮期。华北商厦一期、狮城供销大厦等一批现代化高层建筑被引入沧州。

然而，国家建设部有明确的规定，这类建筑必须由拥有建筑工程总承包一级以上资质的建筑施工企业承建。而遍数沧州市的 200 多家建筑施工企业，资质水平最高的还数沧州一建，但也才是二级资质。由于资质的不足，沧州的建筑施工企业无法承接相应的工程项目，首先是限制了施工工艺和施工水平的提升。尤其是囿于资质不够，只能眼睁睁地看着外地的高资质企业刮走沧州建筑市场这块蛋糕上最肥美的奶油。对此，市领导和市建委也都很着急，一直在督促市属建筑企业的资质建设和提升。

其实更着急的还是企业。对于一个建筑公司来说，资质是企业能力、实力的硬性体现，也是质量、信誉的强势表达。李建国早就意识到，随着建筑市场的逐步发展规范和国内经济活动的日趋活跃，建设项目的投资主体多样化和项目组织实施的现代化已经成为大势所趋。为此，国家层面必然会通过资质评定等手段，来引导建筑企业走质量发展、内涵发展、规范发展的道路，把中国建筑业做大、做强。因此，沧州一建唯有以市场为导向，把握住这个千载难逢的机会，结合自身的优势传统和刚刚形成的内外环境，突破现有的资质格局，尽快推进资质升级和增项，用标准化来强化生产经营和质量管理，才能树立公司形象、稳固发展基础、占得市场先机，才能有机会谋求更大发展空间，进军更为广阔的战场。

这才是李建国坚持要晋升一级资质的根本原因。

三、初战失利

还是在任副经理时，李建国就曾多次提出要谋求资质升级。不过他的提议往往都被"条件不具备""作用不大，争取不成白花钱"的声音淹没。的确，当时总包一级资质是行业最高资质，对于沧州的建筑企业来说，资产设备、施工业绩、制度建设，尤其是技术力量等，确实有些高不可攀。而且资质越高，升级标准和要求也就越严格，程序也就越复杂，很多企业都是把这项工作花大价钱交给专业的资质代办公司代办。

李建国从不信邪，他上任经理后做的第一件事就是申请晋升一级资质，而且坚持要自己动手申办。

公司专门成立了晋级工作办公室，由公司办公室的孙国庆主任负责。这项工作的结果看似简单，就是上报一堆材料，最后得到一本证书。其实材料的内容非常复杂，组织和申报过程更是十分艰难。孙国庆带领晋级办公室的同志们，经过半年多的精心准备，终于按要求完成了相关材料的组卷。

晋级申报工作得到了市建委的大力支持，但是报送到省建设厅后，却没有被审核通过。了解到的原因是有人举报说，沧州一建申报材料中所列的专业技术人员，有的已经不属于沧州一建员工了。

事实上，确实存在这种情况。由于晋升一级所需的有职称证书的专业技术人员不够，就把申报二级资质时档案中曾经存在、刚刚调离公司不久的董恩仓、张绍华、李荣等专家保留了下来。

其实在当时，企业申报材料中借用上级管理机关和合作高校相关教师职称证书的现象比较普遍。受国家全面恢复专业技术资格评定时间不长，以及向教育、科研、医疗等专业倾斜等因素的影响，传统建筑企业，尤其是地方小城市的建筑企业，专业技术人员的职称层次和数量多数都不达标。有时企业资质评审机构也会"睁一只眼，闭一只眼"，对确有能力、业绩达标的市、县一级的小企业放上一马。但是"民不告、官不究"，有得告，就要有得"究"。

仿佛天知人意，从石家庄回来，出发时阴云密布，沿途大雨相随，到了沧州虽然雨势小了许多，可依然淅淅沥沥。李建国一路上都在安慰晋级办的同志们，到沧州后正好是饭点儿，便安排请孙国庆等晋级工作办公室的同志们一起吃个饭。也许是酒精的作用，席间有人控制不住情绪，大哭了一场。他们觉得冤，也觉得对不起公司、对不起李经理，在公司正在谋求发展的紧要关头，他们掉了链子、拖了后腿。

李建国也是个性情中人，连他自己都记不清有多少次为竞标成功而整杯整杯地豪饮白酒，为项目失利而与为之付出牺牲的老哥们儿抱头痛哭。这一次，他又落泪了。他的眼泪流的不是晋级失败的委屈，而是觉得："弟兄们不容易！""是我没有给大家创造好的竞争条件和环境！"尤其是公司正处于重新振作、迎头赶上的关键时期，一点一滴的耽搁都将对公司的未来造成不可估量的损失。他告诉同志们："一级资质我们必须得，最后也一定能得。要吸取教训，只有把自己做强，强到'敌人'无处下手，才是真正的成功。"

四、不能走老路

"这一次不能再走这条老路。"李建国说到做到。在他的督促和支持下，第二年也就是1998年，13名技术人员获得了国家建设部颁发的一级项目经理资质证书，使公司项目管理队伍更加专业化、技术化。

经过一年多来针对性的努力，沧州一建在硬件上已经达到了晋升一级的标准。但是，李建国并不放心。从器材员到器材科科长、生产调度科科长，再到副经理，他熟悉公司业务、管理的方方面面。他清楚，沧州一建虽然突破了晋升一级资质的硬件关，难题不再是资产总值、人员结构、项目业绩，缺的是对晋级必胜的信念，缺的是资料的佐证、档案的齐备和精细化的组织。

为此，他再三强调，资质升级的申办，本身也是对全员质量意识、规范意识的培养。既要重结果，有必胜的决心；更要重过程，对照申办标准，全面改进施工和管理，全面提升对资质指标的认识。

一年多的时间，李建国亲自操盘、统一指挥，首先从规范运营资料入手，在按照评审条件完成工程合同、中标通知书、竣工验收单（备案表）、质量核验资料、特种技术指标及其佐证材料、工程决算资料等成卷、成册的同时，固化成了公司的日常工作机制。人员结构上，公司制定鼓励政策，一批专业技术人员取得了各种职称资格证书，各类施工人员也取得了相应的岗位证书，既满足了验收标准，也增强了公司的技术力量。

五、取得完胜

经现场考察、审阅资料、个别访谈，国家建设部资质评定专家组全票通过了授予河北省沧州市第一建筑工程有限公司"工业与民用建筑工程一级资质"的决定。这是沧州市属范围内第一家获得一级资质的建筑施工企业，标志着从此沧州人可以有资格完成自己的所有建设项目。这无疑是开创了沧州建筑史上的一个新纪元，也为沧州一建的腾飞增添了一只有形的翅膀。

1999 年 2 月，在沧州市政府招待处大礼堂，由市政府出面组织，包括河北省建设厅、沧州市四大班子及相关部门的领导，市

李建国接受一级资质证书

内建筑行业相关企业、协会和一建公司职工代表 1000 多人，参加了沧州市第一建筑工程有限公司（此时，公司已经完成了企业改制）一级资质证书的授证仪式。当李建国经理在耀眼的闪光灯下从领导手中接过证书时，现场响起了长时间的热烈掌声。

第四章 ISO 9000 认证

一、"第一个吃螃蟹的人"

在资质晋升的同时，曾经管理专业进行过两年实战化学习的李建国也在思考，资质只能代表已经具备的能力层次，是武士手中的一件利器。战场上不能只有攻、没有守，而攻守兼备除了手中握有利器，还需要坚固的铠甲和盾牌，更离不开深厚的武功、内力来加持。对于企业来说，有一套科学完善的制度和基于制度下的执行力，从而形成良性的企业文化，这才是企业管理的核心境界和企业健康发展的内在动力。

李建国平时喜欢看书学习，乐于接受一些新鲜事物。他早就对国际上流行的 ISO 9000 标准认证产生了兴趣，而且联系自己十余年器材管理的体会，认定这既是未来企业发展的走向，也是解决公司当下问题的"钥匙"。因此，在上任之初他就为申请 ISO 9000 质量体系认证进行了布局。

说起来容易做起来难。别说是在这样一个传统的建筑企业，就是在当时的全沧州市，对 ISO 9000 认证究竟是个什么东西，恐怕也没几个人能讲清楚，当然也就没有先例可言。

李建国决心再当一回沧州"第一个吃螃蟹的人"。

二、亲自挂帅

沧州一建是一个新中国成立初期成立的传统建筑企业，脱胎于凭手艺、出大力的作坊式施工队。当时的社会需求、技术设备条件等先天环境，养成了公司粗放式的生产经营和管理模式。长期在计划经济体制下运行，市场意识、形象品牌塑造意识淡薄，虽然企业内部对材料、工艺等质量要求有着优良的传统，但是从思想上却仍然是"干良心买卖""哑巴吃饺子——心中有数"，认为只要把房子盖起来、垒结实就行了，没必要搞这些繁文缛节，况且甲方也不会看。甚至有人私下说，一家人过日子，够吃够穿有节余就是好日子，没必要非得记住每一分钱都花在哪儿了。当了解到申请认证要投入资金、聘请指导团队、花费人力物力时，公司领导和基层再次有了"拿着闲钱补笊篱"的说法。

在李建国看来，这正是他想要破除的思维习惯。动用公司资源，花费这么大的精力搞认证，目的就是打破传统行业的这种"小作坊意识"，树立科学思维，建立现代企业制度规范，为公司的内涵发展、良性发展铺就一方基石。

"说了算，定了干。"1999年4月16日，公司决定成立贯标工作领导小组，由总经理李建国亲自挂帅，时任公司副总经理李凤佩为贯标工作领导小组常务副组长、"管理者代表"，赵祖升为副组长。领导小组下设办公室，任命王晓枫同志为主任，从全公司抽调精干力量，组成了贯标工作的办事机构。后因工作需要，刘景胜和杨向东又先后担任贯标办主任，核心成员郑培壮、梁金海、孔显生、吴志安等先后担任副主任。

贯标办迅速行动，一方面赶赴北京中国建筑业协会咨询请教，明确了申请"ISO 9000"标准认证的贯标方向，制定了公司《ISO 9000贯标认证工作安排》，一方面联系聘请专家到公司培训辅导。经过一周的紧张筹备，4月23日到28日，首期贯标培训班成功举办，来自各部门和各分公司的60多名相关人员参加了为期6天、全封闭式的理论和业务知识学习，提高了与贯标有关的各岗位、各工种人员的认识，明确了任务。

以首届培训班学员为骨干，各部门、各分公司边学习、边整理，经过反复研究、讨论、修订，在专家的指导下，用了一个多月的时间，精心编制了全系列、全流程的"质量手册""程序文件""支持性文件"等初稿，印制完成了文件汇编的试行稿。

6月5日，公司召开了ISO 9000贯标认证工作新闻发布会，除了公司所属各单位、各部门全部参加外，还专门邀请了市建委、在建项目的甲方代表和有合作关系的单位代表出席。李建国总经理亲自主持发布会，通报了公司贯标工作的准备情况，公布了贯标文件，郑重宣布公司将严格执行ISO 9000质量标准，接受上级部门、合作单位和包括媒体在内的社会各界的监督。

发布会的召开，从内到外营造了贯标认证工作的整体氛围。6月6日至7日，各部门和各施工单位分别组织相关人员集中学习贯标文件，6月8日，这套全新的质量管理系统就开始在全公司试运行。

为了保证实践效果，贯标办同步深入各分公司，面对面进行培训、答疑，手把手解决贯标文件执行中的技术问题。与此同时，按照公司《贯标认证工作安排》，精心组织了多层面、多轮次、分专项的学习培训，仅专门针对质量体系运行中的质检、安全、施工员、特殊作业人员和各类管理人员的培训就有1000多人次。6月19日，还专门对各分公司技术副经理、项目部技术负责人和器材科科长、项目部材料员两个层面进行了专项集中培训，强化了质量标准体系的推进效果。

随着质量标准的建立运行，公司从各部门和各分公司抽调了一批技术骨干担任内审员，由北京中建协质量体系认证中心进行强化培训，担负起了内部质量对标审核的重任。按照公司的规定，内审员可以随时进行抽查、联查、座谈、反馈，常态化地监督检查质量标准体系的运行情况，做到了及时发现问题，第一时间督促改进，并根据工作实际提出对质量体系的修订意见。

在内审员制度的推行和实践中，通过督促完善落实，不断打磨质量控制系统细节，使公司全员逐渐形成了质量监控规范化的管理定式，大大促进了公司质量保证能力的不断提高，为圆满实现"杜绝质量事故，消除质量通病，争创优质工程"的公司管理目标提供了保障。1999年公司承建的全部工程，优质品率由1997年、1998年的60%以上，一跃超过了75%。公司连续三年荣获"河北省建筑企业工程质量管理先进单位"，晋升为"河北省建筑行业骨干企业"。

三、外学楷模、内树标兵

李建国一直密切地关注着贯标认证工作的进展，多次提醒贯标办的负责同志，一定要把解决思想认识问题放在首位。

恰好在认证宣贯阶段，中央电视台新闻节目中一段关于天津建工集团三建公司项目经理范玉恕事迹的报道引起了李建国的注意。

收看中央电视台各档新闻栏目，是他多年来养成的一个习惯。当年公司的作息时间是上午 7 点半上班，他每天早上五点半准时起床，洗漱后就要打开电视收看早 6 点的整点新闻。中午只要有条件，还要收看《午间半小时》，晚 7 点的《新闻联播》更是雷打不动。走上领导岗位后，他很少能正常下班回家，尤其是夏天，《新闻联播》播出时，他可能还在巡视工地。不能正常收看《新闻联播》的首播，他就必须看晚 9 点的重播。连老母亲都知道他这个习惯，老人家在世时，他回家后先要陪老人聊聊天，说说家里家外的大事小情。可一到 9 点，老人就催促他："快去吧，你该看电视了，我也要休息了。"

新闻报道很简洁，他就留意搜集范玉恕的信息。几天后，1999 年 6 月 15 日至 16 日，《河北日报》连续两天分别以《群众信得过的建房人范玉恕》《工地铁人》《范玉恕的百姓情怀》为题，详细介绍了范玉恕的先进事迹：范玉恕 30 年如一日战斗在工地第一线，不为物欲所惑，不受世俗所染，兢兢业业、鞠躬尽瘁。他在施工中精益求精，主持完成的 18 项、30 多万平方米的工程项项优质，两次荣获全国建筑工程质量最高奖——鲁班奖，赢得了一名建筑人的至高荣誉。

范玉恕的事迹，深深地感动了李建国。他把媒体的报道收集下来，指示公司党务处和行政处，以公司党委和公司的名义联合下发了《关于在全公司开展学习项目经理的楷模——范玉恕同志的通知》。

通知明确，为了加强我公司精神文明建设，提高全员素质，增强企业凝聚力、向心力，进一步配合贯彻实施 ISO 9000 国际质量标准，公司决定，在全公司范围内开展深入学习项目经理的楷模——天津建工集团三建公司范玉恕同志先进事迹的活动；要求全体公司员工要以处室、分公司为单位参与到活动中来，用一个月的时间，对照楷模、反思自身、找出差距，制定学习改进措施。

"人人学楷模，个个争先进。"这场轰轰烈烈的主题学习、实践活动，让公司上下重新明确了自身定位，有力地配合了贯标认证工作的高效推进。在办公室起草的活动总结中，总经理李建国又特意加上了一句话：

"同时，这也是公司向全国建筑工程质量最高奖——鲁班奖冲击的一次思想总动员！"

此时的李建国已经在开始谋划争创"鲁班奖"了。

外学楷模的同时，公司还内树标兵。第二分公司在贯标工作中，谋划细致、动作迅速，他们制定的《第二分公司贯标工作推进实施及责任分工》，项目详细、步骤清晰、分工明确、责任到人，得到了中建协专家和贯标工作领导小组的充分肯定。贯标领导小组专门做出批示，并在全公司印发推广，起到了精神鼓舞和技术引领的双重作用。

一系列的推动举措，迅速在公司上下形成了由"要我贯标"到"我要贯标"的氛围和气势，各项控制性文件、资料的编制，对应标准监督落实，内审、评估、整改、修订，各项工作全面展开。贯标办及时掌握进度，适时印发阶段性工作要点，落实控制措施，强势跟进指导，各项认证的准备工作有序就位。

四、完美收官

1999年10月初,经过两轮质量体系标准内审和运行情况的自我评审，在有十足把握的基础上，公司决定提请中建协认证中心进行预审核。

中建协组织了评审专家组，通过资料审阅、现场检查和跟踪观察，专家组给出了一致意见，支持公司的认证申请。1999年12月30日，中建协质量体系认证中心做出批复：批准沧州市第一建筑工程有限公司整体通过 ISO 9000 质量体系认证。

沧州一建成了沧州市第一家通过 ISO 国际认证体系的建筑企业，创造了一个地方传统建筑企业的现代传奇！

ISO 9000 质量体系的首次成功认证，为企业管理的体系化、流程化、标准化、精细化提供了严密的内部保证和持续不断的外部动力。更准确地说，是为公司上下带来了深入骨髓的变化。

一是打破了传统的行业观念。传统的建筑业迷信经验、权威，施工工艺、流程走的是师傅带徒弟、手口相传的路子，无章可据、无本可循。有了这套体系，规范取代了经验，专业化、精准化、流程化的施工工艺取代了"跟着感觉走",技术指标更准确,质量更有保证。实现了对传统观念的反拨,在公司上下逐渐形成了尊重科学、尊重知识、尊重人才的企业文化。有学历、有知识的专业技术人员在规范的指引下,学习能力得到了充分发挥,迅速成为公司的中坚力量。连当年那些认为"大学生手不能提、肩不能扛,不是干建筑的料"的老工人,也开始对李建国的人才引进战略跷指称赞。

二是实现了生产经营质的提升。打个比方说,ISO 9000 认证是完成了从散兵游勇式的作战状态向正规化大兵团战役的过渡。过去的生产是奔着完成施工任务的目标去,从心态上就是"抽秕秸打黄鼬——轰走了事"。承接的工程项目干完一件扔一件,没有资料留存,更谈不上总结经验教训,相当于打一枪换一个地方,下次还得重新来过。有了强制性的规范,事前有计划,事中有记录,事后有总结、有签证,不仅保证了在建项目质量控制精准、高效,而且为新项目的投标报价,施工过程的招标采购、质量监控、现场管理、风险规避等提供了全息化的数据支撑。就像指挥一场大兵团作战,攻击目标、路线的确定,兵力、火力的配属,战略资源的调配等等,都可以尽在掌握之中。

公司生产经营处负责招投标,在 ISO 9000 体系认证中,他们自主研发,在器材、物资招标采购中搭建了一个供方管理模型,把历年来参与投标的供货方信息录入了数据库,实现了合格供方的数据化管理。在物资采购时,模型可以自动地对该类采购的合格供方进行筛查、比选,列出最佳供方排名,同时还能显示该供方的价格、品质趋势。有了这个模型,无论是公开竞标,还是邀标、议标,都能尽量做到心中有底。

这绝不仅仅是一项新技术的使用,而是一种现代商业意识的养成。它最大限度地杜绝了"人为操作"带来的人情障碍、质量和法律风险,改变了掺杂人事、人情关系的领导方式,体现了现代企业管理的领导艺术。

"制度最管用,系统更省心!"这是贯标认证后大家一致的心声。

更让人耳目一新的是通过认证在公司上下形成的现代企业管理机制

和管理意识。

ISO 9000 质量管理体系明确的 PDCA 循环，把计划、执行、检查、处理全部纳入质量管控体系，从设计源头开始一直到竣工验收，不再是单纯以符合设计图纸作为质量好坏的衡量标准，增强了企业内部质量保证的主动性。沧州一建第五分公司在承建中国工商银行沧州分行综合大楼项目中，项目部以保证质量和对业主负责的态度，主动采用了硬模支架、柱板连浇工艺，既提高了工程质量水平，又加快了施工进度，让客户的体验更加"贴心"。

时任第二分公司技术副经理的张春荣，全程参与了集团公司的贯标认证工作。在贯标过程中，她有思路、有创新、有作为，亲自执笔起草制定了《第二分公司贯标工作推进实施及责任分工》，为全公司创造了模板、提供了经验，受到了总公司贯标工作领导小组的表彰。对执行 ISO 9000 质量认证体系，她感触颇深："现代企业机制的建立，对于传统建筑企业来说是革命性的。搞 ISO 9000 认证最大的价值是为公司内部吹进了现代企业管理的新风。从内部来说，贯标让有学历、有知识、有技术的年轻人走到了公司技术和质量管理的 C 位，也让他们看到了公司和个人发展的新曙光。从外部来讲，贯标成功赢得的不仅是一时的广告效应，更是沧州一建严谨规范、质量可靠的社会口碑。"

气质的呈现总是从内而外的。

沧州一建通过 ISO 9000 质量标准体系认证的消息一经传出，犹如大地回春时封冻已久的冰面发出的第一声炸裂的巨响，彻底激活了沧州建筑市场的一池春水，也

1999 通过 ISO 9002 标准认证

让沧州市一建的"质量魅力"迅速"爆棚",市场占有率、技术工艺、质量保证、企业效益、社会声誉等等,全方位恢复了沧州建筑业老大的气度雍容!

1999年,站在历史即将跨入新千年的交汇点上,沧州一建全年产值接近2亿元,连续取得沧州市最高的工业与民用建筑工程一级资质,实现全市首个通过ISO 9000质量标准体系认证,李建国的"拨火三部曲"实现了完美收官。

沧州一建在新世纪的春天里盛装走来!

第五章 改制插曲

一、春天的旋律

1998 年年初，一份由沧州市建委转发的沧州市体制改革委员会的文件摆在了李建国的案头。

关于企业改制，李建国并不陌生。1996 年在秦皇岛二建考察时，他还特别留意了这件事。

从 20 世纪 80 年代中后期开始，国营企业"放权让利"，实行所有权与经营权分离的经营承包制，在一定程度上调动了基层和个人的积极性。但是，由于没有触及企业的基本产权制度，还没有形成适应市场的法人实体和竞争主体。导致国营企业无法真正走向市场，加之承包制本身存在的"短期行为"等缺陷逐渐显现，国营企业在市场竞争中越来越举步维艰。

作为一名国有企业的经营管理者，一位企业家，李建国非常清楚，面对体制造成的企业发展瓶颈，仅靠内部的机制转换已经没有了突破的空间。由于企业没有竞争主体地位，在社会主义市场经济的大环境下，失去的是占领市场的先机。施工任务不足，资金紧张，加上离退休人员比重高、企业负担重、技术设备老化、更新动力不足、工程款巨额拖欠等一系列"国企病"，已经导致企业增量困难，而且增量不增效，严重挫伤了广大职工的积极性。

1992 年春邓小平南方谈话发表之后，国内的政治和舆论氛围发生重大转变。1992 年 10 月 12 日召开的党的十四大明确提出，建立社会主义市场经济体制是我国经济体制改革的目标。1993 年 11 月，中共十四届三中全会通过了《关于建立社会主义市场经济体制若干问题的决定》，提出了建立社会主义市场经济体制的基本要求和途径。在这一系列方针政策的支持下，以私营经济为主的非公经济和外资经济迅速崛起，要素市场特别是规范的资本市场初步建立起来，国营经济的外部市场环境发生了重大改变。在此背景下，国有企业的唯一出路就是从所有权层面进行改革，保证其与新兴的市场主体站在同一个层面上进行竞争。

与此同时，中央也已经意识到，除了能源、资源、电力、电信、航空、航海、军工等国家命脉型行业企业外，国家对其他行业企业的管控过多、过死，不利于市场生态作用的有效发挥。在 1997 年 9 月召开的党的十五大上，明确提出了"建立现代企业制度是国有企业改革的方向，要按照'产权清晰、权责明确、政企分开、管理科学'的要求，对国有大中型企业实行规范的公司制改革，使企业成为适应市场的法人实体和竞争主体"。于是，在中央"国退民进、抓大放小"宏观政策的指引下，中小型国营企业通过公司制改造实现"民营化"，成了国企改制在全国层面的落地实施。

因此，反复阅读文件时，李建国的心头甚至响起了《春天的故事》的旋律：

> 天地间荡起滚滚春潮，
> 征途上扬起浩浩风帆，
> 春风啊吹绿了东方神州，
> 春雨啊滋润了华夏故园，
> 啊，中国，啊，中国，
> 你展开了一幅百年的新画卷，
> 捧出万紫千红的春天。

这首火遍了 20 世纪 90 年代大江南北的歌曲，以史诗般的优美旋律，描绘了中国改革开放的壮丽画卷，记录下了一个时代的声音档案。

随着歌曲的旋律在心头唱响，李建国感觉连窗外隆冬下的枝头都似乎冒出了春芽的气息。一个萦绕他心头多年的难题，终于有了一个清晰的解答思路。

"党和政府号召的事就要积极响应、坚持执行。"这是李建国常说的一句话。受党组织多年的教育培养，李建国养成了听党话、跟党走，坚决贯彻执行上级命令的纪律意识、责任意识和担当意识。

聆听了党中央的声音，手握上级的文件，李建国多年的思考有了一个清晰的答案：国企改制是国家大计，像沧州一建这样的国有企业，必须完成改制进入市场。只有通过改制，才可以让他谋划已久的人事、用工和分配制度等改革措施具备法理性和可行性。"这是对公司发展、对职工收益都有利的好事，我李建国不仅要干，而且必须干好！"

1998年的春天来了，李建国感觉到沧州一建的又一个春天也终于来了。

二、扭转认识是关键

很快，沧州市委、市政府成立了沧州市国有企业改制工作推进委员会，印发了《关于推进国有集体企业改制的指导意见》（〔1998〕40号）。市建委根据市推进委要求，按照《公司法》相关内容，决定沧州市第一建筑工程公司为沧州市第一批改制企业，于1998年8月开始，年内完成。

改制的目的是打破国有企业市场行为中经营主体因素的约束，为国企赋予一个更加自由和轻松的市场环境。但是，在老百姓的认识里，改制改掉的是"公有制"，砸掉的是旱涝保收的"铁饭碗"。而且对于沧州一建来说，新班子上任一年多来，公司正处于强劲的上升期，1997年产值首次突破亿元，利税384万元，荣获"河北省工程质量管理先进单位"。在沧州市建筑行业中，无论是施工能力还是社会信誉方面都名列前茅，雄踞着"老大"的位置。因此，相比于那些抱着"闯关"心态，准备拼一把、赌一次的试点企业来说，沧州一建对打破自己这个有馒头有肉的"大锅饭"的意愿似乎并不强烈，甚至还存着改与不改的幻想。

李建国也不是个彻底跳出"凡尘"的人，他能够理解一些老职工的心情。他又何尝不是这样呢？从17岁进公司成为国营企业职工，一直是他最自豪的事情。

企业家不能只从个人利益思考和解决问题，而是要能够站在企业的角度，做出科学、大胆的决策。李建国清楚，企业改制难在扭转思想认识。在市建委的指导下，公司首先组织领导班子进行集中学习，结合十五大精神和"邓小平理论"的学习，深刻理解改制的意义，认识企业改制的必要性和紧迫性。然后，连续召开中层干部会议，就改制的意义进行广泛宣传发动，形成了企业要发展，必须建立现代企业制度的共识。当然，还有一些老同志，虽然"心不甘、情不愿"，却也选择了"信任李建国"。

企业改制毕竟是一项全新的工作，从市委、市政府到市建委和企业都是在"摸着石头过河"。为避免走弯路，市建委领导带领着参与第一批改制的相关企业负责人，专程到秦皇岛二建等省内外已经实施改制行动的企业去取经学习。市政府涉及改制工作的有关部门领导也参加了考察学习，为企业的改制行动提前预热了环境。

三、清产核资费心思

公司成立了改制办公室，但一切工作开展都需要李建国亲自谋划、实施。准确地说，国企改制并不是暗夜中不辨方向地乱闯，因为改制的目的清楚、目标明确。但是，各单位有各单位的情况，走哪条路、怎么通过遍布其间的乱石、险滩，却毫无规律可循，更无经验可谈，考验的是企业领导人的智慧和胆识。

按照通常的做法，改制的第一步是要进行清产核资，其核心是原国有资产的剥离问题。按政策规定，核算后的国有净资产要由公司员工出资购买；如果国有净资产为负值，则实行零价出让。因此，国有资产的剥离数额影响着公司员工的股本投入。文件对公司现有资产中可以剥离的选项只有三种，分别是三年以上的呆死账、离退休人员的医药费、伤残人员的伤残工资。李建国指示："不要拘泥于文件，建筑企业有自己的特殊情况，要想细、做实。法规禁止的绝不能违背，政策范围内的也要充分用足、用活。"

政策对剥离资产的内容和数值有着一套严格的评估办法和手续。比如，三年以上呆死账的认定，需要有充分、完整的合同和法律证据。为了理清这部分内容，公司安排财务、经营和生产部门联合行动，查找决算件，附证合同文本、财务票据、法律文书，找经办人、证明人逐项签字等等。经过大量艰苦细致的工作，最终认定了三年以上呆死账449.42万元。在按规定确认了离退休人员医药费、伤残人员伤残工资数额的基础上，公司又根据自身实际情况，增列了因公死亡职工遗属抚养费、离休人员活动经费等项，得到了体改委专家论证会的通过，在政策允许的范围内尽可能全面地增加了可剥离资产。

最后经体改委审批，沧州一建共计可剥离国有净资产 1531.18 万元，其中三年以上呆死账 449.42 万元，离退休人员医药费 751.01 万元，伤残人员工资 295.71 万元，死亡职工遗属抚养费 35.04 万元。被剥离的呆死账明销暗存，收回后与市财政按二八分成，被剥离的离退休人员医药费及伤残人员工资等，仍留在企业，由企业负责发放和使用。

在公司资产评估中，经过专家组精心核算确认，沧州一建不含生产用土地在内的企业净资产 879.32 万元。对比应剥离资产后，实际国有净资产为负 651.86 万元。按照体改委批复的改制方案，公司职工可以零价买断国有资产。同时，按市推进委〔1998〕40 号文中"经评估净资产为负数或经剥离资产出现负数的改制企业，若实行零价出让，其差额部分可以企业占用的部分或全部土地使用权评估作价予以补齐，并由土地部门办理出让手续，免收土地出让费"的规定，公司获得了现有 37.70 亩生产性土地 40 年的土地使用权。这批土地使用权经评估价值为 653.07 万元，相抵后公司需职工购买的净资产为 1.21 万元。也就是说，全体职工只需 1.21 万元就可以买断公司的全部国有资产。

在这个过程中，公司员工看到的只是一个结果，就算拿到今天来看，似乎也只是一串数字。然而在这个结果的运作过程中，既有与上级部门和众多建设单位的反复沟通、争取，更有改制办公室成员夜以继日的研究、分析、讨论、权衡，凝聚了公司领导人的智慧和艰辛。正是有了这个结果做基础，公司在改制进程中才得到了广大职工的认可和拥护。

四、改制方案得民心

经过三个多月的充分酝酿，沧州一建编制完成了《改制方案》《新公司章程》《股权管理章程》等文件。带着这些方案，公司又多次找到市领导和体改委领导反复请教、汇报、把关，经过多轮修订，完成了改制的全部准备工作。

在改制方案中，新公司股东由基金会和持股会组成。基金会基金为公司集体资产，共计372万元。持股会由持股职工个人组成，按照公司领导、中层干部和一般职工入股金额分别控制在2万～3万元，0.8万～2万元，2000～3000元三个档次，职工入股率超过90%以上，共募集股金342万元。基金会按职工入股资金的1：1比例实行配股，形成了职工股本金684万元。基金会资金在完成配送股后的剩余部分，作为职工集体出资。配送股所有权归公司职工集体共有，被配送职工仅享有红利分配权。发生退休、调出、除名、亡故等情况时，所持配送股收回，归基金会所有。

改制后公司的决策机构是董事会，设11名董事，全部由股东代表大会选举产生。董事会设董事长1人，副董事长2人，由董事会选举产生。管理层设总经理1人，副总经理3人，首届总经理由董事长兼任。设立监事会，作为公司的监督机构。公司专设财务总负责人。实行按劳、按效分配与按股分红相结合的分配方式，建立效率优先、兼顾公平的分配制度。

公司改制后为集团性总公司，下设土建独立子公司2个，其余各施工处改为分公司。经上级批准，新公司党委、工会和青年团组织一并成立。保留全部在册职工的档案身份，职工入股后即为公司股东，按章程享有规定的权利与义务，非股东与股东的福利待遇有所不同。改制后继续执行社会基本养老保险和待业保险金统筹制度，仍按政策接收和管理原离退休人员。

从这个方案中不难看出，这是一个兼顾了国家、集体和职工个人等各方利益的方案。通过职工入股，把国家无法经营的国有资产收购为职工的集体资产，既保证了国家资产的全民所有，又盘活、壮大了有效资产。在此基础上，也更多地赋予了资产运营者自主经营的权力和责任。因此，这个方案得到了市委、市政府的充分肯定，更得到了广大职工的广泛支持。

1998年11月14日，公司专题召开第五届第四次职工代表大会，审议通过了《沧州市第一建筑工程公司改制为沧州市第一建筑工程有限公司改革方案》《沧州市第一建筑工程有限公司章程》《股东会章程》《持股会章程》《监事会工作条例》《董事会工作条例》《职工基金会章程》等全部改制文件。

募股阶段平稳有序。与一些改制中的国有企业负责人想方设法持占大股不同，李建国反而尽量满足一线职工的认股愿望。因为在沧州一建这样的营利性企业，多入股是将来多得利的事情，他不能和职工们抢好事。而且，他更愿意看到职工们踊跃认股，因为那是对公司发展的信心，是对他们这些管理运营者的信任。

当然，还有一个原因就是李建国个人当时还真拿不出太多的钱。他按章程认股的钱，有一半是他从亲戚手里借来的。

五、公司注册巧周旋

经过紧张筹备，1998年12月30日，沧州市第一建筑工程有限公司首届股东大会胜利召开。会议表决通过了公司章程、股东会章程、工会股权管理章程，审议了董事会工作条例和监事会工作条例，以无记名投票方式差额选举产生了公司第一届董事会和监事会。从这次股东大会开始，大元集团形成了一个规矩，就是董事会换届由股东大会实行差额选举、无记名投票，而且"票不出会场，当场唱票、计票，当场宣布选举结果"。这个规矩一直坚持到了今天。

按照得票数从高到低，李建国、李凤佩、张长国、张金德、赵祖升、边一杰、范志强、宫圣、金根发、李铭桥、郝书明同志当选为首届董事，蔡丁峙、孟凡春、王德祥同志当选为监事会监事。

当天，刚刚组建的董事会召开了第一次会议，全票推选李建国担任董事长兼总经理，张长国、李凤佩为副董事长，李凤佩同时兼任董事会秘书长，张金德、范志强为副总经理。监事会推选蔡丁峙为监事长，王德祥、孟凡春为监事。

1999年1月20日，沧州市政府做出《关于同意沧州市第一建筑工程公司改制方案的批复》。这一天已经是农历的腊月初四。李建国意识到，到春节放假只有 20 多天了，如果不能在节前完成工商注册，节后稍有耽搁，将会影响公司全年的生产。他下令，抓紧准备材料，一定要在春节前完成新公司的注册手续，保证春节后公司能正常开展业务和实质性运营。

但在注册中却遇到了一个大问题。当时沧州一建刚刚取得了"工业与民用建筑工程一级资质"。按照一级资质企业的注册标准，资产剥离后公司的注册资本不足，无法进行工商登记。而同期改制的其他企业要么是因为资产剥离数额少，要么是因为企业资质低，几乎不存在这种问题。沧州一建只能孤军奋战。

李建国想到了一个办法。他先是来到了市工商局，找到了主管局领导。

"沧州一建的注册资本远远大于目前的认定值。国有资产剥离只是账目的转移，部分资产被列入了离退休人员医药费、伤残人员工资、死亡职工遗属抚养费。但这些资产都是以实物折价的方式剥离的，实物还在公司，而且这些费用最终也是要由公司支付。因此，同样可以认定是公司现有资产。"李建国直截了当道出了他的思路。

主管副局长是一位业务精通、原则性很强的领导。虽然一方面同情沧州一建的特殊情况，也在努力为一建想办法，但是一方面还是要求必须有完备的手续。李建国并不气馁，一次不行就两次、三次，主动查找政策依据、寻求相近的范例。主管局长也多次在工商局业务会议上提出这个议题，最终明确，可以参照其他地方的做法，只要财政局国资处给出意见，即可进行工商登记。

李建国一刻不停，又来到财政局。有了工商局的工作基础，财政局主管副局长经过亲自调研咨询，提出了建设性意见，认为沧州一建离退休人员养老和伤残人员抚恤金仍由公司承担，已剥离资产均仍在用于公司经营，故可以认定为公司资产。意见提交到了财政局办公会，并最终得到批准。

20 多天马不停蹄的奔波，终于在 2 月 12 日，农历腊月二十七，沧州市工商行政管理局批准了沧州市第一建筑工程有限公司的工商登记

注册申请，换发了新的
法人证书和营业执照。
2月28日农历虎年正月
十三，在公司办公楼前
举行了一个简短而又庄
重的揭牌仪式。同时，
宣布了上级党委对张长
国同志任公司党委书记
的任命书。

1998年首届股东大会

　　至此，新公司在无缝衔接中正式投入运营。没有其他改制试点企业
地震、海啸般的反应，沧州一建在全市最先平稳、顺利地完成了改制任务。
改制的成功得到了沧州市委、市政府的充分肯定，国家建设部还专门为
公司整理了经验材料，向全国建筑施工企业宣传推广。

六、"民"与"营"的思考

　　表面上看，沧州一建的改制工作过程平稳、工作有序，政府认可，
职工满意。股权平均分配、自愿认领；股东会、基金会的双股并行，最
大限度地照顾了广大职工的切身利益，堪称是国有企业改制的典范。

　　但是李建国却有一种说不出来的感觉。因为在他看来，这只不过是
改革这篇宏幅巨作上落下的第一笔。

　　国家之所以推行国企改制政策，一个根本原因就是国营建筑企业投
资和经营主体的国有性质，不仅是压在政府肩上的负担，而且束缚了企
业的市场行为。所以改制的主题是"国"改"民"，让企业和职工自身
成为投资和经营的主体，最大程度上为企业在市场竞争的环境下"松绑"，
实现自主经营。改制完成后的新企业，把员工与企业以自负盈亏、自我
约束、自主发展的形式"绑定"，让职工从企业的附属变成一定意义上
的主人，强化了全员的生存意识、发展意识、责任意识、竞争意识，一
定程度上激发了企业内部活力。这当然是企业改制应有的"红利"。

　　但是，当下的改制条件，决定了所谓的"国改民"的红利仍然是平

均分配,你有、我有、大家都有。而且,"国改民"号称打破的是"大锅饭",可改制后人人持股、人人是股东,等于是把"国家的锅"换成了"大家的锅"。用李建国的话说, "充其量也就是在锅上镶了个'金边'"。

股权过于分散,对于普通持股人来说,无非就是把摔不烂的"铁饭碗",换成了一个大小一样、人人都有的"塑料碗"。但是,对于担负着企业经营、管理主要责任的经理们来说,改制所应该赋予他们的经营决策权力和动力却被大打折扣。在市场经济环境下,作为国营企业,改制之前是"戴着镣铐跳舞",改制之后镣铐并没有解除,区别大概只是换了一个样式而已。

但时势所至,此时的李建国和他的管理团队只能把工作重心确立在"营"字上,不管国营、民营,只有"善营""营善",企业才能壮大发展。

李建国深知自己肩上的担子更重了,责任更大了。

七、股权流转绝隐患

在李建国看来,人人持股不仅是对责任主体的制约,更令他担心的是另一个巨大的隐患。随着公司的发展,资产规模会不断壮大,而个人持有的原始股本对应的公司资产也会滚雪球式地增长。一旦公司人员发生变化,公司资产会有被全部掏空的危险,最终导致公司现任员工的利益受损。这绝不是改制所应有的结果,必须有所控制。

应该说,这是许多先期改制企业所没有顾及的问题,李建国不仅预判到了,而且有所动作。不得不说,这才是一个企业家长期养成的职业素养。

但是,李建国也告诫自己,千万不能犯急躁症。历史的经验告诉他,任何形式的改革,都应是循序渐进式的,不可能"一改就灵";任何改革的举措也都将是阶段性的,改革的成功在于与时俱进,不断深入。

为了解决股权分散、权责不对位的问题,在有限公司章程中明确规定了职工退休退股,出资人的出资额一年后可以在企业内部转让流通,鼓励优胜者收购,企业向优胜者扩股等原则,为建立健全合理高效、责权统一,可持续、可创新的法人治理体制打下了法理基础。

2000年年初，按照《公司法》有关规定，沧州一建就开启了以股权结构调整来促进生产经营发展的第一步。1999年年底确定年度红利分配方案时，公司做出规定，凡在2000年年初转让股权者，红利标准为20%，不做股权转让者红利执行标准为4%。这一方案的目的就是用经济杠杆促进股权的合理流动。方案同时规定，一般职工可以转让股权，重要岗位以上管理岗位人员不得转让股权，中层副职以上人员要按不同比例收购股权。经过这一轮股权调整，持股人数由原来的927人减少到562人，出让股权人数365人，占初始持股人数的39.37%，转让股权金额175.40万元，占全部股权的25.6%，董事会11个人股权达139.6万元，占全部股权的20.4%（初始比例为8.4%）。

三届一次股东会　　　　　　　　　　　　　　　　四届一次股东会

在2001年又进一步调整股权结构，持股人数减为437人，只占初始持股人数的47%，董事会11名成员持股达178.8万元，占全部入股比例的26%，进一步向"优者持大股"的目标迈进。到2008年股东人数已经减少到332人，其中管理人员占到了将近一半，为2009年落实股权大规模流转、推进股权激励等改革打下了基础，也为"09工程"战略的实施、实行股份制改造、构建集团式现代化治理机制铺平了道路。

八、"人"与"事"的探索

企业改制及股权的流转集中，一定程度上为公司管理体制的改革创造了条件。

随着农村改革的成功，大量解放的农业剩余劳动力拥向城镇。他们的首选就是知识、技术层次要求低的建筑施工行业。一批个体组建的松散式的"建筑队"已经漫天滋长，靠着灵活的机制、低廉的成本和非市场化的运作手段，从低端项目做起，快速积累资本，提升产能，在迅速侵占建筑市场份额的同时，也破坏式地啃噬着建筑市场的生态。

善于学习、敢于创新是李建国的特点。在改制的过程中，他果断出手，迅速启动了"人事、用工、分配"三项制度的改革，借鉴个体建筑队好的做法，充分发挥改制后的机制优势，用合理合法的方式把握建筑市场的先机。

在人事制度改革上，首先是给各分公司和各科室充分放权。总经理只负责各科室和各生产单位"一把手"的选聘，其他副职一律由本单位主要负责人自行推荐、聘任后，到总公司履行报备手续。同时，彻底打破了企业干部和工人身份的界限，全面引入竞争上岗、优胜劣汰机制，一切唯能力而论。

在李建国的主导下，凭着丰富的经验和出色的业绩，以及在竞聘中的出色表现，祁建发等一批工人身份的职工进入中层管理队伍，起到了"立木为信"的效果，带动了一大批有技术、有能力的一线工人成了施工员、技术员、业务员甚至副经理。

此举一出，不仅充分增强了中层正职的责任感，而且为各单位管理团队的建设创造了自由组合、优化组合的环境，大大提升了团队的凝聚力和工作主动性。尤其是没有了身份限制，等于去掉了个人成长的"天花板"，激发了广大职工拼搏奋进的潜能。很多一线工人重新规划了自己的职业发展方向，积极投入公司组织的文化知识学习和业务技能培训中来。很快，公司的精神面貌和企业风尚都发生了彻底的改变，上上下下形成了群鹰振翅、百舸争流的大好局面。

"竞争上岗要的不仅是结果，更是一个大家奋勇争先、比能力、比贡献的过程。要打通能上能下的用人通道，培育胜不骄、败不馁的企业文化，不能造成上来的高兴，下来的'制动'！"李建国要的就是这盆里外通红的"火"。

竞聘工作结束后，李建国要代表公司与竞聘成功的分公司和各处室的正职签订目标责任状，而且要经过三个月的试用期，经考核通过后才能正式聘任。对那些竞聘失利的同志，李建国也要尽可能地和他们一一面谈，安抚他们的情绪，帮他们分析失败的原因，鼓励他们努力工作，不断提升自己，再厉再战。

为了彻底改造公司管理团队的人员和知识结构，公司决定有计划地安排优秀大中专毕业生充实到各级管理层，增加他们的实践经验，有目标地培养和更新技术型管理队伍。此举不仅注入式地提升了管理人员的素质，而且形成了有效的倒逼机制，最大限度地激发了领导干部的主动性和创造力。

人事制度改革的效果很快得以展现，为公司管理和生产单位快速打造了一支具有开拓、创新、务实、拼搏精神，讲团结、敢冲锋、能取胜的核心战队。

用工制度方面，首先从内部大胆破除了固定工、合同工、临时工等职工身份和各工种之间的界限。在打破"吃大锅饭"、企业包管一切的计划经济模式的同时，建立了岗位竞争、合理流动和绩效激励机制，改变了公司内部只进不出、不交叉、不交流、"固定工干好干坏一个样，合同工和临时工干得再好也没用"的状态。

对外则按照市场化定位，通过引进、培养及与建工技校签订招工协议等方式，拓宽了高素质员工的入口；制定了职工待岗、下岗、解除用工合同等管理制度，畅通了员工淘汰制的出口。

高效合理的员工流动机制，为打造品质好、作风硬、技术精的一线施工队伍提供了制度保障。在此基础上，公司强化了职工政治和业务素质的提高，在开展爱党爱国、爱企爱岗教育的同时，组织了业务大练兵活动，举办知识竞赛、实操比赛，培养了广大职工积极学习新知识、倾心业务技能的热情和动力。在市建委组织的全市青年工人大比武中，公司无论是最高奖项还是总成绩，连续拔得头筹。

"要让干事、成事、有贡献的人既有面子更有里子。"李建国认为，公司的效益是大家创造的，也是属于大家的。改革分配制度的目的就是最大限度地调动员工的工作积极性。

公司根据新形势、新要求同步修订了 1989 年的《经营承包考核管理办法》，全面完善《生产经营目标责任合同》的条款内容。新办法强化了目标管理的严格落实，明确了各分公司生产资金按月借支，年终兑现上缴利润和奖励；科室考核加重了各生产单位意见的权重；实行了全员以岗定薪和按实际贡献取酬；中层管理人员突出责、权、利挂钩，工人实行计件工资和结构工资，多劳多得。

如果说改制是把职工摔不烂的"铁饭碗"换成了五颜六色的"塑料碗"，那么配套而出的用工和薪酬制度改革，才真正让大家掂出了这个饭碗的轻重。而正是企业改制这段插曲所带来的叠加效应，让"李建国拨火三部曲"的演绎更加完美，沧州一建这盆火已经从里到外冒出了欢腾的火苗。

宣叙调：固本夯基

新千年为中国的建筑市场带来了新世纪的曙光。加入WTO后的"鲇鱼效应"让整个建筑业开始主动求变。

经过三年"拨火"的大元集团，面对云谲波诡的市场百态，坚持以"内提素质、外树形象"为主线，以质量、诚信强根，以内部改革、创新强身，以党的建设和企业文化铸魂，固本培元、从容应对。

第一章 培育内生动力

一、当司机的收获

李建国喜欢开车，1980 年他主动要求到公司车队干了几个月的卡车司机。师傅刘洪泉给他讲过，司机必须学会修车、保养，而且要时刻关注发动机的状态，知道什么时候该清洗、什么时候该补润滑油，让发动机保持最强的动力。因为驾驶员最大的本事不是能把车开多快、开多远，而是能让整台车保持最佳状态、输出最大功率。这样才能保证汽车在关键时刻不熄火、不抛锚，安全、平稳地到达目的地。

走上领导岗位后，李建国把刘师傅保养汽车的理论用在了公司管理上。一个企业就像是一台汽车，前进路上有高速驰骋的坦途，也会有爬坡过坎的崎岖，要想行稳致远，必须保持企业不失发展的动力。保养汽车是减少汽车部件的磨损，而"保养"企业的发动机，则必须不断提升各个部件的先进性和科学性，尤其是培养企业的内生动力。

为此，沧州一建在新千年的钟声中，开启了一轮固本夯基、培育企业内生发展动力的序章。

二、千禧蓝图

时序来到了 2000 年，世界各地都沉浸在千禧之年的庆祝氛围中。

千禧之年，也为正在市场经济初期的乱象中苦苦挣扎的建筑行业，带来了一缕新世纪的曦光。

2000 年后，党中央、国务院充分认识到，随着市场经济的确立和加入 WTO 步伐的临近，我国经济将更加全面地参与世界经济竞争。保证企业能在竞争中持续健康发展，关键是要建立让各种经济主体都能公平竞争的环境。为此，中央连续祭出了大力整顿市场秩序的利器。

在《国务院关于整顿和规范市场经济秩序的决定》中，把整顿建筑市场列为重点专项，要求："严厉查处在工程建设中规避招标和招投标中的弄虚作假，转包、违法分包和无证、越级承包工程，以及违反法定建设程序及不执行强制性技术标准、偷工减料、以次充好等行为。""以查处规避招标、假招标和转包为重点，整顿和规范建筑市场。""禁止任何单位或个人违反法律、行政法规，以任何形式阻挠、干预外地产品或工程建设类等服务进入本地市场，或者对阻挠、干预外地产品或工程建设类等服务进入本地市场的行为纵容、包庇，限制公平竞争。"

这些政策的出台，对信守行业道德、行业规范的建筑企业来说是绝对的利好。但同时也对企业的自身塑造提出了更高的要求。

查处规避招标和招投标中弄虚作假，转包、违法分包和无证、越级承包工程等，一方面限制了建设单位在选择施工队伍上的乱作为，同时也强化了对建设企业的施工资质和能力、质量安全信誉等的考察。资质和施工水平成了建筑企业市场竞争的主导因素，而沧州一建在区域建筑类行业有着绝对的优势。

查处违反法定建设程序及不执行强制性技术标准、偷工减料、以次充好等行为，对于通过了 ISO 9002 质量标准体系认证的沧州一建来说，更加重了公司参与市场竞争的优势砝码。

禁止阻挠、干预外地工程建设类服务进入本地市场，也有利于像沧州一建这样的地方性优势企业冲杀更广阔的建筑市场。

有这样的政策利好加持，沧州一建通过改制释放的效能，以及李建国的豪情拨火形成的熊熊之势，让公司上上下下都有了一种嗷嗷叫的状态。

三年多的苦心功夫没有白费，似乎一切都在向着"世界更美好"的理想迈进。

李建国感到欣慰，却没有完全陶醉。国家放开建筑市场，目的是制造"鲇鱼效应"，激发整个市场的活力。但是，对于一个传统建筑企业来说，可怕的并不只有"鲇鱼"，反而是同行业之间的同质化竞争，这会无限地消耗企业的精力，一旦落入这种无序化的循环，结果必将是一个一个地被拖疲、拖垮。

李建国再次清醒地意识到，二十一世纪的竞争，必然是品牌实力的竞争。

十年品牌靠经营，百年品牌靠文化。沧州一建必须涵养以质量文化、诚信文化、创新文化、服务文化为核心的企业文化，才能不断塑造社会形象、提升市场竞争力，为企业的持续发展撑起一片蓝天。

而当下的沧州一建，是一艘即将出海的航船，要想行稳致远，不仅要有高帆、强橹，更重要的是准备好足够抵御大风大浪的压舱石。而他要做的，就是要为公司的百年大计奠好基、布好局：

持续推动安全质量体系认证，塑造诚信品牌；

持续推动施工技术提升，塑造创新品牌；

持续推动产业规模区域扩张，塑造国际品牌；

持续推动员工素质内涵发展，塑造形象品牌。

一张沧州一建公司夯基拓疆的发展蓝图已经在李建国的胸中绘就！

三、内提素质、外树形象

素质决定形象，形象决定成败，这是一个企业的发展内律。

李建国自己是一个十分注重个人形象的人。他身材挺拔、浓眉阔目，穿着整洁、得体，待人自信平和、温文尔雅，给人的第一印象更像是个机关干部、大学老师。年轻时无论是在工地打灰、开大卡车，还是在器材科整天风里雨里奔波于各个工地之间，很少有人见到过他蓬头垢面的时候。在一些人的记忆中，那时的李建国经常会穿一件皮夹克，配上牛仔裤，很有些"新潮"味儿。

担任公司领导后，他更注重的是公司形象。在他的意识里，从来就不认可社会上对建筑工人画的"标准像"。任副经理时，他强力督导，让公司从机关到各施工处、加工厂彻底杜绝了上班时间"拖鞋、背心、大裤衩"的现象。上任经理后，他力主对公司会议室等"窗口"部位进行了装修，对外改变了"建筑公司像工地"的社会形象。对内则通过环境的改变来修束职工的言行，并逐步落实了员工统一着装、办公大楼禁止吸烟、定期组织员工礼仪规范培训和企业文化宣讲活动等。

但是，正所谓积习难改。2000年前后的沧州一建，虽然相较于1996年以前精神面貌发生了很大变化，但是长期以来形成的一些粗放、陈腐的习气很难挥之即去。尤其是近年来在建筑业市场乱象中沾染的一些不良风气更是难以根除，直接导致了公司内外经常会出现一些不大不小的问题。

在李建国看来，更为可怕的是公司上下对这种现象似乎已经是习惯成自然，用当时的一句流行语说，叫作"集体无意识"。一个企业的集体意识或者风尚，最终会成为决定企业生死存亡的正负手。如果不能及时果断地处理，影响的将是公司未来的生死存亡。

"绝对不允许沧州一建与行业的这些不良风气'同流合污'！"李建国决定选择这个问题作为治理整顿的突破口。

2000年上半年，公司连续发生了三个不大不小的事件，一是某员工在办公楼上厕所时踹门而入，举止粗鲁；二是某分公司管理粗疏，导致工程款追讨困难；三是某部门不清楚新规定，违规收取了培训费。

李建国抓住了这个由头，在一次公司会议上对涉及人员进行了严厉的批评。

小事见素质，大事见格局。这几件事有大有小，但对公司形象的伤害同样巨大。部分员工素质的低下，侵犯的是客户利益，损害的是股东的权益，伤害的是全体员工的感情。如果不能及时果断地扭转这种风气，影响的将是公司的未来。

因此，必须从公司生死存亡的高度来看待。在当下建筑市场竞争日趋激烈、卖方市场向买方市场转变的情况下，企业形象的好坏直接关系着企业的生存。我们绝不允许有损公司形象和员工利益的事情再次发生。

"企业是员工大家的，员工的素质和表现决定了公司的内外形象。全体干部职工必须以对公司高度负责、对自己高度负责的态度，彻底转变工作作风和工作方法，切实开展如何做人、待人，如何做事、处事的学习、讨论、反思、提高，以此达到促进全体员工素质整体提升的目标。"

会后，经过班子讨论研究，公司印发了《关于深入开展"内提素质、外树形象"活动的决定》，要求全员动员，认真组织学习、讨论，认清形势，厘清问题，明确方向，从自身做起，刀刃向内，去毒瘤、治顽疾、强身体，为公司树形象、提信誉、创品牌。

在李建国的理念当中，这绝非一场简单的活动，而是公司塑造"灵魂"、谋求"质变"的发力原点和行动主线。从担起沧州一建这副担子的那一天起，他就在用"内提素质、外树形象"这一朴素的治理思想，引领着沧州一建人共同书写着一幅不断向上向善、不断超越自我的宏阔篇章。

第二章 夯实质量根基

一、曾经砸掉半个家当

"百年大计，质量第一。"这是建筑业的一个共识。质量是建筑的第一标准，关系着百姓利益、社会效益；质量更是建筑企业信誉度的晴雨表，直接关系着建筑企业的生存状态和可持续发展。

在沧州一建半个世纪的风雨历程中，新中国第一代建筑人凭着对党和国家事业的忠诚，养成了朴素的质量观念，曾经创造了无数优质工程，赢得了良好的社会口碑。但是伴随着建筑市场开放而生的一些不良习气，也冲击着这个有着光荣传统的老建筑企业。

"不能丢了老一建的招牌和脸面，更要打出新一建的品牌和形象！"1997年年初，刚刚完成中层人事调整，正准备实施他的"拨火"计划、撸起袖子大干一场的李建国，却做了一件在当时颇有些惊世骇俗的事。

1996年年底，基地设在任丘的公司第一施工处承建了任丘市康广德商住楼项目，总体三层，300多平方米。在建设过程中，有一批进场水泥没有按要求进行化验就直接投入使用，导致基础工程和一层砌体使用了安定性指标不合格的水泥。

质检报告呈到了李建国面前，责任完全在公司一方，这令李建国非常痛心。当时，其他人几乎都倾向于想办法弥补，施工一处和技术部门也提出了整改方案，甚至业主的期望也是指望公司给加固一下，或者给个说法。

痛心之余，他几乎没有犹豫，果断地做出决定：拆掉重建！

李建国也不是没有考虑过弥补的路子，毕竟当时公司的全部家底就只有账面上的212万元，而拆除后重建至少需要100万元。也就是说，砸掉小楼就是砸掉了公司的一半家当。

但李建国看到的却不是眼前的这一道小坎。他正在谋划"拨火三部曲"，这件事让他明白了，此时的沧州一建最需要的是立下一个"做事要有担当"的规矩，否则，火拨得再旺，也于事无补，甚至反受其害。

班子会上,他语重心长地对同事们说:"质量、安全是建筑企业生存的前提和基础,诚实守信是质量、安全的根本和保障,也是赢得社会信任、争取市场的法宝。对于业主来说,问题出在了小楼的基础部位,会直接影响使用安全和寿命。而对于公司来说,问题却是出在了'思想基础'上,解决不好,会长久危害公司的生存和发展。"

这正是李建国砸楼"灵感"的来源。他就是想借这栋小楼做突破口,把"质量""诚信"这篇文章做大;借事造势,推动公司追求质量、讲求信誉意识的全面提升,以确保沧州一建公司在激烈的市场竞争中能立于不败之地!

李建国一声令下,要求公司所属各部门、各单位都要派人赶到任丘现场。他要把拆楼行动变成一次质量管理的现场会,组织一场公司内部质量战的战场观摩。

几百双眼睛聚集到这座建了一半儿、肉眼看不出一点儿问题的小楼上。直到此时,大家还都在希望那一幕不会发生。现场气氛紧张而压抑,静寂得能听到自己的心跳,仿佛连空气都凝固了。

"这天儿还真有点凉……"

有人故意没话找话,想缓解一下气氛,却发现大家都不应声,只好干咳一声,尴尬地咽回了说到一半的话。

李建国直接走到围观的人群前面,脸色凝重。大家把目光集中到他身上。他再次看了一眼面前的员工,没有讲话,只是用低沉的声音吼出了一个字:"拆!"

所有在场人的心就像是遭到了金石撞击一般,轰然作响,甚至连随之响起的敲击之声都不能入耳。围观的当地群众也被李建国的气势震住了,现场没有一声嘈杂,反而在砖瓦的撞击声中平添了一种特殊的肃穆。

小楼转瞬被夷为平地。施工一处的工人们亲手拆掉了自己一砖一瓦、辛辛苦苦盖起来的房子,内心也经历着由不甘、不愿到心有愧疚、满脸汗颜!

这次事件成了当年沧州周边建筑行业一个流传许久的话题,直到今天，仍被屡屡提及。有人开玩笑说，海尔集团张瑞敏砸冰箱时拉上了媒体宣传，76台冰箱、市场价6万元，就砸出了一个世界顶级的企业品牌。李建国砸楼，100多万元，举动更大，如果有媒体炒作，大元集团会做得不知比现在大多少倍。

李建国并不"后悔"，因为他清楚，如果海尔不是从内心接受了教训，提升了质量意识，媒体"炒"得再厉害，也没有今天的张瑞敏。

而沧州一建用100万元"砸"醒的是干部职工的头脑，提振的是公司员工的士气，提升的是沧州一建的社会口碑，铺平的是"拨火"行动的道路！

倒下的是一座小楼，立起的却是属于沧州一建人自己的质量丰碑！李建国的目的达到了！这一切，他觉得值！

任丘市康广德商住楼项目旧址

二、定期大联查

借助"砸楼"事件的强震效应，沧州一建在目标向前、眼光向外，大踏步进军市场的同时，也在刀刃向内，持续加大整顿生产经营秩序、提高产品质量的力度。

1997年5月，在公司组织的年度例行检查中，发现了一些既司空见惯，又隐藏着诸多隐患的常规管理问题。比如施工二处在承建沧州商城项目的后期施工中，由于现场安装队伍较多，出现了一些责任不清、管理混乱的问题。还有加工厂在预制楼板制作和出厂等工序上存在着管理制度和质量保证体系不健全的问题。

听完检查结果和处理意见的汇报，李建国有些生气。虽然被检查的项目并没有发生质量和安全后果，但管理程序有问题，质量、安全就会出问题，这必定是早晚的事。

"我们不能等狼来了，把羊叼走了再关羊圈门吧！"在李建国的要求下，5月22日，公司对相关责任人进行了公开严肃处理，并要求所有相关单位对照检查结果反思自身，进行深入整改。

也正是这次检查，让李建国意识到例行的泛泛检查、文字式的情况通报达不到真正的监督效果。他决定改进这种管控方式。

1997年9月6日，公司组织各施工处和有关科室负责人、技术员、质检员、材料组长等组成了30多人的联合检查团，由经理李建国亲自带队，对公司下属各施工处和加工厂的工地、车间进行了一次为期三天的质量、安全、器材、设备管理、经营核算、精神文明及职工生活大联查。

联查前，李建国就约法三章，明确了"四个不放过"的原则，即发生问题的原因查不清不放过，责任人没有受到处罚不放过，员工没有受到教育不放过，没有制定防范措施不放过。为此，公司还要求各施工处要派各层级人员代表随团观摩。

检查中，检查团并非单纯地评比、打分，而是既有观摩，又有研讨。对做得好、做得精、有创新的项目和做法，在表扬、奖励的同时，总结经验、组织学习借鉴；对方法旧、管得粗、做得差的项目和工地，在批评教育的同时，分析原因、查找病根、对症施药、指导改进。三天下来，不管是评比的先进单位，还是落后的团队；不管是检查者，还是被检查对象，都有所得、都有所收获。

和以往的"检查一会儿、轻松一阵儿"不同，检查过后各施工单位都忙了起来，不用再等检查通报，大家就都知道应该怎么办、必须怎么办。在任丘检查时，排名第一的第一施工处的工地，成了大家学习的样板。而被评为倒数第一的施工六处，主任金根发还没等经理找他谈话，就开始布置整改措施的落实了。

"人有脸、树有皮，不整不改丢脸皮！"各单位迅速形成了公司内部比、学、赶、帮、超的局面。通过持续的检查、整改，1997年当年在建的所有项目，确保了合格率100%，质量优良率更是超过了90%。其中，中国银行沧州分行13号住宅楼项目，还被河北省建委评为了省级文明工地。

很多老职工掐着手指头一算，上次这样的举动还是在 1985 年老经理李荣刚刚上任的时候。也就是说，这是 12 年来公司层面组织的第一次大联查。而且从此以后，经理挂帅、总工程师负责的检查形式就被固定成了"必修课"。大联查制度为施工、技术、安全等单位在运营管理上亮出了一把"戒尺"，也为公司树立了一个社会形象的剪影。

三、调机制、建规范

通过联合大检查，也暴露了公司在管理方面体制不畅和制度不健全的问题。公司当即决定，结合 ISO 9000 质量标准体系，首先从质量管控开始，着手调机制、建规范。

1999 年，为突出质量管控，把质量安全管理职能从原来的技术科分离出来，成立了专门的质检处。

新成立的质检处被明确赋予了十大职能：制定公司施工质量管理制度，对分公司、项目部的施工质量管理进行监督、指导和检查；制定和分解公司年度质量计划，并督导质量计划的落实；制定公司年度工程的创优规划，并督导、检查规划的实施；组织制定公司所属单位的工程项目施工质量管理策划，并对施工过程、施工质量予以监控；负责施工组织设计、作业指导书、专项施工方案等文件的审核；编制施工过程中的质量检查计划，按计划对施工质量及工程资料进行检查；对现场质量问题进行记录，提出质量整改的意见，检查整改的落实情况；对质量问题进行统计、调查、分析，提出预防同类问题再次发生的对策；负责组织公司内部工程项目的分部及竣工质量验收；现场工程技术指导；掌握公司的质量信息，通过对质量信息的分析，确定质量改进的目标，提出并实施质量改进措施。

从职能设置上可以看出，质检处的成立看似是一个部门的拆分，实际上则是职能身份的 180 度大转变。原来的技术科是左手技术、右手质检，"一手托两家"，有问题自我内部"消化"，而如今彻底变成了被监督对象，从技术源头上被扎起了质量的"笼子"。

针对公司机构的变化调整和质量体系运行中存在的问题，质检处从实际出发，结合 ISO 9000 认证年度核检要求，不断修订完善质量手册和程序文件，相继完成了《关于加强工程质量管理若干规定》等第三层次文件，形成了质量保证的制度体系，使工程质量管理成了全员、全程的"紧箍咒"。

实践中，质检处认真履行监控职能，定期组织质量内审和管理评审，随时抽检、突检，评价质量体系的运行情况，保证质量体系作用的持续有效发挥。

在李建国看来，制度在某种意义上讲就是一道农家人的篱笆墙。中国有句俗语："挡君子不挡小人。"所以制度、机制如果不掌握在"君子"手中，那就是放在抽屉里的一页纸、贴在墙上的一幅画。因此，他大会讲、小会说，不厌其烦。在一次职工代表大会上，他讲了这样一番话：

我们 1999 年推出"创沧州一建品牌"的品牌战略，经过几年的实践取得了良好的效果，提升了公司的知名度和美誉度。今天的品牌就是明天的市场。企业生存靠品牌，品牌创造靠质量、安全、口碑。建造放心工程，这既是对业主的庄重承诺，也是我们减少返工、返修，追求效益最大化的有效措施。

建筑工程作为一个固定不动的特殊产品，由分部分项工程组成，各个分部分项工程又由若干个工序组成，后一道工序隐蔽前一道工序，被隐蔽的部分是建筑工程质量、安全、功能的重要分项，也决定了建筑工程的耐久性。因此，要保证建筑工程的安全性与耐久性，过程控制尤其是关键工序的过程精品控制是重要的质量管理点。因此，我们要落实"过程精品"控制措施。一是要精心策划，做好施工准备前期及施工过程中各个阶段的技术准备和策划，组织好施工设计、施工方案、技术交底、质量计划等技术质量文件的编制。二是要精心组织，精选项目部管理人员，确保每一个环节均科学合理。三是要精心施工，坚持榜样引路，实行工序精品，以工序保分项、分项保分部、分部保单位工程。四是要精心保护，制定严格的成品保护措施，加强监督，严格执行。五是要严格验收，坚持执行"三检制"，按公司程序严格进行隐检、预检和分项、分部、单位工程的验收，不合格品坚决杜绝隐蔽及验收。

全公司上下要树立"持续改进"理念。"持续改进"是与时俱进的体现，是 ISO 9000 标准质量管理的原则之一。为了满足顾客对质量最高期望的要求，为了赢得竞争的优势，我们必须不断地改进和提高工程的质量和服务，通过技术创新、质量攻关，坚持人、机、料、法、环的 PDCA 循环，开展全面质量管理，实现过程的持续改进。同时，做好回访和保修服务的记录，将质量投诉纳入持续改进的重要一环，有投诉就要有记录，有处理结果，有改进要求，及时跟踪处理直至用户满意。

质量是用户关注的焦点，是企业追求的目标，从生产经营转化到品牌经营，是企业发展的必由之路。打造"一建品牌"是一个长期任务，需要我们不懈努力。我们只有坚持"过程精品""持续改进"，才能不断地追求卓越，才能不断地提升品牌知名度和顾客的忠诚度。

作为公司的总经理，如此在全体职工大会掰着手指头讲管理细节，恐怕很少见。李建国这样做的时候也真不多，足以见得他当时对质量安全的关注程度。也正因此，沧州一建的质量、安全管理机制和体制得到高效运行。在公司的支持、鼓励下，质检处工作人员坚持有组织地参加业务学习和培训，并通过专门考核，取得了相应的资质，增强了公司质量取胜的核心竞争力。

第三章 资质就位

一、掌握先机

新世纪之初，随着我国加入 WTO 谈判的收官，各行各业都在为与世界市场的接轨做充分的准备。

2001 年 4 月 18 日，时任建设部部长俞正声签发了中华人民共和国建设部第 87 号令，公布了新的《建筑业企业资质管理规定》，同时，修订了《建筑业企业资质等级标准》（建〔2001〕82 号），从资产规模、经营管理者履历、拥有专业技术职务任职资格人员的等级和数量及已完成建筑单体的规模、数量等方面均大幅提高了资质评定标准。

随即，5 月 28 日建设部办公厅印发了《关于建筑业企业资质就位的意见》（建办建〔2001〕25 号），要求凡在中华人民共和国境内从事土木工程、建筑工程、线路管道设备安装工程、装修工程等新建、扩建、改建活动的建筑业企业，到 2002 年 6 月 30 日前必须完成资质重新就位，即申报审批新版建筑企业资质证书。

从新闻中得知这个消息时，离文件下发到基层还有几个月的时间，但企业家的职业敏感让李建国陷入了深思。建设部此举是提升建筑业质量安全水平，保障人民生命财产安全和社会和谐稳定，树立中国建筑业国际新形象的重要举措，但对于具体的建筑企业来讲，则是一把双刃剑。重新进行资质就位，必然会大幅提高资质认定标准，淘汰一批已经取得各级资质的建筑企业。但是，成功完成资质就位则可以确立企业更加强势的竞争力。

以李建国的性格他是绝对不会放过这个机会的。全力做好资质就位工作，既可以内提素质，又可以外树形象，一定要高标准、大张旗鼓地搞！

第二天，李建国就在公司经理会上做出了指示，要求相关人员要提前接触新的资质认证标准，抓紧调研摸底，对照新标准逐项列出本公司的实际数据，并针对不足的条款提出整改意见，为即将到来的资质就位工作提前做出预案、做好准备。

正是此举，让沧州一建的资质就位工作握住了一手先机好牌。2001年11月底，建设部办公厅《关于建筑业企业资质就位的意见》才经省、市建委逐级下达到公司，在其他企业还在安排布置学习领会文件精神时，沧州一建申报资料的大骨架已经完成。

二、"一二一，齐步走！"

在新的资质评定标准中有一条，就是申请就位建筑工程施工总承包一级资质的企业，近5年来的代表性工程业绩，必须有一项高度100米以上的构筑物或建筑物。而当时公司还没有完成过符合这一标准的工程项目。

吉人自有天相！

当时，公司业务人员已经得到消息，中石化沧州市炼油厂要进行二催化技术改造，其中有一项是新建一座120米高的烟囱，正好符合这个标准，而且预计工期也能保证用于资质就位验收。

情报立即报告给了李建国。二话没说，李建国当即就驱车来到了沧州炼油厂，直接找到了主管副厂长郝国栋的办公室。郝厂长眼界宽阔、一心为公，而且处事果断，工作有魄力，跟李建国两个人心性很相投。

"郝厂长，我是来求助的。"李建国不等落座就开门见山。

"说吧，看我老郝能帮你李总干点儿什么？"

"我是冲着你们要建的烟囱来的。国家要搞建筑企业资质重新就位，企业业绩中有一条，必须建过100米以上的建筑物或构筑物。沧州过去没有过这样的工程，我们一建也没这项业绩。就差这个了。"李建国实话实说。

"行！我个人先答应你了，其他领导我去汇报、做工作。"郝厂长当场表态令老朋友李建国都感到意外。没等他谢字出口，郝国栋解释说："建国你放心，我这不是乱拍板。一建跟炼油厂曾经是过一家，这些年来，炼油厂的项目，你们干得最多，也干得最好，全厂上下都信得过你们。这是第一。第二是你刚才说的一点，沧州不能没有个一级资质的建筑企业，这不仅是你们一建自己的事，也是整个沧州建筑业的大事。没有一级资质，会让全沧州市都没面子。正好有这个项目，我们必须支持。不光是我们，全沧州市都该支持。"

在座的人正为郝厂长的一番话热血沸腾，他又开口说道："在沧州这样高度的工程确实难得一遇。现在一级资质已经不是最高，上面新增了特级资质，沧州一建还要继续争取。烟囱的设计高度是 120 米，是个整数，而标准要求一般是'以上'。这样，为保险起见，咱们增加 1 米，建 121 米。怎么样？"

"好！"

两位老朋友的手紧紧地握在了一起！

121 米属于超高构筑物，对于公司来说，也是首次承接这类特殊砌筑工程。李建国把这项艰巨的任务交给了四分公司。四分公司立即行动起来，为了公司的整体利益，也为了自身的突破，他们毅然接下了这块"硬骨头"。

烟囱的筒体设计为钢筋混凝土结构，设计耐温 1000 摄氏度。为达到筒壁耐高温的设计要求，施工前技术人员就与商砼技术人员反复进行沟通，选择了不同水泥品种和粗细骨料，进行各种配合比的试验研究；通过试验数据收集和比较分析，最终确定了超过设计耐温要求的商品砼标准。

烟囱是圆锥体筒状构造，筒体的下口直径设计为 7.09 米，上口直径为 3.2 米，计算理论值是筒体自零米始要以 2% 的坡度收分。为了结构安全，内壁沿高度方向每隔 10 米设一道牛腿环梁。针对这一特点，技术人员在走出去考察观摩、请教学习的基础上，自己动手精心设计制作了钢木结合的三角架式筒体施工模板体系。这套模板采用了标准件组合的方式，拆装非常方便、实用，而且能够确保筒体的收分尺寸和外观椭圆度的要求，经过试验和生产，建成后的混凝土外观质量超过了设计者预期的清水混凝土效果。

为解决施工中的垂直运输，公司购置了当时最新式的名牌工程电梯。为解决筒体操作面与垂直电梯吊笼之间施工通道越来越长的问题，工程管理人员精心计算，大胆创新，采用可调吊桥式施工通道，大大提高了安全系数和生产效率。

一系列技术和工艺的创新，捷报频传的施工质量和进度，惊动了沧州市建委、沧州炼油厂和中石化的上级领导。烟囱封顶时，按照施工惯例，四公司搞了一个象征性的封顶仪式。市建委副主任王振祥、沧州炼油厂厂长黄焯明等都来到了现场。

听着项目负责人对施工过程和亮点工作的介绍，勾起了几个人的兴趣。李建国提议说："各位领导，这是迄今为止沧州的最高建筑，上面就是沧州的制高点。大家可以上去感受一下，俯瞰一下沧州大地，也便于近距离检查工程质量。"

一句话正好点破了几个人的心思。于是，在工地安全员的引领下，王振祥、黄焯明、郝国栋、李建国等人乘坐施工电梯登上了烟囱的顶部，亲眼见证了烟囱封顶的最后一道工序。

那天是夏末初秋难得的好天气。站在121米的高处极目远眺，连周边的几个县城都进入了视野。平日宽阔的大运河，此时就像一条伏地的巨蟒，潜行在一片葱绿当中。整个沧州市区更是尽收眼底，密集的城市建筑犹如一片蜂巢，马路上的车水马龙成了蠕动的瓢虫。远处的村庄，脚下的厂房，还有工地上庞大的机械，一切都突然被微缩化了。高空的流风，还有从烟囱里喷涌而上的对流气团，不停地抖动着他们的衣衫，让人从内心升腾起一股君临天下的感觉。

而此时的李建国，除了陶醉于眼前的景致，自豪于一建人的创造，更多了一番人生的感触："会当凌绝顶，一览众山小。"只有达到了一定的高度，才会有新的更为广阔的视野。他要和沧州一建一起，不断去创造企业

中石化沧州市炼油厂121米烟囱

发展的新高度，让全体一建人永远享受不一样的风景！

从 2001 年 5 月开工，仅用时 100 天就高标准地圆满完成了施工任务，各项指标全部达到和超过了设计规范要求，得到了监理单位、质检部门和中石化上级公司的充分肯定。该项目还在中国石化系统内部被确立为示范项目，被赞誉为沧州的"百日烟囱"。

而这项工程的高标准完成，也为公司就位一级资质提供了最有力的硬件保障。因为这座烟囱的高度数字正好是中国人习惯的队列行进口令"一二一"，于是人们都会心地理解为"沧州一建从此就要一二一，迈开大步向前进"！

三、河北省"样板"

资质就位资料的汇总、汇编工作又落在了孙国庆头上。孙国庆曾全程参加了 1997 年和 1998 年的一级资质认证申报，为成功晋升一级资质立下过汗马功劳。虽然有过"两次"申报一级资质的经验，对情况和程序比较熟悉，但毕竟这次是新标准、新办法，一定要有新形式、新特色。李建国为孙国庆"钦点"了他看中的于宙全面参与这项任务。

于宙是 1998 年大学毕业进入公司的。当年进入公司的 11 名大学生中，他是唯一一个专业"不对口"的。于宙大学时学的是高级文秘专业。这个专业在当时很时髦，不仅要学习秘书学、管理学、现代商务、公关礼仪等知识，还要掌握计算机、网络、传真等现代办公设备应用，以及汽车驾驶、擒拿格斗、处突应变等工作技能，可以说是内外兼修。所以，于宙被公司人事部门选中作为管理型人才储备。

经过半年多工地上的锻炼，1999 年 3 月于宙被分配到了公司办公室。岗位分配前，他们 11 个人分别被安排与李建国总经理进行了一次谈话。这是李建国第一次与于宙直接面对面，小伙子一米八多的身材，精神干练，而且思维缜密、思路清晰，有较强的创新意识，尤其善于观察、善解人意，给总经理留下了深刻的印象。

李建国的这次点将，对于公司资质体系的建设是一次正确的选择，而对于于宙来说更是一次难得的机会。

于宙的学习能力让他迅速进入了角色。通过学习文件，他全面梳理了资质评审的五大类、二十小类、数百项要素条件。在同事们的帮助下，他很快掌握了各要素的支撑要件指向，然后一头扎进了浩如瀚海的资料和数据中，整理业绩数据、起草申报材料、收集证书证件、填报《建筑业企业资质申请表》。

那个年代，电脑统计排版、使用扫描仪还属于"专业活儿"，黑白复印机已经属于"高端设备"。许多建筑企业的资质申报材料还处于手工填报的层次，大量支撑要件还都使用粘贴照片、手写说明的方式进行。

而在沧州一建，于宙的专业知识、技能和精益求精的态度派上了大用场。为保证申报材料和支撑要件更具有形象说服力，在他的建议下，公司投入十万多元购置了电脑、扫描仪、激光彩色打印机等现代化办公设备。全部申报资料均由电脑录入数据，生成表格并打印装订。支撑要件通过扫描形成图片文件，彩色打印，既形象生动、真实可信，又做到了格式标准、精致精准。

沧州一建的总包一级资质就位材料送达了省建设厅，领导和专家看后顿感眼前一亮。很快，这份申报材料被作为河北省样板资料在全省推广，吸引了省内外一众同类企业专程到沧州来考察学习。

省建设厅上报国家建设部后，经全国专家评审，沧州一建无可争议地取得了房屋建筑工程施工总承包一级资质。而一些原本取得了一级资质的企业，由于资质标准的提高和资料准备不完善等原因再度落选。沧州一建在代表着企业能力、实力、质量和信誉的资质建设上再一次扬眉吐气！

这是沧州一建走出沧州、走向河北、走向全中国、走向全世界的一个里程碑。

此后，公司更是气势如虹，连续取得了包括"市政公路工程施工总承包一级""钢结构工程专业总承包一级""机电设备安装工程专业承包一级""地基与基础工程专业承包一级""消防设施工程专业承包一级""防腐保温工程专业承包一级""电子智能化工程专业承包一级""建筑幕墙工程专业承包一级""建筑装饰装修工程专业承包一级"，以及

"建筑行业工程设计甲级""城乡规划编制乙级"等在内的各专业资质50余项，并于2016年一举摘得中国建筑业的最高资质"建筑工程施工总承包特级资质"。

参加"资质就位"申报工作也让本来"专业不对口"的于宙由"门外汉"一举成名，入选了国家资质评审专家库成员，长期受聘于河北省建设厅担任资质评审专家评委。于宙也充分利用这个身份和行业地位，在公司资质建设中发挥了重要作用，帮助沧州一建公司成为国内资质数量最多、等级最高的企业之一，并为沧州建筑业资质就位工作做出了重要贡献。尤其是在2016年的晋升建筑工程施工总承包特级资质过程中，他担纲"晋特办公室"主任，为公司晋升国家最高资质做出了突出贡献，让公司的资质建设成了沧州一建对外形象展示的重要窗口。

第四章 创建 QC 小组

一、解决认识问题

沧州一建是一支由翻身农民和城镇手工业者组成的施工队伍，成立初期只有一名工程师，两三名技术员。一直到 20 世纪 70 年代，专门的工程技术人员仍很少。而且他们除监管施工外，还经常根据甲方的需求，免费负责施工工程的总体设计、绘图、预算。经甲方同意后，再制订施工组织方案进行施工。原沧州地区医院门诊楼、原地区财政局办公楼及原沧州建筑总公司办公楼、职工餐厅（今供排水集团浮阳大道营业所）等，都是他们自行设计、施工的。改革开放后，以万作义、董恩仓、张绍华等为代表的老一辈工程技术人员，都成长为高级工程师，担任了重要岗位的领导职务。

这样一来，技术人员的任务非常繁重。在实践中，技术人员就十分重视吸收和发挥工匠人员的作用，经常邀请他们一起现场研究讨论，解决施工中遇到的各类问题。用现代的说法，公司从初创时期就具有 QC 小组活动的良好基础，为沧州一建培养了一批又一批土生土长的工程师、设计师和施工专家。

现代意义上的 QC 小组，是英文 Quality Control Circle 的缩写，可以直译成"质量控制圈"。QC 小组是员工自愿结合，全员参与质量改进的群众性组织，是 PDCA 科学循环程序的重要补充和支撑，对加强产品质量、提高竞争能力、提升员工的综合素质和分析解决问题能力、降低成本、增加效益都有着积极的作用。

QC 小组最早产生于 20 世纪 60 年代的日本，改革开放后才传入我国。但是直到 20 世纪 90 年代才在一些行业中被广泛认可和接受。2001 年，河北省建筑企业中仅有一家刚刚成立此种小组，很多人都还不知道"QC"这两个英文字母做何解释。

沧州一建也是如此。2001 年时任科技处处长、贯标办主任的杨向东同志向公司提出开展 QC 小组活动的建议时，多数的领导持保守态度，有的甚至直接反对。理由是从公司这么多年承揽的工程项目来说，已经有了整套成熟的技术，几乎打通了所有技术关口。QC小组不过是在此基础上做小的改进、提升，列不进预算，没有效益，还可能会增加成本，不划算。

李建国有自己的认识，是宏观层面的。传统建筑业面对的是一个新科技不断应用于生活各个方面的新市场，不仅对建筑物本身的科技承载能力提出了新要求，新技术、新工艺、新理念也更多地运用于建筑过程。建筑构造、设计功能的现代化，必然引发施工细节创新调整的"蝴蝶效应"。总之，传统建筑企业如果不具备创新思想和创造氛围，必将被行业淘汰。从这个角度考虑，建不建QC小组，不仅是技术层面的问题，还是思想层面的问题。

所以，他没有着急表态，而是要求这位1988年毕业于河北建工学院的"师兄老弟"列席了经理班子会，给公司全体领导做一次汇报。

杨向东思路清晰，有概括能力、分析能力，有自己独特的表达方式。

"公司花费那么大的精力、物力搞了ISO认证，建立了PDCA循环体系，目的就是在质量、安全上实现全员参与、梯度管理。开展QC小组活动，是PDCA的灵魂，可以让PDCA的每个环节都活起来，让循环不流于形式，真正发挥作用。"杨向东开宗明义。

关于开展QC小组活动对公司形象的附加意义，杨向东打了一个比方："搞不搞QC小组，就像过春节贴春联。不贴肯定不行，按照习俗讲这是这家出了丧事。可大家都贴，有的人家是买来的，也不挑词，随便弄一副贴上完事儿。可有的人家是自己编词、自己书写的，内容贴切、对仗工整、书法精深。两家一比较这就看出谁家有家传了。所以，QC小组一定要搞，而且要从公司层面给予关注，搞活、搞好、搞出效益！"

听完杨向东的汇报，虽然表态不太积极，但反对的声音没有了。李建国的目的达到了，于是当即表态拍板：要搞，而且要大搞，搞出名堂，公司全力支持！

二、全力支持

根据杨向东的建议，公司立即安排到江西卷烟厂、西柏坡发电厂等地考察学习。由科技处牵头，制订了公司QC小组活动计划，鼓励各分公司、各生产单位和各项目部以技术员、施工能手和新进大学生为骨干，着手组建 QC 小组。

试点建立的各个小组也很快进入状态，在施工项目上开动脑筋，以改进质量、降低消耗、保护环境、提高效益、提升人员素质为目的，结合 ISO 9000 质量安全管理理论和方法，开展了一系列"小、实、活、新"的技术攻关和小组人员培训活动，并取得实际效果。仅用了一年时间，武邑中学项目部和加工厂焊工班的两个 QC 小组就以优异的成绩获得了 2002 年河北省工程建设优秀质量管理小组的荣誉。2002—2003 年，科技人员共发表各类论文 20 余篇，其中《冬季施工简易棚的应用》斩获全国新时期科技成果一等奖，在公司上下起到了振奋人心的作用。

公司抓住这个热点，制定了科技奖励办法，从总公司层面给予了政策、物力、财力支持，并列入公司管理体系，保持了常态化。在分公司内部工程结算、年终奖励分配等环节，由总公司根据各单位 QC 小组的贡献情况给予不同档次的物质激励。对小组活动中崭露头角的技术和革新型人才，优先吸收到技术和管理团队中来，给他们创造了一个更为便捷、更为通畅的上升渠道。

此举不仅全面激发了 QC 小组的创造热情，丰富、新颖、实用的小组研发活动，成了公司业务开展、质量保证、技术和工艺创新的重要动力源泉。而且从发展环境上放大了沧州一建对优秀大学毕业生的吸引力，每年到公司应聘的大学毕业生人数很快就从两位数升级到了三位数、四位数，为公司人才储备战略创造了良好环境，也反向提升了 QC 小组的发展空间。

三、因势利导

集团公司因势利导，成立科技应用管理中心，通过提供 QC 成果申报、工法申报、专利申报、建筑业新技术应用示范工程申报、科技进步奖申报等服务，鼓励创新创造，为公司培养、训练了一大批技术型、实用创新型施工人才，提升了员工整体素质，营造了不断探索科学施工新领域、新技术的整体氛围。公司强化科研平台建设，组建省、市级职工创新工作室，设立博士后工作站等，引导参与国家标准制定，推动建筑业新技术的广泛应用，提高施工技术和管理的科技含量，加速科技成果向生产力转化，企业发明量明显增加，科技成果层出不穷，全面提升了公司的综合竞争力。

多年来，公司各 QC 小组共获得 200 余项全国和省级工程建设质量管理小组活动优秀成果奖。集团公司连年被评为国家和省级工程建设质量管理小组（QC 小组）活动先进企业。继 2001 年沧州市彩虹桥拱管的"钢管拱焊接"技术被确定为省级专项技术工法后，2002 年在"121 米烟囱"施工中创造的"圆弧混凝土模板组装"技术再获河北省省级施工工法确认，实现了沧州市建筑企业拥有省级施工工法零的突破。此后十余年的时间，QC 小组与公司专业技术人员共同研发创造，连续获得了 5 项国家级工法和 100 余项省级工法，排名河北省建筑企业的三甲。主编了国家标准 6 项，取得 20 多项国家发明专利，各种建筑类科技成果奖 200 余项。其中，"建筑物快速铺设线路阻力器成套设备施工方法"等多项科技发明和一大批重点工程项目，荣获包括河北省科技成果奖、省建筑行业科技进步奖、省创新技术成果奖和省新技术应用示范工程在内的多项荣誉。2006 年，公司在与国内同行业一线品牌"大腕"们的竞争中，斩获了"全国建筑企业技术创新先进企业"荣誉，李建国总经理也两度当选全国工程建设管理先进工作者。

在工程项目招投标中，沧州一建因 QC 小组服务以及不断提高的工程省优、市优率而备受建设单位的青睐，有力地促进了公司业务的增长。仅 2001 年前后，就有沧州市"彩虹桥"、沧州炼油厂二元催化技术改造项目 121 米烟囱、沧州市运东 10 万吨污水处理厂、沧州市交警指挥中心等 20 多个沧州市标志性重点工程顺利中标，并取得了连续荣获 13 项省优质工程的佳绩。其中，沧州市运东 10 万吨级污水处理厂荣获国家建筑工程质量最高奖——鲁班奖、沧州市地震局办公楼工程获得国家安全生产最高奖——长城杯，创造了公司和沧州历史上的两项第一。

第五章 理顺内部机制

一、"一放、四加强"

一台机器的结构设计，很大程度上影响着机械效能的发挥。同样的道理，一个企业的运行机制不畅，必然会成为企业活力的制约。随着沧州一建这台重型机械的"马力全开"，机制的问题已经到了非解决不可的地步。李建国结合公司实际提出了"一放、四加强"的经营改革方针。

所谓"一放"就是项目部放权经营，给予更多的自主空间，实现以施工项目过程管理为中心的生产经营方式，推动企业内部管理配套改革的深化。公司在总体管理、综合协调、监督控制的同时，主要精力在于为施工项目创造良好的运作条件，提供优质服务。为此公司还设立了示范性的直属项目部——第一项目部。

把公司服务"下沉"到项目部的同时，给项目部的收益分配大幅"上浮"。李建国大胆地提出"加强项目经营，让一部分人先富起来"，不仅给了项目经理更为广阔和灵活的施展空间，给他们压实了任务责任的担子，也给了他们丰厚的回报，进而培养了一批高素质，能够独当一面、能独立闯市场的优秀项目经理。以项目部为发力点，在激发了项目部活力、项目经理进取意识的同时，也为公司整体作战密集了火力点，公司业务产值整体大幅提升，质量效益明显改善。

"四加强"是指从施工、质量、财务和经营上加强管理。施工管理是质量的保证，质量是信誉的基础，信誉是经营的道本。公司在鼓励基层放手发展、灵活作战的同时，牢牢把施工质量抓在手中，把诚信经营作为立业根本。通过制定实施《质量安全责任制规定》，形成奖惩措施，从"筑诚信大厦、创建业纪元"的高度，树立"让客户满意、让合作者放心"的理念，达到了坚守底线、创造精良的效果。

二、掐断"体外循环"

财务管理曾经是李建国头痛的一个问题。长期以来，各施工处、分公司一直以便于灵活应对市场等为由，单独设有财务部门，实行独立核算，按月上交设备、材料和管理费用，年终向总公司上缴利润。

其中的弊端明眼可见。从公司层面上看，无法实现财务工作统一管理，实际上是削弱了集团公司生产经营的主导性，无法形成投资合力。甚至经常出现总公司向分公司"清欠"、分公司交上钱后机关人员才能发工资的现象。而且资金流长期"体外循环"，不受任何节制，很容易出现"跑、冒、滴、漏"，甚至会诱发违法违纪行为的发生。

从各分公司来说，不仅增加了财务人员队伍的人力成本，而且财务人员的素质会影响甚至伤害到业务的开展。第二分公司曾经是集团公司的一支生力军，但就是因为主管会计的人员变动，账目出现混乱，直接影响了公司的生产和经营效益。因为账目混乱，债权债务不清，二分公司承建的丽水花庭等项目出现了巨大的不合理亏损。总公司不得不调时任公司生产经营处副主任张春荣任二分公司的核算经理，又从六分公司调来主管会计赵建峰配合，经过连续几个月的核算，才清理出债权债务。

结合在二分公司账务清理中发现的实际问题，赵建峰向公司提出了各分公司财务集中管理的建议。2004年1月，公司制定了《沧州市第一建筑工程有限公司经营管理办法》，确定了《经营核算工作标准》，要求把各分公司账户和会计集中到公司财务部，逐步实行财务统一管理。之所以要"逐步"，是因为各分公司在生产经营过程中，账款回收都有一个周期，而且不同步，还长期存在新账压旧账、循环交替、滚动不清的情况。这也是公司一直以来不能下决心清理的原因。由于账户众多、管理人员新老交杂，基本上还是原来的人管原来的账目。因此，刚开始的统一管理基本上是形式上的，只是先集中办公，财务人员把办公桌、账本摆到了总公司办公室，财务往来只是由财务处过一下手，人和账本质上还是在分公司。

统一管理变成了集中办公，根本起不到实效。赵建峰再次向总经理反映了这一情况，建议"长痛不如短痛"。

三、坚决一步到位

一天，李建国没打招呼，自己一个人来到了财务人员集中的办公室。进门一看，空荡荡的大屋子里只有一两个人在无所事事地闲聊，而有的桌子上、椅子上居然还堆着厚厚的尘土。

"只是形式上的统一不管用，必须有人管理起来，强力推进！"他把赵建峰叫到办公室，开门见山，"你发现这样不行，那应该怎么办才行？"

赵建峰是沧州财贸学校会计专业毕业生，1997年3月进入公司，先是在工地实习，后任六分公司会计，得到六分公司主管会计尹书廷及安装公司主管会计孙健等师傅的传帮带，很快掌握了建筑工程财务管理和资金控制的要领。尤其是在衡水枣强复合肥厂项目上，他独当一面，恰当处理了与分包商的账务往来，维护了公司的利益。这次工作经历，也让他对财务统一结算有了更深的心得，所以他直截了当地说："建立集团公司的结算中心，在公司总账户下面为各分公司设立专户，对外统一收款，统一支付，对内独立核算。这样就能对公司账户进行监控管理，控制不合理的坐收坐支。"

"一步到位，正合我意！"

李建国不仅采纳了赵建峰的建议，而且也看中了赵建峰这个人，当即任命他筹建结算中心。

2005年2月，设在集团公司财务部下属的"结算中心"正式运行，实行成本会计集中办公、发票统一管理，取消了除总公司授权单独设立以外的所有分公司对外账户。所有工程款项一律由总公司财务列收，结算中心按规定列支。

"扁平化"的财务管理机制，严格了财务流程，提升了管理效率，满足了现代企业管理的需要，不仅为总公司的投资运营提供了决策依据和资金保障，而且彻底改变了"小河有水大河干"的错位局面。

结算中心运行正常后，赵建峰又与已经调任办公室主任的于宙等一道，以会计电算化为引线，率先在全市建筑企业推进了信息化建设，开出了沧州建筑业的第一张机打发票，带动了沧州建筑市场的规范化。

这只是集团公司管理机制不断改革的一个片段。在大元集团整个发展过程中，机制和制度的创新可以说是层出不穷，而且每每切中肯綮，这才有了沧州一建的破茧化蝶，才有了大元集团在时代变迁的起伏中永远奋进奔驰。

第六章 "彩虹"之上

一、烫手的机会

在内提素质、整顿机制、夯实基础的同时，沧州一建也始终在寻找和创造机会，展示全新形象、打出自己的品牌。

2001年，这样的机会来了，不过有点儿烫手。

随着沧州市城市建设的向西发展，京杭大运河成了纵贯市区中间地带的城中河。而大运河上只有解放桥、新华桥、北环桥和南环桥四个过河通道，而且当时还没有进行拓宽改造，通行能力受限，经常造成交通拥堵。

2000年，为缓解市区东西交通压力，沧州市政府决定在原解放桥和新华桥之间新建一座运河桥，连通运河以西的光荣路与河东的顺城街。

按照实用与美观并蓄的规划理念，这座桥被设计成了下承式钢管混凝土系杆拱桥，桥长51.4米，宽21.2米，形如一道彩虹跨卧在运河之上，连通起两岸的万家灯火。因此，从设计阶段就被定名为"彩虹桥"。

其实，光是这个名字，就曾让市政府和建设局的领导们纠结了许久。原因是重庆曾发生过震惊世界的綦江彩虹桥垮塌事件。

因此，沧州市委、市政府和建设局领导是在承受着巨大的社会压力下，保住了这个同样也叫彩虹桥的项目。同时，他们也把期待的目光投向了中标单位沧州一建，投向了沧州建筑业的传奇人物李建国。

"彩虹桥"是沧州市建桥史上首次采用这种结构形式，而且该桥跨度较大，单孔跨径达到了48米。对于以房屋建筑为主业的沧州一建来说，同样也是历史上第一次承接如此规模、如此类型的桥梁工程。尤其是有了重庆綦江的"前车之鉴"，公司上下更是慎之又慎。

当时行业内外有不少朋友给李建国打电话，都是一个口吻：在这个"风口"上接下这个"浪尖"上的项目，你想好了吗？可别一时意气。

也有人直截了当地说：政府的项目，能挣多少钱呀！算了吧，建国，别弄不好，为了公司的事儿个人去蹲大牢、掉脑袋！

二、是机会就要把握住

对领导、同行、朋友们善意的劝告，李建国一律表示感谢，然后笑而不答。

李建国请技术人员全面搜集了关于綦江大桥的相关资料，结合中央电视台的庭审直播和深度报道，组织班子成员和技术干部进行了深入分析：綦江大桥是一个"无计划、无报建、无招投标、无开工许可证、无工程监理、无质量验收"的"六无工程"、转包工程。施工中还存在着私改设计，以及吊杆锁锚方法错误、主拱钢管焊接质量缺陷等问题。而且人为地忽视了在使用过程中对桥体的破坏，没有进行及时有效的维护和修复。也就是说，綦江的悲剧是完全可以靠技术和管理避免的。

经过反复论证，李建国有了信心。在新千年的规划版图中，他已经把市政、道路、桥梁和房地产开发等列入其中。而且这是一个沧州第一、公司第一的项目，对于一个敢于挑战、乐于接受挑战、善于变压力为动力的企业家来说，这是一个绝佳的机会，他不可能放过。

面对公司内部的犹豫，他慷慨陈词：

> 建筑人干的就是从0到1、从无到有，平地起高楼的事儿。没经历过，正好可以丰富阅历、锻炼队伍；没有经验，正好可以学习技术、创新创造。

> 市领导同意把这么重要的一项市政工程交给我们一个建筑公司，是因为我们这个老国企有着听党指挥、诚实守信、干就干成最好的光荣传统。我们绝不能辜负领导们的信任。

> 我们要有敢于应战的精气神，要相信我们自己的技术力量和质量保证体系，不仅要按期完工，还要做好、做精、做高端，最起码的标准就是要做成省优工程。

李建国代表公司签下了这个项目，而且向专门找他谈话的沧州市领导郑重表态，沧州一建有能力、有决心干好这件"民心工程"，不仅要为沧州百姓修一座"贴心桥"，更要为全市人民修一座"放心桥"。

三、秘密武器

敢于应战是李建国骨子里的性格，但绝不是盲目和冲动。除了对党的事业的忠诚之外，这个新挑战还是他新千年发展蓝图上必不可少的一条线。随着政府"经营城市"理念的确立，市政路桥项目将成为城市经济的一个重要增长点。沧州一建要进入多元发展的新空间，不能也绝不应该缺席这场盛宴。为此，他早已开始在业务人员和技术力量上布局，悄悄储备了一位桥梁施工方面的专家型人才。

这个秘密武器就是今天大元集团的总工程师郑培壮。

郑培壮，山西人，大学就读于当时的兰州铁道学院铁道工程专业。1992年毕业被分配到中铁第十六工程局第五工程处，奔赴祖国西南边陲，投身国家重特大项目南昆铁路、内昆铁路的建设，在人迹罕至的深山老林中一干就是6年。6年间，他直接参与了大海子1号、2号大桥及木浪河大桥等特大铁路、公路桥梁的技术和施工管理，积累了丰富的桥梁建设经验，也培育了吃苦耐劳、甘于奉献的品格。

郑培壮的爱人是沧州人，有意让他回沧州安家。1998年，沧州一建了解了郑培壮的基本情况，公司经理李建国立即安排尽快见面，一番交谈下来，李建国毫不犹豫地指示人事科为郑培壮开具了商调函。

当时也有人提醒说，郑培壮是名牌大学高才生不假，也确实有能力，可他一个搞铁路工程的，跟咱们公司的业务不搭界呀！能留住吗？不会在咱这儿过渡一下就跳槽吧？

郑培壮不会走！李建国非常自信，丝毫没有所谓的担心。

沧州一建的用人机制是"事业留人、感情留人、待遇留人"。事业是第一位的，留得住、留不住人才，关键是公司能不能为他们提供立业、乐业的环境和氛围。李建国上任以来，在做强传统土建产业的同时，已经开始布局市政、路桥业务的拓展。郑培壮的到来，对于李建国来说无异于"天上掉下个林妹妹"，他求之不得！而对于郑培壮来说，沧州一建一定能为他提供一个充分展示的舞台。

识人唯德、用人唯才，这是李建国的用人标准。"有德有才破格重用，有德无才培养使用，有才无德限制录用，无才无德坚决不用。"凭着多年修炼的阅人功夫，他第一次见面就认定了郑培壮是一个忠厚、忠诚、敬业、乐业和有目标、有抱负的年轻人，而且是一位难得的学术型技术人才。所以，郑培壮入职后，很快就被任命为贯标办副主任，既落实了中层副职待遇，又发挥了他的专业特长。

正如李建国的判断，郑培壮深感遇知己，尤其是在彩虹桥项目上，他被任命为项目技术总负责人，有了一展英才的舞台。2004年，凭借着在彩虹桥项目上的出色表现，他被公司任命为总工程师。不仅如此，郑培壮工作勤恳、敬业乐群，具有广博的奉献情怀和深厚的专业功底，赢得了公司和广大员工的信任。2006年公司改制为大元集团后，他被推选为集团工会委员会主席。在公司紧急支援四川汶川大地震的抢险救灾和灾后重建，以及2021年支援省会抗击新冠肺炎疫情隔离区建设等多次急难险重任务中，每一次都是他以集团总工程师的身份，首先冲上最危险的一线。

四、出手不凡

好钢一定要用在刀刃上！

针对彩虹桥项目的特殊性，公司加强了项目建设的领导力量，决定由业务能力和管理水平已经日臻成熟的第四分公司经理宫圣亲自担纲项目经理。总公司集中全力保障彩虹桥项目的实施，不仅由总公司派出有桥梁专业经验的郑培壮为技术负责人，还明确重点施工方案和项目有关重大决策均由公司总经理办公会研究确定并承担责任，技术难题由公司出面外请专家帮助处理。

签下合同，队伍立刻进驻施工现场。项目开工首先要施工放线，这时郑培壮掌握的先进技术就派上了大用场。

施工放线是保证工程质量至关重要的一环，关系到整个工程的成败。一般是根据施工总平面图上绘出的坐标，由规划技术人员现场定位，再综合设计意图测定建筑物轴线、标高、桩位，画出标志线和标志点。规划定位都是理论值，需要在现场根据实况认真复核、纠正。

这虽然是施工管理人员的基本技能之一，但是公司以往都是楼体施工，放线是在平地上用钢尺直接测量定位、画线，技术尺寸的要求也比较宽松。而桥体施工要保证桥梁的精确合龙，误差量必须控制在毫米级的极小范围内。而实际测量时，必须跨越河道，传统的钢尺测量只能凌空，因此测量数据会受到角度、水平甚至风力、拉伸力的影响，无法保证精确度。如此，稍有偏差，就会无法保证桥体建设的完美合龙。

国内的大型桥梁施工已经开始使用一种可以集光、机、电于一体的新式测量仪器——全站仪。全站仪能同时测量水平角、垂直角、斜距、平距、高差等全部施工数据。但是当时这种设备还主要依靠进口，地方上并不多见，公司更是闻所未闻。郑培壮在中铁第十六工程局时经常使用这种设备，但在铁路隧道和桥梁施工中，也会遇到两端不能直视，导致全站仪也不中用的情况。实践中，中国铁路工程技术人员经常会用上一种"测绘网"的放线测量方法。郑培壮把这项技术用在了彩虹桥放线上，着实让大家见识了"专家的力量"，也为彩虹桥的科学施工和完美呈献打下了基础！

五、突破难关

不仅如此，在他的主持下，彩虹桥项目部还通过向国内专家请教，结合自我研发，实现了施工过程中的多项技术突破。

按照设计，彩虹桥上部为下承式钢管砼系杆拱桥、梁拱组合结构。钢管外径56厘米，壁厚1厘米，拱肋总高度达1300厘米。系梁为矩形预应力钢筋混凝土，横梁与系梁固结，吊杆间距400厘米，采用427高强度低松弛预应力钢丝。系梁、中横梁混凝土强度等级为C45，属高强混凝土，钢管内充填C30混凝土。

针对这些技术特点和要求，首先在系梁施工中运用了高荷载碗扣脚手架施工体系，保证了该桥施工过程的安全性。

在精准放线、架体搭设及沉降系数、预起拱等多项数据精确计算的基础上，吸取綦江大桥结构设计中的教训，项目部决定自我加压，向甲方提出建议，把原设计的预制吊装横梁改为全鹰架现浇工艺。这项改进，大大提高了桥体的承载力，但也大大增加了施工难度。

在钢管拱的焊接中，设计工法与綦江大桥采用的是相同工艺，吊装后焊接。这种方法焊缝节点多，焊接应力残余大，高空仰焊难度高。项目部组织专业人员集思广益，反复模拟后，采用了预制焊接、多遍焊接和整体吊装工艺，保证了拱管的质量，消灭了一个大安全隐患。

拱管内填的 C30 混凝土，需要从下侧向上双向泵送顶升，而且要免振捣。这种工艺在公司历史上也是第一次采用。施工人员通过查阅资料、请教咨询、模拟试验，很快掌握了这一技术。这时，技术人员主动思考，提出了 C30 混凝土的微膨胀问题。项目部组成了 QC 攻关小组，从调整外加剂的适配比入手，反复进行了多轮试验，最终全面解决了钢管与混凝土的微膨胀系数问题。在后期的超声波检查中，钢管内混凝土没有一处空洞与空隙，完美实现了设计要求。

在结构系梁施工中，项目部精心组织，运用 1860 级钢绞线多批次张拉工艺，首次实现了复杂工序下的、总长 51.4 米的预应力结构系梁的张拉。

在 5 个多月的施工期间，项目部全体职工冒酷暑、战高温，顶烈日、披暴雨，多方请教、反复试验、自主革新，用一项项实实在在、放心可靠的攻关成果，化解了一道道技术难题，回应了市委、市政府和社会各界的关切。

六、惊魂一刻

2001 年，公司正处于全面上升期，各分公司业务突飞猛进，作为公司总经理，李建国要督战八方，可以说是日理万机。但彩虹桥工地是他来得最多的地方，几乎每天都到，有问题指导解决问题，没有问题督促质量、进度。有时白天没空来，晚上下了班他也要到工地上看一看。为此还上演过一出总经理变身保安员的"剧本杀"，李建国亲手抓获了一名趁夜色偷盗工地板材的小偷。

在双侧泵送拱管内填的 C30 混凝土时，李建国坚持亲自到现场坐镇指挥。虽然已经多次进行配比试验，取得了关键数据，但毕竟是第一次实战，而且关系到整座大桥的承载力。

随着现场指挥的一声哨响，两台混凝土泵机同时轰响了油门，在 20 兆帕的巨大压强下，C30 混凝土开始平稳地由两端向拱顶流动。

李建国一边关注着泵机的运行，一边观察着拱顶的预留排气孔。突然，排气孔发出的声响弱了下来，而从泵送的混凝土量来看，明显还没有达到饱和。正在他犹豫如何处置时，一个身穿工装、头戴安全帽、体形瘦小、手脚灵活的身影已经开始往十几米高的拱顶爬去。

虽然离得有一些远，但李建国一眼就认出，爬上去的是郑培壮。

郑培壮也及时发现了问题，而且做出判断，可能是排气孔被混凝土中的石子堵塞。二话没说，他背上保护绳，抓起一根早已预备好的钢钎，徒手往拱架顶端爬去。

他爬上拱顶，用钢钎向气孔中探了一下，果然不出所料，被混凝土中的小石子堵住了。此时的泵机必须保持压力，否则不仅会导致混凝土下泄，还容易出现混凝土空隙。巨大的压力已经把石子卡在气孔，一只手根本捅不开。他只能站上拱梁，侧着身子，尽量避开气孔的上方，把钢钎用力砸进气孔。

彩虹桥

现场的人们把心都提到了嗓子眼儿，李建国更是禁不住大喊："注意安全，别崩着！"

一下、两下、三下……突然，"砰"的一声，一颗小枣般大小的石子带着尖锐的哨音，直直地向上飞弹出去，好一会儿才听到落地的声音。

万幸石子没有射偏！郑培壮惊出了一身冷汗，李建国也呼出了一口长气。

泵机又开始正常地转动起来。

就这样，经过150天的艰苦奋战，沧州一建高标准、高质量地完成了这项被沧州市政府列为当年15件大事之一的民心工程。经河北省建设厅组织的整体施工质量评审，沧州市彩虹桥被评为河北省优质工程，其中，钢管拱焊接工艺被选评为河北省省级专项工法。

通车后的彩虹桥如长虹卧波，美不胜收。尤其是夜色降临，绚丽的霓虹灯勾勒出大桥的俊逸身姿，恰如赤练当空，架起了天上人间的通途，成了人们宁肯绕远也要走一次的"打卡"地。此后的近20年里，一直保持着"沧州市第一桥"的美誉。

第七章 誓夺"长城杯"

一、机会来了加个码

2001 年 4 月，公司收到了一份由省建设厅和市建委逐级转发的国家建设部文件《建设部关于部署 2001 年全国建筑安全生产检查的通知》（建办建〔2001〕17 号）。为贯彻落实党中央、国务院关于安全生产工作的一系列重要批示及全国建设工作会议精神，由建设部会同中国建设建材工会全国委员会组成联合检查组，于 4 月到 8 月分两批进行全国性的建筑安全大检查，河北省被安排在了第二批。通知要求，各省要抽取两个城市，每个城市检查 8 个在建工程，其中包括 4 项二级及以上资质企业的施工项目和 4 项三级及以下资质企业的施工项目。受检项目中推荐和随机抽查各占 50%。

曾经有一段时期，各行各业尤其是建筑业饱受"检查"之苦。可以到施工工地上检查罚款的人五花八门，上到环保、环卫，下到社区、居委会。人们形象地挖苦说："除了戴黑箍的，是个戴箍的来了都得罚款。"这导致人们即便是对一些常规性的正规检查，也普遍都有一种抵触心理。要么觉得是个"负担"，影响生产，要么觉得"担心"不过关，会"挨板子"。

但手握文件的李建国却意识到"又一个机会来了"。

从事建筑业近 30 年了，他深知质量和安全对于一个建筑企业在生存和发展中的分量。因此他主导了沧州第一家建筑企业 ISO 9002 质量体系标准的认证工作。2002 年，又申报了 ISO 14001 环境管理体系标准和 GB/T 28001—2011 职业健康与安全管理体系标准的认证，成为河北省首家"三标"同时运行的建筑企业，让公司的规范化生产有了基础性的保障和跨越式的提升。在此后大元集团 20 多年的飞速发展中，虽然公司内部已经对标准的执行形成了有效的自我管控，但"三标同贯"一直得到了有效坚持。在李建国看来，每年交费外检，目的就是营造和保持一种有压力的规范生产运营的氛围。

从公司顶层设计上对质量、安全的持续关注和改进，让沧州一建有了充分的自信。

"接受国检既是对公司质量和安全战略实施成果的检验，更是对公司素质和形象提升的一次促进。"李建国觉得，沧州一建已经是时候把这种企业的自信外化为社会的信任了。

"如果把握好机会，顺利通过国检的项目就有资格申报建筑业国家安全生产最高奖——长城杯。"夺取国家质量、安全最高奖，是李建国蓄积已久的梦想和持续关注的目标。这让他本能地对这次国检有了一种"祈盼"的心理。

他跟同志们一起分析，建设部此前已经多次组织过这项工作，近年来沧州还没有被抽中过，这次大概率可能会落到沧州头上。而在沧州，一建是唯一的一个一级总包资质建筑企业，在建项目多，不管是推荐还是随机抽查，"中签"概率都会最高。

机会只有在专注者面前才不会白白失去，机会也只有在自信者手中才能成功把握！李建国提笔在传阅文件上写下了批示意见：高度重视。请施工管理处牵头，会同各分公司迅速行动，按全部在建项目都要迎检为目标，谋划迎检方案，落实到各项目工地。

消息很快传来，果不其然，沧州被抽为受检城市。

公司立即召开了迎国检专题会议，明确了以迎检为契机，全面提升安全生产、文明施工整体水平。"国检项目是申报国家安全生产最高奖——'长城杯'的捷径，要以迎国检为动力，誓夺'长城杯'，为公司的内涵发展打造一个新的生长点！"

机会来了，李建国却冷静地又加了一个码！

二、专心"栽花"，用心"插柳"

针对接受国检的项目是推荐与抽查相结合的特点，李建国要求所有在建工程都要投入迎检准备中来。他清楚，不能把迎检当成目的，要把迎检的过程当作一次全面提升安全生产水平的实战化演习，确立争创"长城杯"的目标也是如此。他鼓励各分公司的项目经理们说："有句俗话说的是'有心栽花花不开，无心插柳柳成荫'，我们既要专心'栽花'，又要用心'插柳'。机会永远是给有心人准备的！"

公司上下迅速行动，在施工管理处的统一指导下，按照本次国检确定的检查依据，对照《建筑法》《建筑施工安全检查标准》（JC J59—99）《建筑施工安全工会检查标准》（建会字〔2001〕2号）等法规和标准，以及建设部关于安全生产专项治理文件的要求，开始进行自查自纠、整改落实。

2001年8月17日，市建委接到通知，根据各单位自行上报的迎检项目，确定推荐沧州一建承建的沧州市审计局2号住宅楼和其他三个不同公司的承建工程作为沧州市的推荐迎检项目。市建委副主任王振祥同志第一时间赶到了审计局项目工地，主持召开现场会。检查完现场，王主任严肃地指出了一些问题，转向李建国说道："建国，再有一周检查组就到沧州了，要抓紧呀！另外，还要准备好抽检的项目。"

审计局项目本来就是公司重点准备的迎检工程，可事到临头还是问题一大堆。李建国也感到脸上挂火。原因是这个项目已经进入后半程，前期有一些没有按新迎检标准落实到位的工作，也没有按照他的批示要求进行整改。显然责任在于施工管理处的布置、督导不利。这让李建国无法容忍，在现场会后的经理办公会上，对施工管理处长做出了免职处理，任命二分公司技术副经理张春荣为施工管理处处长。

火线任命，让张春荣有些猝不及防。但责任所在，她只能迅速进入角色。经过调研，根据现场会上王振祥副主任提出的意见制订整改方案，并及时向李建国经理、主管生产的张金德副经理、总工赵祖升进行了请示汇报。

李建国给她的要求是，要明确目标、找出问题、找准原因，从根本上解决；要细化方案、分解指标、压实责任、做实节点，确保质量。

施工管理处配合审计局住宅楼项目部行动，立即进入"倒计时"状态。从标准化工地的硬件设施，到制度性、过程性和结论性文件资料梳理，再到现场施工行为的规范化管理，整改行动有条不紊，有序推进。

看到审计局住宅楼工地很快就有了个眉目，李建国紧绷着的脸终于缓和下来。

"干得好，春荣。工作就是得这么干。不过可别忘了还有抽检项目，要分出精力来抓全面落实。"李建国表扬时还不忘提醒，"地震局的工程要重点关注。那是个大工地，离审计局工地也很近，施工进度也合适。我跟郝经理打过招呼，要好好冲一冲。"

已经连续两三天泡在工地上的张春荣，抓紧把市区的几个重点工地转了一遍，安排布置好迎检任务，然后到了五分公司承建的地震局综合楼和宿舍楼项目现场。

得到国检来临的消息时，这个项目正在做"三通一平"准备入场工作。看了李建国总经理的批示，五分公司经理郝书明马上意识到，检查组到沧州时是8月，届时地震局项目正处于施工紧张阶段，很容易引起检查组的关注。如果能被抽中的话，那将是一个为沧州一建争光的好机会。

"一定要从根儿上做到位，拿出五分公司的全部实力，发挥我们项目管理和标准化工地建设的传统优势，精益求精做好充分的迎检准备，竭尽全力为沧州一建拿下'长城杯'。"郝书明给项目部下达了作战命令。

三、五分公司是样板

郝书明之所以敢放言"长城杯"，是因为五分公司曾经是沧州一建标准化工地建设的样板，《沧州一建企业形象识别手册》的母本就是他们创造的。

五分公司经理郝书明曾任公司技术科科长，是一位善于学习、善于思考、细致精明、观察领悟能力强的研究型人才，而且做事有章有法、遇事好动脑筋，擅长解决复杂的问题。1995年公司承建了沧州商城项目。沧州商城主体建筑面积3.5万平方米，全部为混凝土框架结构，是当时沧州市的大型工程。由于一次性的混凝土作业量巨大，必须使用混凝土输送泵才能满足混凝土塑化的时间要求。当时公司还没有这样的设备。为了保证质量，郝书明通过大学师兄帮助联系，从石家庄某公司租来了一台泵送机。

第一次使用泵送机，而且还是租借设备，时任技术科科长的郝书明从一开始就和技术人员盯在工地上。有一次晚上8点多，刚开始泵送混凝土，输送泵就出现了故障，检查发现需要更换配件。郝书明一边给同学打电话，拜托师兄帮助联系配件，一边叫上司机紧急赶往了石家庄。一路奔驰，取到货后连夜返回，凌晨3点就回到了工地，直到泵送机又顺畅地运转起来。但郝书明依然毫无倦意，目光炯炯地观察着现场的每一道工序。

1996年10月郝书明被任命为当时的施工五处处长后，他充分发挥自己的专业优势，多次实现了公司施工技术、施工工艺和施工管理的创新和提高。

2000年年底，改制后的第五分公司成功中标了中国工商银行沧州市分行营业大楼项目，工程为17层框架结构，施工面积13000平方米，建安工作量2000多万元。这是五分公司承接的第一个17层高层建筑，对施工技术、质量安全、进度把控等一时都心里没底。郝书明也有压力，但他是一个越有压力越有动力的人。面对新的挑战，他反而有了更多突破的欲望。

签订合同后，他立即带人赶到北京、济南等地考察学习。虽然是来去匆匆、走马观花，却收获满满。在济南的一处工地上，他发现了一种在当时还算得上是新施工工艺的"硬架支模法"。

硬架支模法，顾名思义就是在框架结构的钢筋混凝土浇筑施工过程中，用大强度的模板支架，将立柱模板和楼板模板一体化完成，实现柱、板一次性浇筑。这个工艺不仅实现了柱体与楼板的整体预应，加强了浇筑体的坚固程度，提高了施工质量，而且可以大大提升施工速度。框架结构主体现浇混凝土的施工周期是5到7天，相比于过去的柱体与楼板分开浇筑，每层的施工时间至少减少5天。

郝书明当即决定采用这项新技术。回来后，召集工程技术人员和施工队伍开会，宣布了他的决定。采用硬架支模工艺，首先是木工队伍要具备相应的设备和技术，钢筋绑扎也要改进工艺，同时，由于柱、板连续浇筑，且柱板的浇筑方法不完全相同，所以对混凝土的搅拌、输送、投料、振捣等要求也大幅提升。为此，他亲自出面做工作，坚决辞退了不具备硬架支模技术能力的钢筋、灰土和木工三支队伍。

高层框架结构现场浇筑，混凝土质量很关键。为保证大楼质量，郝书明从根儿上抓起。为保证混凝土塑化质量，他安排技术人员自己研制了一台"洗石机"，把制作混凝土的石子全部清洗后再进入搅拌程序。正是这台洗石机，让业主看到了五公司追求上乘的态度，也让公司职工树立了精益求精的质量意识。

第一次承建大体量高层框架结构工程，第一次采用硬模支架工艺，第一次使用柱板连浇技术，他们成功了！该项目也被河北省建委授予河北省建筑工程"安济杯"奖。

就是在这个项目上，他们创造了沧州一建的标准化工地模板。开工准备阶段，郝书明带人专程到北京某建筑公司的施工现场去考察学习。当时他就深有体会地对同行的同事说："这不仅是做文明施工的'面子'，彰显的更是生产经营的'里子'。'一张脸'走遍全国，一个工地就是公司的一张立体名片、一幅活动广告。"他把这个"收获"向公司领导汇报后，又亲自动笔起草制定了一套施工现场管理的标准化手册，用在了工商银行大楼项目的工地上。

这套手册严格按照质量、环境、职业健康安全三个标准组织施工，从施工现场临时设施的布置和搭建开始，直到竣工验收都明确了标准和要求。走进工商银行大楼的施工现场，入口处的项目和承建单位名称规范醒目，统一绘制的工程平面图、鸟瞰图、效果图，施工负责人、技术员、安全员公示板，各项规章制度、警示语、宣传口号等整齐有序；施工区作业面功能衔接合理、场地平整、通畅有序，尤其是涂刷红色油漆的脚手架和绿色的防护网给人以十足的安全感；办公区路面全部硬化，办公室宽敞明亮，信笺、水具等办公用品均印有企业和项目标志；生活区蓝白相间、整齐划一的活动工房，代替了粗搭乱建的工棚；工房内部生活设施齐全，生活物品摆放整齐、空气清新；仓库、料场、加工区等科学布设，交通便利；施工和管理人员统一着装并佩戴企业标识，个个精神百倍……让人恍若进入了某个现代企业的生产车间，彻底打破了人们对建筑工地和建筑工人的传统认识。

这套标准规范经过五分公司的试行，逐步修订成为总公司《企业形象识别手册》。总公司还专门印发了《关于施工现场企业标识等企业形象建设的通知》，在全公司推行。后来，这套标准手册被沧州市建筑工程安监站修订后印发，成了沧州市的地方标准。

四、做实做细

郝书明决定从"头"抓起。他把"头"解构成了"头脑""带头"和"开头"。头脑是指从思想上提高对迎国检和安全生产重要性的认识，加深对争创"长城杯"意义的理解。带头是要求公司领导、项目部负责人、安全和技术人员要切实负起责任，发挥引领作用。开头则是强调从工程入场开始扎扎实实、一步一步地做好文明施工、安全生产和质量保证。

为此，他多次召集分公司管理队伍深入学习相关规定和文件精神，统一思想、形成共识。在此基础上，他自己动笔起草制定了《地震局项目施工手册》，严格标准、细化方案、明确节点。过程中，一方面分解指标，落实到人、落实到点；另一方面主动邀请总公司主管生产安全的同志随时到现场指导，遇到问题与相关部门的专业技术人员一起讨论研究，一题一策落实解决。

经过现场踏勘和分析研判，施工现场西侧有一条国家电网的高压输电线路，这是一个影响施工安全的重大障碍。按照过去的施工标准，一般是用脚手板进行单侧的防护。但是地震局综合楼主体高达12层，高压线路距离楼体较近，一旦发生高空坠物的情况，从上面砸中高压线，同样会造成不可预测的后果。

"高压线防护事关工人们的生命安全，一定要做实！"他找来电工、木工、架子工的技术能手一起会商，最终确定了为过境高压线制作木质"管廊"的防护方案，做到了施工区域高压线无缝隙、无漏点的全面保护，连市电力公司到现场指导施工的技术人员都不禁叹服。

刚刚就任总公司施工管理处处长的张春荣，既是迎国检的前线"督指挥使"，又是深入各个项目工地的一线"尖兵"。在地震局项目工地的现场查验中，张春荣细心地注意到了钢管脚手架的扣件。脚手架是否安全和稳定，扣件的牢固程度起着决定性作用。一般的多层建筑，采用单扣件锁定就能满足安全要求。高层建筑则通常采用悬挑式脚手架模式。而地震局综合办公楼为12层，现场使用的是落地式脚手架。那么，接地脚手架使用单扣件能否满足安全承载要求呢？

现场安全员找来架子工师傅，师傅说，为了保险起见，可以在基础的底层四角关键部位加扣双扣件。但加在哪儿、加多少、怎么加，也说不出个所以然。

"施工安全上没把握的事不能干，只有把工作做细心里才会有底儿"。张春荣考虑再三，决定用"数学建模"的方法，做一道力学计算题。她花了两三天的时间，根据现场脚手架搭建的形式设计了一个数学模型。在建模的基础上列出了长长的力学公式和数学方程算式，对每个扣件锁点的承力值进行了反复计算，最终逐一确认了各个关键点位上的数据值，光这些数值就密密麻麻地打印了整整三页A4纸。还不放心的张春荣又安排人对扣件的实际承力值进行了抽样检测，与计算出来的理论值一一对照后，这才确定了脚手架不同部位扣件的使用方案。

五、机会给了有准备的人！

2001年8月25日，以王贵智、许斌为正、副组长的全国建筑安全生产检查组一行到达沧州。这一天正好是农历七夕节，在民间也称"乞巧节"。更巧的是，检查组第一个随机抽检的项目正好是沧州市地震局综合楼、宿舍楼项目。接到消息时，离检查组进场只有两天不到，准确地说是不足40小时。

虽然从开工到现在，整个项目生产过程都严格执行了国颁标准，张春荣、郝书明和项目团队也有着充分的思想准备，但是接到通知后，他们的心里还是陡增了一些紧张。

"狭路相逢勇者胜！"李建国总经理亲自在审计局和地震局两个现场轮番督战，鼓励大家要鼓足勇气和干劲，完成最后的冲刺。"同志们要有信心争取沧州头名，誓夺'长城杯'。夺杯成功，我给大家敬酒！"

一天两夜，张春荣这位外表柔弱的"女汉子"像一只不停旋转的陀螺，奔走在迎检的工地上，一遍遍地检查资料，一趟趟地到现场核验。郝书明更是恨不得把每一块砖、每一片水泥、每一个作业面、每一个角落都要重新检查上几遍。

终于等来了检查组，他们的心反而放松了下来：查吧！你们要查的，都是我们做得最好的！

检查组已经提前调阅了相关材料，所以进入地震局现场后首先关注的就是高压线的防护措施。不出所料，专家们几乎异口同声地给予了称赞。

当检查到脚手架时，细心的专家们发现了不同部位扣件的使用方式，当场提出了疑问。跟在一旁的张春荣当即就把打印出来的各部位扣件的应力数据和扣件使用方案递了上去。

"这些数值是哪儿来的？可靠吗？"看着这些数字和结构图，有一位专家疑惑地追问。

张春荣微笑着一边作答，一边又拿出了脚手架力学模型、方程式和推算过程。翻看着厚厚的一沓资料和标注得清清楚楚、计算得明明白白的脚手架搭建方案，检查组的专家和随行的领导再次异口同声地发出了惊叹！

六、豪情三杯酒

正如所愿，临时抽检的地震局综合办公楼和住宅楼项目获得了沧州迎检区总分第一名，被推荐代表河北省参评国家级文明工地，并一举捧回了国家建筑企业安全生产最高奖——"长城杯"！被推荐迎检的审计局2号住宅楼项目同样获得了高分，荣获河北省省级文明工地的样板工地。

李建国也主动履约，请审计局和地震局两个项目的同志们畅畅快快地喝了一场大酒。

"这是我们公司第一个国字号的安全大奖，为公司的发展进步、上台阶开了好头、奠定了基础，可喜可贺！干一杯！"

"为了这个奖，公司所有的同志，尤其是你们施工管理处和地震局、审计局两个受检工地的同志，在这次迎检中付出了心血、汗水，公司感谢大家，我敬所有的同志一杯！"

"取得'长城杯'，说明我们一建有更大的潜质、有更大的能力创造更大的业绩。请同志们坚信，只要我们团结在一起继续努力，沧州一建的明天不可限量！干杯！"

"干！""干！""干！"

满满的三大杯白酒，喝出了李建国的肺腑真情，也喝出了他的世纪豪情！

全国建筑安全奖证书

第八章 问鼎"鲁班奖"

一、求之不得

早在 1999 年申请 ISO 9002 认证贯标中，李建国在发起向项目经理的楷模、天津三建范玉恕同志学习活动时，就提出了要创造条件争创"鲁班工程"的号召。

新世纪之初，拥有建筑总包一级资质和基于 PDCA 科学循环的 QC 小组的沧州一建，不断推动着施工技术、工艺水平的创新和提升，质量保证日臻成熟。除彩虹桥、沧州石化 121 米烟囱等新型建筑项目的完美呈献外，还在沧州市地税局办税大楼、中国工商银行沧州分行营业大楼等一大批新型高层建筑的施工中，成功运用了一批现代施工技术，工程施工质量水平迈上了一个新的台阶，连续获得数十项河北省建筑工程"安济杯"（省优质工程）奖、河北省优质样板工程、河北省用户满意工程、天津市优质工程、军优工程等省部级奖励。

但是，受沧州城市规模的限制，公司很难承接到项目类型和规模条件适宜申报中国建筑工程质量最高奖"鲁班奖"的项目，而且申报参评还主要取决于业主是否主张等因素。所以不仅沧州一建公司，就是整个沧州市也一直没有机会。这也一定程度上导致了沧州一建在一些大型工程的招投标中，相比于外地进入企业处于业绩劣势，影响了对外业务的拓展。

"鲁班奖"成了沧州人求之不得的尤物。

"求之不得，寤寐思服。"李建国从来都是一个想别人不愿想、想别人不敢想的人。寻找申报"鲁班奖"的机会，一直在李建国心头挥之不去。

二、"要"来的项目

2001 年 10 月 1 日，国务院做出批复，批准了国家环保总局提交的《渤海碧海行动计划》。《渤海碧海行动计划》的首要任务是保护渤海和环渤海地区的水环境，要求确保到 2005 年，渤海海域的环境污染得到初步控制，生态环境破坏的趋势得到初步缓解，陆源 COD（化学需氧量）入海量比 2000 年削减 10% 以上，磷酸盐、无机氮和石油类的入海量分别削减 20%；到 2010 年，渤海海域环境质量得到初步改善，生态环境破坏得到有效控制，陆源 COD 入海量比 2005 年削减 10% 以上，磷酸盐、无机氮的入海量分别削减 15%，石油类的入海量削减 20%；到 2015 年，渤海海域环境质量明显好转，生态系统得到初步改善。

沧州市作为环渤海新兴的化工城市，水一直备受关注，水资源的匮乏和污水直接排放造成的下游和近海污染，已经成为社会焦点。为落实国家《渤海碧海行动计划》，2002 年沧州市人民政府决定申请建设一座 10 万吨级的污水处理厂。经省政府批准，项目被列入国家《渤海碧海行动计划》项目、国债投资项目、河北省和沧州市重点项目。工程总投资 2.2 亿元，日处理污水 10 万立方米，日产中水 3 万立方米。

项目一开始招标，沧州一建公司总经理李建国的心里就打了一个"忽闪儿"。工程总量恰好能达到"鲁班奖"的最低申报标准；工程的性质决定了施工质量标准要求高；政府项目、国债投资，对申报"鲁班奖"一定支持。这不正给沧州一建冲击"鲁班奖"提供了一个有利的撑竿吗！他当即就找到了时任市建设局局长的边老刚同志。

"边局长，运东污水处理厂项目得让咱沧州人自己干呀！"

边局长一愣。李建国找上门来张口要项目，不仅是他任局长以来的第一次，从他的耳闻中，这也从来不是李建国的风格呀？

"说说看，为什么非得沧州人干这个活呀？"边局长的话意味深长。

"你是建设局长，最清楚，咱沧州多少年没出过'鲁班奖'了啊？"

边局长点点头，没有接话。

"不是咱沧州的队伍不行，也不是施工质量跟不上，是因为咱们没有适合申报'鲁班奖'的项目。要么建筑体量不够，要么项目不具备主观条件。"李建国列举了公司承建的几个代表项目，都是评了省优，但没资格申报国优。

"是这么个情况。污水处理厂这个项目的体量够了，你有想法？"

边局长来了精神。

"如果能让我们干，我保证给沧州捧个'鲁班奖'回来！"李建国就差拍胸脯了。

"那你们好好准备参加投标吧。项目必须招投标，这是规矩，不能坏。你们资质、能力都够，我希望你们能中标！如果你们中了标，我一定支持申报'鲁班奖'！"边局长嗓音也高了上来，表态也直截了当。

2003年年初，经过严格的招投标程序，沧州一建中标了沧州市运东10万吨级污水处理厂的厂区土建施工和部分基础设施安装工程。在李建国的安排下，施工任务交给了沧州一建的第六分公司。

三、策划出来的大奖

六分公司的前身是原沧州地区第四建筑工程公司，1992年并入沧州一建后，凭借当年人才储备雄厚、技术力量强的优势，业务拓展上创造了不俗的业绩。在1997年9月的全公司大联查中垫底后，知耻后勇，施工管理和施工工艺进一步有了质的提升。"十年磨一剑"，也许是巧合，在加入沧州一建刚满十周年之际，六分公司被派上了冲击"鲁班奖"的前线。

能拿到这项沧州市的标志性工程，六分公司群情振奋。只有经理金根发、副经理兼污水处理厂项目经理汤长礼等人知道，这是李总和公司送给他们的一个"大礼包"。不仅是把机会给了他们，而且是集全公司之力在做这个项目。多年以后，金根发和汤长礼都不约而同地表达了一个观点：这个鲁班奖是李建国总经理策划出来的。

关于申报"鲁班奖"项目，建设部有规定，必须在工程开工前由建设方和施工方共同向省以上建筑业协会提交"创优计划"，以便随时接受监督。这个过程俗称"挂号"。而且成功获得"鲁班奖"，建设单位要给施工单位工程总量3%的奖励，这就要求建设方要有主观意愿。

因此，拿到中标通知书，李建国第一时间驱车分赴市建设局和项目建设单位沧州市排水总公司，向领导汇报，与建设单位沟通。时任沧州市排水总公司总经理张自力同志是一位业务精通，而且有想法、有魄力的专家型领导，对李建国的提议毫不犹豫地给予支持：把"创优奖励"列入施工合同，抓住这次难得的机遇，为沧州市争取一个"鲁班奖"。

安排好外围工作，李建国当即把六分公司经理班子、技术人员和公司相关领导及技术、施工、质检、器材等部门负责人召集到一起，开了一个专题会议。

"机会难得！"李建国有些兴奋，"这个项目是我们争取来的，条件就是我跟建设局保证过了，要拿'鲁班奖'。而且建设方已经表态，全力支持。"

"鲁班奖是优中选优的精品工程，而且必须是一次到位，修修补补的优质工程是没有参评资格的。所以必须坚持高意识、高目标、高标准，严格管理、严格控制、严格检验。虽然是工程投入使用并且运行一年以后才能参评，但是在申报资料中一项重要内容就是创优计划的制订和实施。"李建国心仪"鲁班奖"多年，对创奖要求早已熟稔于心。

"我们要成立一个专班，今天参加会议的领导和部门都是成员。第一项任务就是立即行动，尽快拿出一个创奖方案。需要考察的，马上确定考察目标。需要请专家指导，马上联系。这次我们要不惜一切代价，一定要抓住这个目前唯一的机会。"李建国发出了争创"鲁班奖"的第一支"令箭"。

会议决定，组建公司争创"鲁班奖"工程领导小组，李建国亲任组长，公司副总经理、总工程师赵祖升任技术指导，六分公司经理金根发靠前指挥。同时，任命河北省十佳诚信优秀项目经理汤长礼为项目经理，在全公司范围内精选技术骨干组成项目班子，并成立了策划组、外部协调组、现场管理组、资料管理组、申报组等8个小组，做到分工合作，协调联动。要求总工办、施工管理处、质检处等相关部门，要"全程跟进、全面协助、全方位支持"六分公司做好申报"鲁班奖"的各项工作。如有需要，总公司所有领导随叫随到、不请自到！

为了保证申报时原始资料的真实、可靠，由公司出资为项目部配备了包括单反照相机、专业摄像机等在当时较为贵重的设备。不仅如此，在整个建设过程中，李建国又多次亲自出面，把包括中国市政协会会长在内的多位专家请到施工现场进行指导，为奖项申报做足了铺垫。

在李建国亲自策划下，工程建设按照创奖的标准施工，创奖资料随着施工过程积累修订，双线同步并行，为后期的申报工作打下了基础。

四、起步困难重重

"鲁班奖"是优质工程中的优质工程，所以获奖项目不能仅仅局限于"质量优"，还需要做到"人无我有，人有我优，人优我特，人特我精"。

按照省、市要求，沧州市运东污水处理厂的规划定位是国际先进、国内领先，在设计中就吸收了国内外先进的水处理理念和工艺。如污水处理工艺弃用了传统的转盘氧化沟，改为底部曝气氧化沟工艺，加大厌氧池的容积，增加了内回流，从而大大提高了充氧效率，提高了污水的可生化性，使出水水质稳定可靠，特别是对氨氮的去除率在98%以上。

这些先进的设施和工艺一方面增加了污水处理厂的科技含量，为工程整体获奖创造了条件，但也相应地增加了土建施工的难度。这是沧州市第一个现代化污水处理厂，也是公司第一次承接此类工程，连基本的资料都没有，更遑论其他。一切都是零起点，还要做出特色，实现超越，项目部从成立那一天起走的每一步都是探索、都要攻关。

从零到一、从无到有，在沧州一建人面前似乎并不是障碍。总公司不惜代价，由经理金根发、项目经理汤长礼等人带队，派出技术团队和施工骨干到天津、河南安阳、山东菏泽、河北秦皇岛等处多路考察，一对一学习施工工艺、施工组织、关键技术，以及申报"鲁班奖"的注意事项等，进一步明确了目标与思路，做到了心中有数。

在此基础上，总工办和六分公司迅速提交了"创优计划"。在总工办的直接领导下，项目部制订了详尽的创优方案，施工管理人员又把各项指标分解到施工的每一个阶段和每一道工序，落实到施工和检验的每一名责任人身上，而且明确了工序环节和质量检验的标准。同时，还对工程技术资料的规格样式、省优和"鲁班奖"申报资料的整理原则，以及对外联络等具体事宜全部做出了详细、明确的规定，做到了人员到位、责权明晰。

由于厂区占地的限制，开挖出直径42米的终沉池基坑后，剩余的施工场地非常狭窄，机械、物料场地的排布都成了问题，导致施工组织相当困难。项目部只能调整施工方案，精简了施工力量，实施轮番作业，以最大限度保证施工进度，更让人意想不到的是，项目刚开工就遇到了"非典"流行，一度被迫停工。面对种种不利因素，项目部全体人员集思广益，严格按照施工程序和标准，科学编排、巧妙衔接，优化了十余项管控措施，没有因停工和施工力量施展不开而影响进度和质量。

五、匠心促创新

在河北省建设厅、科技厅的支持下，六分公司主动配合设计和设备安装单位，在消化国外技术的同时强化了创新，实施了五个专项课题的研究开发，三项取得重大成功，并获河北省科技进步奖。其中，针对厂区内地下水位过高的问题，在国内首次应用了反滤层单向阀构筑物抗浮技术和在构筑物四周敷设滤水管线的做法。

金根发从1992年起一直担任六分公司经理，虽然马上面临退休，但是仍然保持着一颗工匠之心。为了落实总公司和李建国总经理的"夺奖目标"，他把主要精力投入污水厂的项目上。在菏泽考察时，见识了人家做的回水池混凝土成品效果，金根发就像个小学生一样追着对方的技术人员详细询问施工工艺。回来后立即组织混凝土施工人员和商砼技术人员联合攻关，一次不成就再次跑到菏泽请教。经过几次反复学习和试验，项目部最终掌握了设计要求的"后张无黏结预应力"混凝土施工工艺。第一个回水池拆模时，市建委、沧州排水公司的领导、专家都赶到了现场。随着模板被一一全部拆除，现场立时响起了"满堂彩"。监理公司的驻工地代表大呼："我还从来没见过这么漂亮的混凝土！"

项目经理汤长礼全身心投入施工组织和技术攻关上，主动配合总工办技术团队，借助QC小组的力量，完美解决了一系列的施工难题，落实了全部设计变更要求。在中水处理工艺中，采用的是法国人发明的"高密池＋上向流滤池"工艺。这是该工艺首次在法国本土以外使用。掌握了先进的混凝土施工技术的沧州一建技术人员，与设计单位联合攻关，对该工艺进行了创新性的改进，不仅降低了造价，而且更加科学合理，一举达到了国内先进水平。整个系统中，周长 130 多米的终沉池的口沿是否圆正、水平和光洁，是达到滤水效果的关键一环。在施工中，采用了竹胶大模板工艺，用精密控制网对模板安装尺寸进行预检，保证了结构实体的规格要求。金根发和汤长礼跟技术和施工人员一道，坚守在现场，分别把守着商砼、护模、投料、振捣、抹口、保养等重要环节，直到拆模的那一刻。经监理人员和建设单位技术人员共同检验，标高和水平全部达到了 100% 合格，圆度偏小于 5 毫米，大大超过了国内同类施工水平。正是这个环节上的"零修补"，最终战胜了同期申报的辽宁省某 40 万吨级污水处理厂，为问鼎"鲁班奖"拔得头筹打下坚实基础。

"以新技术提升质量层级，以精工艺提升质量品位。"以此为理念，沧州一建在运东污水处理厂项目中采用了无黏结预应力、管道防腐、设备消噪及喷淋式混凝土养护法等 16 项同类工程新技术、新工艺，成了顺利夺取"鲁班奖"的根本保证。

六、细节创亮点

2003 年 11 月 3 日，在运东污水处理厂项目接近尾声时，公司决定由汤长礼接替已到退休年龄的老经理金根发，担任六分公司经理。汤长礼毕业于山西矿冶学院土建专业，1991 年被分配到当时的沧州地区四建，一直在一线担任技术员、施工员，担任过大化百利塑胶公司车间、办公楼等多个工程的项目经理，业务娴熟，是一位难得的技术和管理能力兼具的人才。在 1996 年中层干部调整中，被任命为原施工六处技术副主任。他本人也醉心于专业技术，这次公司任命他担任六分公司经理，由于他任项目经理的污水处理厂项目正值关键时期，他最初坚辞不受。为了达到"不升官"的目的，他居然晚上找到总经理李建国家中一直磨到了 11 点。可一旦上了任，就把专业技术人员特有的严谨、细致，爱较真、不服输的劲头用在了管理上。

他一遍遍地跟施工队伍反复强调，要牢记公司领导对项目"重细节、创亮点、出精品"的要求，在保证工程整体质量、宏观质量的前提下，精心处理工程细部，于细微之处见精神。他要求项目部其他技术、质检人员要与施工人员战斗在一起，坚持"旁站式"指导、监督，对每一道工序、每一个边角都要做到一丝不苟、精益求精。

2021年全国"五一劳动奖章"获得者、全国建筑装饰业技术能手周培，当年就是项目部的模板工班长。由于工程构筑体几乎全部是圆形、椭圆形、弧形结构，而且标准严格，因此对模板支架提出了极高的要求。接到施工任务后，他们主动与工程技术人员结合，查阅大量资料，认真研究施工工艺，针对不同部位逐项制订施工方案。

氧化沟和终沉池基础地板钢筋和混凝土一次用量大，7.2米高的池壁，要求一次浇筑要达到清水混凝土的水平，对模板的安装精度和支设强度的要求前所未遇。终沉池直径达42米，其椭圆度和同心率要求误差不能大于10毫米，质量要求高、技术难度大。经过反复研究、精密计算论证，大胆在细节上创新，采用加工好的定型圆弧钢架控制曲率；认真在细节上做实，池壁模板采用精密控制网逐点检测，使池体的椭圆度和同心率分别达到了8毫米和5毫米。氧化沟的导流墙弧度较小，普通模板支设异常困难，多次试验后采用了韧性大的塑料模板，使导流墙模板的支设一次成型。如此种种，仅周培参与或主持编制的施工方案就达9种52项151款之多。正是做足、做好了这些细节，才有了整个工程质量的完美呈现。

将近20年过去了，汤长礼对当时的工程质量仍然如数家珍：

清水混凝土构件线条顺直、表面光洁；池体面砖、构筑物地砖、吊顶铝塑板施工，全部进行了精心的二次设计，室内地砖和吊顶做到了"一中心、三对齐、六对应"。我们要求工人师傅完成一处自检一处，检查方法"土洋结合"，有的甚至闭上眼用手摸，来感受平整度。电缆桥架安装平直，布线合理，绑扎整齐，标识清晰；配电箱、配电柜安装牢固，接地、接零一致、可靠，实现了功能与美观的有机统一，远远优于设计精度要求。

厂内的各种电缆、加药管线全部采用了多孔管敷设，直筒检查井盖板全部位于地面 0.4 米以下，消灭了影响厂区环境的电缆沟、管沟，减少了沟盖板和检查井，为厂区绿化留出了更大的空间。厂内井盖采用玻璃钢复合材料，按类型分不同颜色，便于区分，也使厂内更加美观，为工程争取"鲁班奖"创造了有利条件。施工期间，来现场视察、监督的有关领导和专家，对工程的质量给予了高度的评价，称赞我们这个项目创造了"运东标准"，体现了沧州建筑施工的最高水平。

从 2003 年 5 月开工到 11 月的 6 个多月里，全体参战人员面对肆虐的"非典"，克服交叉施工和恶劣天气的影响，迎风雨、战酷暑，完成土方 18 万立方米、混凝土浇筑 3.4 万立方米，使用钢材 2800 吨，保质保量地提前完成了这项沧州市近年来投资规模最大的城市基础设施项目的土建施工任务，为后续设备安装、调试和早日正式投产，造福沧州百姓，赢得了时间、立下了功劳！

副总工程师赵祖升带领总工办、施工管理处、质检处等部门全力支持配合项目建设；以申报"鲁班奖"为目标，坚持每周巡检，及时发现死角问题，及时化解质量风险；对工程的亮点、关键工序进行录像、拍照，留存实证资料。在整个施工期间，光公司内部的检查记录，就装了满满三个大纸箱。

七、申报细打磨

2004 年 11 月沧州市运东污水处理厂正式投入运行，申报"鲁班奖"的工作也进入紧张的工程技术资料和申报资料准备及工程质量监控、整改阶段。

按国家"鲁班奖"评选办法的要求，申报资料包括总目录，"鲁班奖"申报表，项目计划任务书，优秀设计证书，工程概况和质量情况汇报材料，市优，省优获奖证书，竣工验收证明，总包及分包合同，单位工程和分部工程质量核查资料，工程照片和录像资料等 11 项。其重点工作是工程资料、汇报材料和工程录像。

公司及时调整兵力部署，以郑培壮为首，安排组织了一批精干力量，按照新修订的评审要求和河北省有关规定，协助项目技术人员进一步完善工程技术资料。经过重新整理，各类资料做到了数量齐全、页面整齐、书写规范。施工规范选用方案、材料设备质量证明、系统功能检验报告、隐蔽验收记录等技术资料制式标准、数据精准、完整有效。施工组织设计、施工方案、各类技术交底等管理资料符合工程特点，技术要求明确，针对性和可操作性强。

2005年，公司更名为大元集团，郑培壮升任集团总工程师。随着污水处理厂运行一年的评奖要求期限的到来，郑培壮也进入了全力冲刺的状态。

由于"鲁班奖"评选时间和经费的限制，每个评委不可能对所有工程都进行实地检查，评委的投票只能依据申报材料和复查组的汇报及观看录像光盘。因此，除工程实际情况和工程资料外，申报企业的汇报材料就显得至关重要。汇报材料不可能面面俱到，必须突出重点，突出工程的闪光点。

郑培壮在全面掌握工程深度内涵的基础上，深思熟虑、深挖细掘，找准工程采用的先进科学技术和科学管理措施，尤其是具有国际水准的施工技术和管理手段，完成了精练的申报汇报稿。为增强现场汇报的感染力、说服力，他又亲自执笔撰写了汇报短片的脚本，从不同角度，更加形象化地展示了工程亮点。为了选取更加贴切、更加优质的图片、画面，他发挥自己的摄影技术优势，自己动手拍摄。那段时间，早已不是摄影"发烧友"的他，又过了一段整天相机不离身的日子。

录像片编辑时，他又从前端摄影变身后期制作，从画面剪切到音乐配制，又是几番精雕细琢，一部时长仅有5分多钟，全景再现施工过程，清晰展示项目施工难度、技术要求和质量管控主线的专题汇报片才告完成。同事们不禁为他竖指称赞：郑总真是个集编剧、导演、摄像、剪辑于一身的"大腕"！

等到了"鲁班奖"复查组入场时，又是郑培壮亲自"出镜"，代表建设方大元集团进行汇报。清晰的思路、精确的数字、沉稳的表现，配合着精彩的影片，他又成了一位出色的"主演"！

八、捷报传来

2005年年底，捷报传来。继6月获得河北省建筑工程"安济杯"后，沧州市运东污水处理厂工程一举摘得中国建筑工程质量最高奖——"鲁班奖"和2005年度全国工程项目管理优秀成果三等奖。

沧州市建设局第一时间发来贺信：

> 欣闻你公司承建的沧州市运东10万吨／日污水处理工程荣获中国建筑工程"鲁班奖"，特向你们表示热烈的祝贺。"鲁班奖"是我国建筑工程质量最高奖，也是我市建筑业近10年来荣获的最高质量奖。这项荣誉是对你公司多年来工程质量管理的充分肯定，也标志着整个沧州建筑业技术和管理水平迈上一个新台阶。

由赵义山副市长签发的沧州市人民政府贺信中，对工程质量和公司的贡献做出了积极评价：

> 该工程自2004年11月29日投入使用以来，一直稳定、可靠运转，污水和中水质量全部达标。对改善我市区域水环境质量和节约水资源做出了重要贡献。该工程在全国117个参评国优工程中脱颖而出，获得来自全国各地25位专家、评委的一致好评，最终荣获"鲁班奖"，既是意料之中，也是众望所归。这是你公司精心策划、严格管理、科学施工的结果，是广大建设者顶风雨、战酷暑、抗"非典"、顽强拼搏的结果，也是对你公司"筑诚信大厦，创建业纪元"理念的最好诠释。你们为全市人民交了一份满意的答卷。

荣获"鲁班奖"

重唱：浚源拓土

从基因上讲，大元集团是一个以房屋建筑施工为主业的劳动密集型企业。在现实条件下，公司还不可能迅速实现向技术密集型、资金密集型企业的转变。

作为地方性"龙头"，又经过一番夯基固本，资质、业绩、设备、管理方面在当地占据绝对优势，在河北省东部地区包括津南、鲁北区域都属实力型建筑企业。但是"强龙浅滩"，难免陷入与地方中小企业的同质化竞争。对此，大元集团的选择是内增业态、外展空间，走集团化发展之路，从而演绎了一曲浚源拓土的"多声部重唱"。

第一章 地产开元

一、提前上车

虽然学者对于 21 世纪的元年颇有争论，但是在大众的认识中，2000 年已经使用了一个全新的纪年数字，这就是一个新纪元的开始。

2000 年 3 月 5 日，沧州市第一建筑工程有限公司召开了第一届第三次股东代表大会暨第一届第二次职工代表大会。会上审议通过了修订后的《公司章程》《股东会章程》和《工资改革实施办法》，同时讨论批准了董事会的一项重要提议：在总公司旗下成立"开元房地产开发公司"。

"开元"两个字既是对创建年份的写实，更是对沧州一建公司新千年发展愿景的真实表达——开创沧州一建发展的新纪元。同时，"开元"也为五年后"大元集团"的横空出世埋下了伏笔。从中，很清晰地看出李建国对房地产公司寄予的厚望。

创办房地产开发公司是总经理李建国酝酿已久的想法。两年前的 1998 年 6 月，国务院发布决定，从 7 月 1 日起，取消计划经济体制下一直延续实行的住房福利制，城镇住房一律实行商品化。

"商品化关键是有商品。按照国家政策，机关单位将逐步停止自建住宅楼。那么进入市场的商品房源由谁建？在哪儿建？"

李建国敏锐地感觉到，房地产开发必将成为一个时期的热潮，甚至会成为刺激经济社会发展的新动能。

在建筑行业深耕多年，李建国对沧州市的房地产开发公司了如指掌。和今天拥有林林总总、大大小小的几十、上百家房地产开发公司的局面不同，2000 年以前的沧州房地产开发公司只有沧州市城市建设综合开发总公司（2001 年改制为股份制公司，2006 年注册为盛泰房地产开发有限公司）、沧州市房地产经营开发总公司（2002 年改制为股份制公司，2003 年注册为恒顺房地产开发有限公司）、中国农房总公司沧州分公司（2003 年注册为沧州农房城建房地产开发公司）三家国营企业。放眼全国，除了北京、上海、广州等一线大城市诞生了一批民营房地产开发公司外，其他地方几乎都是国营企业在"独舞"，政策出台将近两年，民营房地产公司还很少有大的举动。

从今天的统计数据看，从 1998 年 7 月到 2001 年年底以前，国民还处于对住房商品化政策的"反刍"期，表现在全国的房地产市场量价走势没有太大的变化，尤其是二、三线城市以下地区的市场主体各方都还在观望之中。

而身居四线城市的沧州第一建筑工程有限公司，却在 2000 年 3 月 10 日做出决定：出资 800 万元，成立沧州市开元房地产开发有限公司。这不仅在沧州，在河北全省乃至周边地区都是一个不小的震动。

沧州一建在沧州房地产开发市场上占得了提前买票、提前上车的先机。

二、第一波行情

2000 年 6 月 2 日，完成了一系列注册审核手续后，开元房地产开发公司取得了房地产开发资质，可以正式对外开展业务了。

开元房地产公司开发的第一个项目是位于公司办公楼南侧的开元花园小区。一期工程占地面积 25 亩，建筑面积 3.15 万平方米。无论是小区区位，还是户型设计都得到了消费者的认可，很多一建公司职工成了第一批消费者。再加上有沧州一建施工质量口碑的加持，开盘时近乎遭到"疯抢"。第一个项目取得了巨大成功，可以说是一炮而红。2005 年启动"开元花园二期"时，引入了"小高层"住宅理念，300 多套住宅更是预售前就"一号难求"。

随后，2003 年与沧州市水利物资供应处合作，以代管代建的方式，共同开发了 3.7 万平方米的"温泉花园"经济适用房小区。2004 年利用公司原加工厂土地，开发建设了"一建小区"。2005 年开元公司转战泊头，分期开发了 15 万平方米的"新世纪花园"小区项目。

房地产开发项目极高的利润回报，让习惯了土建施工低成本产出率的沧州一建耳目一新。开元房地产一下子成了总公司的宠儿，员工的工资、福利水涨船高，经营管理也成了公司内部的"特区"。

一建公司领导层对房地产板块也实实在在地给予了"特区政策"，

从自主经营、独立核算，到资金配给、公司闲置土地资源的变性供给等等，目的是扶持这一板块进一步做大做强。

然而，房地产板块起步时期的顺风顺水，也使其在一建公司内部风头无两，从而让一些人产生了"眩晕"，陶醉于眼前的风景，没有认清成绩并非全部来自自身的强大。

熟悉国内房地产行业发展历程的人都知道，2001年，与房改政策相伴的个人住房信贷政策出台，城镇居民可以低息按揭贷款、提前消费，引导了住房购买力快速释放，使得房地产市场运行环境发生了深度改善，长期以来社会累积的住房需求得到集中爆发。可以说，开元房地产的"一炮而红"，很大程度上是凭着"提前上车"的行业优势，赶上了国家政策制造的第一波房地产行情。

三、错失"风口"

占据了极佳的行业位置，又遇上了行业起飞的"风口"，开元房地产却没有"迎风而起"，反而人为地忽略了房地产开发行业"资本运作、土地为王"的特性。

从全国房地产业的统计数据看，从1998年到2003年五年的时间，房地产开发企业总数并没有太大的增长，而投资增速却出现了一波暴涨。也就是说，房地产这块蛋糕在做大，分食者却没有增加。从土地政策层面来说，虽然住房进入了市场，但是建设土地并没有进入市场，只是由国有土地划拨的方式，改为"协议出让"的方式。开发商只要与土地使用权所有者签订一份协议，给政府缴纳少量税费后即可完成"圈地"。直到2004年3月4日，国土资源部、监察部联合下发了关于经营性土地使用权招标、拍卖、挂牌出让的"71号令"，要求8月31日以后，所有商业、旅游、娱乐和商品住宅等经营性用地供应必须严格按规定采用招标、拍卖、挂牌方式，不得再以历史遗留问题为由采用协议方式出让经营性土地使用权。这就是房地产业常常提及的"8·31大限"。

即便是这样，"8·31大限"之后，在当时的土地出让、开发等相关制度下，开发商仍可以利用较少的资金投入即可获取土地、先期开发，迅速回笼资金，滚动开发下一个项目，甚至是同时撬动多个项目。直到2007年国土资源部再次祭出"39号令"，要求开发商必须交清全部土地出让金后才能进行开发建设，"土地为王"的时代才告结束。

这个时期，正值沧州经济社会发展的上升期，政府急需大量资金拉动经济、改善民生，居民住房消费需求也是节节攀升。政府对房地产业的土地市场开始放量投放，引得沧州本地和全国各地的房地产开发商竞相杀入，大有翻江倒海之势。

然而，开元房地产公司的主要领导没有把握住现阶段房地产"资源（土地）密集型"的属性，缺乏主动进攻、抢占资源的"圈地"意识。加之公司在资本运作能力上先天不足，仍然保持着"小本经营"式的开发模式，按部就班地"投资拿地—开发建设—销售回笼—投资拿地"，从而丧失了占据地产开发一线的机会，逐渐被一批后起的房地产开发公司超越。

对于房地产板块没有把握先机、实现顺势发展，李建国自己有过认真的反思：主要是从管理思想上过分偏重了让房地产公司"放手经营"，而对产业发展规划关注度不够。但这并非李建国的真心话，因为他对房地产公司是寄予了厚望的。

"用人不疑"是李建国作为企业领导人一直坚持的原则。所以，他经常把工作当成信任、把任务当成托付。和所有的人一样，越是自己看重的东西，越是想把它交到放心人的手上。而李建国当年的选择却带有一种"理想主义者"的情怀，目光所及都是和自己一样燃热血、挥汗水的奋斗者。这成了他不太愿意说出口的原因，就是个人对开元房地产公司领导班子无原则的信任。直到2009年启动实施"09工程"时，终于引爆了关于房地产板块定位、定性的冲突，李建国才痛下决心，重整开元旗鼓。

四、重整旗鼓

2009年，在集团实施"09工程"战略规划中，结合专家团队的研判和建议，集团对开元房地产公司进行了管理人员和发展战略的调整，开始以发挥大元集团的优势无形资产作用为突破口，加大了土地的获取和储备力度。同时，逐渐摆脱仅仅依靠自我积累、滚动发展的模式，加强了资本运作能力的培育，促进了产业的提质跃升。

意识的转变最直接的体现就是精神面貌和实际行动。2009年，开元房地产的经营管理、开发建设、融资销售及"开元物业管理公司"的业务全线呈现出良好的发展态势。全年实现新开工建设9.1万平方米，完成销售12万平方米，销售收入4.66亿元。2009年还完成土地储备208亩，其中，以单价每亩183万元竞得泊头市明星地块，成了年度"沧州地王"。该地块被成功地开发建设成了泊头今天的地标项目——大元首府。项目占地58.63亩，总建筑面积4万平方米，投资达1.4亿元，全部资金由开元地产公司市场化运作完成。

大元首府项目的成功运作，成了开元房地产走上健康发展之路的一个重大转折点。

五、鏖战白城

与此同时，随着大元集团全国性产业布局战略的实施，开元房地产公司转变观念，开始把目光投向全国。2011年一举拿下了吉林白城市泰宁佳苑项目的开发权，开启了进军外埠市场的征程。

白城泰宁佳苑占地132亩，总建筑面积20万平方米，是开元公司开发的第一个，也是最大的一个异地楼盘。项目经理是现任大元投资集团房地产开发有限公司总经理李润岗。

李润岗是一个80后，2004年大学毕业就进入了开元地产，由一名技术员干起，两年的时间就担任了泊头新世纪花园分项目的项目经理。但此番出征东北，只有29岁的他却是一个人独挑大梁。

2011年11月底，地产公司经理张智力找到李润岗。"公司在东北有个项目，派你去当项目经理，需要马上动身去办理土地出让手续。征求一下你的意见，能去吗？"

领导清楚，李润岗虽然年近30，但长年在工地上奔波，结婚时间不长，孩子还不满周岁，家中可能离不开。

"没问题。去哪儿？什么时候出发？"他清楚，领导找自己谈，就是项目有需要。个人再难，也要先尽着工作。

他一边做妻子的工作，安顿好老婆、孩子，一边抓紧时间熟悉项目情况，4天后的12月2日，就和两名同事赶到了白城。

当天晚上住进招待所，他往家打了一个电话。通话中，妻子逗着孩子玩，没有想到的是，孩子居然在电话那头清楚地叫了一声"爸爸"！这是孩子人生中第一次开口叫"爸爸"，也是这个年近30岁的男人，第一次听到孩子叫自己"爸爸"！可他却远隔千里，不能亲吻、鼓励一下这个他最亲的宝贝。李润岗再也无法控制自己，一下子就泪崩了。

孩子的一声"爸爸"，也让李润岗有了更大的工作动力。第二天，他们就与土地出让人接触，开始奔波于20多个政府部门和机构，办理国有土地使用证、规划许可证等各种手续。

在东北地区做业务，令李润岗最难支撑的是喝酒。他没什么酒量，平时两瓶啤酒都能喝吐。可请人家吃饭，为了融入气氛只能硬着头皮喝。第一次喝下60度的当地烧酒，他觉得整个胸口都像被火点着了一样，幸亏已经和大家混熟了，彼此了解，才没人跟他"拼酒"。可即使这样，二两一杯的白酒他也喝下了整整两杯。当晚，他硬撑着回住所，往床上一倒就昏睡了过去。

一口气连续干了50多天，直到腊月二十八才交清土地出让金，第二天就是除夕了。李润岗他们几乎是踏着新年的钟声才一身疲惫地回到家中。

正月初八，李润岗又告别家人赶往吉林。那段时间，他们一直住在简陋的招待所，直到正月十六，张智力总经理和合作伙伴、恒诚房地产公司的许红东总经理亲自到白城指导工作，才帮助他们租下了办公和生活用房，解决了生活问题。此后，白城分公司开始正式运转，到五一办结了土地受让手续，开始拆迁。

白城市地处大兴安岭山脉东麓，是吉林省最西北部的一个地级市，纬度几乎与哈尔滨相同。这里适宜土建施工的工期较短，一般要五一以后才能开工，11月就进入冬季施工了。经过周密安排，泰宁佳苑售楼处提前完工，8月一期12幢正式全面开工，9月底就达到了地上二层，取得了预售证。由于小区无论是景观设计，还是建工、建材，都引领了白城地区的时尚，加之前期宣传到位、预售价格亲民，9月30日开盘当天，就引燃了白城房地产市场的爆点。自然形成的抢购队伍，排起了长龙，现场可以用人山人海来形容。仅一天的时间，一期房源就全部售罄，为二期开发项目的启动迅速回笼了现金流。

白城泰宁佳苑项目的巨大成功，不仅为开元房地产积累了"全天候作战"的经验，也再次激发了公司的活力和斗志，使公司掌握了滚动投资发展的地产开发节奏，最多时曾经同时运营四个开发项目。在房地产业逐步走向"大资本"时代的背景下，保持了平稳的增长态势。

第二章 大元纪元

一、"让子弹飞一会儿"

2005年2月5日，农历甲申年腊月二十七，沧州街头已经开始张灯结彩，洋溢着浓郁的新年氛围。尤其是售卖年货的商家店铺，大红的招贴、灯笼、中国结，把城市装扮得喜气洋洋。

在一片喜庆祥和之中，来来往往的人们发现，在遍布市区各处的沧州一建工地上，在大街两旁的一些高楼大厦、商超广场上，"热烈祝贺沧州一建改制河北大元建业集团！""河北大元建业集团有限公司向全市人民拜年！""筑诚信大厦，创建业纪元！"一幅幅大红的巨型标语占据了人们的视野。亲切的节日问候、简洁的理念表达、醒目的广告制作，让全市人民共同见证了沧州建筑行业的这一次历史性变革。

"沧州一建改名啦！"这个消息在与大元有联系的人之间传播。

"大元集团？'大元'俩字怎么讲？"有人在追问。

"好端端的一个'一建'干吗丢了？可惜了的！"很多人不理解。

是啊！"一建"这个名字早已成了沧州语言环境下的专有名词，沧州境内好多标名"第一"的建筑企业都没有这个"待遇"。

只有沧州一建领导层的同志们才清楚，这其实是一个酝酿已久的举措。

新世纪以来，随着国内建筑市场的深度开放、公司业务方向的调整和业务能力的提升，大家越来越感受到"沧州一建"这个名头已经成为公司开拓新业务、新市场的羁绊。"名"不正则"言"不顺，只有摘掉"孙大圣"头上这个"紧箍咒"，公司才能走出沧州、走向河北、走向全国甚至海外，公司才能以房屋建筑施工为主，向市政、桥梁、道路、水利、投资、租赁、咨询等上下左右产业延伸触角。

很多公司的老同志听说要改名，都舍不得"沧州一建"这四个字，纷纷找公司领导反映。

更名要向上级主管部门报批、备案。市建设局局长边老刚同志听说了，专门约李建国到办公室沟通。

"建国，光'一建'这个字号，无形资产就得值一个亿。改了名，要重新创牌子，值吗？"

"值不值，要看发展！只要有利于公司走出去，只要有利于公司拓展新的发展领域，哪怕是从头再来，也值！"

可李建国决心已定，百牛不回。

已届知天命之年的李建国，绝对不是"走自己的路，让别人去说吧"的"小清新"。但是他也早已习惯了别人的一些不理解，就像当初的一锤砸掉半拉家当、不惜成本强力推进 ISO 认证，以及后来的高薪聘请战略规划团队等。只有熟悉他的人才会坚信，李建国的所作所为最终会被别人理解，甚至是佩服，只不过会来得稍微晚一会儿。借用今天的一句电影流行语，李建国射出的子弹需要"飞一会儿"！

二、定名大元

关于"大元"二字的选择，确实是下了一番功夫。公司改名改制的想法在李建国心中早已酝酿多时，但是进入实施阶段，在确定公司名称问题上却慎之又慎。全国每天都会有几百上千的公司成立、取消，很多公司在名号上要么是"穿金戴银"、无义堆联，要么是繁复奇异、佶屈聱牙，要么崇洋媚外、中英混杂，还有的是故意使用谐音、引起联想，而且还要找一些所谓的"风水大师"来批、测一番。总之，在公司核名上无所不用其极，被公众斥为"垮、大、俗""洋、无、赖"。

李建国反其道而行之。他找来于宙简单明了地交代了自己的想法：第一要笔画简单；第二要寓意深刻；第三要避免金银等铜臭味。

本着这个原则，于宙和公司几个"文化人"经过一番商议，结合集团旗下已有的"开元"品牌，最终确定了公司的字号"大元"，并将之释义为"大象人形、元含天意，以人为本、天人合一"。

三、春节造势

边局长等领导们的提醒，让李建国决定要赶在 2005 年春节前完成这项工作，利用春节期间开展一系列宣传造势活动，让大元能接续和光大沧州一建的品牌效应。

一切进展非常顺利，"河北大元建业集团有限公司"的核名注册工作全部完成。与此同时，关于公司更名和品牌宣传的计划也做好了充分准备。

2月4日晚，在市区大大小小的几十个工地上，几百名沧州一建的员工在寒冷的夜风中紧张地忙碌着。公司采取集体行动，撤下工地上所有带有沧州一建标识的现场指示牌，换成全新的"河北大元建业集团有限公司"和醒目的大元"logo"。即将停工过年的工地上，拉起了硕大的条幅标语，插上了绚丽的企业文化彩旗……

当第二天的晨光泛起，焕然一新的工地上，红蓝相间的主色调在朝霞中扮靓了裹着厚厚冬装的狮城，让正在准备欢庆佳节的沧州市民在一瞥之间就记住了"大元"这个简洁的名字。

当天的《沧州日报》《沧州晚报》不仅刊发了沧州一建更名大元集团的重磅消息，而且连续投入了整版"拜年"广告，并面向社会开展企业文化用语征集活动。通过活动，解释了"大元"名称及logo"大象人形、元含天意，以人为本、天人合一"的内涵，宣示了大元集团"筑诚信大厦、创建业纪元"的经营理念和"敬、信、仁、和"的价值观念。

四、新纪元

2005年2月18日，正月初十的上午，在原北环路沧州一建的办公楼前，"河北大元建业集团有限公司"揭牌仪式隆重举行。摆满整个院子的鲜花，飘扬的气球和彩带，以及喧天的锣鼓、喜庆的舞狮、簇拥的人群，把现场装点得喜气洋洋。随着总经理李建国声情激昂地宣布大元集团正式成立，红缨落下、礼花腾起，齐鸣的礼炮震撼了狮城的天空。沧州一建从此成为历史，全面开启了大元新纪元。

揭牌仪式上，李建国满怀信心与激情，唱响了大元集团三年发展目标："实现产值10个亿，利税突破4000万元。"在随后的股东和员工代表大会上的工作报告中，李建国进一步提出了2005年以建筑施工为主业、以房地产开发为增长点、以劳务分包为保障，各专业施工齐头并进的发展思路，强调了不断完善质量、环境、职业健康安全三标体系，确保可控发展的总体要求，全面吹响了"立足河北、依托京津、面向全国、走向世界"的出征号角。

五、畅通机制

为畅通集团化公司的管理机制，大元全面启动了集团化管理模式的改造。

集团公司成立后，公司机关各处室名称要进行相应的变更。利用这个机会，对一些部门的职责、权限进行了重新界定和划分。

一是能合并的合并，整合了相关专业力量，避免了"谁都能管、谁也不管"的现象。如科技处与贯标办合并为科技部，将科研和技术力量集中使用，使QC小组活动和新技术研发应用与三标运行有效结合，促进了施工技术工艺的产出和运用，丰富了PDCA循环的内涵。

二是该拆分的拆分，进一步强化了职能。如生产经营处被拆分为经营部和市场开发部，分别强化了市场开拓和经营管理、招投标组织的力量。这是自公司成立以来第一次组建专门的市场队伍，从实践中培育了全员市场开拓的意识。

三是该赋能的赋能，如把原审计处更名为法律审计部，明确了承担集团法律事务的职责，同时，从集团层面还增设了法务总监一职。

通过对内部机构的调整和功能职责的划分、扩充，最大限度地发挥了集团公司的资源配置和协调作用，使集团管理向"控而有序、管而不死、放而不乱"的监督服务体制迈进了一大步。在此后的发展中，集团管理从没有故步自封，而是不断随着市场变化和公司顺畅运作的需求及时做出调整，保证了大元集团高效的运转活力。

管理机制的优化，最直接地显现在了生产效益上。在全市200多家有资质的建筑企业环伺的沧州建筑市场，大元集团的市场占有率迅速攀升。从2004年的6%，直接跃升到2005年的超过10%。走出沧州、走出河北的战略效果初步显现，2006年集团业务承揽量首度超过10亿元，2007年年底达到16亿元，2008年首度突破20亿元，实现承揽量22.4亿元、完成产值14.7万元，"大号"完成了2005年集团揭牌仪式上提出的"实现产值 10 个亿，利税突破 4000 万元"的阶段目标。

六、增桨添翼

更名大元时，领导的提醒，老员工们的不舍，让李建国非常感动。他知道，这是沧州一建品牌的力量。

商业圈常说的一句话是"企业生存靠品牌"。可李建国的话却是"企业成长靠品牌"。虽是一词之差，自是另一番境地，其中蕴含着对"品牌"塑造在认识上的本质追求不同。

求生存会有多种状态，有的可以自信、从容，有的却是苟延残喘，甚至垂死挣扎。为"生存"而谋品牌，必然有时会蝇营狗苟，有时甚至巧取"暗"夺。但"成长"却是一种丛林之中竞相向上的状态，是阳光下的追逐与梦想。

从 1999 年推出"创沧州一建品牌"的品牌战略，几年来的实践成果，让李建国深有体会，也对塑造崭新的大元品牌充满信心。

"大元品牌"赓续"沧州一建品牌"的红色基因和质量诚信、激情创新的丰厚底蕴，可让大元集团和大元人永远纵情俯仰、无愧于天地！

"十年品牌靠经营，百年品牌靠文化。"李建国深谙此道。他认为，"文化"不像有些人讲的那么虚无缥缈，尤其是企业文化更要接地气。实实在在地经营，坚持久了就是文化；好的制度成了习惯，就是好的文化。

李建国首先做的是通过为大元增桨添翼，以"集群效应"塑造大元品牌。从 2005 年开始，集团首先在房屋建筑主业上发力，在大元旗下相继成立了冀兴建设工程有限公司、国兴建设工程有限公司、胜兴建设工程有限公司、渤兴建设工程有限公司、合兴建设工程有限公司、立兴建设工程有限公司等子公司。这批"兴"字辈的子公司，充分利用大元集团建筑施工总包一级资质的资源，依托 10 年来集团公司在专业技术和施工管理人才方面的培养和储备，高起点进入市场，小平台灵活动作，很快就形成了"百舸争流"的生动局面。

这正是现阶段李建国想要的效果。建筑业归根到底还是规模效益，要想快速上规模，必须多点、多面。单靠一人一桨，立足都难，只有众人划桨才能开动大船。建立子公司就是要给大元集团装上一批新的动力桨。

实践证明，大元集团有充足的人才资源，保证了这些子公司的技术和管理实力。这时才有人感叹：当初李建国总经理说"人就是财"，现在明白了。没有这些管理和技术人员，有项目也只能眼看着干不过来呀！

在"增桨"的同时，大元集团还通过拓宽专业口径，扩充业务范围。大手笔投入，成立了路桥工程有限公司、安装工程有限公司、消防工程有限公司、开元建筑检测有限公司、天正项目管理公司、开元劳务有限公司等10多家子公司，延长了集团的产业链条，为企业跨越式发展增添了一对对有力的翅膀。

随着路桥、安装、消防工程业务的开展，大元集团凭借着雄厚的人才和技术优势，顺利取得了市政工程施工总承包一级、公路工程施工总承包二级、化工石油工程施工总承包二级、水利水电工程施工总承包二级、机电安装工程施工总承包二级、矿山工程施工总承包三级，以及机电设备安装、建筑装修装饰工程、钢结构工程、地基与基础工程、消防设施工程、建筑幕墙工程、土石方工程等40多项专业承包资质，进一步丰满了"大元品牌"的内质外形，也为集团以建筑为主业的产业结构向多元化的纵深发展浚清了源头。在集团实施"09工程"以后，产业集群积累和产业链条延伸的效果得以全面爆发，为大元奇迹的创造贡献了思路和经验。

在此基础上，为适应集团化发展的新形势，由李建国亲自设计的以"简单、坦诚、阳光、责任、奉献"为精髓的"大元家文化"建设逐步实施，进一步丰满了大元集团的御风之翼。

在集团大旗的统一号令下，"桨""翼"齐动，犹如劲吹的东风，舒展了大元的旗帜，又如一颗威力巨大的"集束炸弹"，全面炸响了"大元集团"的品牌强音。

七、法务护航

多年的管理实践让李建国越来越意识到，随着建筑市场的规范化，守法经营、合理防范法律风险，对于建筑企业来说越来越重要。建筑工程当中，从施工单位开始招投标，到整个施工过程，其中不管是建筑工程的质量、安全、合同、劳务分包及环境污染等方方面面都存在着诸多法律责任风险。尤其是改制为集团化发展后，会面对更多且日趋复杂化的涉法事务。为此，2007年集团就设置了法律审计部，任命张太盛为集团法务总监。

张太盛毕业于山西财经学院计划统计专业，曾任十三化建计划经营部主任，2000年被调入当时的沧州一建，先是在二分公司任核算经理，后任公司生产经营处处长，在"三标认证"中做出过重要贡献。张太盛多才多艺，工诗词、善书法，兼习颜、柳，在沧州文化圈小有名气，在建筑行业更是一位大名鼎鼎的"文化人"。他还通过自学考取了律师执业资格证，协助解决了公司发生的一些大大小小的法律纠纷。这次被任命为法务总监不久，就遇到了一场长达五年的破产企业理赔的"大官司"。

2003年，沧州一建承建了沧化集团所属沧州沧骅化学工业有限公司厂区的土建工程，2005年6月，因工程款支付不到位，被迫停工。沧骅化工厂区项目涉及沧州市30多家施工企业，已经形成了总计8000多万元的工程欠款。

沧化集团全称河北省沧州市化工实业集团有限公司，是以化工生产经营为主的国家一级大型综合经济实体，是沧州市首家利税超亿元的企业，曾跻身"中国五百家重点企业"和"全国百家最大化工企业"之列，其控股的子公司沧化股份是沧州市第一家上市公司，1996年在上交所挂牌。

但是，随着国家化工产业的调整，从2007年4月开始，沧州市中级人民法院连续受理了沧化股份、沧化集团、沧井化工等几家关联企业的破产申请，并于当年裁定沧化股份进入重整程序，沧化集团、沧井化工开始破产清算。其中破产清算时普通债权的清偿比例非常低，平均不到7%。这引起了张太盛的关注，并及时向李建国提出了风险预警。考虑到沧骅化工隶属沧化集团中捷盐场，是一个注册资金2.88亿元的独立项目法人单位，大元集团暂未采取行动。

但是，2008年2月沧化集团中捷盐场又提出了沧骅化工的破产申请，而且这还是一个未建成投产的项目，大元集团等施工企业的工程款极容易被当作普通债权。如此一来，将会给大元集团造成巨大损失。

李建国当即指出，可以利用《合同法》第286条"建设工程的价款就该工程折价或者拍卖的价款优先受偿"及司法解释发起诉讼，争取优先受偿权。张太盛受命紧急启动法务应急程序，搜集整理证据、准备法律资料、制定综合应对措施。

张太盛清楚，2007年6月1日《企业破产法》正式施行，其中进一步强调了优胜劣汰的市场竞争规则，保证被淘汰的企业顺利退出市场，平等保护债权、债务，不再刻意保护特殊债权。即使职工债权发生在《企业破产法》公布以后也不再优先，只能从未担保财产中予以清偿。虽然此前颁布执行的《合同法》第286条创设了工程承包人的工程款有优先受偿权，但对这种优先权的适用范围和具体操作都没有明确规定，而且在《企业破产法》中没有任何内容涉及这一点。这将大元集团等施工企业在沧骅化工破产案中置于了极为不利的地位。

经过深入研究，张太盛用《企业破产法》第109条"对破产人的特定财产享有担保权的权利人，对该特定财产享有优先受偿的权利"的条款，为进一步争取权益找到了突破口。

李建国指示，有争议就有机会。我们打的是一场官司，更是一场为维护建筑行业的法律地位的保卫战，要联络所有施工企业一起发起诉讼。

当时法院已经送达民事裁定书，对工程款债权的法律属性和优先受偿问题只字未提，令各施工企业都感到茫然无措。有的想置法院的法律文书于不顾，扬言要拆除已建工程；有的打算发动农民工集体上访，围堵政府和法院。大元集团发出的号召及时给了他们一个警醒，但很多企业却又开始担心"官司打不赢，钱要不回来，还得再搭一笔"。李建国没有计较这些，而是由大元集团主动承担了诉讼发起责任，全额垫付了诉讼费用。

张太盛成了数家发起诉讼公司的主要代理人。他认真研读《合同法》《企业破产法》，广泛查阅此类案件的审理卷宗，审理过程中地方高院和最高法院做出的司法解释、批复文件等，为本案诉讼寻找思路。

根据《合同法》第 286 条的规定，发包人未按照约定支付价款的，承包人可以催告发包人在合理期限内支付价款。发包人逾期不支付的，除按照建设工程的性质不宜折价、拍卖的以外，承包人可以与发包人协议将该工程折价，也可以申请人民法院将该工程依法拍卖。建设工程的价款就该工程折价或者拍卖的价款优先受偿。2002 年 6 月，最高人民法院专门针对此类案件做出了《关于建设工程价款优先受偿权问题的批复》，要求人民法院在审理房地产纠纷案件和办理执行案件中，应当依照《合同法》第 286 条的规定，认定建筑工程的承包人的优先受偿权优于抵押权和其他债权。而新颁布的《企业破产法》并未对上述内容予以废止，应视为有效。

不过《合同法》同时规定：建设工程承包人行使优先权的期限为 6 个月，自建设工程竣工之日或者建设工程合同约定的竣工之日起计算。针对这一点，张太盛搜集了发包人、各施工企业、监理单位的相关会议纪要、工程记录等，充分证明项目因资金问题进度计划一再调整，"合同约定的竣工之日"仍在施工，2005 年停建后，施工合同没有解除，各施工单位仍处于待命状态，即因发包方原因，项目尚未竣工。

此时，沧化集团已经被某能源公司竞拍，进行了重组上市，此案的判决结果影响巨大。大元集团虽然手握充分的法理证据，但是由于《企业破产法》与《合同法》的衔接尚无先例，更无新的司法解释，所以案件审理陷入了僵局。

李建国和张太盛两路出击、多管齐下，争取案件的主动权。李建国先是主动向行业主管部门市建设局进行了专门的汇报，得到了领导的支持。他在研究中发现，《企业破产法》只规定了："人民法院受理破产申请后，有关债务人的民事诉讼，只能向受理破产申请的人民法院提起。"但是施工单位与发包方签订的施工合同全部约定通过仲裁方式解决纠纷。李建国决定，利用仲裁委与破产管理人的平等地位和专家办案的优势，向沧州市仲裁委员会提交了"依法确认欠款数额和工程款债权所依法享有的优先受偿权"的仲裁申请，并获得了合法性支持，为司法诉讼提供了合法证据。

张太盛综合运用现行的《公司法》《合同法》《企业破产法》及其相关司法解释，结合本案实际情况，撰写了理论分析文章，从法学理论的高度阐发和论述了在破产程序中的工程款优先受偿权问题。论文成果被《法制日报》发表，在司法界引起反响。之后，张太盛受邀参加了第三届中国破产法论坛，论文再次被收入第三届中国破产法论坛文集，为案件审理带来了转机。《建筑时报》记者专程来到沧州深入采访，撰写了《如此破产，究竟要破谁的产》的新闻样稿。该记者以专业的眼光、辛辣的笔触直击了发包人资金到位情况、破产条件和破产管理人资格等关键疑点，质疑这是一起"假破产、真逃债""既复杂，又蹊跷的破产案件"。

样稿引起了沧州市建设局领导的高度重视，专门委派主管副局长多次召集沧州市所属的十余家施工企业商讨，倾听呼声，研究对策。主管副局长还请张太盛等人为相关企业做专题分析报告，坚定了大家的信心。同时，市建设局正式向市委、市政府提交了书面报告，提出了依法维护建筑施工企业权益的请示，得到了市主要领导的批示。沧州市中级人民法院又与破产管理人协商，初步确定了给予工程款债务优先偿还权。2012年12月3日，沧州市中院正式开庭并做出判决。经过5年的艰辛努力，靠大元集团的担当和作为，利用法律武器和大元品牌的社会影响力，为30多家兄弟企业追讨回工程款8000多万元。其中，大元集团2800余万元的债权得以如数偿还。

在这场官司中，大元集团主动牵头组织、不惜人力物力、想尽一切办法、独自承担诉讼费用，为大元集团在沧州建筑界乃至全国建筑界立起了依法用法、敢于担当的"老大范儿"。李建国和张太盛也成了众多涉案企业老板心中的英雄，张太盛还因此被聘请为中华全国律师协会建设工程与房地产委员会委员、河北省建设法制协会常务理事、沧州市仲裁委仲裁员和专家咨询委员会顾问、沧州市人大专家库成员。更可贵的是，这次诉讼在大元集团树立了守法经营、依法维权的意识，在此后的诸多纠纷中，都是大元主动拿起法律武器，在天津御龙湾工程、大港油田工程等多个债权债务系列纠纷案中，多次成功化解危机，挽回和降低经济损失 3000 余万元，最大限度地保护了集团和员工的利益。

第三章 开创总包模式

一、慕名而来

大元集团是沧州市第一家获得房屋建筑工程总承包一级资质的建筑施工企业。2001年国家建设部组织实施资质重新就位时，只有沧州一建公司成功保住了总包一级资质。

总包一级，顾名思义是"总包"的"一级"。但是长期以来，对这个资质证书的使用价值却一直停留在"一级"上，似乎忽略了"总包"的意义。这意味着公司的业务承揽只是比别人多摘了一些高处的单个果子，却浪费了"总包"这个收获满园芬芳的机会。

因此，尝试对一些群体性建筑的小区采取总承包的经营方式，一直是李建国的心头所想。只是一些业主单位出于对施工单位信任度、工期等原因，总包的意愿并不强烈，令李建国的愿望实现一时找不到机会。

没有想到更名大元集团的第二年，这个机会就找上门来了。

2006年，唐山冀东金鼎房地产开发公司打算进入沧州市场发展并很快就竞拍取得了位于沧州市区御河路南侧、永安大道西侧的商业用地，准备开发建设"金鼎领域"商住小区。

金鼎的老板带着一行人提前到沧州来考察。一进沧州市地界，他们就有意探访正在施工的工地，想找一家中意的建筑施工企业合作。路过青县时，在高速公路上就看到了正在施工青县行政中心的大元集团标识，引起了他们的兴趣。于是一行人下了高速，径直去了大元集团的工地。工地现场布置科学合理，生产过程文明有序，即使是行外人一看，也清楚这是一个"靠谱"的建筑公司。这是大元给他们的第一印象。

来到沧州，他们又发现，市区一些建成和在建的主要标志性建筑几乎都是由大元集团的队伍施工。在行业圈里略一打听，"大元"两个字更是不绝于耳。为了一探究竟，金鼎老板就随机找了一个大元的工地"闯"了进去。

一进大门，规范整洁的现场管理、紧张有序的施工组织，让金鼎的老板暗叹"名不虚传"。这时，有人走过来，礼貌地问明来意后，客气地把他们请到了项目部办公室。落座后一问才知道这是大元集团五公司的工地，接待他们的是这个工地的项目经理吴荣涛。

交谈中，吴经理一边指挥调度生产，一边回答客人的各种问题，态度谦和有礼、不卑不亢。尤其是在介绍集团和分公司时，既坦诚又自豪，给客人留下了深刻印象。

"一个项目经理都能有如此素质，而且在介绍大元集团时，神情中表现出来的是对公司的真感情。难怪大元能够名声在外了！"金鼎老板已经认准了大元集团这个牌子，当即提出要约见一下公司领导。吴荣涛见这一行人不像是本地人，恐怕要赶时间，当即就打电话联系了五公司经理王连兴。

王连兴1969年出生于河北泊头的一个普通农民家庭，从小发奋苦读，1988年以优异的高考成绩被上海同济大学海洋勘探专业录取，1992年毕业被分配到当时的沧州一建。虽然毕业于全国重点大学，但是来到公司后其就一直工作在施工一线，先后任原施工五处技术员、公司技术科科员。在一线的摔打锻炼中，王连兴吃苦耐劳、勤奋好学、头脑灵活、敢闯敢搏的优秀品质得到充分展现。1998年起就开始独当一面，担任第五分公司项目经理，连续在原水专住宅楼、原水专实验楼、沧州市新闻大厦、广信小区等各类工程建设中有过出色的发挥。2004年，被任命为原沧州一建第五分公司副经理，2005年公司更名大元集团时，接替已经担任集团副总经理的郝书明，成为五公司经理。2009年经集团总经理李建国提名，任集团副总经理兼第五公司经理，直到2015年。

接到项目经理的电话，正在巡视工地的王连兴赶了过去，双方就在项目部办公室见了面。一番交流下来，金鼎老板对大元集团的生产和经营理念、公司业绩、施工力量有了比较全面的了解。在回去的路上，金鼎老板就说出了要与大元合作的想法。一位同事提醒："是不是跟大元的老总再正面接触一下？""见面是必须的。但确定与大元集团合作这个事儿，就不用再见他们的老总了。从今天见到的这两个人身上，我想大元的老总不仅错不了，而且一定是个能人。"

二、总包金鼎领域

很快，沧州金鼎领域商住小区的规划和设计方案确定了。项目占地147.53 亩，规划总建筑面积 33 万平方米，包括住宅约 18 万平方米，公寓、酒店、商业 97769 平方米，幼儿园 1662 平方米，会所 2000 平方米。开发商第一时间联系了王连兴。

有了上一次见面的基础，这一次谈起业务来自然也就直奔主题。

"金鼎领域是我们公司在沧州的第一个项目，希望能与大元集团合作，得到贵公司的支持和指导。"

"承蒙贵公司信任，我们求之不得。大元集团一定会尽力做好服务。"王连兴略做客套，就坦诚地说出了自己的建议，"我有个想法，请各位考虑。就是大元集团以总承包的方式，一揽子负责整个小区的施工建设，就做一个'交钥匙工程'。"

此言一出，金鼎公司的负责人先是一愣，旋即眼中流露出了一丝不易察觉的惊喜之色。

"可以考虑。我们马上向总公司汇报。"

王连兴清楚，金鼎领域小区的建筑类型包括住宅、底商和写字楼，共计 18 栋。其中高层住宅 14 栋，临街商业和写字楼 4 栋，楼层从 4 层到 30 层不等。如果采取平行分包，就要分标段进行招标，既要制作一大堆招标文件，还要组织投标、开标、技术会商等，会浪费很多工时。采取总包方式发包，则可以在招标阶段省时省力，能尽快开工建设，而且在建设过程中，也避免了同时面对众多施工、安装队伍的管理难题，解除了协调场地、进度、供材等一系列施工压力。对初到沧州、"人生地不熟"的金鼎公司绝对是个上佳的选择。

果然，金鼎公司很快答复"就具体的细节进一步磋商"。

王连兴抓紧向总经理和主管副总等集团领导汇报，得到了一致的肯定和支持。

总承包方式建设群体性项目，对于业主来说可以减少许多招标、现场管理等事务性工作。对总承包商来说，也可以充分发挥施工管理经验的优势，扩大业务范畴，提高营业收入，统揽项目质量和生产安全。但是，从另一个角度来说，总承包就是把甲方业主的任务和责任转移到了自己头上。这要求承包商自身必须具有较强的深化设计、现场管理、招标采购、造价控制等多方面的能力，同时还要具备良好的分项资信，较强的抗风险能力。否则，轻则会影响工程建设的顺利开展，重则可能会造成整个项目的亏损。这也正是许多建筑企业不愿、不敢采取"总包"方式的原因。

出于慎重，李建国问了王连兴一句："这是把'双刃剑'，你准备好了吗？"

"准备好了，我有信心！"王连兴的回答很坚定。

2007年3月，大元建业集团公司与唐山冀东金鼎房地产公司沧州分公司正式签订合同，以总承包的方式整体承建沧州市金鼎领域商住小区。

三、白纸上作画

以总承包的方式进行小区群体项目的建设和管理，不仅是在集团内部，在整个沧州市还属首次。而且金鼎领域小区占地将近150亩，规模较大，建筑单体包括了住宅、写字楼、配套幼儿园和售楼处会所等多种类型，需要协调配合的事项更为复杂。

"没有经验正好可以创造经验，没有哪一幅优秀的画作不是画在白纸上的！"王连兴偏偏就是一个喜欢在白纸上作画的人。

"其实地上本没有路，走的人多了，也便成了路。"鲁迅先生小说《故乡》中的这句"真理"式的格言，曾经激励了无数人勇敢地迈出了人生的第一步。但是真理背后也总会有另外一层道理：在荒原上留下第一个脚印的人，永远是这条路上最危险也是最辛苦的人。

在大元集团成长起来的王连兴，和李建国总经理一样也是一位从来不惧"第一个吃螃蟹"的勇士。这也正是李建国对这个年轻人最欣赏的地方。

集团总部决定，调动公司全部资源，支持配合金鼎领域项目。五公司更是全力以赴，组成了以经理王连兴为首的项目管理班子，由五公司副经理白晓军亲自担任现场总指挥。

在王连兴的指挥下，根据多年来公司参与和组织大型工程施工的经验，项目班子提前谋划、科学规划、统筹安排，制订了一套合理可行的施工组织方案。首先是按照河北省建筑施工安全标准化要求，布置临时围挡，搭建项目部办公设施，修通场内施工道路、划分各个单体的施工物料场地。同时根据施工进度要求，把土建施工、设备安装、管网配套、道路绿化统筹考虑，优化衔接方案，科学制订了一揽子建设安装计划。在实施过程中，发现问题及时调整、科学调度，保证了各个标段施工进程的协调同步，大大提升了建设速度。集团质检、施工管理部门主动参与，提供参谋辅助，保证了施工质量和安全。

四、创造新规范

由于谋划细致、组织得力，开工不久，总包方式统一指挥、有机配合、步调一致的优势就充分显现出来。统一的施工形象表现、严密的施工现场管理模式、有效的质量安全管控，成为当时整个沧州市建筑工地的一个招牌亮点，也得到了开发单位和购房业主的高度评价。

为提升全市建筑安全管理，沧州市建设工程质量监督站主动要求把金鼎领域项目作为典型工地，召集沧州各县市建设主管部门及建筑施工企业共300余人召开现场观摩会，并请集团领导在会上做了经验交流报告。

此举在社会上产生了极大的反响，许多外地的建筑企业也纷纷前来参观学习，一些房地产开发商直接向大元集团抛出了寻求合作的"橄榄枝"。以相同的方式，五公司连续总包承建了沧州市滨河龙韵小区、赛纳左岸小区、孟村万象城小区等项目。唐山市冀东金鼎房地产开发有限公司更是把大元集团作为了战略合作伙伴，在内蒙古呼伦贝尔市等地的开发项目上再次主动要求合作，而且一直保持到现在。

不仅如此，在这个项目上，集团的科技研发、技术创新能力也得到了充分的展现。项目经理部QC小组研制的"高层建筑大钢模板的使用"及"外墙外保温与墙体整浇技术"两项成果获得河北省优秀质量管理成果奖。在施工中首次运用了"悬挑脚手架"技术，填补了大元集团高层施工的经验空白。竣工验收时，小区多个单体项目被评为河北省优质工程。当年，大元集团被授予"河北省安全管理先进单位"称号。

沧州市建设工程质量监督站还根据大元集团在该项目上的管理模式，编制了《沧州市建筑安全标准化手册》，作为地方标准发布执行。大元集团的这套标准原本依据的就是当年沧州一建第五分公司的做法，如今又在五公司的手里发扬光大，变成了沧州市的地方标准。

五、异军突起

胜出必有所长！这绝对不是什么巧合。

五公司是 1989 年才成立的，当时叫第五施工处，宋宝堂为主任。1996 年第二任经理郝书明上任后，经过李建国总经理的悉心指导，培育了敢闯敢试、精细化发展的传统，技术、业务等各方面得到迅速提升。不仅在硬模支架等新技术开发和应用上曾经创造过大元集团的纪录，在施工管理上更是为大元挣回了第一个全国安全最高奖——长城杯。

2005 年王连兴上任分公司经理时，正值大元集团积极寻求管理强身、业务扩张、探索新道路、摸索新经验的时期。在他的带领下，五公司充分发扬传统优势，迅速形成了异军突起之势，不仅经营业绩始终保持了集团内部的领先地位，而且还不断为集团公司提供着新鲜的经验积累和道路选择。王连兴在市场开拓、团队建设等运营管理上的领导才能得以充分展现。

王连兴是李建国总经理人才战略最积极的支持者。集团公司每年引进的大学毕业生，王连兴总是抢着去"挑"人，还要想方设法"留"住人。

"我来自农村，深知农民家庭供出个大学生不容易。毕业了找到工作才能独立，才能帮父母减轻生活压力。要多给他们创造机会。"王连兴说的是肺腑之言，因为他就是曾经的他们。

有人说，你把他们招到手下，可揽不到活儿干，不是照样开不出工资吗？

王连兴却有着他自己的逻辑："只有拉起队伍，才能上战场、打胜仗。没有人，不光揽不到活儿，即使有了活儿，也上不去阵。"也正是这一理念，才让五公司由他接手时的 30 多名员工，壮大成了 300 多人的管理和运营团队。

"多一个人，多一张嘴，当领导的就多一份压力。可有了压力，也就有了动力。大家都要挣钱，想多挣钱，当领导的就得想法儿多揽工程、多开项目。这样的公司才有活力。"王连兴和老总李建国一样，都是过不惯安逸日子的人。

当然他们也不希望，更不允许手下的员工"躺平"。

五公司坚决落实集团公司"赛马不相马"的用人机制，坚持能者上、庸者下。在梯队建设上，项目经理全部从技术员、施工员中选拔、培养，技术员、施工员完全凭业绩说话。公开透明落实集团和分公司的各项待遇，把奖励真正变成了激励，点燃了动力。仅这一个举措，就迅速在五公司内部形成了人人有目标、有想法、有奔头的局面。

与此同时，五公司持续改善施工、办公和员工生活条件，在全集团较早为相关人员配备了手机、手提电脑、交通工具等；主动提高一线工人的劳动防护标准，暑期施工备足工地防暑设施和用品，足额发放防暑费、取暖费；关心职工生活，主动帮助解决青年职工的婚育难题；注重团队建设，定期组织团建活动，邀请家属共同参与，提升了员工和家属的职业幸福感。

王连兴是一位爱学习、善学习的人。在他的引导下，五公司形成了一套内部学习、提升机制。在此基础上，创造条件发挥人才专业特长，在业务承接模式和外部市场开拓中，做到了人尽其才，培养造就了东北二局经理王刚、孙红阁、郭启正、赵云刚等一批在集团全面发展中能独当一面、担纲挑梁的干将。

五公司也创造了连续 10 年超额完成集团公司下达的任务目标，生产经营业绩保持集团第一名的好成绩。以 2008 年为例，集团 25 个房建子公司全年承揽工程量为 14.15 亿元，五公司一家就达到了 2.5 亿元，占到了集团总业务量的 18%，是平均值的 3 倍还要多。

第四章 携手蒙牛

一、结缘

李建国常说："干一个项目、交一方朋友、建一座精品、留一处丰碑。"在大元集团 70 年的发展历程中，以诚实守信的品格、担当尽责的作风，与众多业主和客户建立了良好的合作伙伴关系。其中"最铁"的一个，还应当数内蒙古蒙牛乳业集团股份有限公司。

与蒙牛的结缘要追溯到 1999 年。当时的沧州一建安装公司承揽了石家庄某乳业公司的一个设备安装项目。这一年的 8 月，牛根生与几个老部下从伊利集团跳槽出来，创办了蒙牛乳业集团，正在呼和浩特市和林格尔县盛乐工业园区建设蒙牛工业园。"十大蒙牛元老"之一的邓九强先生带人到石家庄的生产基地考察学习。在参观过程中，通过石家庄方面的介绍和实地感受，邓九强等人注意到了进行设备安装施工的队伍是一家建筑公司，就主动上前了解情况。

带队施工的项目负责人是李振宇。李振宇一边介绍沧州一建的基本情况，一边询问对方的需求，了解到蒙牛工业园在匆匆上马一期工程后，二期工程急需一支资金雄厚、技术力量强、作风可靠，能北上蒙古高原施工的建筑队伍。李振宇打电话向李建国总经理直接做了汇报。

彼时的蒙牛集团，刚刚成立仅几个月，无论是从品牌影响力，还是资金实力都远远不能用今天的眼光来看待。但是，李建国敏锐地感觉到，蒙牛乳业集团虽然刚刚建立，但创办者都是在乳品行业摸爬滚打多年的老将、精英。从伊利等乳业集团的营销结构来判断，蒙牛的未来发展方向必将由北向南在全国进行基建布局。而且从蒙牛与伊利集团之间的新闻报道和坊间传闻中，李建国对牛根生这个人也产生了浓厚的兴趣，希望会一会这个"奇人"。

"蒙牛不仅是一个成长型的大客户，而且可以预期成为沧州一建'走向全国'战略的绝佳跳板。"这是李建国的第一反应。

他当即指示李振宇，主动接触，代表公司正式发出邀请，欢迎蒙牛公司的领导来沧州，或者是任何一处沧州一建的项目工地考察。

凭实力说话，当时的沧州一建虽然在全国来说还是"名不见经传"，但是经过三年的蓄势，已经有了征战四方的足够气魄。经多方考察，沧州一建公司给蒙牛集团留下了技术扎实、施工踏实、处事诚实的印象，对了蒙古汉子们的口味，随即开始就蒙牛二期工程进行实际性接触。

公司派出副经理张金德带队到内蒙古实地考察对接。为了加强合作，特意安排有丰富外埠施工经验的第一分公司和1999年3月刚刚成立的天津分公司一同考察。

总经理李建国一直关注着与蒙牛合作的谈判进展。2000年6月，李建国被安排参加河北省政府商务考察团出国考察。这时谈判进行到了关键阶段，张金德等人要向公司领导请示一些重要事项，请求领导面授机宜。为了减少谈判人员的奔波，李建国就请公司相关领导一同提前赶到了首都机场，与刚下飞机的张金德、孙国庆和刚刚上任的一分公司经理韩秀海等人会合，召开了一次机场候机厅会议。经过一番讨论研究，李建国给出了以战略合作、互惠互利为原则，争取长期合作为目的，继续深入谈判的指示后，登机出国。张金德等人又买票返回了内蒙古。

经过反复协商，2000年6月1日，李建国带队奔赴内蒙古呼和浩特，亲笔签下了与内蒙古蒙牛乳业集团战略合作的第一单——蒙牛工业园二期工程。经过慎重考虑，任务交给了第一分公司。

二、冲突

蒙牛工业园位于呼和浩特市和林格尔县盛乐经济园区，占地面积33万平方米，建筑面积3万平方米，总投资3.6亿元。一期工程由于先期快速上马的原因，是由蒙牛自己组织的当地小施工队进行建设。二期工程由大元集团（当时为沧州一建）从规划、设计到施工全程参与，提供"一站式保姆服务"。这是"年轻"的蒙牛人第一次真切感受到了大元集团的实力和气魄。

对于大元集团来说，这是第一次在高海拔气候和少数民族地区施工，施工用料、工艺、养护流程等都是新的挑战，尤其是民族习俗和方言的不同也为施工和队伍管理提出了新的要求。

即便这样，入场刚刚一个多月，还是发生了一次不小的冲突。

这天正在进行泵送混凝土浇筑施工时，一颗石子崩到了正路过工地的女工身边。女工们以为是这帮小孩子恶作剧，故意拿石子丢她们，就跑去报告了保安。保安找过来理论，本来是一个小误会，可这帮熊孩子却因为一些方言的原因，和保安冲突起来，直到韩秀海赶来才控制住局面。保安队长和数名保安人员被打，令蒙牛方面非常气愤，下令施工队伍立即停工，还提出要解除合同。

"停工可以。但是走之前我们还要接着干几天，把这批混凝土打完、养护到位，不然就都废了。不管后面谁接着干，都会影响整个建筑的质量。我们沧州一建干活，哪怕只是砌一块砖，也要保证质量，交给下家一个合格产品。"韩秀海见牛根生没纠缠谁对谁错，是一个脾气直、讲道理的人，也就不再争辩，而是为保证施工质量提出了要求。

韩秀海注意到，牛根生听了这话愣了一下，明显是被打动了。他便不再多说，转身出来安排工人抓紧浇筑、注意养护，一边打电话报告了李建国。

李建国当即给牛根生打去电话，却没有说打架的事，先是互致问候，然后轻松地谈论起两家的合作，既有向蒙牛企业文化建设的请教，也有对蒙牛工业园项目的建议。一番畅快的交流之后，两位老总几乎同时说了一个共同的意见，双方各自处分相关责任人员，加强交流、团结协作。

韩秀海事后回忆这次事件，半开玩笑地说，这一架打出了沧州人的名声："沧州武术真厉害！"当然更重要的是打出了沧州一建的名声，这支队伍："干活真实在、做事真地道！"

蒙牛项目 1

三、默契

这件事的处理让李建国和牛根生有了第一次默契。不久，两位在不同领域分别被视为"奇人"的企业家就有了第二次工作上的交集。

蒙牛工业园二期生产车间的建设任务进展顺利，提前完工。可就在交工当天的现场，蒙牛方面却提出新要求，要把生产车间内部参观走廊的窗户扩大，这条参观走廊是满足客户和旅游团队能全景观察无菌车间内的生产过程。牛根生看后，觉得窗户太小，影响参观者的参观视角，要求必须整改。

施工人员拿出图纸，原设计就是如此。从质量安全的角度，窗户与窗间墙的配比系数要符合技术要求。如果进行更改，可能会影响施工质量和安全，必要时还需增加结构柱，对现有墙体进行加固等。按照施工规范，要整改的话，还必须先进行设计变更并提供施工图。不仅等待施工图会延长工期，而且改造要比新建施工难度更大，更费工、费时。还有关键一点，内蒙古的施工期马上要过去，天气说冷就冷，要保证上冻前完工，公司和工人师傅要付出很多。

不仅项目部技术、管理人员听了摇头，工人们一听都快炸了。离家几千里来到内蒙古高原，早已经受够了"早穿棉、午穿纱，太阳底下眼发花"的折磨，急切盼望早日完工回家。

僵持之下，项目经理向分公司领导汇报，最后请示到了总公司。李建国接了电话，大致了解了一下情况，还没等项目经理一句完整的抱怨话说完，李建国就大声地说道："不要讲了，老牛就是要求全拆了重建，我们也要服务好！"项目经理一时语塞。电话这头，李总经理却改换了口气："弟兄们在大草原上一待就是大半年，抛家舍业，委屈大家了。公司没有忘了大家。""咱们沧州一建是一支有传统的队伍，这个传统就是听指挥、打硬仗。今天就是一场硬仗。一分公司这么多年驻守任丘，跟着华北油田搞建设，是咱们沧州一建的硬骨头连，当之无愧的老大。所以，让一分公司承接蒙牛集团的合同，看重的就是咱们这支队伍能听指挥、打硬仗。有你们，公司领导最放心！""跟蒙牛合作，公司是全

力以赴的，甚至不讲价钱，看的是蒙牛的发展。这个公司是个潜力股，

有前景，值得长期合作！"
李建国边分析边为项目经理
鼓劲，"告诉同志们，再坚
持一下、辛苦一下，发扬沧
州一建'让客户满意、让用
户放心'的优良作风，抓紧
时间按照甲方要求完成改
造，早干完、早回家和家人
团圆！"

蒙牛项目2

最终，在双方的密切协作下，以最快的速度高质量完成了改造任务，而且仍然提前于合同工期交了工。

二期工程的高速、高效、高质量完成，令牛根生和蒙牛集团对大元人刮目相看，尤其是大元人的服务意识和奉献精神，让蒙牛集团上下再次发自内心地敬服，也认定了这个最贴心的合作伙伴。随着蒙牛集团的迅猛发展，企业现代意识也在不断提升，蒙牛工业园越建越大、越建越高端，双方的合作也更加默契，更加全方位。此后的蒙牛集团连续六年进行了六期基地工程建设，全部指定由大元建业集团承担。

四、救火

大元集团把跟随蒙牛集团的南征北战作为"走向全国"战略的一场实兵演练，为开拓外埠市场积累了经验和品牌效应。在日渐加深的合作中，李建国与牛根生两位跨领域的企业家也有机会进行一番深度的思想交流。

牛根生比李建国小两岁，1958年1月25日生于呼和浩特，为生活所迫，十四五岁便自谋生路。20岁进入呼和浩特大黑河牛奶厂成为一名养牛工人，凭着豪爽正直的性格、诚朴踏实的为人、敢闯敢试的精神，牛根生25岁就当上了呼和浩特回民奶食品厂的厂长。1992年开始担任伊利集团生产经营副总裁，很快就被誉为"中国冰激凌大王"。1999年

离开伊利集团，与其他九位老部下一起创立了蒙牛乳业，后用短短8年时间，使蒙牛成为全球液态奶冠军、中国乳业总冠军。

相似的性格、相通的见地，让二人惺惺相惜，大有相见恨晚的感觉。当时还没有"走红"的牛根生对李建国的仗义为人和他在大元集团发展上的果敢作为赞叹有加。而李建国对牛根生的市场谋略和胆识气魄深感佩服。不自觉间，两个人把互相的称呼由"官衔"变成了"老兄""老弟"。

也正是两位这种感情的积累，才有了蒙牛"遇险"时首先想到的是大元，牛根生的求助电话第一个打给李建国。

2005年8月2日10时16分，蒙牛乳业马鞍山有限公司突发大火，公司北冷库整栋建筑全部被烧毁，损失上千万元。该冷库是由大元集团承建的，已经完工交付使用。由于蒙牛公司的原因，加之大元集团的施工队伍还在这里进行下一个单体项目的施工，所以失火的冷库还没有办理正式移交手续，原则上还属于大元的在建项目。

接到安徽打来的火灾报告电话，党委书记张长国和一公司经理韩秀海立即起身，带领相关人员赶往机场，飞往安徽配合事故调查处理。可飞机还没起飞，又接到第二个电话："事大了，救火过程中三名消防员牺牲。"

随着消防部门的调查推进，确定着火部位是墙体保温泡沫，生产和施工均由北京一家泡沫厂完成。根据过火情况判断，起火部位应该在保温泡沫墙的底部，但起火原因却没有找到准确的依据。在检查中发现，位于库房顶部的照明线路在蒙牛集团使用过程中被改造过，且发现有一处金属线裸露，就开始推断是电源裸露、打火或者短路引起的火灾。

蒙牛集团承受了巨大的压力。在没办清交接手续的情况下就投入使用，而且照明线路改造不符合消防标准，因此原则上这是一起甲方的重大责任事故。尤其是三名消防战士的牺牲，一时间把蒙牛集团推上了舆论的风口浪尖。

事故发生后，蒙牛集团老总牛根生曾悄悄地把电话打给了他大元集团的"李老兄"，意思是请大元集团"分担点儿责任"。有责必担，这是大元的品格。而且，在李建国看来，面对人民子弟兵的牺牲、人民生命财产的损失，作为企业家即使事故责任与己无关，也应该主动担起社会责任。于是，在事故认定中，大元集团就没有再追究"照明电路电线裸露"的责任划分，也就等于分担了一定的事故责任。同时，李建国坚持一点，在事故责任通报中，不能涉及大元集团和相关人员的名字。即便这样，也给项目部的电工师傅造成了巨大的思想压力。在此基础上，大元集团又承诺无偿重建被烧毁的车间。

蒙牛集团也深刻总结经验教训，自愿接受处罚。主动联系媒体，独家赞助全国消防日电视晚会，广泛宣传报道三位消防员的英勇事迹，从精神和物质上最大限度地给烈士和家属以安慰。

从这次事件中，蒙牛集团领受了深刻的教训。火灾事态平息后，蒙牛集团的领导亲自为大元集团送上了一面"情系蒙牛、真情相助"的锦旗。

蒙牛授予大元集团的锦旗

五、驰援

2009 年 1 月 20 日，农历腊月二十四，大元集团接到了蒙牛集团黑龙江分公司的求救电话，位于黑龙江尚志市的液态奶立体仓库的智能货架发生坍塌，170 多万件鲜牛奶面临全部受损的危险，必须及时抢救。

当时，正值年关，当地除了机关单位都已经放假，根本无法组织起救援力量，求助武警和驻军也无能为力。眼看着大量破损的奶液已经开始霉变发臭，蒙牛黑龙江分公司负责人心急如焚，抱着试试的心态，提出请大元集团驰援黑龙江的请求。

牛根生也把电话直接打给了"李老兄"。没有丝毫的犹豫，李建国一声令下，不提任何条件，由一公司调集人马立即赶往黑龙江。经理韩秀海立即派集团尚志项目部的留守人员去现场查看。因任务量巨大，一公司先后从保定、任丘和四川等多个工地上调人，组成了一支 400 多人的抢险队伍，顶着春运回乡的人流，奔赴冰天雪地的大东北。

望着从远在几千里之外的工地上刚刚收工，就风尘仆仆赶来的"亲人"们，身为东北汉子的蒙牛黑龙江公司负责人不禁热泪滔滔。

抢救工作是把完好的液态牛奶从货架倒塌的仓库搬到旁边二三十米远的另一个仓库，车辆用不上，只能人力搬运。腊月的黑龙江地冻天寒，白天的室外温度也在零下 20 多摄氏度，一早一晚更是冻彻骨髓。而仓库内的温度正常情况下是 4～5 摄氏度，此时由于恒温设备停止工作，温度还要高一些。扛着整箱的液态牛奶，从零上 7～8 摄氏度的室内一下子就来到零下 20 摄氏度的户外，只要稍一停留，棉服里面被汗水浸湿的内衣就会变成冰衣。最难受的还是双脚，仓库里流淌的奶液已经没过脚面，大家都换上临时买来的胶鞋。胶鞋不保暖，蹚着 7～8 摄氏度的奶液还可以忍受，可一到外面双脚立刻就像被割了一刀。因此，工人们在户外只好能跑多快就跑多快，一刻也不敢停歇。

就这样，400 多人连大年三十、初一都没歇气，一直奋战到了正月初五，硬生生地靠双手、双肩扛出了 100 多万箱液态牛奶，为蒙牛尚志公司挽回了几千万元的经济损失。

牛根生对李建国的仗义无私、对大元的组织动员能力再次佩服得五体投地。

六、收获

在与蒙牛 20 多年的合作中，大元为之付出了许多，也收获了许多。随着蒙牛集团商业版图的延伸，南到海南、广东、广西，北到黑龙江、内蒙古，都有大元集团的旗帜高高飘扬，并逐渐与伊利、君乐宝、天邦饲料等相关产业公司建立了良好的合作关系。

在与蒙牛和牛根生的交往中，还有一个点引起了李建国的兴趣，就是蒙牛的经营管理理念和企业文化的构建。

牛根生有一句座右铭："小胜凭智，大胜靠德。"这也正是李建国的口头禅。在经营哲学上，牛根生信奉"财聚人散，财散人聚"，从1999 年至 2005 年担任蒙牛总裁期间，他把自己80% 的年薪散给了员工、产业链上的伙伴及困难人群。而李建国1998年国企改制时先让员工认股，为130名管理精英配股，成立大元投资公司，兑现奖励、激励措施，落实责、权、利，让集团公司收入最高的永远是贡献最大的人，等等，也是信守的这一原则。

尤其是蒙牛接地气的企业文化环境创设，更对李建国的胃口。2002年8月，沧州一建以红头文件的形式，印发了一批蒙牛乳业的企业文化和管理理念的环创标语，要求公司各单位各部门参考、学习，进行自我创意。从这些"蒙牛语境"中不难看出李建国对企业文化构建的"大元心境"。

1. 设备不转，就是我们难看。

2. 股东一分钱，掰成两半花。

3. 品质是企业之魂，保证是生命之本。

4. 生命有限，创新无限。

5. 产品、质量、费用，我们永远的主题。

6. 我们销售的不只是产品，更是服务。

7. 做高效实干领导，建学习创新团队。

8. 致力于"前"管理，力行于"钱"服务。

9. 用管理去创新，用服务去体现。

10. 产品质量的好坏，就是人格品行的好坏。

11. 检验产品、检验水平、检验人品、检验精品。

12. 没有无用的员工，只有无用的领导。

13. 看人家不顺眼，就是自己修养不好。

14. 我们手里掌握着企业的生命及消费者的安全。

15. 勉强成习惯，习惯成自然。

16. 老市场，寸土不让；新市场，寸土必争。

17. 管理无小事，创新是大事。

18. 上级给下级送礼——关怀；下级给上级送礼——行贿。

19. 脾气嘴巴不好，心地再好，也不能算是好人。

20. 一位出色的人才能顶 50 名平庸的员工。

21. 不可能要求所有的人一下子做到绝对诚实，但对诚实的人起码要尊重。

22. 有德有才破格重用，有德无才培养使用，有才无德限制录用，无才无德坚决不用。

23. 如果你有智慧，请拿出你的智慧；如果你缺少智慧，请你付出汗水；如果你既缺少智慧又不愿意付出汗水，那么请你离开本单位。

24. 学会了解别人，知道别人所需，永远是制造商的任务。

25. 有信心不一定会赢，没有信心一定会输；有行动不一定会成功，没有行动一定会失败。

26. 听不到奉承是一种幸运，听不到批评却是一种危险。

27. 能弄制度弄制度，没有制度弄规定，没有规定弄说法。

28. 成功的秘诀是将平凡的事做得不平凡。

29. 太阳光大，父母恩大，君子量大，小人气大。

30. 历史给了我们机遇，我们要让历史辉煌。

31. 成功是优点的发挥，失败是缺点的积累。

32. 巨大的成功靠的不是力量，而是韧性。

33. 一个人的快乐，不是他拥有得多，而是因为他计较得少。

34. 善于发现人才、团结人、使用人，是领导者成熟的主要标志之一。

35. 你不能控制他人，但你可以掌握自己；你不能预知明天，但你可以把握今天；你不能样样胜利，但你可以事事尽力；你不能延伸生命的长度，但你可以决定生命的宽度；你不能左右天气，但你可以改变心情；你不能选择容貌，但你可以展现笑容。

36. 再好的产品如果不与"注意力与瞩目性"相结合，也创造不了社会价值。现在世界上的信息量是无限的，而注意力是有限的，有限注意力在无限的信息中会产生巨大的商业价值。注意力中有财富，而且必将引起财富的大转移。

37. 什么人才算是企业家？

企业家代表一种素质，而不是一种职务。什么素质呢？一般地讲，有三个条件。第一个条件是有眼光；第二个条件是有胆量；第三个条件是有组织能力。具备这三个条件以后，你就可以成为企业家。

什么叫眼光？简洁地说，你能够发现别人所不能发现的赚钱机会。很多赚钱的机会，为什么你不能发现，他能够发现呢？因为他有企业家的眼光。哪一个投资领域是好的？哪一个产品是好的？能够首先发现了，能开拓市场，你就具备企业家眼光。

第二个条件是有胆量。因为任何新投资，没有做过的事情都要冒一定的风险。你要冒一定的风险，你敢不敢拍板。你光叫机会好，机会好啊！可不敢投资，你这个钱就拿不到。

第三个条件是有组织能力。什么叫组织能力呢？就是能够把各种生产要素有机地组合在一起，这样能产生高效率。有人就不善于组合，有人虽然能够组合，但效率很低。企业家能够组合各种生产要素，并使之产生高效率。

第五章 一分公司往事

一、三分天下有其一

与蒙牛的长期、高质量合作，对于大元集团来说，另一个收获是重新锻造了一分公司这支铁军，让这支曾经长期在任丘"戍边"的硬骨头战队，有了在大元跨越式发展中冲锋陷阵的资本。

1976 年唐山大地震后，沧州地区一建除了完成沧州市的建设任务以外，还担负着支援唐山震后重建、京津地区部分重要建筑除险加固等，施工任务非常繁重。连续三四年，北京、天津的项目一个接着一个，有时都应接不暇。在北京石油科学研究院，先是完成了计算机机房的加固，院方看到质量效果如此之好，就把队伍强行留下来，对生产厂房、生活区设施等全部进行了加固施工。在天津，沧州地区一建第一施工大队负责的是天津市河北宾馆等大型建筑的除险加固，任务复杂、施工难度大，一直到 1980 年才正式完工。

1980 年上半年，第一施工大队提前就接到了公司的命令，天津市河北宾馆加固工程完工后，不再承接天津的新项目，要从天津直接把队伍拉到任丘，参加华北石油总部的基础建设。

1976 年开始的华北油田大会战，随着第一批高产油井的稳定投产，华北石油管理局总部也确定落户任丘。随即，油田会战指挥部开始着手石油输出、加工等配套工程和总部及各部门办公、生活基础设施的建设。沧州地区一建第一施工大队进驻时，正值华北油田进入大开发、大建设的初期。当时，油田第一个原油输出枢纽——华北油田南大站已经投产，急需在站内建设办公、生产、科研和生活设施。一大队就直接进驻了还是一片荒野的南大站工地。

从那时起，这支队伍就以任丘为基地，独自鏖战于华北石油管理局的建设战场，成了沧州地建一公司驻各县市施工队伍中的"王牌"。1986 年由一大队改称第一施工处，1999 年公司改制后称第一分公司，不仅名称上是"第一"，经营业绩也长期保持在公司的前列，直到 1996

年前后，仍占据着全公司三成的业务份额。"三分天下有其一"，是李建国上任时施工一处留下的印象。

二、思想上开始滑坡

但是，随着华北油田基础建设的成熟，客观上土建施工项目大幅减少。同时受到市场要素变化的影响，一些工程项目被泛滥而生的小包工队蚕食，导致施工一处的业务量明显下滑。从主观上看，长期把目光锁定任丘华北油田一地，让一处上下逐渐养成了"躺吃"的心理定式，没有做好其他业务来源的储备。

思想上出了问题，必然影响到业务和管理。管理一放松，不仅内部滋生了一些不良风气，也给社会上的一些人提供了可乘之机。内部极少数人只顾个人和小集团利益，有了业务分包出去，心安理得地挣点儿小钱。甚至存在着有活私下干，对外租赁设备、场地，收入放在"小金库"的违规行为。

在公司业务下滑、歪风盛行的环境下，许多技术和业务人员对一处失去了希望，纷纷要求调往总公司或者其他分公司，还有一些人无奈地选择了离开沧州一建。

1996年沧州一建领导班子改组后，亟待整顿的第一施工处成了经理班子的心头之患。但是，一分公司在外经营多年，土地、设施和各种资源与任丘地方上盘根错节。许多问题理不顺的话，贸然出手会引发一系列的后果，给公司造成不必要的损失，甚至是失去这片阵地、丢掉这支有着优良传统的队伍。所以，公司经理班子既内心着急，又有些"投鼠忌器"，只能先提拔了有责任心、有担当意识和管理能力的韩秀海任副经理，以期让他能带动局面的扭转。

总经理李建国更是为此费尽脑筋。他对第一施工处的感情深，不仅是因为他任器材员后第一个外出执行器材保障任务的工地就在任丘。而且，他更不愿意看到曾经在公司"三分天下有其一"的施工一处就此沦落下去。李建国一方面利用各种机会为一分公司的业务发展创造条件；一方面主动做分公司班子的思想工作，希望他们能重振雄风，为公司发展出力。

三、居然罢会而去

只可惜李建国却落了个"我本将心向明月，奈何明月照沟渠"！

1998年公司改制，由于经营业绩低迷，思想上不思进取，曾经威震一方的施工一处没有人能入选公司董事会。这本是业绩实力和个人能力的体现，是民心所向，然而一处的主要负责人似乎还沉浸在"第一""老大"的梦境中，再加上有人鼓唆，施工一处参加第一届股东大会的代表们上演了一出罢会而去的闹剧。

按照议程，股东大会上午以无记名投票的方式选举产生第一届董事会、监事会后休会，下午进行其他议程。选举结果公布后，施工一处的领导和代表们感觉"很没面子"，中午吃饭时就有人鼓动其他分公司的人一起闹事，见没人响应，便含羞带愤地直接开车回了任丘。

工作人员赶紧向大会主持人汇报，李建国一听，当即拨通了一分公司主要负责人的电话，原来他们已经走到了河间的沙河桥。

这一次李建国实在是忍无可忍了。手握着电话机的听筒，气愤至极的李建国居然围着办公桌转了一个圈！

忍无可忍便无须再忍！他不听任何解释，只是在电话这端冷静而大声地命令道："必须马上、立即回到会场上来！"

股东大会最终得以完整召开。会后，公司领导班子还是尽量照顾了一处主要负责人的实际情况，继续任命他为一分公司经理，直到2000年年初才被免去职务退休。

四、转三圈不差方向

韩秀海就是在这样的背景下由副经理接手第一分公司的。

由于情况比较特殊，李建国决定亲自去任丘宣布公司的任免决定，给韩秀海站站台。不承想，前一天夜里下了一场雪，虽然不大，但由于是夜间降雪，公路上车流少、气温低，到第二天早晨路面还是积了不少雪。同行的有党委书记张长国、审计处处长（总会计师）章之海和劳动人事处处长贾玉坤，四个人一台车，李建国就没安排司机，自己亲自驾车。

一路小心翼翼来到河间，刚拐上任丘方向的 106 国道，前方的车辆突然发生状况。李建国下意识地一点刹车，汽车就自己在雪面上玩起了"漂移"，而且一边转圈，一边滑向右侧的路边沟。车上的三个人被吓得连连惊呼。李建国一边大喊"别动"，一边努力地控制着方向。可路面太滑，车子根本不受方向盘控制，整整转了三圈，直到车轮轧到了路肩上的干土才勉强停了下来。众人一见车停下来，就想下车。李建国连忙再次大喊"别动"。等摇下车窗一看，更是惊得他们出了一身冷汗，原来车子的右侧车轮已经紧挨着陡峭的路沿，下面就是三四米深的水沟。如果车子停不下来，后果不堪设想。

好在车子转了整整 1080 度，车头依然朝着任丘的方向。李建国也没下车，发动车子又出发了。路上，几个人故作轻松地开起了玩笑，说咱们的车子转了三圈没出事，而且方向都没变，预示着施工一处也将完成大转向，未来一定会越来越好！

五、"磨平疤瘌"用了八年

但是，韩秀海刚一上任，各种莫名其妙的关系就找上门来。有拿着白条来要账的，有占着公司土地、房产、设备不但不交费，还要让公司交水电费、维修费的，甚至连原本属于分公司的水、电、暖施工队都成了既不单独列出投标预算却要独立核算的小分包队。

很多事情韩秀海都是一头雾水，可这些人却似乎"手握尚方宝剑"，理由统一都是一条："跟原来的经理们有协议，你不知道，也少打听，给钱就行了。"可韩秀海一问这些经理，要么是一句"有印象、没证据"，要么干脆是"我不清楚"。

这下"真正清楚"的人就成韩秀海了。他毫不示弱，要债的请出示合同、清单，否则免谈；租赁公司房产设施的，按真实可信的协议及时交费、按期收回，否则一律断水断电；清理依附的水、电、暖施工队，一律记入成本核算。

好在一分公司的老本色还在，一旦回到正轨上来，其优秀的品质很快就能得以展现。在韩秀海等一班人的带领下，连续在任丘、北京、廊坊等地中标了几个大项目。随着业务承揽量的回升，韩秀海又分别找到当年离开一公司的人员，想方设法把大部分流失的业务和专业技术人员重新召回，这样一分公司逐渐重现了当年的活力。

对于李建国来说，他最看中的是这支队伍有着电视剧《亮剑》中李云龙"独立团式"的作风。他们长期驻守在任丘，很少需要总公司的资源，却为公司创造着不菲的业绩。尤其是广大职工，多数家在沧州或其他县市，长年抛家舍业、两地分居，施工旺季更是天南海北，很难回次家。

韩秀海，献县人，是1989年河北建工学院毕业分到地区一建的大学生。参加工作以来，岗位一直在任丘。由于爱人在献县乡下的双领中学教书，所以就把家安在了双领。1996年夏天，子牙河流域发生特大洪水，政府防汛部门都做好了炸堤泄洪的预案。一旦泄洪，他们家就是泛区的中心。韩秀海正在北京施工，得到消息后焦急万分，却又抽不开身。从任丘能直接去韩秀海家的106国道因大水断交，公司派人绕道去了一趟他家慰问，又设法告知了韩秀海家中的情况。可大水迟迟不退，只身在外的韩秀海在揪心的煎熬中度过了整整一个汛期。

父母不能膝前孝敬，夫妻难得团聚，孩子们更是天天盼着爸爸能回来。当年交通不方便，从任丘到献县虽然是一趟线，可经常要在河间、献县县城倒上几次车才能进家门。为了方便抽时间探家，他买了一辆重庆80型摩托车，这样工作允许时就可以骑行70多千米回趟家。有一次，刚六七岁的儿子正在路边玩耍，看到公路上驶过一辆和爸爸一样的摩托车，就高喊着"爸爸"一路飞奔着回家。可到家却没有看到爸爸的摩托车，立时号啕大哭。

就是这样的环境，锻造了一分公司这支值得信赖的队伍。与蒙牛的合作是公司发展重要的一步，所以李建国第一个想到的就是第一分公司。他找到韩秀海时，也曾有过犹豫，只是试探着问："内蒙古有活儿，能去吗？""去！"韩秀海却没有丝毫的犹豫。

就是这个简单而又坚定的"去"字，既是一分公司多年来奋战在外的精神写照，也敲响了大元集团与蒙牛集团20多年相伴相随的定音鼓。

第六章 布局全国

一、"莫名"发火

对于建筑业来说，有活干才能有饭吃，有项目才能求发展。对于李建国来说，实施厚基强身战略，目的当然是有能力更多地承揽业务，增加收益。因此，占领市场、扩大业务量永远是他重点关注的一项工作，平时他也把很大精力投入市场开发和市场环境的营造上。

无论是沧州市的政、商两界，还是在亲戚朋友们眼中，李建国是公认的实在人，为人诚恳、待人和善、做事有谱、言出必信，而且有情怀、有担当。他经常对公司高层们讲："我们企业领导的人缘儿，有时就是公司的财源。""我们待人接物实在不实在，客户首先会联想到公司的业务上。"不光是这样讲，李建国更是身体力行。因此，他的朋友圈几乎都成了公司的业务圈。

在公司内部担任副经理时，尽管不直接分管经营，可只要公司有需要，他都会亲自上阵，参与制订竞标策略，研究投标报价。成为"一把手"后，每有大项目中标，他都会主动提议从精神到物质上给大家一些鼓励和奖励。

1999 年，经过激烈的角逐，作为参与竞标的沧州市本土唯一的一级资质建筑企业，成功拿下了一个设计面积近 20000 平方米的大型高层项目。这是公司取得一级资质以来，凭借资质的实力优势取得的第一个高资质要求的大项目，公司上下都很振奋。

当时正值五一前夕，李建国就提出给员工们发点儿奖金，鼓舞一下士气。可第二天他来到公司，却发现机关的同志们只顾高兴了，卫生区没人打扫、楼道没人擦，办公室卫生也马马虎虎。

"如果这点儿成绩就让大家满足得忘乎所以了，那公司就不会有太大的发展。"李建国还没进自己的办公室就发起了"脾气"。机关的员工们见领导发了火，都吓得"猫"在屋里不敢出来。这下李建国真的来"气"了。

人事处处长贾玉坤是位爱说爱笑的老大姐，平时跟李建国的交流也比较有默契。这时贾处长赶紧从办公室出来，把李建国拉进了办公室。

"李总，怎么发这么大的火儿？"

"你甭劝我。你是来说发奖金的事吧？先别说这事儿了。你看，一说发奖金就兴奋成这样，连卫生都没人搞了。有这种思想可不行，奖不足以嘉善，就不如不奖。"

贾处长心领神会，转身到了楼道里，一边大声地招呼各部门赶紧出来做卫生，一边故意嚷道："瞧你们这没见过世面的样子，发点儿奖金就不知道该干啥了。尤其是你们这帮小年轻，要树立远大理想，只要好好干，好日子还在后头。赶紧把卫生打扫干净！"

贾玉坤处长一顿亦庄亦谐的嚷嚷，大家终于明白了李总的火从何来：他是希望所有的人都要时刻保持一种箭在弦上的状态。

二、隐忧于心

李建国上任以来，随着各项改革举措的落地实施，大元集团的内生动力一如汇溪出谷，便成浩荡之势。总包一级资质的成功就位、各专项资质的迅速完备，以及技术和施工能力的加强、施工队伍的不断壮大，在公司业务承揽量大幅攀升的同时，施工质量的管控体系也实现了高质运行，在沧州及周边地区赢得了前所未有的市场份额和市场口碑。华北商厦二期、沧州报业大厦、南环桥、北环桥，以及市属和上级垂直管理的十个大局的业务中心等大型工程，还有市属各县的标志性工程，几乎全部被大元集团揽入怀中。

这些成绩的取得，让公司内部再次沉浸在自豪和满足当中。而此时只有李建国自己清楚，他的内心中却多出了一种隐忧。

沧州的市场只有这么大，大元集团不可能也不能够全部独占。正在建设当中的沧州"五大局"项目，已经有某位市领导提出意见："怎么都是大元来建？"甚至有人背地里猜疑大元集团竞标的过程。

"大元不能只满足于当领地上的头狼，要勇敢地走出去，做广袤大草原上的雄狮。"这是李建国从纪录片《动物世界》中得到的启示。

狮子的领地是整个草原，永远是在攻击中获取最新鲜的猎物，而不是固守领地，与其他猎食动物争抢腐烂的尸体。

在公司董事会上，李建国用了一个温和的比喻：

"建筑市场就像一片大海，建筑企业就是大海里的鱼。只想或者只能在海边游来游去的，都是些长不大的小鱼小虾。大鱼游深海，我们不能做溜边的黄瓜鲢子，必须有走出沧州的勇气，必须具备走向全国，甚至走向全世界的眼光和魄力。"

"大元集团的历史上，在北京、天津、山东，以及河北的石家庄、唐山、保定、廊坊、秦皇岛、邢台等地都有过精彩的表现，留下过杰出的作品。第一分公司与蒙牛的合作，更是把大元的形象展示到了大江南北。我们应该有这个信心和勇气，大胆地走出沧州、走出河北，走向全国、走向世界！"

三、试点天津

与单纯的异地项目施工不同，李建国布局全国市场的战略采取的是成建制地整编入驻、重装挺进的战术。

天津是大元集团最为熟悉的一个域外市场，从当年的"天津八建"时期，到后来在天津的一系列重点项目施工，让大元集团对天津市场有了比较全面的了解。因此，1999年3月15日，刚刚完成企业改制后的沧州市一建公司就设立了天津分公司，派出的是时任经理助理的孙国庆。

天津建筑市场，同样对老沧州一建有着深刻的印象。天津分公司成立后，依托老沧州一建的品牌影响力，迅速融入市场环境。公司派驻了强有力的业务、施工和技术管理团队，从做精做实一些小的土建施工起步，逐步壮大，相继拿下了天津港散货物流中心物流南路道路施工，天津格里森高精齿轮有限公司1至6号车间、北仓旧村改造、宝坻区税务局综合业务楼等工程的土建、水电、装修、消防全套施工项目。

沧州一建改制大元后，确定了"立足河北、依托京津、面向全国、走向世界"的外埠发展战略，天津分公司的规模进一步壮大，业务量也直线上升。2008年集团公司全年总业务量是22.4亿元，沧州市范围以外的承接量是9.856亿元。其中天津分公司是4.839亿元，占到了集团总业务量的 21.6%，外埠业务量（含河北省内其他地市）的 49.1%。

作为以异地分公司形式开拓外埠市场的一个试点，天津的成功经验更加坚定了李建国的信心和决心。天津分公司也不负厚望，始终保持着领头羊的位置，2009 年在"09 工程"实施之前，天津公司已经成功孵化成三个分公司，为集团创造了 6.7 亿元的业务量。2011 年的业务量更是突破了 15 亿元，独占大元集团省外市场总量的半壁江山。2013 年"09 工程"收官，天津一地的业务承揽量将近占据了集团全部业务量的 30%。

四、站稳西北

2000 年 3 月的十三届全国人民代表大会第三次会议审议通过了国家西部大开发战略。实施西部大开发战略，是党中央、国务院总揽全局、面向新世纪做出的重大决策。经过几年的持续推动，中国西部的 12 个省份经济社会活力逐步显现。

李建国从一开始就在关注，思考能为国家西部大开发做点儿什么。李建国找到了老家是西宁人的公司员工王绍斌。

"想不想回老家做点儿事？"

王绍斌是大元集团的一名普通司机，他一时不明白李总的意思。

"你是西宁人，家里还有一些亲戚在西宁市工作。公司要在西宁成立一个分公司，想派你回西宁开拓市场。"李建国进一步明确。

"我可以帮着联系，可业务上我个人撑不起来呀！"王绍斌担心会因自己业务上不熟悉，耽误工作，影响公司声誉。

"没关系。公司给你安排得力的人员，你跟着学习一段时间就能上手。"李建国鼓励地望着他说。

"行！公司安排一个全面的人当经理，我负责跑腿儿。"王绍斌跃跃欲试。

考虑到现实情况，经过公司研究，决定派出公司副经理张金德任西宁分公司经理，王绍斌、史庆文为副经理。张金德从 20 世纪 80 年代就开始担任公司生产技术科副科长、生产科科长，1996 年李建国上任后被提拔任命为主管生产经营的副经理。在公司外向型发展中，他曾经主持参与了与蒙牛集团的合作谈判及天津天正建筑工程项目管理有限公司的组建、合并等。此番又是他亲自披挂上阵，出征大西北。

对于一个建筑施工企业来说，进入一个完全陌生的环境，无异于丛林探险：不仅需要选址、注册、工商登记，调研市场行情、了解招标方背景、考察劳务能力等，还要想办法、找渠道，快速融入行业圈。在这个过程中，企业要做好承担先期投入风险的准备。

西宁公司很快就在西宁市站稳脚跟，在青海省乃至西北地区闯出了名头。王绍斌也迅速成长挑起了分公司的大梁。2009年，他一边要照料身患重病的妻子，配合医院积极治疗；一边带领团队拿下了工程造价6000万元的西宁市三江汇怡高层住宅项目。随着在当地业绩的不断积累，大元集团西宁分公司成为大西北地区建筑市场上的一个响亮品牌，每年为集团取得的承揽工程量贡献率都在1%以上。以西宁为根据地，分公司把业务辐射到了广阔的西北腹地。随着"09工程"战略的实施，集团业务规模大幅攀升，2010年实现了任务承接50亿元的业绩，而西宁公司就占到了2.4%；集团总业务量突破百亿元大关后，以西宁为核心的西北地区的贡献率超过了8%。2011年还一举中标了青海省的一号重点工程——青海国际会展中心。

五、全面开花

随着公司的集团化发展，"立足河北、依托京津、面向全国、走向世界"的步伐进一步加快，广东佛山、海南、内蒙古呼伦贝尔等地分公司相继成立。在海南，2008年分公司刚刚成立，就发挥大元集团总包一级的资质优势和沧州市运东污水处理厂项目曾获得"鲁班奖"的业绩优势，一举拿下了海南昌江、琼海两个污水处理厂的外网工程，合同额达到8300多万元。2009年海南分公司总承揽量达到2.6亿元，2010年，突破了3亿元。

在呼伦贝尔，第一个工程是与唐山市冀东金鼎房地产公司合作，承建其开发的项目。现任东北二局经理王刚是以项目经理的身份被派到呼伦贝尔的。初到内蒙古大草原，可以说是举目无亲，一切都得从头开始。项目开工前，为了了解当地土建施工的基本情况，王刚跑遍了呼伦贝尔大大小小的工地。没有施工信息，他就奔着有塔吊、搭着脚手架的地方去，趁工人师傅休息时，赶紧递上一支烟，详细地咨询一番。为了掌握建材市场行情，他像逛街客"扫街"一样，几乎走遍了全市大大小小的街道，连卖配件的小门市都不放过，一个小本上密密麻麻地记录着各种材料的价格。这些第一手资料，不仅保证了项目的顺利完工，还为在当地成立分公司打下了基础。

在进军省外、布局全国的同时，集团还采取多种形式，加大了省内各地区市场开发的力度。2008 年，沧州市以外的省内其他地区业务承揽量超过了 3.5 亿元，占到了集团全年业务量的 16%。其中，新开辟的唐山市场独占了 1.2 亿元。三分公司在承建保定涞水天鹅湖生态旅游景区项目中，坚持做优做精，赢得了景区建设主要承包商的地位。项目经理刘智动员妻子王秀清从路桥公司调到项目部，在深山之中相伴坚守 5 年，完成了 3.5 亿元的施工任务。项目完工时，夫妇二人也成了地地道道的"山里人家"。

2009 年年初，大元集团做出了"八大市场"的概念性布局，除了国际市场外，把国内市场分为了本省、京津、西部、中部、东北、长三角、珠三角等 7 个区域，各区域分别派驻了"区域战地总指挥"，负责全面指导该片区内的市场开发。本省和沧州各县区市也进行了市场划分，使集团各单位之间明确了主攻方向，做到了信息共享、协调行动。

全面出击赢得的是全面开花结果。截止到 2009 年年底正式实施"09 工程"，集团年承接业务量为 31.05 亿元，其中外埠业务已经占到了业务总量的 52.3%，而且多数为高端项目、规模项目，成了集团提前实现"30201"（承揽任务 30 亿元、完成产值 20 亿元、实现利税突破亿元）目标的重要业绩支撑。

2009 年"09 工程"实施后，集团专门成立了外埠事业部，专职为外埠市场开拓提供指导和服务。上海分公司、西南分公司、江西南昌分

公司、吉林白城分公司、新疆分公司、四川分公司、邯郸分公司纷纷成立，
呈现出遍地开花、遍地结果的大好局面。2010 年的外埠市场业务量达到
了总量的 55%，2011 年这个数字再次上升到 64%，达到了 45 亿元。外埠
市场的开拓，成为公司实现"09 工程"和创造传统建筑企业跨越式发展
奇迹的主力军。

第七章 凝聚抗震精神

一、难忘 2008

2008 年是公司改制十周年。从年初开始，电视片《勇立潮头唱大风》、"改制十年成就展""改制十年，辉煌 1998—2008"晚会等一系列庆祝活动持续开展，从企业党建、生产经营、市场开发、质量提升、安全保障、文化构建等全方面，回顾了改制十年来公司发生的巨大变化，总结了十年间探索发展的经验，激发起广大员工的自豪感、幸福感，提升了广大员工的荣誉感、归属感，增强了面向未来的自信和勇气。

这十年，不断深入的经营和管理体制改革，让企业重新焕发出冲天活力。

这十年，"内提素质、外树形象""筑诚信大厦、创建业纪元"，一系列企业文化的塑造，让"大元建业"承续了"沧州一建"的精神血脉，并光大为崭新的大元精神。

这十年，以人为本、求是创新、精益求精、不断超越的企业精神，已经强势转化为以诚信经营、质量保证、管理创新、技术创造为标志的品牌和资质优势，为大元集团的市场竞争提供了强劲的动力之源。

这十年，市场定位大幅提高，积累大客户、突出大项目，有计划、有步骤地实施了布局全国、走向世界的发展战略。年营业业绩从 1 亿多元到中标 22.4 亿元、完成产值 15 亿元、利税突破 6000 万元。

这十年，率先进军民营企业房地产市场，尝试装饰、路桥、物业等上下游产业，为延伸产业链、增强市场竞争力收获了经验、积累了力量。

这十年，注重人才储备和培养，打造优质的技术和管理团队，在产业延伸、布局调整中发挥了保障作用。强力推进"科技兴企、人才强企"，科技研发、QC 小组攻关连创佳绩。

……

一串串亮眼的数字组成的改制十年成绩单，让大元人对 2008 这个本来就不平凡的年份留下了至深的印象。然而，更令人难忘的，还是大元集团在一场伟大的抗震救灾行动中凝炼而成的"事不过时""人的潜能无限""不讲过程讲成果"的抗震精神。

二、主动请命

2008年，对于全体中国人来说，原本是一个备受企盼的年份。这一年的8月8日将在北京举办第29届夏季奥林匹克运动会。这是中华人民共和国成立以来，首次承办全球体育的最高级赛会。然而，年初一场百年不遇的南方雪灾，为即将到来的春天蒙上了一层阴影。5月12日，四川汶川发生了新中国成立以来破坏性最强、波及范围最广、救灾难度最大的里氏8.0级大地震。广播中，人员伤亡、经济损失，一串串数字骇人听闻；电视上，山河改观、满目疮痍，一时间万众凝噎、草木含悲。

灾情就是命令。大元集团以高度的政治敏感和社会责任意识，第一时间毫无保留地投入救援当中。

5月12日下午，李建国从电脑弹窗中阅读了大地震的第一篇报道。从新华社简短而严肃的文字中，他意识到这是一次非同小可的灾难。他下意识地拿起电话，让办公室通知班子成员到会议室召开紧急会议。

一小时后，集团办公室发出了班子会上现场起草的大元集团《抗震救灾捐款倡议书》，号召全体员工做好参与抗震救灾的准备，尽己所能为灾区人民捐款、捐物。很快员工们就行动起来，在党、工、团组织的号召下，大元人先后发起了"献爱心、送真情""交纳特殊党费，支持灾区重建"和"支持灾区建设过渡安置房捐赠"等活动，募集款、物30多万元，及时移交到有关部门。

汶川援建队伍整装待发

5月16日,集团根据河北省建设厅发出的需求通知,主动请命,第一时间派出新购置的一台25吨汽车起重机和5名精干技术人员,加入了河北建设厅第一批抢险救援队。

5月22日,集团再次主动领受紧急赴重灾区四川省都江堰市援建4000套(后增至5300套)安置房的任务,并于当天成立了以集团总裁李建国为总指挥,下设包括安置房预制安装组、门窗预制安装组、物资设备组、人力资源组、质量检查组、生产安全组、安全保卫组、资金财务组、医疗防疫组、信息宣传组在内的"大元集团抗震援建指挥部"。李建国亲自布置财务部,紧急筹措500万元作为援建工作专项资金。

5月26日,党中央做出"一省帮一县"、建立对口支援机制的重大决策。6月11日,国务院办公厅印发《汶川地震灾后恢复重建对口支援方案》,明确了河北省对口援建重灾区四川平武县,大元集团被选为沧州市参与四川灾后重建工作的施工企业。7月7日,刚刚完成救灾任务、征尘未洗的大元将士再披盔甲,第二批援建队伍在前线总指挥、集团总工程师郑培壮的率领下,再度出征。仅用了17天的时间,就高标准、高质量地完成了分布于平武县5个藏族自治乡、10个援建点的安置房建设任务。

三、事不过时

从大地震发生的那一刻起,李建国在震惊之余首先想到的是一个建筑企业的政治责任和社会担当。他一面号召公司全体员工随时做好参与救灾的准备,一面时刻关注党委、政府的指令,第一时间做出反应。

5月22日上午9点,接到市政府救援都江堰的命令。他当即召开紧急会议,成立指挥部,亲任总指挥。在具体施工地点、施工环境、物资供应等均不明确的情况下,指派集团副总经理宫圣为前线总指挥,副总经理兼第一分公司经理韩秀海为前线副总指挥,立即赶赴四川确认施工任务和施工需求。

领命后的宫圣立即让办公室查询航班信息,打电话逐一联系各部门负责人,落实前后方施工队伍、物资采购和加工制作等事宜。工作人员查询结果是今天还有最后一班飞机飞往成都，但需要立即出发，否则只能等到明天下午。宫圣一边向李建国总指挥报告，一边简单收拾了一下办公室里存放的一些洗漱用品，连家都没顾上回，就赶往飞机场。此时距集团抗震援建指挥部下达出征命令还不到一小时。

在灾区一线，宫圣一直在各处工地上奔波，休息时倒头就睡，一睁眼爬起身就走，经常连脸都顾不上洗。一天，他在工地上被突然下起的大雨浇了一个透，才发现没有带换洗的衣服。幸亏韩秀海和他的体形差不多，就给他拿来了自己的一条牛仔裤。也因此，前线的同志们便戏称"两个前敌总指挥'好到穿一条裤子了'"！

集团第一分公司在四川眉山市洪雅县有施工项目。洪雅属于轻灾区，地震发生后暂时停工，按照大元集团的统一要求，洪雅项目部已经主动投入当地的救灾行动中。

为了及时投入救援工作，集团决定充分利用这支现在四川的施工力量，把救援都江堰的任务交给了第一分公司。

韩秀海立即与洪雅项目部取得联系，命令他们立即设法赶往都江堰，与宫圣副总经理会合，勘察现场、反馈信息、做好前期准备。同时指示正在张家口沽源县带队施工的副经理胡东青，以沽源项目部为主组成救援队第二梯队，立即奔赴四川执行任务。

接到命令后，洪雅项目部经理王立功等同志克服余震不断、交通受阻等困难，几番绕路，辗转200多千米才赶到了都江堰，与宫圣副总经理会合。根据他们传回的信息，集团抗震援建指挥部及时做出了部署调整，第一分公司的驰援队伍也从施工设备和生活物资上尽可能地做了准备。

胡东青迅速组织了100人的救灾突击队，星夜起程。路上，他和蔡伟两个人轮流驾驶汽车，片刻不停。由于过于疲劳，加上进川方向车流密集，路上发生了追尾事故，汽车驾驶室被挤压变形，身上多处擦伤。为了早一刻投入救灾，他们等不及事故处理，简单包扎一下伤口，就又驾车上路。凭着顽强的毅力和为国救灾、为民纾难的激情，2000千米的路程，他们只用了27个小时。

闻令即动、事不过时、不讲价钱的大元作风，遍布全国各地的施工队伍，让大元集团成为河北省最早进入抗震救援现场的队伍之一。

这期间也出现过不和谐的插曲。李建国意识到，安置房需要后方生产加工，再通过铁路运输到前线安装。这次大地震受灾面积大，灾区人口多，安置房生产的原材料必然会出现短时的紧缺，必须提前准备，以保证生产。运输工具更要提前联系报备，以防因运输不及时而影响工期。所以他才命令财务部准备好500万元的援建专项资金，要求集团一切工作为救灾让路，全力保证救援工作需要。

按照任务分工，集团办公室负责联系车皮。可一小时过去了，却没有任何情况反馈。李建国亲自过问才得知，专职负责这件事的办公室副主任居然因为公司没有车送他，还没有去火车站。而且辩解说，就是去了火车站，他谁也不认识，也联系不了车皮的事。

这种既不想办法争取，也不向领导汇报，被问责时还要找各种借口搪塞的作风，彻底激怒了正在揪心抗震救援工作的李建国，他少有地拍着桌子骂出了脏口："国难当头，居然如此懈怠，毫无忠义担当！大元集团绝对不能容忍这样的人在，必须立即免职、开除！"

四、潜能无限

天灾忽降，措手不及。更令人印象深刻的是，震区特殊的自然地理环境，经过强震的践踏，山体滑坡、泥石流、堰塞湖，种种震后次生灾害，导致交通、通信中断，使整个救灾工作异常艰难。虽然从电视新闻和直播中，大家对困难已经有了充分的思想准备，但是进入重灾区后才发现，问题远比想象的还要复杂。

5月25日下午，大元集团首批援建队伍进驻任务地区。与当地政府对接后才得知，安置区的施工现场原来是一片空旷的稻田，不仅没有吃饭、住宿的条件，甚至没有生活用水和施工用电。而且当地政府正忙于安置灾民，一时还无暇顾及这支100多人的援建队伍。作为第一支到达现场的援建队伍，而且是轻装前进，援建队员们在食宿无着的情况下，没有任何抱怨，更没有打扰受灾群众。当天晚上，大家就饿着肚子露宿在了一片废墟旁边。

第二天，备受感动的当地救灾指挥部紧急从救灾物资中协调了一些方便面、矿泉水，救援队员们才吃上了到达四川后的第一顿饭——喝矿泉水，干吃方便面。

艰难面前，大元人潜能无限。由于灾后物资供应还未完全恢复，连续三天，一日三餐每人限量供应一袋方便面、一瓶矿泉水。没有电就无法施工，援建队四处打听，高价租来了发电机，为开工做好了准备。在吃不饱、睡不好、人工作业工作强度大的艰难条件下，援建队员们顽强地坚持了三天。

三天后，第二批援建队伍赶到。韩秀海已经了解到灾区前线的情况，出发前临时采购了一批塑料防雨布和大量腌制咸菜等物资。即使这样，搭建的帐篷仍不够。前线指挥部决定，帐篷优先安排一线施工人员和年长体弱者住宿，指挥部管理人员一律露天住宿，直到有条件全部解决。四川当地本来就气候潮湿，再加震后多雨，露宿的同志们为防潮需要裹上一层塑料布，可裹上后就闷得发慌，打开凉快一下，蚊虫又立即扑上身来……

住宿问题可以凑合，但吃饭问题不能将就。由于各种原因，工地周边很难买到米面、肉蛋和蔬菜。队员中大多数也不习惯当地的饮食。工人们施工体力消耗大，解决不好吃饭的问题，最终会影响援建工作。实在没有别的办法，韩秀海再次想到了一公司的洪雅项目部。他安排项目部人员在当地蒸好馒头，拉上饮用水，然后辗转135千米，送到都江堰的工地上。

抗震救灾现场

四川的夏季，白天骄阳似火。几天下来，烈日下作业的援建队员们个个都晒成了"非洲人"，暴露的皮肤被紫外线灼伤开始脱皮，又痛又痒。夜晚来临，不仅闷热难耐，而且蚊虫四起，不胜其烦。刚开始，一些援建队员整个晚上都睡不踏实，可时间一长，人人都能在闷热、潮湿、蚊叮虫咬的情况下酣然入睡。他们太累了。

前线指挥部人员，白天与工人们一道操作施工，晚上还要赶到成都、都江堰等地参加河北省、沧州市分别组织的调度会。回到工地上再召开项目部例会，进行落实布置，完善施工方案，这时一般都要到凌晨一两点钟，任务重时还要晚些。而早晨5点多，又要组织新一天的施工。因为昼夜作战，超负荷工作，指挥部人员基本上都嗓子失声成了"哑巴"。可他们居然无师自通、潜能爆棚，很快就创出了一套大家都能理解的"手语"，至多是在纸上写几个词加以辅助。

顶烈日、冒风雨、战余震，啃馒头、就咸菜、喝白水，每天工作十三四小时，就在这种危险的环境、艰苦的条件下，冲在前线的大元人把无限潜能发挥到了极致。在施工条件极其艰苦、简陋，人员极度疲惫的情况下，创造了3天4夜浇筑3000立方米混凝土的施工奇迹。在全省15个安置点建设项目中，第一个完成了基础浇筑，树立了大面积混凝土浇筑施工的典范。要知道，这应该是施工条件充分的正常情况下10天的工程量。激发大元人这种超强潜能的，是他们心中的信念，即"以最好的质量、最快的速度，让灾区人民早日有个安稳的家"。

6月20日，第一批603套安置房顺利通过移交验收，施工速度在来自上海、河北、山西、安徽等7个省市、近百支队伍中拔得头筹，其中金鸡村安置区被确定为河北省过渡安置房示范点。

在后方，总指挥李建国统筹协调物资供应、生产、运输，还要时刻关注着救灾一线的进展。一个多月的时间，他几乎没有睡过一个囫囵觉。他告诉前线的同志们，不管是什么时间，只要有问题就可以随时给他打电话。前线指挥部的作息时间经常是研究工作到半夜，再及时向他汇报，而且沧州与四川的日出时间差了将近一小时。所以，他虽然人在后方，却要比前线的同志们熬夜更深。

正如李建国的预判，随着抗震救援工作的全面展开，制作活动板房的板材成了"抢手货"。虽然生产厂家开足马力生产、国家引导快速新上了一批生产线，仍然出现了供应紧张的局面。李建国再次下令，为保证前线施工，加工厂可以不计成本，按完成政治任务、奉献灾区的思想，确保原料充足，质量可靠。为此，负责原料采购的同志们每天一手握着电话，一手操作着电脑，询遍了上海、北京、山东等地原材料生产厂家，不惜高价全部选购知名品牌的板材，保证了整个救灾和援建期间的24小时连续生产。在因操作失误，板房组装配件没有同时发货，不能及时安装的情况下，大元人一方面利用当地的项目部设法采购了一部分以保证施工；一方面不惜一切代价，通过个人关系联系航空公司，把配件空运到了四川。

为确保生产速度和生产质量，总指挥李建国亲自协调资金保障、物资设备、质量检查、安全保卫等各组联动。原材料到货后，他现场组织卸货、指挥生产加工，一直坚持到晚上11点多。工人们感动地说："李总，明天还有那么多事等着您处理，您就放心回家休息一会儿吧，我们保证明天一早就能装车发货！"

后方总指挥、集团副总郝书明反复跟工人们讲："援建工作首先是政治任务、良心买卖，不能有一丝一毫的差池，要对得起党、对得起政府，更要对得起灾区的群众。"为保证灾区人民住上放心的安置房，他要求严格按照ISO 9001质量管理体系管理生产流程，还和质量检查组的同志一起全程"旁站"监督。

沧州市副市长辛书华视察大元集团四川援建工作

6月2日，李建国陪同市有关领导去四川灾区考察、慰问。抵达成都的当晚，他就向市领导请假，不顾旅途疲劳和夜间行车的危险，驱车70千米赶到工地慰问援建队员、召开现场调度会，直到深夜3点又连夜返回，继续参加既定的考察任务。

五、不讲困难

不提困难，只讲成果，大元人创业的精神传统再次得以展现。作为集团董事长，他知道救援任务一加再加、工期一紧再紧、设计一改再改、做法一变再变、原材料价格一涨再涨，但他没有提过一次困难、没有一句怨言，更没有一丝懈怠，稳定了援建队伍的情绪。正因此，在整个救援和援建的过程中，前线的战报几乎都是"报喜不报忧"。

大元施工的第二个援建点是白沙小学，位于举世闻名的都江堰水利工程上游的大山脚下，紧邻岷江岸边，沿途都是七折八拐的盘山小路。最初当地的商砼公司因为路途过于危险而不愿供应，前线指挥部经过数次争取，才以超出当时市场价位近一倍的价格订下合同。可是仅仅供了80立方米后，对方却坚决地提出不再供货。原因是山陡路窄，几十吨重的混凝土罐车随时都有翻下山的可能。当地司机都害怕了，说："地震没震死，可别在这儿摔死。我们挣不了这'玩命'的钱。"商砼公司的一位负责人说："一天下来，我们5辆车'怄'坏了4辆，这活儿我们干不下去了。你们交的定金全额退还，连已经供货的80立方米混凝土也不收费了。"

面对如此险境，大元人却没有退缩，通过积极寻求当地政府帮助协调，终于克服困难如期交工。

人们常说的一句话是："哪有什么岁月静好，不过是有人替你负重前行。"只有身在其中，才能深刻体味这句话的含义。参加救援和援建任务的大元人中，几乎每个人都有过遇险的经历和感人的事迹。

安装分公司经理刘志光先是在后方负责安置房的生产加工。他遵照集团和李总的指示，一面紧急租赁了半成品生产设备，加速生产，一面安排力量抓紧原材料采购，严格要求板材和保温材料的质量。生产期间，他连续奋战多日，24 小时盯在生产线上，协调生产工序，督促生产进度，安排装车发货。他清楚地记得，下午 1 点多，最后一车货还没装完，他就接到了李建国董事长的电话，由于前方安装任务，组织需要加强力量，命令他火速赶往四川。

"志光，你得上一线。只能给你半小时收拾一下行李，机票已经订好了。到四川后更是一场硬仗，要在去机场的路上和飞机上抓紧休息。"李建国知道刘志光已经连续四五天衣不解带了。

刘志光是唐山人，虽然唐山大地震时他只有 3 岁，但对当年全国人民支援唐山有着深刻的印象，所以他觉得为抗震救援工作付出义不容辞。他从成都双流机场打车赶到项目工地时，已经深夜 12 点，下车后立即参加了项目管理人员的工作例会。就在这次救援中，从小把他带大的爷爷不幸去世，而他只能在千里之外向着家乡的方向磕了 3 个头，就又投入紧张的施工中。

集团装饰分公司副经理肖学强只有 27 岁，当时他的母亲因腰椎手术正躺在医院，孩子也未满周岁，但他却在救援和后续援建中两次冲上了第一线。装饰分公司负责组织门窗安装，他每天要肩上背着电脑，手里提着工具箱，奔波于相距近 20 千米的 4 个援建点之间，最终保质保量地完成了 1924 套门窗的安装任务，成为"火线入党"的大元人之一。

在第二批"一省帮一县"援建四川平武县时，集团总工程师郑培壮主动请缨冲上了一线。集团接到通知时是上午 9 点，不到 10 点他就已经坐在了赶往济南机场的车上。

平武县的援建任务虽然量不大，但 10 个援建点分布于白马、木座、木皮、虎牙、黄羊关 5 个藏族自治乡、数千平方千米的山地之间，最远的两个施工点相距 130 千米，最近的也在 20 千米以上；而且海拔高度均在 2000 米以上，地形复杂，道路崎岖，交通异常困难。有的援建点车辆根本无法通行，援建物资只能靠手搬肩扛。再加上余震不断，时常出现山体滑坡、道路坍塌等险情，援建人员时刻都会面临生命危险。为此，援建队员们每人身上都会装一瓶平时不能喝的水，为的就是万一遇险被困，可以靠这瓶水为自己多争取一点儿活下来的机会。

有一次，他们开车去下一个工地的路上，突发较大余震，公路一侧的陡坡上不时有碎石滚落。司机注意力要高度集中，既要小心地绕行路面的障碍，还要观察前方山上的情况。车上的人们也尽量伏下身子向山上瞭望，减轻司机的负担。突然，一块十几吨重的大石头带着轰隆隆的巨响从高处直直地向汽车滚来，稍有延误肯定会被击中，结果只能是车毁人亡。司机见状，在人们的惊呼当中猛踩油门、急打方向盘，汽车怪叫着越过路面上的碎石块，冲出去足有十几米远。这时巨石"轰"的一声就砸在了汽车刚刚经过的地方，溅起的石子、泥土打得车身噼啪乱响。车上的人都被这生死一瞬惊呆了，半晌说不出一句话来。还是曾经参加过南昆铁路、内昆铁路建设的前线总指挥郑培壮经多见广，指挥紧张得手脚发抖的司机赶紧开车离开了危险地段。正是靠着他在崇山峻岭间施工的丰富经验，带领大元援建队伍冒着生命危险，战天斗地，展现了"沧州好汉"的形象，7月24日再次率先圆满完成了援建任务。

六、凝聚升华

在整个援建过程中，大元集团共计完成建安工程量1667万元，以良好的企业声誉和社会认知度，占据了沧州市救灾、救援工作的三项唯一：唯一承担过渡安置房生产、安装和土建施工任务，唯一参加地震灾区二期援建工程，唯一被全国总工会授予"全国抗震救灾重建家园工人先锋号"的沧州建筑企业。并以雄厚的实力和出色的业绩创造了救灾和援建过程中的七项第一：沧州市第一支向灾区派出的援建队伍；第一个完成板材和门窗加工生产；第一批向灾区发送安置房；在救援都江堰市的7省100多支施工队伍中，第一个开盘打灰；第一个完成地基浇筑；第一批通过验收；第一批移交使用。

为此，大元集团被全国总工会授予了"全国抗震救灾重建家园工人先锋号"，荣获"河北省建设系统抗震救灾先进集体"，同时被中共沧州市委命名为"抗震救灾先进基层党组织"，宫圣、韩秀海、郑培壮等同志分别被授予"抗震救灾优秀共产党员""河北省建设系统抗震救灾先进个人"等荣誉称号。

荣获工人先锋号　　　　　　　荣获全省建设系统抗震救灾先进集体

更加难能可贵的是，经过都江堰抗震救灾、对口援建平武县的洗礼，大元人凝聚升华了"事不过时""人的潜能无限""不讲过程讲成果"的抗震救援精神，丰富了大元人的精神谱系，丰厚了大元人的精神财富，成了大元文化缔造的又一个高点。"以抗震救援精神促跨越发展"，成了大元集团实现"09 工程""1318 工程""蓝海战略"等新时期发展总目标的思想动力。

诵章：缔造传奇

2005 年改制大元集团，内部产业扩张、外部布局市场，企业规模再创新高。

"山就在那里！"攀登者的脚下，永远没有可以止步的高峰！

"09 工程"实现跨越辉煌，"1318"唱响大元梦想；战略十年，规模、效益从 1 到 3，缔造传统建筑产业的不朽传奇。

曲折的故事背后，总会伴有最动听的旋律：

聚阳生焰，是他把一群无私的人团结在一起！

廓清迷雾，是他挺起思想的利剑！

船到中流，是他掌舵、压舱，调准航向！

排山倒海，是他以个人的品格点燃大元精神的光芒！

百年大元、幸福企业，大元人的梦想已是满天霞光！

第一章 "09 工程"

一、"怠速"前进

在 2008 年的改制十年庆祝活动上，大元人认真盘点了十年来的成绩单。

1998 年企业改制以来，公司士气高涨，业绩节节攀升，企业发展基础越来越雄厚、发展路径越来越宽阔。随着薪酬调整和奖励、激励措施的落实，从中高层管理队伍到普通员工，工资、待遇、福利连年增长，大元职工已经成为沧州市的高薪群体，幸福感、收获感、归属感洋溢在每个人的脸上，流淌在每个人的心里。

然而，李建国的内心却一如既往，没有一丝的轻松。

自从扛起沧州一建这副担子，李建国就为自己背负了一个责任，绝不能让公司在他手里散了、乱了。尤其是企业改制后，他每每都要提醒自己，自己肩上担的是一千多名员工、一千多个家庭的日子。大元是一个大家庭，他的义务就是要让所有的家人有活干、有饭吃、有钱挣，而且要比别人吃得好、挣得多、干得舒心。

正是这种责任意识，让他十几年乃至今后的岁月里，只能以战战兢兢、如履薄冰的心态做好每一件事，以既要担纲驾辕、砥砺奋进，又要蹚雷破阵、敢闯敢拼的状态，为公司的发展壮大杀出一条血路。

作为一名优秀的企业家，李建国清醒地认识到，计划经济时代，沧州一建长期雄踞沧州建筑业的"龙头老大"，对于本地"市场"处于支配地位，难免造成公司内部危机意识的缺乏和进取精神的不足，对身边迅速崛起的中小建筑企业的蚕食效果存有麻痹轻敌的心态。而随着市场经济的成熟，面对全国甚至是全球一体化的市场竞争，中小企业只能接受大企业制定的规则。而大元集团目前充其量也就是省内较大的中型企业，如果不主动求变，迅速上规模，必然遭遇上有大型建筑集团挤压、下有小型施工企业蚕食的尴尬境地。

2005 年他以超前的眼光，在质疑当中把公司更名为河北大元建业集团，为公司多元化发展打开了局面。在开元房地产、开元物业公司的基础上，成立了房屋拆迁公司、路桥公司、项目管理公司、装饰公司、安装公司、建筑工程检测公司、消防公司、新型建材厂等新产业，为大元集团化发展排开了阵脚、浚清了源头。立足沧州，面向全省、全国，十个分公司和国兴、冀兴、渤兴、全兴、胜兴、立兴等子公司，以及"八大市场"布局拓展了大元的施展空间。三年多来，全新的大元集团从企业规模上确实是跨了一大步。

但是，随之而来的是集团内部从思想上逐渐产生了惰性，行动上迷失了发展方向和目标。从本质上讲，公司业务的增长性仍处于"怠速"运行状态。

市场发展从来不接受"不进则退"的概念，只有一条铁律——不进则亡！因为在残酷的竞争面前，任何停顿带来的都会是灭顶之灾。在急需上规模、争占位的市场环境下，小进、慢进都会最终被淘汰。

李建国清楚，目前的大元集团最需要的是踩下提速的油门。

2005 年成立河北大元建业集团

因此，就在公司上下沉浸在一片喜乐升平之时，这个令李建国长久以来挥之不去的思索，已经开始从"心头"爬上了"眉头"：要抓住当下整个建筑行业产业结构变革局势未明的机会，迅速壮大规模，在更多方面、更多专业领域形成突破，塑造自己的核心能力，在未来的市场竞争中抢占优势位置。

二、寻求突破

突破点在哪里？

如何实现突破？

哪些可能成为企业的核心竞争力？

如何打造核心并将之"变现"？

带着这一系列的问题，李建国和他的管理团队先后到北京、天津、上海、南京、苏州、广州、福建、海南、广西、云南、山东、河南、山西、陕西、台湾等地参观、学习、对标，开阔视野，更新理念，理清发展思路。

在对标学习中，李建国发现大元集团的基础条件几乎不输那些快速崛起的大型建筑企业。尤其是1996年5月以来，唱响"拨火三部曲"，大手笔引进、培养技术和管理人才，超前进军房地产行业，坚定推进产业增项和全国布局，更名大元后实现外向型、集团化发展……使公司各项事业的发展处于历史上最好、最快的时期。而之所以与一些大企业相比存在发展速度上的滞后，主要在于缺少了大胆创新、跨越式发展的战略目标和战略规划，导致近年来公司一直处于靠惯性前进，甚至是慢节奏、小碎步的状态。

目标决定高度，高度决定眼界，眼界决定思路，思路决定出路。一个企业的健康发展，离不开科学的战略规划。正如大洋中的一艘航船，为了稳健、快捷地到达目的港湾，仅有强劲的马达、优秀的水手是远远不够的，还需要船长提前规划出一条最优的航行路线。李建国躬身自省，十余年来，大元集团并不是没有发展规划，而是规划做低了、步子迈小了，原因是我们眼界太窄了。

"'火车跑得快，全凭车头带！'问题出在我和领导层身上。"2004年年底，在一次班子会上李建国带头做了检讨，说出了自己的想法。

"'医者难治自身病'，企业发展中的症结还需要有良医问诊把脉。我们要结合公司改名，实现集团化的契机，引进'外脑'，聘请专业的战略策划团队，为即将成立的集团公司提供战略支持和经营的指导。"

时任办公室副主任于宙立即行动，制订了引进策划咨询公司的招标方案，向全国公开招标。经过比选，确定了五家管理咨询公司参与竞标。竞标前李建国带领宫圣、郝书明、于宙等人专程上门沟通、交底，由咨询公司做出竞标方案。2005年1月，竞标活动持续了一个多月，先是淘汰了战略路径过于理论化、战略目标不切实际的三家"学院派""海归派"机构。而剩余的两家属于"实战派"，由于对大元集团这类传统建筑企业没有策划经验，一时拿不出定位准确的方案，最终也没有能够达成合作。

俗话说，外行看热闹，内行看门道。深谙经营之道，又对公司了如指掌的李建国却在与他们的接触中悟出了一些道道儿。2005年年初，公司更名大元集团的揭牌仪式上，他在2004年产值不足3.5亿元的情况下，大胆地提出了"产值10个亿、利税突破4000万元"的三年发展目标，并宏观地制定了行动纲领，最终在2008年得以高标准实现。

也正是这次在别人眼里的成功，让他再次发现，自己的站位还是低了、眼界还是窄了。"市场形势飞速发展，仅从公司内部看待发展，无异于坐井观天。必须高瞻远瞩，重新规划大元的发展战略！"

继续引入战略支持团队成了李建国的一个心念。

三、一见倾心

2007年年底，河北省建设厅、省建协召开年度工作会议，会上河北建设集团、河北建工集团、河北中太建设集团、秦皇岛海三建工集团等单位分别进行了典型汇报。其中，中太集团的前身是中国人民解放军基建工程兵352团，1985年4月集体转业为国有施工企业——廊坊市城建一公司。2000年曾专程到当时的沧州一建来考察学习企业改制工作，2004年才完成改制，成为中太建设集团股份有限公司。改制后，集团聘请专业管理咨询公司进行了全盘战略规划，收效巨大，很快就实现了利税超亿元。

中太集团董事长李文建的汇报引起了李建国的兴趣，尤其是聘请战略咨询团队的做法，更是说者无心、听者有意。

事有凑巧，2009年，河北省建筑协会组织省内企业到江苏考察学习，中太集团派出的是总裁张明礼。从南京去上海时，李建国主动上前打招呼，请张明礼上了他这辆车。两个人并肩而坐，很快话题就转到了中太集团聘请战略咨询团队上。

"中太发展得太好了，战略规划做得好，也是您和文建董事长领导有方呀！"

"哪里、哪里，李总您过奖了。东方博融这支团队确实很专业。"

李建国特别留意了"东方博融"这个名字，但出于大家都是同行的原因，担心对方在意，就没有继续追问咨询公司的具体情况，连"博融"是哪两个字也没核对。当时怕脑子记不住，就凭着声音判断，用手机记下了两个字，编成短信发给了于宙，让于宙立即查证一下是否有这个管理咨询公司。

根据李总手机短信发回的两个同音字，于宙经过网上查询比对，确认全称应该是北京东方博融管理咨询有限公司，董事长叫苏文忠。接到于宙的短信回复，李建国立即让他抓紧联系，他从上海回沧州后安排见面对接。

经过相互了解，2009 年 5 月 6 日下午，在集团原办公楼的一层会议室，李建国接见了从上海出差归来的北京东方博融管理咨询公司董事长苏文忠。李建国开门见山，坦诚地向苏文忠博士汇报了公司近年来的主要经营指标，介绍了公司的基础条件和主要举措。苏文忠就企业战略规划的制订、实施进行了详细的讲解，从战略规划的高度，肯定了大元集团的雄厚基础和发展实力，同时也一语中的地指出了大元集团"坐在金山上要饭吃"的问题所在：

大元集团的发展路径方向是正确的，但不是最佳路线，还有更宽阔的高速公路可选。

有了高速路，还要有与之相匹配的车。"车"的问题在于机制和人，机制改革、凝聚企业文化、加强队伍建设、提升思想意识和整体执行力是关键举措。

一言入心。苏文忠关于"车"与"路"的分析，让李建国一下子如同遇到了知音。一小时的会晤，奠定了双方合作的基础。6 月 8 日，大元集团与东方博融管理咨询公司正式签署协议，由博融团队制订实施专门针对大元集团跨越发展的战略规划。

在协议上郑重地签下名字后，李建国和苏文忠两个人的手紧紧地握在一起。正是这一次握手，开启了大元集团缔造传奇的十年之旅。

2011 年，大元集团成立大元投资股份有限公司，李建国任投资集团董事局

制定"09 工程"战略

主席兼总裁。在李建国主席的盛情邀请下，苏文忠博士成了大元投资公司的两名外部董事之一。在他的第一印象中，李建国主席是一位特别想干事、求实效的企业家；搞战略规划是真想求发展，不是炒概念；而且行事非常果断，说话干脆利落。这也是苏文忠倾心为大元集团服务的原因。

四、把脉问诊

东方博融管理咨询公司派出专业团队入驻大元，兵分两路：一路深入公司内部各个管理节点、岗位和员工当中，召开各种形式的座谈会、个别访谈、"旁站式"体验、调取查询资料；另一路则专程拜访国内建筑行业、房地产行业的专家、学者和学术精英，了解行业发展现状和发展趋势。在此基础上，结合东方博融掌握的行业数据库和理论成果，运用 PEST 分析、业务组合分析、价值链分析、SWOT 分析等战略分析工具进行定性、定量和科学研判。一个月后，完成了"把脉"阶段的成果——《大元集团综合诊断报告》。

诊断报告全面分析了大元文化的形成，认为是受沧州地域和历史文化的影响，形成了倡导中庸、追求稳健、过于封闭、强调服从、注重经验的大元核心价值观。而这种价值取向又很大程度上束缚了大元集团发展的脚步，导致过去一个阶段错失了一些发展机遇，也必将造成今后跨越式发展越发吃力的局面，应彻底加以改造或摒弃。

关于企业的核心资源，诊断报告认为财务、人力和技术装备等资源

已经不足以构成大元的核心竞争力，而以品牌、资质和社会资源为主的企业无形资源优势也正在丧失，尤其是总包一级资质已经由 2001 年的"一家独大"，变成了今天的"九龙过江"，需要尽快启动晋升特级资质。

而企业的核心能力方面，虽然已经布局了房地产、市政路桥等相关产业，但是仍以房建业务为绝对主力，而且从市场营销和生产运营两个主要环节看，一是集团所属 30 家分公司的发展良莠不齐，集团的核心能力掌控在以第五分公司为首的少数几家分公司手中。二是市场疆域仍以沧州本地为主，面对京津冀一体化的大市场、大开发准备不足。三是集团总部的管控、服务等能力没有很好体现，总部创造价值的能力严重不足。

在此基础上，东方博融团队用了两个多月的时间，结合国家战略调整所带来的行业发展机遇，针对集团未来发展所需具备的资源和能力及文化条件，从重塑核心价值观、组织结构变革，房建、路桥、房地产和其他专业的产业链条延伸与市场布局，以及企业资质建设、人才团队建设等方面，进行了深入剖析。经过与业界专家和大元集团领导层的多轮研讨，战略规划团队围绕大元集团的发展方向、发展路径、发展步骤和发展速度四大主题，开出了科学合理的进行资源配置、提升企业的管理水平、增强核心竞争能力的"大元处方"，以期在有限的资源条件下，保证集团更好更快的发展。

五、战略出炉

2009 年 9 月 28 日，东方博融团队提交了《大元建业集团发展战略报告（2009—2013 年）》，李建国亲自给这个规划起了一个名字"09 工程"。

报告首先根据政策、法律、经济、社会和技术等因素，对大元集团目前主要从事的建筑和房地产两个行业的宏观发展环境进行了全面分析。2008 年由美国"次贷危机"引发的金融海啸，虽然对全球经济造成了巨大冲击，但中国政府果断推出 4 万亿元的经济刺激计划，不仅保住了中国经济的基本面，而且借机实现了国内基础设施和基本产能的提级更新。尤其是国家发改委确定的 4 万亿元投资构成，主要投向保障性住房建设和水、电、路、气等基础设施，从政策环境上为建筑业和房地产业创造了快速发展的机遇。因此，大元集团面临着一次快速成长的机遇。

在对大元集团内部业务、核心资源、核心能力、核心价值观的分析中，报告认为，集团作为一家以房建施工为主业的地方龙头建筑企业，受企业核心资源、核心能力、核心价值观的共同影响，限制了建筑施工其他专业，如市政、安装、装饰及房地产业务等的充分发展。因此，未来大元企业的变革，必须突破目前核心价值观的束缚，更新观念，以新的价值观来指导企业的发展。首先是从业务上要围绕房建业务进行相关产业的孵化，以多元化业务支持、带动房建业务，化解、分担单一房建业务可能带来的企业风险。同时，分析中还通过翔实的数据明确了大元集团综合水平处于河北省第一梯队中等偏下水平的企业定位，为战略选择确定了原点。

据此，报告提出了大元集团包括市场总目标、业务总目标、管理总目标、经营总目标在内的总体发展目标。

市场总目标：立足沧州、挺进京津、辐射全国。

业务总目标：巩固发展房建主业，强力发展房地产业，快速突破路桥业务。

管理总目标：强化集团管控，建立科学高效的组织体系，大胆引进人才，全面提升企业管理水平。

经营总目标：推动实体经营与资本经营相结合，实现企业跨越式大发展；到2013年实现总产值超过100亿元，利润超过4亿元，成为京津冀区域性大型建筑企业。

报告还以"快速发展、注重效益、防范风险、可持续发展"为原则，分别就房建、房地产、路桥和其他产业模式的发展路径、阶段性目标和落实保障措施做出了科学、准确的规划安排。

第二章 战略宣贯

一、提前预防

按照工作计划，战略报告出炉后首先要在集团从高层到基层逐步宣传领会、贯彻执行。由于集团发展所需，2009 年年中，原四层办公楼被拆除，原址重建地上 15 层的集团总部大厦。集团总部机关临时搬迁到了水月寺街的平房办公。这个紧邻大运河的平房小院，就成了集团各分公司和项目部的指挥中心。

在小院西侧的会议室里，《大元建业集团发展战略报告（2009—2013 年）》的宣传贯彻工作首先在领导班子层面展开。令李建国感到意外的是，这份 10 万多字、历时 112 天完成的大元发展战略，竟然引发了一场思想"地震"。几乎所有的人都把注意力集中在了经营总目标上。当时，2009 年的业绩还没有完整的统计，大家都在以 2008 年的数据做比较。3 年的时间，产值由不足 15 亿元跃升到 100 亿元，利润要从 6000 万元增长到 4 亿元，分别要翻三番才能实现，这可能吗？除了李建国外，当时的大元集团内外，可能没有谁有足够的信心和勇气接受这个目标。

开始宣传贯彻的第一天，李建国先到了旧办公楼翻建的工地上。望着推倒重建的办公大楼，李建国心里默念道：推倒重建的不仅是这座 20 世纪 70 年代的老楼，应该还有大元集团新时代的发展理念。这是一次从物质到精神的大革命呀！

他想起战略报告提交时，苏文忠与他的一番对话：

"苏博士，不愧是专业团队，这个战略分析得透彻、规划得准确，符合大元实际，对我的心思，佩服、佩服！"

"李总您过奖了。准确地说这些都是你的战略思想，我们只做了两件事，一是为你的战略思想找到了依据，增加了你的信心；二是把你的想法整合了，穿成了一串儿，也就放大了效果。所以，最多应该算是我们两家一起做出的战略规划。"

"谢谢！你这样说，就让我更有信心了。下一步大元集团将全力以赴，我们的战略目标一定要实现，也一定能实现！"李建国已经布置了一场声势浩大的战略实施动员活动。

"李总，以我们的经验教训，战略制定、出台容易，但起步阶段实施最难。难点往往出在人身上，你要有思想和行动上的准备。"苏文忠话中有话。他是担心李建国在人的问题上下不了"狠手"，提前打了一支"预防针"。

二、并非空穴来风

"打预防针"并非苏文忠的"空穴来风"。几个月的交往，他对李建国的为人已经有所了解。这也是他们团队制订战略规划时必须考虑进去的因素。

很多人都知道李建国对待工作要求严苛，"脾气大"，批评人不留面子。但是生活中他却是谦恭随和，没有一点儿老板的架子。当年上千名员工的大企业，谁家有老人去世，他都尽量到场吊唁，看着办公室和工会协助处理妥当才会离开。谁家有婚嫁喜事他也都会送上一个红包，只要不是忙着，还要去捧场喝上几杯喜酒。

李建国跟著名作家、全国政协十二届委员、沧州市政协原副主席何香久的相交，就是在一位大元职工为儿子举办的婚宴上。何香久与大元的这位员工是老乡，也参加了婚礼，就餐时他们在一个宴会大厅里就座。两个人都是政协委员、沧州名人，经常在一些政界、商界的会议上相遇，早就互相认识，但在这次婚宴上相遇之前并无深交。

席间，李建国主动离席到同事们桌上敬酒，还带动着大家喝酒。令何香久主席称奇的是，这位沧州"大企业"的"大老板"却没有一点儿"板气"。李建国有些酒量，每到一个桌上，他都是先来到一个平时善饮的人身边，左手端着酒杯，右手半握着拳，在这个人肩上擂一下，说："来，咱俩干一杯！"对方也不推辞，两个人就一起说说笑笑地干了杯中酒。然后李建国再当着大家的面儿重新倒上酒敬大家。有老同志的桌上他就多停一会儿，尽量给每个人都要单独敬上一杯。

李建国的这种敬酒方式给何香久留下了深刻的印象：他敬酒时不是

拍着人家肩膀或者后背，而是在肩头擂一下。这个动作极其自然，说明他的亲和力是发自内心的，从骨子里没丢本色。这样的老板在职工心中永远都是可以和他们一起和灰、搬砖的工友，连着皮、贴着肉，不夹层、不隔心。所以只要是他的号召，在大元集团肯定一呼百应。

在这次酒席之后，两个人成了朋友。受李建国邀请，何香久先生多次为大元的企业文化构建出谋划策、操刀上阵。

深入了解李建国的人都知道，他其实是个"刀子嘴、豆腐心"。李建国对工作上的事较真，也容易发脾气，尤其是对有损国家和集体利益的人和事甚至会破口大骂。2008年抗震救灾的紧急时刻，他就曾经大骂过一个故意懈怠救援工作的干部。但是在处理人的问题上，他又经常因为顾情面而"打折扣"。

曾经有一位从参加工作就和他一起摸爬滚打的老同事，是集团的高管。受外地同学的蛊惑，为了取一点儿私利，以公司的资源承揽工程后再交给这个同学去施工。这在行业圈是大忌，涉及职业道德，而且严重违反了公司制度，尤其是高管人员的工作纪律，造成了恶劣影响。按照公司规定，应当撤职、除名。

但是，李建国"下不去手"，只是要求他辞去职务。这位老同事觉得有自己的同学做后盾，居然高调离职。但离开大元后，他在同学眼里就没有了利用价值，后来的合作并不愉快。即便这样，在这位同事患病住院、去世期间，李建国多次去医院看望、到家中慰问，连葬礼都是李建国坐镇，由大元集团一手操持的。而他那位外地的同学，只是简单吊唁了一下就转身而去。

也正是因为李建国的这种性格特点，苏文忠才故意向他"交底"。苏文忠是善意的、预防性的，因为他相信李建国的威信。李建国的表态是坚定的，因为他相信大元集团的纪律意识。

三、风波乍起

令李建国意想不到的是，苏文忠担心的问题还真的出现了，而且就出在了领导层。

在东方博融团队的指导下，集团组织全体中高层管理人员进行了战略动员和战略学习解读。集团领导班子成员的学习，是由苏文忠亲自主讲。

在《大元建业集团发展战略报告（2009—2013年）》中，专题解读了1998年以来房地产政策环境的变迁，较为客观地剖析了开元房地产公司在经营策略和创新意识等方面存在的问题，并给出了未来发展的方向和路径。然而，这一剖析和评价却引起了一位兼任开元房地产开发有限公司经理的集团高层领导的极大反感。在一次公开场合的讨论中，这位集团副总经理不仅不承认开元房地产公司经营策略上的缺失，反而以"挑拨我和老板的兄弟关系"为由，破口大骂，挥拳相向，令东方博融团队大感失望。

最失望的还应该是李建国本人。这位副总是1996年李建国就任沧州一建经理后亲手提拔起来的。之所以提拔他，一是他有学历、有能力，还有一点就是当年这位高管也只有29岁，和李建国1985年任公司副经理时同岁。所以，李建国一直把他当成小弟弟一样信任、爱护、培养。2000年成立开元地产开发有限公司，他毫不犹豫地把这个机会交给了这位只有33岁不到的年轻人。几年间，开元地产的经营状况有目共睹，但较高的利润回报率却成了挡在眼前的浮云。开元公司内部高福利、高待遇，尽乎独立王国式的管理也滋长了年轻人的"脾气"。

事件发生后，李建国确实还是有"护犊之情"。但是，他攻击的是战略制定和规划推动的核心团队，这次如果不给予严肃处理，必然会破坏大元与东方博融团队的合作，很可能会导致他苦心孤诣的"09工程"战略彻底夭折，最终损害的将是公司的发展和广大股东的利益。这是李建国绝对不允许的。

李建国强压着冲上头顶的愤怒，要求他立即向苏文忠博士正式道歉，主动挽回损失和影响。随后，果断地免去了这名副总经理的职务。

不过，正是有了对这件事的高调处理，对集团上下起到了强烈的震慑作用，宣传贯彻工作才得以顺利推进。2019年6月20日，在大元集团战略实施十周年之际，李建国自己动笔整理了一篇《2009—2019年跨越纪实》。其中有这样一段回忆："在战略推进过程中,有的同志对战略进行了全面否定,不参与学习,不研究、不讨论,更严重的是对战略专家进行人身攻击,采取暴力行为,想吓退战略专家。对这种行为我们进行了严肃处理,淘汰出大元团队,进一步净化了队伍,统一了思想认识,各项战略步骤逐步顺利推进。"

四、全员动员

"打人事件"让李建国深刻认识到,落实战略最大的障碍在思想上。攻克思想堡垒就像是打一场战役,需要讲究战略、战术。李建国在一本党史研究资料上读到过,中国共产党领导的军事斗争,其成功经验中最显著的一条就是把作战意图直接下达到连、排、班,让所有的战斗员都能为目标而战。这是中国共产党对自己亲手缔造的这支军队的完全信任,从不担心会有党培养的战士泄露或者出卖军事秘密。

李建国决定在战略宣传贯彻中也要打一场"人民战争",把大元战略传达贯彻到每一名员工的心上,让每一名员工都成为大元战略的推动者,战略实施中的发动机。因为他相信,大元人都是真心希望大元集团的明天更好。

在高中级管理层继续深入学习领会战略的同时,集团召开了全员参加的战略宣传贯彻动员大会,贯彻学习战略纲领,为战略实施过程中必须进行的组织架构改革"吹风",征集实施意见和建议,要求人人表态、人人发言。

"不革命就会没命。""任何阻碍企业发展的因素,包括我自己在内都可以摒弃。"这是李建国在动员大会上表达的态度。此言一出,振聋发聩,立即在集团内部形成了上下齐动的局面。广大干部职工积极建言献策,提出了许多中肯的意见,同时还征集到了大量的有助于战略实施、改革创新的"豪言壮语",比如,"战略实施就要改革,改革先从我下手"等。尤其是一些老党员、老干部纷纷坦诚地表示:"革命就得有流血牺牲,改革也要不怕流血牺牲。""革谁的命,由战略决定。"

对于李建国来说,这已经达到了他第一步的预想效果。有些工作不一定非得让所有的人完全理解了再行动，在行动中加深理解和体会也是一种更为有效的工作方法。因为他的"子弹"经常要飞一会儿。

全员动员的另一个收获是一些老同志的高风亮节。虽然他们并不一定全部理解和认可集团的战略，但他们坚定地选择了支持和配合，主动提出让出工作岗位或者提前退休，让更多年轻有为的新人承担起战略实施的重任。因为他们清楚一点，李建国做的每一件事都是发自内心地为公司好、为大家好，跟上李建国的节奏，错不了。

五、亲自上阵

集团把"09工程"战略的贯彻行动作为了公司的一项核心任务，由董事长李建国和总裁宫圣亲自担任主讲，开始在集团机关、二级单位间分批分期进行。两位领导在学习领会战略方案的基础上，分别编写了自己的教案，李建国还让办公室印成了《"09工程"学习手册》，制作了PPT课件。

"老鹰可以活到70多岁，是世界上寿命最长的鸟类，因为它在40岁即将步入老年时，会主动选择忍受极端的痛苦，磕掉长长的喙、啄去老化的爪甲、拔掉陈旧的羽毛，再等它们重新长齐，完成一次自身脱胎换骨式的重生。这个故事告诉我们，要想永远保持旺盛的生命力，必须经过痛苦的自我革命。搞战略就是为了大元永葆青春，我们也要做好痛苦和牺牲的准备。"

"战略是企业的灵魂。企业有了灵魂，员工就会拥有神圣感，神圣感形成认同感，认同才能有自觉的行动。"

"打个比方，如果企业是一支枪，那么员工就是子弹。子弹打向何方、能否命中目标，取决于准星。准星就是我们的战略。"

连续十几天，在"中南海"西头的会议室里，李建国和宫圣面对分期分批接受培训的机关和二级单位管理人员，就是用这样的开场白来开始一天的讲学的。

根据机关和二级单位工作性质的不同，宣传贯彻时间安排在下午和晚上。下午是宫圣，晚上是李建国。晚上的时间是18点到22点，大家都是下班后直接赶过来，上完课后再回家吃饭。李建国也坚持每天不吃晚饭。"战略不仅是一个目标，是实现目标的过程。这个过程需要大家齐心协力、风雨同舟、患难与共。大家下班来不及吃饭，饿着肚子就来集团参加战略宣传贯彻，我也不能吃饱了啊。"

宫圣坚持在学习中不断自我否定、自我革新，在思想斗争中不断提高认识，然后再把体会分享出来。连日的奋战，让他的身体出现了一些状况。他就坚持中午休息时间去打点滴，拔下针头再走上讲台。

在李建国和宫圣的顽强坚持下，经过四个阶段、50多场战略宣贯，效果开始显现。为什么要搞战略、战略能解决什么问题、大元集团发展的瓶颈在何处，这些问题引发了大家的热议。随着对战略规划和实施策略的讲解，集团全体干部员工不仅思想统一了、认识提高了，工作激情和斗志也被彻底激发了出来。

六、"四不精神"

但是，在宣传贯彻过程中也毫不意外地发现了一些问题。一些人对产值超百亿的目标存在怀疑，一些人则担心改革会给自身利益带来影响。这都在李建国的意料之中。引起他特别注意的是，在战略宣传贯彻进行了一段时间后，居然还有人问他："老板，战略什么时候结束？"

"战略宣传贯彻了这么多场次，怎么还没有理解战略的基本内涵呢？"李建国心中一凛，"这绝不是一句玩笑话，也不会只是一个人的认识，是代表了相当一部分干部员工对战略实施的理解。战略推进不能退，也绝不能半途而废！必须找出病根儿，彻底解决这种危害性的思想问题。"

李建国提笔在案头的稿纸上写下了四行大字："不回头、不观望、不动摇、不放弃。"

他决定把这个"四不精神"作为"09工程"战略目标的思想基础，一起加以贯彻执行。

"人类发展史上有一个颠扑不破的真理，就是在历史转折的车轮面前，不革命就会没命。在当今形势下，'09工程'就是大元集团一场非革不可的命。这个时候回头，就是逆潮流而动，就是自寻死路！"李建国结合战略形势的分析，道出了自己的清醒认识。

"形势瞬息万变，容不得一点儿彷徨和犹豫。观望就会贻误战机，观望的人就会成为前进路上的绊脚石。为了把大元建设成伟大的百年企业，绝不允许任何人阻碍大元前进的脚步。包括我自己在内，如果你们发现我的存在影响了集团的向好发展，我会立即退出、让路！"李建国以心相鉴，为一些人敲响了警钟。

"'09 工程'经过专家团队的科学研究分析，得到了广大干部职工的认可，也开始显现实践成果。这不是什么'出腿才见两脚泥'，我们完全有信心，更要坚定地贯彻执行下去，毫不动摇、决不放弃！"

"四不精神"所传达的"革命就不怕流血牺牲"的决心和勇气，震撼了公司上下。"四不精神"的强力贯彻，让那些得过且过、混天度日的人感觉到了压力；让那些想在"功劳簿"上"躺平"的人，又有了新的动力；也让那些想保位子、抓"票子"的"南郭先生"，彻底失去了生存的环境。而对于绝大多数公司员工来说，则是让他们的信心更足了、干劲更大了。

第三章 跨越·辉煌

一、目标"45352"

在账务部详细核算、审计部门全面审核的数据支撑下，经过集团与东方博融专家团队充分研究，根据行业、专业发展形势，提出了"09 工程"第一个年度经营目标，即 2010 年集团承揽施工任务量要超过 45 亿元，完成产值 35.4 亿元，实现利税总额 2 亿元。简称为"45352 目标"。

相对于 3 年产值超 100 亿元、年均增长 30 亿元的战略目标，第一年设定的目标增幅只有 10 多亿元，这已经是一个很保守的方案了。因为在战略实施过程的起始阶段，往往需要做好一些布局调整，投入产出需要时间来完成。

但是，对于大多数人来说，相较于 2005 年到 2009 年每年 4 亿元多一点儿的递增量来说，这仍然是一个过于大胆的经营目标。毕竟 2009 年的统计数字出台后，承揽量也只有 31 亿元、产值 23 亿元。

"起步太大，实现不了的话，会破坏了士气，影响整个战略的实施。"有人善意地提醒。

"第一年定低点儿，小步快跑，让大家适应一下。"有人直接建议。

还有个别人背后说起了"风凉话"：三年达到产值 100 亿，听起来就有点"天方夜谭"，明年一下子要涨到 35 个亿，这不是要搞"大跃进"吗！有那么多工程吗？揽到了工程，人手够吗？

习惯了别人看不透、猜不着的李建国，这次却没有"惯"着。面对种种动摇和怀疑，李建国决定不再等到来年的股东会和职代会。2009 年 12 月 28 日，大元集团召开年终全员总结大会。会上，李建国满怀信心与激情，做了题为《改革突破、自我超越、科学发展、再创辉煌》的工作报告，在总结 2009 年工作的基础上，科学安排了 2010 年的工作计划。不仅面向全体员工响亮地提出了"09 工程"总体目标和"45352"这一阶段性目标，更从企业文化建设、人才引进和培养、市场布局和产业结构调整、投资计划和风险管控等 11 个方面明确了切实可行的保障措施。

很多人这才理解了李建国的底气何来。报告最后，他向集团全体员工吹响了出征"09工程"的"集结号"："09工程"是一场伟大革命，为擦亮大元品牌，集团要求全体员工树立"不革命就会没命"的忧患意识，拥有"革命就不能怕流血牺牲"的勇气和决心，努力实现"五个转变"，做到潜心谋事当恪尽职守，勇于干事当爱岗敬业，攻坚成事当鞠躬尽瘁。只要我们坚持"不回头、不观望、不动摇、不放弃"的"四不精神"，2010年实现"45352"，"打造领先项目管理年"的目标就一定能实现，集团"助力社会发展，营建百年企业"的企业宗旨就一定会实现！

大会的成功召开，使李建国的信心和底气迅速传导成了集团上下的信念和勇气，转化为全体员工的冲天干劲，各项业绩全线飘红、直线上升。

二、组织保障

在战略宣传贯彻前期的思想动员过程中，集团就按照战略规划，开始从组织改革上着手准备。

由于2009年制定并实施了《股权流转与激励方案》，原有330人所持的股份流转到47人手中，同时增设了24位激励股东，形成了优胜者持股格局。股东发生了变化，相应地也要完成董事会的换届。经第四届董事会研究，决定提前召开股东代表大会，以理顺集团和战略团队的关系，保障战略宣传贯彻和实施顺利进行。

11月8日，在第五届一次股东代表大会上，选举产生了新一届董事会、监事会。李建国当选董事长，董事包括宫圣、郝书明、王连兴、苏文忠（外董）、李春生（外董）。张关振当选为监事会主席，杨向东、张荣强为监事。第五届董事会任命宫圣为集团总裁，郝书明为常务副总裁、于宙为副总裁。

在这次会议上，还审议通过了《河北大元建业集团有限公司组织规程》和《河北大元建业集团有限公司组织变革实施方案》。根据这一方案，11月9日，宣布撤销第五、第六分公司，以五公司为班底成立河北大元建业集团建筑安装总公司（简称"建总"），任命王连兴为总经理，张春荣、韩秀海为副总经理，李建华为总工程师，将原有的房建分公司和子公司纳入旗下。第六分公司与原路桥公司合并，成立河北大元建业集团市政路桥总公司（简称"路总"），任命汤长礼为总经理，王瑞生、许云飞为副总经理。市政路桥业务市场竞争简单、利润高，但专业技术和生产设备特殊。为加强路总的专业技术力量，集团指派集团工会主席、总工程师郑培壮兼任路总总工程师。

科学、高效的组织架构是规划战略落地实施的有力保障之一。根据前期的"诊断"，大元集团的整体管理相对孱弱，还处于朴素、自发管理状态，与现代企业管理有较大差距。集团现有组织过于交叉、集中，董事会与经营层权责不清，导致决策层陷于经营性事务，既不能集中精力实施宏观战略规划和指导，又缺乏对分公司有效的管控手段。职能部门的管理也存在着职能缺失、错位、交叉混乱等问题。

企业管理能力跟不上企业发展的要求，等于锁死了企业上升的"天花板"。随着企业规模的不断扩大，李建国也深感自己对公司前途命运的思考，受到了事务性工作的羁绊，越来越没有了先前的从容。

因此，集团董事会提前换届时，就重新明确了以董事会为核心的集团总部的管理定位，即战略管理、投资管理、财务控制、人才管理、资质品牌管理和企业文化建设六大核心功能。而经营、生产、质量、安全等业务性管理则全部下放到新成立的建筑安装总公司和市政路桥总公司，以及开元房地产子公司。同时，调整总部机关部门设置，只保留了总裁办、人力资源部、企业管理部、财务部、审计清欠办等部门。

新组织运行后，无论是战略决策与推进，还是全面预算化的财务控制和资本运营，以及企业文化和人才队伍建设，集团董事会和集团总部的全面管理水平得到显著提升，为"09工程"战略推进提供了坚强的组织保障。

尤其是获得充分自主经营权的建总、路总和房地产子公司，在责、权、利的共同作用下，创造性地驰骋市场，为实现"45352"目标的"开门红"打下了基础。

建筑安装总公司在强化配套资质建设的同时，充分发挥主业资质优势，成立了总承包部，着力向施工总包业务转型。在深耕既有市场的同时，发力打拼外埠市场，积极拓展新领域项目，业务量快速增长，全年达到了 43 亿元。以科技为引领、以人才为支撑，施工生产创造了优质、安全、高产的新纪录，全年完成产值 28 亿元。建总一家几乎就撑起了集团的绝大部分年度经营额。

成立市政路桥总公司，是大元集团转型发展的开山之作，也是集团首脑的胆识和勇气之举。作为集团现代企业管理制度改革的先行先试者，路总率先完善了法人治理结构，科学配置了管理和生产资源，全面实行了薪酬分配、股权激励、项目管理等改革措施。在摸索中前进，这支传统的土建施工队伍，迅速成长为专业化的市政和路桥施工企业，2010 年就实现合同金额 7 亿元、完成施工产值 4 亿元，利税 6000 万元，成了集团业绩支撑的一匹"黑马"。

三、思想引领

作为一名共产党员，多年的企业管理经验，让李建国有一个明晰的认识，即"精神和信念的力量是无穷的"。在 2008 年的抗震救灾和援建工作中，大元人克服前所未遇的困难，想尽一切办法，把集团和个人的智慧潜能发挥到了极致，最终出色地完成了任务。所以，在集团进行抗震救援工作总结时，他坚持把"人的潜能无限"列入"大元抗震精神"谱系。

企业的精神来自企业文化，企业文化的核心是价值观。2009 年在东方博融团队完成《大元集团综合诊断报告》和制定《大元建业集团发展战略报告（2009—2013 年）》过程中，李建国首先组织集团内部就大元传统的核心价值观进行了深入的自我剖析。战略团队也通过集团的决策程序、领导者作风、内部架构和运行关系、对外业务行为、员工社会形象等进行了科学分析，最终一致确认目前大元的核心价值观为"倡导中庸、追求稳健、过于封闭、强调服从、注重经验"。

客观地说，这种价值观是适应大元历史上所经历的政治、经济和文化环境而形成的。在过去的历史时期，这种价值追求曾经为大元的生存发展起到了推动作用。但是"时势易也",面对新形势、新环境、新问题,这些意识无疑已经成为大元谋求快速发展、规模发展的思想桎梏。

在战略团队的指导下,集团首次明确了集团员工必须共同遵守的核心价值观,即开放、创新,专业、规范,协同、超越,诚信、奉献。为了保证"09 工程"战略的稳步实施,集团将之列入了年度工作计划中 11 项保障措施之首。明确提出,2010 年集团文化建设的中心任务就是坚决、全面、认真贯彻好十六字核心价值观,做到"内化于心、外化于行、固化于制",时刻警惕旧有价值观的存在并克服其影响,时刻用新价值观去处理和应对各类问题;要逐步培育企业员工共同遵守的最高目标、基本信念及行为规范,提炼出大元精神、宗旨、作风、职业道德、座右铭等一整套文化理念,用典型人物和鲜活事迹诠释各种文化理念,使其更加深入和巩固。

为培育和传播大元企业文化,为"09 工程"战略实施鼓劲发声,2010 年年初,大元集团创办发行了企业内刊《大元人》。根据集团"重塑核心价值观"的工作安排,《大元人》从创刊号开始,连续登载了大元集团年度先进人物事迹,从中挖掘和表彰他们所体现的大元核心价值观。还开办了《员工风采》专栏,以事迹简介、个人感言和目标理想等形式,宣传他们对大元核心价值观的理解和践行。于宙的"不怕吃苦就怕懒惰、不怕平凡就怕平庸,只要付出辛勤和汗水,就能成长和进步",汤长礼的"自我加压、主动转型、大胆创新、追求卓越",赵建峰的"协同协作、肯于付出、建言献策、精于谋划";还有"用心血汗水打磨精品项目"的孙红阁,"没有安全的进度一寸都不要"的孙希香,"勇做'第一责任人'"的王刚,"把事业视为生命、把敬业视为使命、把责任视为天命"的孙亮,"在岗一天'划桨'不止"的姜长寨,更有主动学习"艺不压身"、从进入公司第一天就转战外埠,虽是项目部的唯一"红花",却甘愿做一株绿草的女资料员赵杰……一大批大元自己的"英模",把集团公司十六字核心价值观固化成了一幅幅生动的镜像。

《大元人》的创办,以全角度、多视角、风格清新、形式灵活的特点,得到了大元员工的喜爱，成了集团传达战略意图、记录发展足迹、传递改革力量和企业文化内塑外宣的一个亮丽窗口。

2010年6月8日，在年中工作会议上，集团把"加强思想建设、打造高效执行团队"作为下半年第一位的工作重点。6月12日，集团党委和集团公司联合印发了《关于开展思想建设活动的实施方案》。此方案要求全体党员干部要树立"忠诚、责任、奉献"意识，思想、言行要与集团党委、集团公司保持高度一致，要站在全局和维护集团发展大局的立场上，坚定不移贯彻执行集团各项路线、方针、政策。要切实转变作风，做到"一个解放、两个提倡"，即解放思想是一切工作的核心和制胜法宝，提倡主动工作、提倡精细工作。此方案还确定，集团各单位都要以"简单、坦诚、阳光"为原则，围绕如何坚定不移地贯彻执行集团发展战略，组织集中学习讨论。集团党委、董事会、监事会、总裁班子、三总班子成员作为中心组成员投入思想建设活动中来。

为了能集中精力，李建国提议，把年中工作总结会安排到外地召开，同时进行为期三天的封闭式学习和研讨。

7月2日，集团中心组20余人来到山东龙口南山集团，结合考察学习成果进行封闭式研讨。为了突出研讨的性质特点，集团为这次活动取了一个名字"省·思·行"。"省"即反躬自省，检讨过往；"思"即深思精虑，谋划未来；"行"即坚定目标，笃行不怠。

研讨中，全体队员在自我解剖的同时，开诚布公地进行了交流研讨。从上午一直到深夜，从市场开发、风险管控、三项基础工

2010年南山"省·思·行"

作到行为规范、企业文化、团队建设、领导力提升，大家摘下了心理面具，放下了岗位、职位，完全以大元主人的心理姿态，主动碰撞思想、寻求智慧火花。

南山一行，在集团高层形成了以身作则、工作协同、有事直说、坦诚相待的工作氛围。此后，每年一度的"省·思·行"活动成了集团管理团队思想建设的必修课，也是集团党委对参加"省·思·行"活动人员的政治认可。

四、行动起来

"开放、创新，专业、规范，协同、超越，诚信、奉献"十六字大元集团核心价值观的确立，"一个解放、两个提倡"工作作风的形成，为"09工程"的实施奠定了坚实的思想基础。以此为指引，集团上下的战略推进工作进入了正轨。

财务改革是战略实施的第一战场，被视为"革命中的革命"。财务账目、人员集中管理，资产核算、审计，全面预算管理，资本运作等新财务制度的制定和运行，全新的工作内容、流程和节奏让财务部的战斗刚一打响就进入了白热化。

在战略规划中，财务工作必须实行收支两条线，为此要根据新的资金管控体系方案重新设计资金审批流程。起初，由于没有真正理解这项改革的意义，只能是"要我做，我就做"。在传统思维的惯性带动下，资金管理流程的设计总会不自觉地回到原点。刚刚就任集团财务部长的赵建峰急得睡不着觉，深夜12点习惯性把电话打给了肖学强。

肖学强曾在集团财务部工作多年，业务精良，当时刚刚调任大元集团装饰公司的财务副经理。电话接通，赵建峰就一股脑儿地把自己的想法说了出来。电话那端，肖学强怕影响家人休息，一边压低声音说"上QQ！"一边赶紧起床到书房开电脑。这时，赵建峰才意识到肖学强工作身份已经变化，正要表示歉意，腾讯QQ上肖学强的头标已经晃动了起来。

打开电脑登录QQ，两个人戴上耳机，时而打字，时而语音，时而手绘出流程草图举到电脑的摄像头前……不知不觉三小时过去了，直到凌晨 3 点多，他们才完成了一个新的流程方案。

可当早上赶到公司，这一宿的苦功却遭到当头一棒。大元建安总公司财务经理李秀礼和集团财务部副部长、资金结算中心主任边一川分别指出了这个方案存在的问题。

方案被否定，赵建峰却没有一点儿懊恼："自己发现问题比被领导发现好，现在发现比运行起来发现好，这是好事。而且说明大家伙儿都没有闲着，发现新问题越多，就越接近成功了。"

三个人请来市政路桥总公司财务经理吴冬梅一起研究，首先统一思想，把需要解决的问题找准、找全，一一列出，逐项解决，最终水到渠成有了一致意见，提交给东方博融和集团公司领导后得到了全面肯定。

吴冬梅、李秀礼和边一川三个人都是工作狂。战略实施中，家里整天见不到吴冬梅的人影，丈夫、孩子没办法，只好找赵建峰"要人"。李秀礼还兼着建总五分公司的财务，全集团内部审计期间，他要两头兼顾，多少次在公司忙上一个通宵，早晨 5 点多回家洗把脸、吃口早点又回到岗位上。边一川的爱人在一家外企工作，两个人的工作都是一个字——"忙"。从 2009 年下半年开始，将近一年的时间，边一川每天早上 5 点多就得起床，然后再把迷迷糊糊的孩子从被窝里提起来，催促着洗漱、吃饭。7 点前就用自行车把孩子送到学校门口。学校大门不开，孩子只能孤零零地等在门外。深冬季节，天还没大亮，只能求看门的大爷照看一下，然后头也不敢回，一路狂蹬赶到公司参加晨会。孩子上小学一年级，放学早，只好经常寄宿到朋友家。有一次孩子得了感冒，因为当时"甲流"比较严重，学校让孩子必须回家休养。可一忙起来就忘了点，赵建峰几次催他回家，他嘴里"嗯"着，可脑子还在工作上，根本没听进去。实在没办法，他的妻子只好辞去了待遇优厚的外企工作。

财务部只是一个缩影。2010 年 3 月，集团组织了一场"大元助我成长、我与'09 工程'同行、共同擦亮大元品牌"先进事迹主题报告会。由集团领导班子、子公司总经理、部门经理、分公司和外埠公司经理、项目经理、技术员、一线施工人员等组成的报告团，分别从不同的角度分享了对集团战略的理解和在"09工程"战略宣传贯彻、执行过程中的感人事迹，在全集团引起了巨大反响。

典型引路，发挥榜样的力量，用星火点亮全体大元人的心灯。聆听了模范人物的报告，李建国现场发表讲话，要求全体干部员工要时刻保持清醒的头脑，不断增强忧患意识；要永远保持顽强的斗志，把战略宣贯作为一项长期而艰巨的任务；要主动保持前进的动力，以先进人物和事迹为榜样，勇于承担更大的责任、完成更高的使命！

五、第一份成绩单

在企业内刊《大元人》2011年第1期上刊发的《元旦致辞》中，大元集团公布了2010年的成绩单：

"2010年集团主业部分承接施工任务50亿元，施工产值32亿元；市场范围扩大，成立了西北、西南、新疆、泰安等外埠分公司；经营范围扩大，新增11项资质，目前拥有包括10项一级在内的各类资质42项。"

"2010年也是集团多元化经营战略的丰收年，房地产销售收入1.6亿元，泊头大元首府项目成为城市开发名片；年产混凝土能力120万立方米的大元商砼4月开始运营；总投资1.5亿元，占地100亩的大元管桩12月正式投产。"

"推行领先项目管理模式，出台了《质量管理标准化实施手册》《安全管理标准化实施手册》《项目成本管理办法》《关于推行领先项目管理之工具式防护用品和安设监控系统的通知》等文件。集团全年未发生重大质量事故，工程验收合格率100%，创省优'安济杯'3项，省用户满意工程2项，市优'狮城杯'4项；全年未发生重大伤亡事故，安全达标率100%，创省级文明工地6项，市文明工地5项，获河北省先进建筑企业、河北省诚信企业、河北省质量管理优秀企业等荣誉称号。"

六、目标"70503"

"地转天旋，万事开头难，斗霜傲雪二十年，堂堂剑气尚寒。"2010年经营业绩的突破性发展，薪酬激励措施的公开落实，让大元人对"09工程"战略的实施真正树立起了信心，甚至增添了许多渴望。在充分论证的基础上，2011年集团以"股份制改制、信息化建设"为抓手，确立了"70503"经营目标，即主营业务合同额达到70亿元、营业额实现50亿元，利税突破3亿元。

作为一个传统建筑企业，面对汹涌的改革浪潮和持续高效的战略推进，在旧环境下长期养成的一些"老、大、慢、散"的习惯，成了"09工程"战略的阻滞。为了克服各项工作中存在的责任意识不强、大局意识不够、工作作风不实、落实执行不力等问题，3月25日集团党委召开支部书记会议，专项布置针对上述问题的"思想建设年活动"。党委书记、董事长李建国亲自布置、动员，要求"思想建设年活动"要与新组织机构的运行紧密结合，为大元战略实施、跨越发展提供思想保障。作为集团"思想建设年活动"的一项重要内容，2011年的"省·思·行"活动于7月28日举行。68名集团中高层领导再赴山东青岛，对标学习海尔集团和青岛啤酒的管理经验。在这次活动中，李建国首次提出了把"政治成熟"确定为大元管理团队的考核标准，明确了"服务赢市场"的管理新理念。

有了架构优越、运行顺畅的管理机制，注入了全新的管理思想，"70503"目标在全体大元人的共同努力下，得到很好的贯彻落实。

2011年青岛"省·思·行"

七、强攻"181"

2012年，集团确定的发展目标是以打造项目标准化暨质量安全年为保障，强攻"181"经营目标，即主营业务合同额100亿元、营业额80亿元、净利润1亿元。

为了进一步释放"立足沧州、挺进京津、辐射全国"战略规划的活力，扩大市场空间，增强市场开发能力，集团经过申请注册，去掉了河北大元建业集团股份有限公司的地域限制，更名为大元建业集团股份有限公司，把大元投资公司上升为母公司，更名为大元投资集团公司，下设大元建业集团股份有限公司、开元房地产开发有限公司、大元商砼有限公司。

与此同时，5月8日的一场"拓市场、上产值、强管理、保目标"的誓师大会，拉开了"先进更先进、后进学先进、比学赶超当先进"的主题实践活动的大幕。根据这一宗旨，当年7月7日举行的年度"省·思·行"活动，72名集团中高管来到秦皇岛，领受了"高效能"和"领导力"的启发，树立了团结协作、亮剑争先的进取意识，为"181目标"的成功实现创造了环境和氛围。

2012年年底，一份最新的统计数据让大元人沸腾了。在全国建筑市场形势严峻、业绩普遍下滑的情况下，大元集团实现承揽量100亿元，完成产值66亿元，各项数据同比增长40%以上。比较2009年的各项数据，三年间大元集团的施工任务承接量增长了234%，产值增长了215%，利润增长了121%，总资产增长441%，企业资质数量增长223%，市场拓展到全国30个省、直辖市和自治区，职工总数增加近千人，增量全部为大专以上学历的高校毕业生。集团从省内中上游规模企业跃升为中国建筑业成长性百强企业、河北省百强企业、河北省政府重点支持的15家大型优势企业……

八、激情时刻

2013年，大元集团进入"09工程"战略的收官之年。集团在提出"212"经营目标（承揽施工任务200亿元、确保产值100亿元、净利润达到2亿元）的同时，明确了深入贯彻学习党的十八大精神，开展以"项目做品质、企业做品牌"为宗旨的"品牌建设年活动"，以全面实现"09工程"战略目标。

品牌建设通过管理团队和员工的素质提升、项目精品化管理、以QC小组为先导的科技研发与应用等，让大元创造和大元精品频频走入广大客户和社会各界的视野。在进一步擦亮了大元集团品牌的同时，进而促进了经营业务量和业务品质的提升。

经过不懈努力，资本经营取得巨大突破。大元投资公司通过参股成立了河北中燃能源投资公司，入股了天津舜能润滑科技股份有限公司，进一步拓宽了集团产业领域。投资成立的沧州市华阳酒店管理公司，入驻率在 90% 以上，快速形成了营收效益。投资建设的商砼双 180 生产线和 40 万吨干混砂浆生产线，已经完成立项……

尤其是在经营指标上，各子公司和外埠公司做出了巨大贡献，全年实现承揽量 160 亿元、完成产值 100.6 亿元、利税总额达到 5.2 亿元。

集团连续两年入选中国建筑业成长性百强企业、河北省百强企业，成功跻身中国建筑业竞争力百强企业，连年荣获全国建筑业先进企业、全国工程建设质量管理优秀企业、全国用户满意企业、全国技术创新先进企业、全国守合同重信用企业……

激情永远属于最后的冲刺时刻。

2014 年 1 月 15 日，沧州市国际会展中心大剧场，鲜花、掌声和喜庆热烈的中国红充满了这座沧州市市区最大的礼堂。一场被大元人称为"千人大会"的"跨越·辉煌——大元集团'09 工程'总结表彰颁奖庆典"在这里隆重举行。李建国代表大元集团激情宣布，在大元人的无私奉献、奋勇拼搏下，"09 工程"战略目标得以全面实现！

来自河北省企业家协会、河北省建筑业协会、沧州市委宣传部、沧州市住建局、沧县人民政府等单位和部门的领导嘉宾，与大元 1000 多名员工一起，共同见证了这一历史时刻。

活动的高潮是颁奖环节。在欢快的乐曲中，4 项"09 工程"董事长特别奖、27 个优秀管理单位、34 个优秀项目部、158 名先进个人，以及 5 个先进基层党支部、20 名优秀共产党员依次上台领奖。

最后一个流程是由大元集团董事长李建国亲自为"09 工程"突出贡献奖获得者、大元集团总经理郝书明颁奖。

"有一种追求叫作永不服输，有一种贡献叫作卓越不凡，有一种品质叫作战无不胜，有一种成功叫作实至名归。面对 100 亿元宏伟目标，他'不回头、不观望、不动摇、不放弃'，带领大元人克服一个又一个难关，创造一个又一个奇迹，为圆满完成'09 工程'的各项任务指标，书写下浓墨重彩的一笔。"随着主持人的引导词，现场 1000 多名大元职工重新回味着 5 年来的激情岁月。

2011 年年初，在战略实施刚刚起步的关键时刻，由于工作需要，市委决定调大元集团总裁宫圣同志任沧州市建设投资公司副总经理。宫圣大学毕业后进入大元集团，是 1996 年 10 月李建国上任后第一批提拔的年轻干部，2005 年进入集团领导班子，是大元集团自己培养出来的优秀企业干部，管理、技术、业务方方面面都有过人之处。李建国虽有种种不舍，但仍然尊重了宫圣的个人选择，而且特意向组织部门请求，希望能落实公务员编制和副处级以上待遇。面对这突如其来的变故，李建国向董事会举荐了与宫圣同期提拔的副总裁郝书明。2011 年 3 月 1 日，集团召开中高层管理人员大会，宣布了董事会的决议：同意宫圣辞去集团总裁职务，经董事长提名，聘任郝书明为集团总裁。

2014 年 "09 工程" 颁奖盛典

郝书明是一位为人忠厚、踏实沉稳，善于解决复杂问题的管理型干部。为了战略实施，他与李建国董事长密切配合，殚精竭虑、深谋细划、顽强推进着 "09 工程" 战略规划。正如表彰大会写给他的颁奖词：是你，身先士卒，带着亚健康的身体，励精图治、攻坚克难，攀登了一座又一座险峰，用坚持与智慧化险为夷，一年一个超越，使"09 工程"得以完美收官。

第四章 "1318 工程"战略

一、勾勒"大元梦"

2012 年 11 月，党的十八大胜利召开，以习近平同志为核心的党中央提出的"以人民为中心"、团结带领全国人民奋力实现"中国梦"的伟大理想，激荡着李建国的心胸。此时，大元集团"09 工程"已经取得了决定性胜利。面对集团内外及建筑相关行业的新形势、新变化，他没有被眼前的成绩所陶醉，反而催生出奋斗"中国梦"、奋斗"大元梦"的豪情。

2013 年 4 月 8 日，大元集团与东方博融管理有限公司举行了第二期战略合作签约仪式，继续由东方博融团队协助制订第二个五年规划，即"1318 工程"。李建国亲自把这次活动命名为"大元梦·1318 工程启动仪式"。在仪式上，他以《中国梦、大元梦》为题做了主旨报告，回顾了"09 工程"以来的成绩，强调了大元集团近年来的快速发展，得益于科学的战略、变革的思想、包容的文化和激情的团队。对"1318 工程"战略的制定和实施，他提出了"四个不动摇"的新要求：坚持"发展是硬道理"不动摇、坚持"解放思想"不动摇、坚持"改革创新"不动摇、坚持"团队建设"不动摇。

报告最后，李建国首次提出了"新四不精神"和"大元梦"的精神内涵："同志们，新时代、新战略、新征程、新挑战，任务艰巨、责任重大、前景灿烂。只要我们以党的十八大精神为指导、坚持'空谈误国、实干兴邦'，'不骄傲、不厌战、不放松、不懈怠'地执行好既定战略，只要全体大元人更加坚定信念、更加团结协作、更加顽强拼搏，夙夜在公、勤勉工作，我们的目标就一定会实现，'世人尊重、员工自豪'的百年大元梦想就一定能实现！"

缔造大元人的"幸福家园"、实现"大元梦"，李建国胸中这张勾勒了许久的蓝图，终于揭开了艳丽的一角！

5 月 22 日，东方博融团队提交了对大元集团的内部分析和战略绩效评估报告，在总结"09工程"经验的同时，着重指出了存在的问题。报告先在集团董事会范围内进行了讨论，提出了一些改进意见。为了迅速统一思想，集团2013年"省·思·行"活动转战内蒙古，完成了36小时徒步穿越库齐沙漠的壮举。通过"沙漠洗礼之旅"，强化了"新四不精神"，达到了"心在一起才是团队""目标需要坚持才能成功""信心胜于黄金""小富即满得不到大发展"的思想建设效果。大会上，外部董事苏文忠博士做《大元集团"09工程"总结和未来发展思考》的报告，正式公布了东方博融战略团队对大元集团当下和未来发展中存在问题的分析，深化了本年度"省·思·行"活动"超越自我、实现幸福企业"的主题。

8月26日，战略团队完成了"1318工程"初稿，又经过多轮反馈修改，得到了大元集团董事会的批准，10月8日完成了正式交接。

从指导思想、战略目标、战略重点和战略步骤上看，"1318工程"绝不是"09工程"的延续，而是质的飞跃。战略以"敢于变革、科学发展；资质整合、战略协同；平台建设、集约道路；传承创新、百年大元"为指导思想，提出未来10年把大元集团建设成为"中国城市投资建设综合服务商"的发展目标，勾画了打造科技型、人文型、承担社会责任、致力企业富强、满足员工愿景、弘扬家人文化的幸福企业的"大元梦"。

全新的大元发展战略规划了"圆梦三步走"的路径：一是2014到2018年，培育投资业务，强化科研与设计，打造上市公司；二是2016到2021年，在科研、设计能力显著提升的保障下，培育工程咨询业务板块，强化投资驱动；三是2020到2025年，在工程咨询、投资业务板块成熟的基础上，把经营重心转向资产经营。

在思想建设上，重新明确了以"敬、信、仁、和"为核心的企业价值观，以"改革、发展、责任、卓越"为思想基础，强调了"政治成熟是立企之本"和"解放思想是一切工作的核心和制胜法宝"。

以此为保障，战略规划把未来5年的发展目标定位为"年产值318亿元、利润12亿元，净资产29亿元，员工收入倍增，全国知名的大型建筑企业集团"。

二、直面挑战

10月9日，战略文本交接的第二天，"1318工程"战略推进委员会就召开了第一次会议，组成了战略宣讲团，除了李建国负责全面和高层宣传贯彻外，由郝书明、张春荣、于宙、王连兴、汤长礼、张荣强等分别深入到集团各部门、建业及子公司、市政路桥、装饰装修等板块进行战略宣传贯彻。宣讲团立即行动起来进入了状态。

同一天，在《沧州日报》头版显著位置刊发了李建国的文章《政治成熟是立企之本》，并被10月10日出版的《大元人》转载。同期的第六版上，外部董事李春生发表了《解放思想、创新发展，强力推进"1318工程"战略全面实施》的文章，为战略宣传贯彻造足了气势。

然而在宣贯过程中，从反馈上来的信息看，集团上下几乎没有一丝"09工程"宣贯初期的怀疑、犹豫，似乎清一色地都是信心满满、乐观至极，认为只要按照"09工程"的节奏，按部就班地干下去，"1318工程"目标就一定能实现。

"这不是一个好苗头！"李建国把苏文忠请到了办公室，"我们新战略的宣贯方向应该调整，先要重点解决对'1318工程'本质的理解问题。"

苏文忠也从其他渠道了解了一些状况，已经有所准备。两个人做了一下分工，先由李建国专门针对"1318工程"确立的"隆起带""增长极"单位，解决对新战略的认识问题。11月1日到5日，李建国再次上阵，连续五天进行了二次宣贯。

"'1318工程'绝不是'09工程'的延续和翻版，盲目乐观者也好，觉得可以墨守成规者也好，都是因为没有充分认识到集团现有的组织架构、产业结构、市场范围还远不足以支撑新规划制定的经营目标。集团确立你们作为新战略实施的'隆起带'、突破性发展的'增长极'，就是要求大家要创新发展思路、创造发展路径、实现新的跨越。就目前看，我们的思想意识和能力水平还远远不能适应管理和经营大型企业的需求。大元要实现'中国城市投资建设综合服务商'的发展目标，我们还有许多路要走！"

在提高认识的同时，李建国还从班子建设、市场开拓、品牌建设、人才和队伍建设、管理和科技创新、党建等方面做出了明确指示、提出了明确要求。

11月8日上午，集团再次安排战略专家、集团外部董事苏文忠博士面向中高层管理干部进行战略解读，提炼出了新战略实施中面临的"六大挑战"和三项应对策略。

当天下午，战略推进委员会召开第二次会议，对"六大挑战、三项应对"及时进行了整理和传达；要求全体干部职工在坚定信心的同时，对标认清自身存在的问题，进一步解放思想，以新思想提升大智慧、以新精神创造新力量，真正把功夫用到改革管理、改革体制和创新发展上来，确保战略目标的成功实现。

2013年"1318工程"启动仪式

三、平稳开局

进入2014年，在对"09工程"全面总结、表彰的同时，提出了"促规模、促发展、强效益、强管理"的年度工作目标，除"25158"（承揽业务量250亿元，完成产值150亿元，利税8亿元）经营指标外，还提出了打造产值 20 亿元至 50 亿元的二级单位，集团进入中国承包商 60 强等新任务、新要求。在市场策略方面，集团制定了优化资源配置，向价值链高端倾斜延伸，完善 DB、EPC、BT、BOT 等项目经营管理模式，并将资本运营与施工运营相结合，打造集设计、施工、运营于一体的全产业链的推进计划。

经过考察论证，大元集团与天津大学钢结构研究所签订了战略合作意向书，目标是将钢结构产业打造成大元核心技术。3 月 10 日，集团与沧州市政府签订协议，采用钢结构形式建设市政府重点保障性住宅小区——福康家园。钢结构是国际上刚流行的绿色环保建筑形式，国内还没有出台支持政策。尤其是福康家园，作为当时河北省第一个钢结构公租房项目，从一开始就引起了各级领导的高度关注。

2014 年，大元集团的工作要点中还明确了按照战略需求优化组织结构、改革管理体制、打造"价值型"集团总部、大力弘扬创新创造精神等。为此，从年初开始，李建国、郝书明等集团领导密集地进行了多次市场调研，还专门到一些优秀大型企业考察学习了组织架构建设。

在内部组织结构上，新型建材公司、元中建设工程股份有限公司、元正装饰股份有限公司、现代交通设施有限公司、大元建业集团国际工程公司等相继成立，进一步延伸了产业链、增添了增长极。同时，加大了项目的标准化管理，结合信息化建设，首先在"高、大、精、尖、特"项目上全部实现了远程监控，企业信用综合评价在河北省 3830 家企业中排名第一。

为贯彻落实党中央、习总书记"三严三实"的要求，开展了以"务实为本、创新为魂、实现两个提升"为主题的年度"省·思·行"活动，举办了"亲，今天你创新了吗？"主题演讲活动。主题演讲要求结合集团工作和身边的事例取材、立意。因此，参加活动的员工在演讲稿准备过程中，找出了许多自身存在的问题，也总结出了一些经典、亮点的做法。

在经营业绩上，全年承揽业务 202 亿元、完成产值 126 亿元、实现利税 6.3 亿元，进入了中国承包商 80 强、河北省纳税 50 强，保持了中国建筑业竞争力百强企业、河北百强企业地位。

四、一封公开信

2014年仅从数据上看，虽然没有达到"25158"的目标，但是在"09工程"大获成功的基础上，承揽量、产值和利税三项基础数据同比分别增长了28%、26%、26%，还是一个可以接受的成绩。因此，在2015年1月8日的年度述职大会上，大家还都是以一种喜气洋洋的状态，"晒"出了自己的成绩单。

参加述职的是各部门和各二级单位，大会进行了整整一天。细心的于宙发现，虽然董事长的脸色依然是习惯性的波澜不惊，但从他时而微蹙的眉头和沉思的眼神中，仍能看出其似有心事。

果不其然，此时的李建国内心正在剧烈地翻腾。因为从大家的表现看，大多数高中层管理者还没有从"09工程"的成功中走出来。

"从失败走向成功不容易，从胜利走向胜利更难！只有戒骄戒躁、团结一致，才能从胜利走向胜利。当年毛主席的清醒认识，为即将建立的新中国打牢了思想基础。'1318工程'也是一场大元人建设'大元家园'的自我革命，任何骄傲、厌战，甚至一丁点儿的松懈，都会给大元的事业带来无法挽回的损失，尤其是中高层管理队伍。"

经过一个晚上的思考，第二天一早，他提笔给参加述职的全体干部写了一封公开信：

郝总、全体述职的同志：

2015年元月8日，各级干部述职大会过后，有一种软软的、幸福的、无方向的感觉。（业绩）好点儿的单位没事了，不好的单位也对付过去了，生平乐事一般。我们都忘了，我们述职的目的是什么，是总结工作经验，找出工作方向性的不足。其实，什么样的人物都有长处有短处，找不到短处就会自我满足，就不会自我加压。这样怎么能为明年工作更上一层楼找准方向和动力呢？

我们提质增速、转型升级，打造10亿、50亿的二级单位该如何实现，谁来完成？50亿元对于王连兴、汤长礼什么时间实现，二位想了吗？其他的二级单位一把手，谁想过 10 亿规模、50 亿规模的事了？

我们大元的发展，团队精神方面都不错。但是坚实的基础是要靠我们各位同志心中都有大目标、大谋略、大措施，才能实现大发展。我今天早晨心中很不舒服，提笔写出心中压抑的几句话，望同志们都醒一醒。

要清醒，不进则退。大元的前途不能毁在当前的大好形势下。望全体同志切记、切记！

李建国

2015 年 1 月 9 日

公开信如同一声春雷惊醒了蛰伏的大地，强烈震撼了集团高层和各二级单位的"一把手"。"软软的、幸福的、无方向的""自我满足"，这的确是他们真实的感受。业绩有增长、个人收入在增加、员工幸福感在增强，一切都在向好，为什么董事长还不满意？

对照"1318 工程"的宗旨和目标，他们才发现，仅凭现有的产业结构、市场布局和管理模式，如果没有彻底的创新、变革、整合、协同，开拓更加适应新形势的新平台，提升企业内发展、外扩张的资质和能力，找准更加新颖、集约的发展道路，实现企业迅速上规模，"百年大元"只能是一个不可实现的"梦"！那样不就是董事长所说的"毁在当前的大好形势下"了吗？如此一来，还在沾沾自喜的我们，不就成了大元发展的挡路石、成了大元的"罪人"了吗？

经过李建国董事长同意，《大元人》编辑部又把这封信全文刊登在了 2015 年第一期的头版头条，并配发了集团管理副总裁于宙专门撰写的体会文章《我们拿什么迈进 2015》。公开信再次在全体干部员工中引发热议，集团总部各部门、各二级单位自发组织了学习、讨论，收到了热烈反响。

李建国之所以同意把写给中高层领导的公开信发表，还有一个用意，就是要解决"1318 工程"实施中"上热下冷"的"倒三角"问题。

在 1 月 15 日的集团 2015 年工作大会上，确立了以"大改革、大格局、大智慧、大发展"为指导思想，落实"大格局经营""矩阵管理网络""倒三角破解""基因转变工程""科技兴企""晋特就位""全面管理信息化"和"加强风险防控"八项任务，以期快速实现地方规模企业向国家级大企业的转变。

结合 2015 年工作要点的宣传贯彻，集团趁热打铁在各单位开展了查找"倒三角"问题的专项行动。截至 3 月 9 日，各单位共自查出问题现象 200 多项，分类归纳后形成了 65 个问题。经过对其表现形式、形成原因的深度分析，从执行力、市场开拓、人才培养、证照资质、质量安全、风险管控等方面入手，制定了破解"倒三角"问题的 22 项新制度，并在 4 月 8 日的 4 月调度大会上正式公布实施。

第五章 改造思想

一、《论管理者》

这封《我们真的准备好了吗》的公开信，拉开了改造大元思想的序幕。2015年4月8日的4月调度大会，布置了一项任务，要求全体干部以"洞见·布局"为主题，站在企业家的高度，拓宽视野、创新思路，对集团未来发展保持洞察和预见，并能有效和积极应对前进中出现的种种问题。

这时，郝书明、王连兴、汤长礼等集团高层才开始明白，董事长发出那封信的初衷。他是在为布局"百年大元"做思想上的总动员，是在为大元集团持续发展培育新动能。"爱之深才责之切"，他是希望每个人都能有大元集团董事长的站位意识，希望他们都能成长为优秀的企业家。为此，集团近年来不惜重金派出他们这一批中高层管理人员赴清华、北大、复旦等名校参加总裁班的学习。现在来看，他们需要解决的不仅是管理技巧的问题，更重要的是提升管理理念和战略思想。

会前，集团与沧州丰源环保科技有限公司签订了共同投资、建设、运营污水处理厂项目的战略合作协议。会上，集团经营副总裁张春荣以此次签约入题，结合常规自营模式（CMS）、项目股份制模式（PPC）、"1+1"合作经营模式（PPB）、引入投资人模式（UIB）四种经营模式，为各二级单位进行了宣讲，以引导市场开发的新方式、新方向。

为加强市场开拓，在这次主题鲜明的常规工作调度会上，安排市政路桥总公司总经理汤长礼以《洞见·市场开发理论研究》为题进行了如何拓展市场布局的经验交流。市政路桥总公司在区域经营、区域选择、专业选择、区域市场规划布局、工程信息获取渠道、自身竞争力形成和发展等方面的经验做法和体会方面，给其他体系和各二级部门带来了许多新的启发，引起了强烈反响。李建国抓住这个机会，统一安排各体系、各二级单位都要按照这种研究报告的形式总结经验、查找不足，提升管理者的理论水平。

为此，李建国也动笔撰写了《论管理者》一文，就如何成为一名优秀的管理者，提出了八条"大元标准"：一是要做自觉、认真、勤奋的终身学习者；二是要做企业战略目标、战术措施的忠诚实施者；三是要做企业制度的践行者、维护者和创新者；四是要做企业深化改革和创新发展的积极推动者；五是要做"坚定、认真、责任、诚信"的担当者；六是要做中华孝道的积极传承和模范遵守者；七是既要做优秀人才，又要做优秀人才的精心培养者；八是要成为管理精英，更要打造一流的管理精英团队。

《论管理者》发表在了内刊《大元人》上，后被收入他的个人文集。从朴实而又精到的言语中，大元集团的干部职工和社会各界看到了一颗永远在为大元发展布局指向、躬身铺路，为"大元家园"砥砺奋进、创榛辟莽，为实现"幸福大元梦"殚精竭虑、上下求索的拳拳之心。

二、"四个为什么"

在对"管理者"的思考中，李建国意识到，正所谓"船到中流浪更急，人到半山路更陡"，"1318工程"是在"09工程"的基础上实现大转型、大发展，形势会更复杂、难度会更大。越是这个时候，越需要有一支能够识时务、敢决断、善作为的核心管理团队。

在筹备2015年大元集团工作大会时，李建国亲自登门，找到了何香久先生。当时，由何香久编剧的电视剧《焦裕禄》在中央电视台首播后，引起了轰动，在各大卫视形成了热播局面。何香久在电视剧《焦裕禄》和同名长篇小说的创作过程中，曾经长期深入焦裕禄同志生活和工作战斗过的地方进行体验、采访，掌握了大量的一手资料。李建国就是想请他给集团员工系统讲一讲焦裕禄的事迹和精神。

1月15日，何香久在大元集团千人大会上做了《中国文化与焦裕禄精神》的专题报告。报告中，他用大量的事实和个人体会，形象地揭示了焦裕禄同志"心中装着全体人民，唯独没有他自己"的公仆情怀，凡事探求就里、"吃别人嚼过的馍没味道"的求实作风，"敢教日月换新天""革命者要在困难面前逞英雄"的奋斗精神，艰苦朴素、廉洁奉公、"任何时候都不搞特殊化"的道德情操，号召大元的干部职工，要弘扬焦裕禄同志"抓工作的那股韧劲、干事业的那股拼劲",为实现"大元梦"做出贡献。

7月4日,李建国带领85名集团中高层管理人员赶赴河南兰考,组织了以"弘扬焦裕禄精神,推进新常态新发展"为主题的年度"省·思·行"活动。在焦裕禄干部学院,李建国亲自为干部们上党课:"尽管焦裕禄同志已经离开我们50多年了,但他的精神历久弥新;尽管经济的繁荣也难寻当年的艰苦,但我们有必要对照焦裕禄同志奋斗不止的韧劲、拼劲,反思自己在工作中的表现,回答好'入党为什么、当官图什么、为民谋什么、身后留什么'这几个问题。"

"省·思·行"活动还组织了徒步"红旗渠"。在徒步"红旗渠"的路上,李建国用"自力更生、艰苦创业、团结协作、无私奉献"的红旗渠精神勉励大家,克服"小富即安"思想,多为社会、集团和员工着想,为实现"1318工程"目标而继续奋斗。

2015年河南兰考"省·思·行"

三、《甲子抒怀》

2016年1月15日,大元集团2015年总结表彰暨2016年工作会议如期在沧州国际会展中心召开。大会明确提出了培养"儒商"文化,全力打造大元人的幸福时代,实现精神文明、物质文明的"双丰收"的发展目标。

在大会之前的董事局会议上,董事局对大元建业集团管理团队做出了调整,郝书明任董事长、王连兴任总裁,一大批业绩突出、肯于付出、善于创新的青年干部得到了提拔和重用。通过了2015年度的《股权激励管理办法》《红利分配方案》《年终奖兑现决定》等，并在千人大会上予以公布和落实，回应了干部职工的幸福感、获得感和荣誉感，再次激发了干部职工的拼搏热情。

就在这一天，李建国写下了他的《甲子抒怀》：

> 甲子虽至，仍怀青云之志。
> 夙兴夜寐，恒谋大元之梦。
> 运筹帷幄，甘做压舱之石。
> 凝心聚力，再启发展之航。

2016年，李建国就要年满60周岁。其实他也有过"退休"的打算，此前他已经改任大元集团的董事局主席。从个人在大元40多年来的努力和付出来说，尤其是1996年5月以来，他殚精竭虑、励精图治，为大元集团创下了一份不菲的"家业"。把一个几百人、产值几千万元、几乎不盈利的传统建筑企业，发展为拥有5000名高学历层次、高知识结构的员工队伍，建有省级科技研发中心，手握10余项省级工法，40多项各类资质，荣获过"鲁班奖""长城杯"等数百项各级各类质量、安全、诚信大奖，产业覆盖房屋建筑、市政路桥、化工水利、地产开发、建材检测、租赁劳务、装饰装修、绿色节能等多个领域，年产值超百亿元，省内领先、国内知名的大企业集团。大元能有今天，李建国居功厥伟、无可争辩。他也完全可以如《老子》中所说的："功成、名遂、身退，天之道。"

从家庭生活来说，他似乎更应该这样做。从1972年参加工作，他一直保持着老一建时期早上7点半上班的习惯。担任领导职务后，更是有上班的时间，没有下班的点。公司是六天工作制，可他却是至少工作六天半，每个周日的上午，他都会准时出现在办公室，接待员工来访，或者看书学习。对于热爱生活的人来说，谁不愿意到站退休、回归家庭、回归自己的朋友圈、回归自己曾经向往的生活？

然而，李建国心中还有一个没有实现的梦，还有一个没有解开的心结。这个梦就是让所有大元人更加幸福的"大元梦"，他的心结就是要为所有大元人缔造一个共同的"精神家园"。因此，他希望年轻一代能够更多、更快、更好地成长起来，勠力同心，共同驾驭好大元集团这艘建筑航母，真正担负起让全体大元人实现"百年大元""幸福大元"梦想的重任。而他甘愿俯首为梯、稳做舱石。

《甲子抒怀》的发表，也向集团全体员工传递了一个强烈信号。大元发展如逆水行舟，唯有"不骄傲、不厌战、不放松、不懈怠"，坚持改革创新，谋求快速上规模、大发展，才能在进攻中求生存。从中也让大元人深刻认识到，"船到中流浪更急"，处于深化改革、战略转型、跃步提升中的大元航船，确实离不开这位掌舵20年的"老船长"。唯有李建国才能胜任让大元航船行稳致远的"压舱石"。

四、《论无私》

特殊的年轮，让他有了不一样的思考。这年的5月28日，大元集团结合党中央"两学一做"学习教育活动，举办了"改革、创新、发展20年（1996—2016年）"座谈会和成果展。座谈会上，李建国在总结大元集团发展历程的基础上，发表了重要讲话《论无私》。在讲话中他这样说道："回忆大元多年发展的历史进程，再看当前为实现'大元梦'而工作着、拼搏着、奋斗着、幸福着的大元人，我深刻体会到无私精神是促进集团持续、健康、快速发展的强大精神动力，是'大元人想干的事就一定能干成'的品质基础。"

他认为，只有无私，才能忘我，才能任劳任怨，才能经受住金钱、荣誉、地位等种种诱惑，才能为了国家利益、顾客利益、企业利益、员工利益、股东利益奋斗终生，甘愿奉献，无悔付出。

他强调，在大元正在谋求快速发展、转型升级等重大改革之际，"无私"精神更加重要，更加能教育和鼓舞全体大元人，激发"谋事、干事、成事"的热情，实现百年大元梦。

"大元发展是一群无私的人团结起来，实现了传统行业的快速发展。"每当有人向他探究大元集团 20 年创新发展的秘籍时，李建国总是这样回答，而且他还要加上一句，"这也必将是实现百年大元梦想的核心密码。"

"聚阳才能生焰，拢指才能成拳。""无私者无畏，无私者无敌。"李建国坚信，只要无私的人凝聚在一起，必然会迸发出无敌的力量。

然而，他又是如何把这样一大批无私的大元人召唤到一起、团结在一起的呢？

6 月 25 日的《沧州日报》头版头条刊发了一篇重磅文章，《锻造企业发展之魂——大元集团加强基层党建推动企业跨越发展纪实》。面对记者的采访，李建国给出了这样一个结论：是靠坚持党的领导、完善党的组织建设，在贯彻执行党的路线、方针、政策中把大元人团结在了一起。

1996 年 5 月担任公司经理后，他与郑春台、张长国两任党委书记主动配合，充分发挥党支部的基层战斗堡垒和党员干部的先锋模范作用。2009 年 11 月，他被任命为大元集团党委书记，更是把党建当成了工作的核心内容。市委书记来大元调研，他提得最多的是请市委关注非公企业党建。在他的直接推动下，大元集团实现了党的基层组织建设全覆盖，不仅是集团和各二级单位，所有的外埠公司都建有党支部、设有专职支部书记，小到项目部、专业班组都要建立临时党支部、党小组。在此基础上，集团党委制定了《大元集团党建工作标准化手册》，通过了ISO 9001 党建质量管理体系认证，成为河北省非公企业党建的一面旗帜。

"党建对于民企来说不是可有可无，而是引领民企健康发展不可或缺的政治核心。"这是一位企业党委书记的党建思想。他分析了中国民营企业的发展现状，认为之所以国内民企的平均寿命仅有 5 年，一个重要原因就是人的因素。单靠金钱驱动远不能解决民营企业的人心问题，靠家族、血缘、亲缘、裙带关系同样不行，只有加强党的建设才是最佳选择。党组织可以协调民营企业的出资人、管理者和职工三方面的利益关系，促使企业承担社会责任，增强企业向心力、凝聚力，实现企业健康发展。

"党员是经过组织考察、培养、锻炼过的优秀人才。可以说，党员队伍是中国社会最优秀的组织群体。"这是李建国的朴素认知，"加强企业党的建设，就是掌握了一支最具企业发展战斗力的队伍。大元集团的每一步发展，都是党员干部冲上第一线、战斗在最前沿。"

事实上，大元集团的每一次跨越，都是顺应了国家发展战略、响应了党的号召。1998年积极参与企业改制，激发了改革活力；响应西部大开发战略，市场布局大西北、大西南；还有复兴东北老工业基地，"长三角""珠三角""环渤海"大开发，京津冀一体化、"一带一路"等等，都进入了李建国的经营策略当中。

"我首先是一名共产党员，然后才是一名企业家。"这始终是李建国的"自我名片"。他要做的也正是把集团党委建设成企业发展的"压舱石""领头雁""聚能环"。

第六章 放大格局

一、大元再出发

进入 2016 年以来，李建国明显感受到了企业发展势头的不足。受国际上中美贸易摩擦和国内建筑相关市场转型变化等多方面因素的影响，一、二季度的各项经营指标出现了不同程度的下滑，三季度之初仍没有转暖的迹象。这为全年实现高、大、精、尖、特或 PPP 项目 100 项，主营业务 200 亿元、承揽合同额 300 亿元、利润 2 亿元的"1232"目标带来了巨大压力。

思考再三，他决定将当年的"省·思·行"活动安排在北京，对标学习联想集团，并以"大元再出发"为主题，请中关村科技企业促进会会长万力做了关于"顶层设计、战略规划与转型升级"的辅导报告，围绕"项目做品质、企业做品牌"的宗旨，提出了"业绩万岁"的口号，发出了向实现"1318 工程"第二个五年规划目标冲锋的命令。

2016 年北京"省·思·行"

为了找准原因、精准施策，李建国亲自到基层调研，与职工座谈，搜集行业数据，进行比较分析，撰写调查报告。调研中，他通过对大元集团在河北省百强企业（排名 42 位）、河北省纳税 50 强（排名 39 位）、河北省建筑业前十强（排名第 4 位）中产值、利税、科技、市场、品牌、团队、文化等各项基础数据的分析，得出了大元已经接近完成向大型企业转变的结论。但是在管理和市场团队的思想意识、集团产业布局、品牌建设等多个方面，仍与同类顶尖企业有着巨大的差距。据此，他在内刊《大元人》撰文，要求大元管理团队为了实现"创新企业、上市企业、千亿企业、幸福企业、百年企业"的五大企业愿景，必须完成由"执行

"1318工程"战略"向"强化攻坚"转变、由执行者向企业家转变、由管理小企业向管理大企业转变的"三大转变"。在文中,他大声疾呼:"请问,我们真的准备好了吗?"

根据文章精神,为弘扬"业绩万岁"理念,在集团第四季度工作调度会上,李建国提出,以"全员战市场"的姿态,奋战第四季度,确保年度指标完成量不低于80%。

集团上下迅速行动,采取了走访大客户、大业主,集团高层下沉督导,直接对接重点项目、重点客户,细分市场、错位竞争,市场开发人员培训提升等措施。为了加强市场开发力量,大元建业集团总裁王连兴深入调研、精心准备,10月7日为集团200多名市场开发人员和中高层管理人员传授了他多年来积累的市场开发经验。

在进一步深耕细作已有外埠市场的同时,集团统一组织了"2016市场开发'狼战役'在行动",向潜力地区派出了多路精干的专业市场开发人员。李建国亲赴青岛、沈阳两地进行了战场动员。在沈阳,他分析了国家东北老工业基地振兴战略的新时代、新特点,指出了大元抢占东北市场的天时、地利和人和,鼓励市场人员抓住契机,实现集团在东北市场的持续、稳定增长。很快东北地区和胶州半岛等地就取得了一系列实质性战果。

2016年晋升特级资质

经过一系列的措施推动，集团全年承接量 228 亿元，完成产值达到了 161 亿元，成功跻身中国竞争力双百强第 102 位、中国承包商 80 强第 40 位。

二、六大集群

2016 年 10 月 25 日，经国家住房和城乡建设部正式核准，大元集团成功晋升建筑工程施工总承包特级资质和建筑行业工程设计甲级资质，为进一步壮大国内市场、开拓国际市场、参与更广泛的行业竞争创造了条件。

在此基础上，于 2016 年 12 月 25 日，大元集团大规模调整了产业结构，组建了"六大产业集群"，形成了以集团董事局为核心的集团总部，下辖投融资、科研设计、建筑工程、专业化、房地产、装配化六个产业集群的治理结构。

投融资产业集群依托大元投资集团公司，专业开发金融、投资、兼并、资本运营等市场，为集团融资、上市等搭建平台。科研设计产业集群主要是经营大元设计院、BIM 管理中心等产业，负责向上延伸产业链，引领由"大元施工"向"大元设计、大元创造"转变。专业化产业集群包括了路桥公司、安装公司、城铁公司、生态环境科技公司、大元装饰公司、元正装饰股份公司、园林公司等专业性二级施工单位，以及专业化施工程度较高的六建和新疆公司。装配化集群则整合了大元建材股份公司、大元商砼公司、现代住宅产业化公司（钢结构生产安装）等，瞄准传统建筑模式的改革方向，提前出击，抢占行业制高点。

2017 年 2 月 5 日，集团组织六大集群的总裁王连兴、于宙、汤长礼、孙磊、张万成、李永顺等召开座谈会。李建国充分肯定了年初集群化改革以来迅速形成的改革士气和工作状态，对六位总裁提出了："用哲学思维提升境界、放大气场，用战略思维扩大胸襟、研究发展。""不辜负领导信任、不辜负大元历史发展使命、不辜负大元员工期望"的要求，提醒同志们要思考集群总裁岗位职责的特点，实现从"将军"向"元帅"的身份转变，找准集群发展短板，谋划未来三年的发展蓝图。

在集团办公室整理的座谈会纪要上，李建国又做出批示，要求立即开展以"提升境界、放大气场"为主题的哲学理论学习和研讨活动，为六大集群和六位总裁的工作热场、造势。同时，号召六大集群要开展比武、竞赛，"一周一战报"，确保"一个也不能掉队"。

很快，2月的捷报传来，"六大集群"成了大元火箭腾飞的"六大引擎"。投融资集群新增融资贷款9000万元，完成土地质押贷款5000万元。科研设计集群引进包括2名注册师在内的专业技术人员11人，拿到了成立以来的第一个大单。建工集群完成承揽量21.9亿元，落实了3个分子项承包协议，组织了春节前的安全大检查，提前谋划好了节后开工事项。专业化集群完成承揽量1.51亿元，率先推动各下属公司进行自主招聘。房地产集群与新西兰合作方签订了战略协议，完成了福康家园的钢结构金奖验收。装配化集群商砼销售订单5000立方米，明确了钢结构工厂的市场开发目标。

三、三融入、三转变

"晋特"成功后，大元如何更好地发挥资质优势，转化为集团发展胜势？唯一道路就是坚持谋求转型升级、走高质量发展的道路。"晋特"后大元集团有了行业甲级设计院，为总体规划、项目设计、EPC工程总承包提供了发展平台。为此，集团决定把2017年确立为"转型升级、改革创新"年，提出了"13365"的工作总要求，即一个核心、三个融入、三个转变、六大产业集群、五大发展愿景。

一个核心即以集团未来10年、20年，从现在起100年人才发展战略为核心。三个融入、三个转变是在2016年4月北京会议上提出的"打造平台化发展模式、整合社会资源"精神的基础上，明确提出"融入时代、融入社会、融入当地经济发展"，"由一级后时代向特级新时代转变，由施工总承包向工程总承包转变，由地方规模企业向国家级大企业转变"。六大产业集群是发挥新规划的投融资、建工、专业化、科研设计、房地产、装配化等集群优势，实现"巨人级"发展。"晋特"后原来的大元集团五大企业愿景之一的"特级企业"已经实现，新愿景中增加了"创新企业"，与上市企业、千亿企业、幸福企业、百年企业仍为五大愿景。

随着六大集群所形成的扁平化管理结构优势的显现，为了落实李建国"用哲学思维提升境界、放大气场。用战略思维扩大胸襟、研究发展"的指示，2017 年 3 月 1 日和 4 日的下午，李建国分两次召开了总部班子和部门总监参加的"三个融入、三个转变"专题研讨会。研讨会充分查摆了当前存在的不融入、未转变问题，分析讨论了原因和工作方向。

这次会议让李建国深深体会到，管理者尤其是集群总裁的思想格局和战略格局，是制约集团跨越发展的一道透明的真空幕墙，有时看不到、摸不着，却又实实在在地阻碍着事业的发展。4 月 26 日，集团在北京组织了一场以"洞见·格局·发展"为主题的"大元集团新商业模式研讨会"，邀请了中国社科院特约研究员万力、海德国际投资公司董事长王海山、中国文化景观集团董事长徐炳辉、北京城市发展研究所副所长骆中钊、联合国环境规划署绿色产业平台中国办公室项目总监赵亮、国务院原发展研究中心研究室主任徐东华、资深独立投资顾问庄维国，以及苏文忠等专家学者为大元集团的各集群和部门高管讲学。专家们围绕国家发展"新四化"（新型工业化、信息化、城镇化、农业现代化）、建筑产业现代化（专业化、装配化、智能化）、京津冀一体化、雄安新区建设等国家战略背景进行了高屋建瓴的分析和解读，启发大元集团应走新商业模式的道路，全面实现以投融资为产业引领，推动产业转型升级。

参加会议的集团和六大集群的中高层管理者从老师们的演讲中，开阔了视野，宏阔了心胸，提升了眼界，打开了格局。结合 7 月以"重走长征路"为主题的"省·思·行"活动，营造了六大集群发扬革命传统、互相支撑、互相合作、互相促进的战斗氛围，各集群的生产、经营和团队建设迅速有了较大的提升。

在此基础上，大元集团与东方博融团队再次合作，完成了"1318 工程" 2.0 升级版的制定，并于 9 月 9 日在沧州市国际会展中心大剧院举行了交接仪式和全员宣传贯彻。"1318 工程" 2.0 升级版的核心目标是到 2020 年实现规模 400 亿元、利润 30 亿元，实现幸福大元人。

四、连发两封信

2017 年 10 月 18 日至 10 月 24 日，中国共产党第十九次全国代表大会胜利召开。聆听着习总书记"改革不停顿、开放不止步""中华民族伟大复兴必将在改革开放的进行中得以实现"的坚定声音，李建国思绪万千。

大元集团在改革开放 40 年的历史进程中，经历了 1996 年和 2009 年两次大的变革。当年，集团以邓小平同志"不改革死路一条"的口号坚定决心和勇气，靠改革、创新、拼搏、奉献杀出了一条生路。通过"09 工程"的实施，实现了产值破百亿元，凝聚了大元集团优秀的企业文化和企业精神。但是，在成绩面前有些人骄傲了，发展的激情和欲望减弱了，面对内外环境出现的新问题、新困难没有了说到做到的勇气，出现了安于现状、应付了事的"暮气"。在惯性思维的作用下，改革、创新的"牛鼻子"扭不住，反而多了自由主义、个人主义、小团队利益，丢了"大元想干的事就一定能干成"的不服输精神，导致 2015 年以来出现了增长性停顿。

想到这些，李建国如鲠在喉。他奋笔疾书，一气呵成写下了《致全体大元人的一封信》。在信中，他提醒大元的管理团队："有多少人真正想了 2020 年目标如何实现？有多少人真正坚定了实现目标的信心和步伐？有多少人真正扛起了实现目标的责任？""如果不能清楚地认识到，不改革、不解决发展中的瓶颈，就幻想能实现转型升级，实现 2020 年规模 400 亿、利润 30 亿的目标，最终只能是竹篮打水一场空，只能在世人面前丢尽全体大元人的脸。"

为了实现战略目标，他再次大声疾呼："大元的生死存亡需要振臂高呼改革！改革！改革！改什么？革什么？首先，要改干部作风、思想建设及各级班子建设，要用政治成熟标准对各级班子成员进行全面考核……其次，要改传统建筑企业的管理思维、决策意识、工作标准……对传统思维的改革是快速发展的动力，对体制、机制的改革是实现战略目标的重要保障。改革发展了大元，再次改革会更加成就大元。"

这封 11 月 3 日发出的信件，绝对不是为了聊以抒情。对于当时的大元集团来说，他是想发出一道让人警醒、发人深思、催人奋进的动员令。李建国非常清楚，作为集团董事局主席，他可以抓住关键少数，但特殊时期，他必须"一竿子插到底"，彻底让大元这潭流速渐缓的水动起来，从上而下、从下而上地全部动起来。

然而，40 天后的 12 月 12 日，他不得不又一次发出写给集团班子成员的另一封信。

12 月 10 日，集团班子研究确定了十项改革工作方案。11 日下午，向董事局进行了汇报。李建国对这个没有多少实质性内容的方案极为不满，在信中用了一个比喻说出了对这个方案的感受：如同一个锅灶，灶内是改革的熊熊大火在燃烧，而烧的却是一个没水、没米，不知做的什么饭的干锅。

他认为上封信发出后，思想建设在基层很见效果，而高层领导的思想触动却非常微弱，甚至有人仍然停留在面上的应付。

"为什么？？？？？？"他一连用了六个大大的问号。

"一帮没思想、不能担负发展使命的 CEO，个别自以为是的领导！"他用了几乎是斥责的语言，"山能移，人难改啊。不换思想，就换人吧。大元发展不能耽误在少数人身上。"

"夜难眠，心滴血，泪满面。我们不成功，是负了社会，负了大元，负了自己，负了天下！"这是李建国第一次以这种方式完全袒露自己的心胸。在他看来，大元集团既是这些人共同的事业，也是 5000 多名员工的幸福，还是社会稳定、发展的一分子。员工信任我们，社会支持我们，企业为我们提供了平台，李建国想不出任何理由可以不去尽心竭力地把企业经营好，把大元人的家园守护好、建设好！为此，20 多年他始终以如履薄冰的状态，兢兢业业，唯一的愿望就是为了给大元集团、给 5000 个家庭、给社会一个交代。

"大元改革成败还有一点点时间可用，不然明年工作会受到重大影响。学习十九大，强化思想建设，就是要改作风，改工作态度，改工作思想，改工作思路。"

"我们有5000大元人，我们战斗过，我们胜利过。我们要永不放弃，我们要永不言败！我们不能失败，我们也不会失败。拼、拼、拼、拼、拼、拼、拼、拼！！！！！！"他一连气写下了八个拼字，画上了六个大大的感叹号。

写在纸上的只是一串标点符号，表面看这是一个企业负责人在传达他的情绪和态度。只有真正"懂"李建国的人，才能从笔画深处体会他对大元发展战略的意志和决心，才能感受到一位中国共产党培养出来的优秀企业家，对企业发展的责任和情怀！

第七章 唱响大元梦

一、《我的大元梦》

2017 年 12 月 28 日，大元投资集团召开了二届三次股东代表大会，选举产生了新一届董事局，李建国、王连兴、韩秀海当选，外部董事为苏文忠和王海山。董事局选举李建国继续担任大元投资集团董事局主席。同时，大元建业集团股份有限公司也召开董事会，选举王连兴任董事长兼 CEO。

再次当选的李建国首先做了表态发言。此时的李建国一心只有大元集团的发展、大元人的幸福。他一口气用了五个"不忘初心、牢记使命"，表达了对战略推进的决心。

"我将不忘初心、牢记使命，做合格党员，带头学习贯彻党的十九大精神，时刻把握住思想建设的'总开关'，明确工作政治方向，以实现幸福大元人为终生奋斗目标，以造福员工为最大责任。"

"我将不忘初心、牢记使命，以'无私'永做自己的座右铭，敢于提出'向我看齐'，以无私之心带领党委、行政班子，增强凝聚力、战斗力、向心力。甘愿奉献、无悔付出，为国家利益、企业利益、员工利益奋斗终生，团结带领全体大元人，实现新时代大元发展之路。"

"我将不忘初心、牢记使命……做发展战略的贯彻者、执行者，改革创新的推动者、实现者，凝聚起全体大元人同心共筑大元梦的磅礴力量，继续奋斗、砥砺前行！"

……

面对投资集团和建业集团的董事和高层管理团队，他更加言语恳切，要求同志们要发挥好"关键少数"的作用，勇于挑最重的担子，敢于接最"烫手的山芋"，要带头解放思想、提升境界、放大气场、统揽全局，锚定"1318 工程" 2.0 升级版的既定目标，实现由高速发展向高质量发展，以新商业模式创造增量，以增量实现转型，打造"城市综合服务商"，实现幸福大元人。

2018 年是国家改革开放 40 周年，也是大元改制 20 年。20 年的思考沉淀、探索体悟，李建国心中的企业理想逐渐清晰成形。

"一个成功企业最大的责任是为员工谋幸福，为社会创造财富，为人类做出贡献。" 4 月 8 日，李建国写下了《我的大元梦》：

> 这里是以人为本、处处体现家人文化的地方；
>
> 这里是尊贤爱士、施展才华、实现梦想的地方；
>
> 这里是充满激情与智慧、勇往直前、欣欣向荣的地方；
>
> 这里是学习改进、持续创新、追求卓越的地方；
>
> 这里是奋斗者实现幸福的地方；
>
> 这里是做人要诚、做事要实、依法经营的地方；
>
> 这里是讲道理、讲规矩的地方；
>
> 这里是员工满意、股东信任、社会认可、合作伙伴放心的地方；
>
> 这里是爱党、爱国、乐于奉献社会的地方；
>
> 这里是为人类社会进步而不懈努力的地方。

透过李建国的大元梦，我们看到了他为大元人营造幸福家园、事业舞台、发展平台的初心，读懂了他以幸福大元人为核心，以诚信、平等、互爱为基础的企业文化设计，还有他为家、为国、为社会、为人类而奋斗的使命和情怀。

这也正是他为全体大元人敬仰，为沧州社会敬佩，为业界同行、朋友敬重的所在。从业 50 年来，李建国先后多次获得了中国建筑业协会"全国建筑业优秀企业家""全国工程建设质量管理先进工作者""中国建筑业优秀高级职业经理人""中国工程建设优秀高级职业经理人""河北省建设系统劳动模范""河北省杰出企业家""河北省优秀民营企业家""河北省建筑业优秀企业管理者""沧州市优秀党务工作者、优秀共产党员""工程建设管理先进工作者""企业民主管理先进个人"等荣誉 50 余项，被聘请为中国建筑业协会常务理事，河北省建筑业协会副会长，中国新品牌工程未来 500 强卓越导师，河北省沧州非公有制经济组织和社会组织党建学院师资库专家。

在国家脱贫攻坚行动中，他带领集团积极投身其中，产业扶贫、技术扶贫、消费扶贫，拓展扶贫方式，提升致富能力，2018 年被河北省扶贫开发和脱贫工作领导小组授予河北省脱贫攻坚创新奖，2021 年再获河北省委、省政府命名的"脱贫攻坚先进个人"。他倡导"党建筑起红心元、红心元强'五心'"的党建文化，创造了党建标准化体系，成了河北省非公企业党建的一个标杆。在 2021 年庆祝中国共产党百年华诞之际，他被中共河北省委授予"河北省优秀基层党组织书记"称号。

二、战略十年

2017 年以来，由美国挑起的中美贸易摩擦骤然升级，严重影响了世界经济格局，对我国的经济造成了一定的影响。党中央、国务院果断应对，在有理有力地给予回击的同时，开启国际国内双循环，努力维护了国家的经济命脉和国际经济秩序。然而，贸易争端没有全面的赢家，以建筑和投资为主业的大元集团不可避免地受到了冲击和影响。

在这种大背景下，又是在冲刺"1318 工程"2.0 升级版进入"白刃化"的时刻，王连兴当选了大元建业董事长、CEO。在 12 月 12 日写给班子成员的信中，李建国曾经客观地评价了王连兴、汤长礼和韩秀海三个人，认为他们不仅政治成熟，有责任、有担当，而且清楚当前的任务，明白改革的方向。带着对困难和挑战的清醒认识，王连兴担起了"2018 大改革年"、创造新突破、实现新发展的重任。

在李建国主席的统一指挥下，王连兴带领大元集团全面推进了"一个平台、两个落实、三个发力点、四大改革"；完成了信息化综合管理平台的搭建并发挥作用，初步实现了大数据精准决策和个性化管理；《大元集团科技发展规划》和党建工作标准化得到充分落实；在建立新商业模式决策机制、推进大元建业上市、增强资本化运作能力和财务规范化治理上精准发力，取得了突破性实效；进一步改革了组织架构，优化了产业集群设计，整合了建工、专业化集群等"拳头"资源；深化了人力资源引进培养、以资本运营为主的大财务体制和引入现代企业考核机制等改革措施。

以此为杠杆，2018 年三项基本指标均取得了两位数以上的增长率，其中，承揽量同比增长 29%，达到 297 亿元，主营业务营业收入增长 10.92%，达到 166 亿元，为"1318 工程"画上一个可圈可点的句号。

进入 2019 年，在大元集团战略实施十周年之际，李建国详细梳理了十年发展历程，撰写了《2009—2019 年跨越纪实》。文中列举了战略十年的主要成就：

截止到 2018 年年底，主要经营指标中的业务承揽量十年增长了 792.9%，年产值增长了 1033%，利税额增长了 1400%。在规模大增的同时，实现了效益高于规模的增长。

十年间产业结构大幅优化，六大产业集群形成规模效益，市政路桥、钢构住宅、装配化生产、绿色建材、装饰装修、科研设计、项目管理、生态能源、文旅运营、投融资等众多新兴产业，丰富了集团的市场主体，延伸了产业链条，增强了竞争实力。

随着产业调整，十年间集团取得了工程总承包特级资质和 10 项一级资质在内的各类资质 40 余项。

十年间市场布局由广到深，"八大概念市场"全面开花结果，遍布国内 30 个省、直辖市、自治区和澳大利亚及东欧、东南亚、中亚、中东地区的大元分公司，如深入泥土当中的根脉，为大元的生存发展提供了充足的营养。

尤其可贵的是，十年间集团积蓄了充沛的发展后劲。以主动培养、自我培养为主，一级建造师十年增加了 690%，二级建造师增加了 320%，拥有高级职称人员增加了 211%，中级职称增加了 813%，初级职称增加了 1568%，全员本科以上学历人数占比超过 90%，中高层管理团队平均年龄只有 32 岁，形成了一支专业化、知识化、年轻化、会谋事、能干事、善成事的创业队伍。

这是一个缔造了传统建筑企业发展传奇的十年！

在"战略实施十周年"成果展上，一组组对比感强烈的数据，一张张钩沉美好回忆的图片，满屏的资质、证书，陈列的奖状、奖杯，让人们惊叹着自己的创造，也感叹着对"战略"认知的变迁。曾经有过的晦涩彷徨，如今已经豁然开朗；曾经的那些艰辛，如今成了把酒席间堪与众人说的谈资。就连那些当初暗讽"瞎折腾"的人，也不得不由衷地赞叹：李建国是"真能折腾"！

可是，有些人恐怕永远理解不了李建国的精思深虑、破釜沉舟。十年辛苦十年甜，十年弹指一挥间。殊不知李建国的擘画之笔是从1996年的5月开始饱蘸；由此上溯，1972年那个放下简单的行囊，在工地上练习推小车的翩翩少年，就已经开始了为大元集团50年的奉献。

然而，李建国的脚步永远不知疲倦，大元的传奇永远没有结语。在成功举办战略十年成果展的同时，2019年7月2日，从延安参加"省·思·行"活动归来的管理团队，直接进入了会场，参加了一场别开生面的"09工程"战略实施十周年暨2020—2030年和2031—2052年两个阶段新目标发布大会。李建国亲手点燃了象征着"百年大元"使命的主火炬，经过六大集群总裁传递，交到了10位时年27周岁，到2052年大元集团建企百年时正好60周岁的青年员工手中。

"百年大元一定会在我们手中实现！"随着青年职工代表们发出铿锵誓言，活动现场爆发了经久不息的呐喊和掌声。这才是5000名大元人的心声！

"百年大元，薪火传承。"此时的李建国早已超越了一个企业领导人的格局。他已经把对大元的真情和热爱，把"大元梦"的理解和追求，幻化成了"百年大元"的根，"幸福大元"的魂！

第八章 股改之路

一、股权流转

早在 1998 年沧州一建所有制改革时，李建国就有过"人人持股、人人是股东，等于是'镶了个金边的大锅饭'"的思考。针对"股权分散、权责不对位"的问题，他主导制定了"职工退休退股、股份内部转让流通、鼓励向优胜者扩股"等原则，得到了上级领导的充分肯定，作为经验在全国建筑企业改制中加以推广。经过十余年的股权改革和流转，已经形成了"让优者持股，参与企业管理"的格局，为集团股份制改造做好了铺垫。

按照"09 工程"规划，大元集团应该积极创造条件，推进企业上市，加快资本运作。

在这一思想的统领下，2009 年，大元集团《股权流转与激励方案》出台。在股权流转方案中，创造性地提出了"优先股"的概念，即持有人的原始股根据公司发展需要在某种情况下转化为优先股，无论企业年度经营成果如何，优先享受高于银行同期存款利率 20% 比例的分红，不参与年终公司的正常分红。优先股持有人可随时向董事会提出流通申请，不得随意买卖。优先股至多保留一年。

在"优先股"概念之上，流转方案中规定，自然人股东（注册股东）所持股权，在该股东与公司脱离劳动关系后，不再享有注册股东的权利，所持配股由持股会收回，原始股自愿退出或在规定范围内流转，如果不愿退出或流转，则自动转为优先股。离岗、退休、调出或死亡人员，所持股份从退休、调出及死亡之日起全部退出，所持股份由持股会收回。如果不愿退出或流转亦转为优先股。其余股东（包括一般管理人员、在岗工人）所持股份全部由持股会收回或转为优先股。同时，2000 年内部股权流动时，购买者多支付的部分予以退还。持股人职务和岗位发生变化时，要通过股权流转达到风险、责任、利益相宜。

在此基础上，集团决定拿出公司总股本的 30%，用于对优秀员工的激励。受激励员工成为集团的激励股东，经过连续三年考核合格后，还可以经过评定成为正式股东。

此举不仅从根本上解决了公司股权在部分人手中无限持有的问题，杜绝了企业资产流失的风险，还为公司稳定关键人才队伍、不断引进专业人才创造了条件，保证了公司的科学、健康、可持续发展。这些看似"土办法"的措施，却正是改制企业建立和完善现代企业管理制度的必由之路。

经过这次调整，集团原始股权流转到了47人手中，其中董事会成员实现了控股70%的目标，为2011年公司股份制改造、迈入集团式现代化治理铺平了道路。

二、股份制改造

2010年12月20日，正当大家还在盘点2010年的收获，分享"09工程"的成绩与喜悦时，李建国却把董事会成员召集到了沧州市宏泰大酒店，召开了一次董事会临时会议，核心议题就是研究部署集团股份制改造的相关事宜。

会上，一致通过了董事长李建国提出的议案，以47名原始股东为发起人，成立河北大元建业集团股份有限公司，公司性质由有限责任公司改制为股份有限公司。明确了"建立规范、高效、创新的现代企业管理制度，全力打造百年大元"的改革指导思想，讨论通过了改制工作方案和股权设置方案，决定进一步加快股权优化配置进度，细化组织架构和运行体制方案，尽快落实股份公司的工商注册。为此，明确了2011年的工作重点是完成集团公司的股份制改造、启动集团整体上市。

李建国做事紧锣密鼓。12月23日，在集团各部门汇报年终决算情况的核心组会议上，就正式传达了临时董事会会议精神，并就改制工作推进做出了安排。12月30日，大元集团股份制改制动员培训大会胜利召开，李建国亲自动员，外部董事苏文忠做辅导报告，迅速统一了思想，达成了共识，规划了行进路线，细化了任务目标。

2011年1月11日，河北大元集团股份有限公司正式宣告成立。

2011年1月22日上午，集团召开五届三次股东暨四届四次职代会，董事长李建国提出了 2011 年的奋斗目标为 "70503"，即主营业务合同额 70 亿元、营业额 50 亿元、利税突破 3 亿元。另外，房地产实现销售收入 3.5 亿元，商砼公司销售收入 1.2 亿元，管桩公司销售收入 4 亿元，检测、建材、劳务、租赁等其他业务实现利润 350 万元。

当天下午，大元集团 32 位总公司和分公司的负责人，在集团总裁宫圣的率领下，面向董事会和全体股东、职工代表庄严地举起了右手：

谨以至诚向董事会、全体员工宣誓：坚决拥护党的领导，模范遵守国家法律法规，严格执行董事会决议，全面执行岗位职责，对企业忠诚，对员工负责，以 "09 工程" 为纲领，坚决完成 2011 年指标，为 "百年大元" 而奋斗！

誓师大会上，总裁宫圣做了激情四射的演讲。他用设问的方式，通过对 "我们是谁" "团队是由谁组成的" "今天开始，我们这个团队需要做什么？怎么做" "我们还怕什么" 四个问题的提出和回答，传达了实现 "09 工程" 的信心和决心，也展现了总裁班子为大元谋发展、为员工谋福祉的热情与胸襟。

三、董事长的心事

可是，很少有人发现，此时的李建国却正在为一件事 "闹心"。

2009 年刚刚进行战略宣传贯彻时，曾发生过一起集团高层 "武力" 攻击战略团队核心成员的事件，当事人事后被免职。免职后，这位同志就以各种理由一直没有上班，也没有办理离职手续，后来干脆另立门户成立了一家房地产公司。他名下还持有一些大元集团的股份，按照大元集团股权管理的规定，应该是离职即要赎回。但是这件事一直没有落实。

集团改制为股份制的目的之一是整体上市。当时，市委、市政府正在主推沧州有条件的企业都要加快申请上市，强化我市的资本运营能力。沧州市金融办专门举办过多次企业上市知识的培训、考察等活动。上市审查对股东数量有明确要求，不能超过 50 个，所以集团董事会决定必须收回这部分股权。可人去了几拨，都没有结果，原因是工作人员计算的股权份额出现了一些小误差，而且双方关于增长性收益也有较大差异。

李建国亲自出面，可无论是以集团董事长的身份，还是从相交多年的老同事、老哥哥的角度，对方都不接受。

四、夫人出马

事情僵在这儿，影响的是集团的改革、职工的利益，李建国有些"上火"。夫人孙建看出了他有心事，就关心地询问，李建国不得已向夫人"泄露"了集团的"秘密"。

孙建也是大元集团的老职工，曾经在加工厂任会计、副厂长等，是集团业务能力过硬的主管会计。干财务工作一辈子，没出过一次差错，经过她手的账目就像刻在了脑子里，多年以后领导问起来，各种大数据、经过谁的手等都能一一说清；而且她为人耿直、行事端正、作风泼辣，在员工中威信很高。

听明白事情的原委，她自作主张找到了那位高层的办公室。

"兄弟，嫂子找你来是为了公司的事。这事本来不该我管，可是我看你二哥（指李建国，当初二人私下的称呼）是真上愁了。"

"你们哥俩从八几年就在一块儿，你二哥一直看重你这个兄弟，你也为你二哥当这个经理出了力、尽了心。人这一辈子能有几个在一起交往20年的哥们儿兄弟？你们哥俩可不该闹到这个地步呀。"

"你应该比别人更理解李建国，他做事一心只想着工作，每天一睁眼总觉得还欠着1000多工人的吃饭钱。他都是对事不对人呀。今天这事也是公司的事，关系到大家伙儿的利益，于'公'不能因为你影响了大家伙儿，那样的话你担待不起；于'私'你也该体谅你二哥，他对你不薄。我平时从不掺和公司的事，可今天为了你二哥，二嫂子出面了，你得让我把这个面子带回去。不然我可出不了这个门儿！"

一番话软中带硬，既深明大义又苦口婆心，终于打动了这位兄弟。集团也尽量争取最大限度地满足对方的要求，收回了这部分股权。

五、半月完成认购

完成了股权集中，集团整体上市工作得以继续推进，迅速出台了《大元集团股份有限公司股份认购实施办法》《大元集团股份有限公司股权管理办法》。两个办法对股份认购对象和范围进行了明确，包括股份公司机关部门副经理、分公司副经理、子公司部门经理以上人员和其他骨干人员，共计138人。同时，为一些在公司经营绩效上起关键作用的关键岗位，设立了岗位激励股、限定性股份，以达到长期激励的效果。

2011年4月9日，集团召开了原始股发行认购大会，李建国亲自做动员讲话。他首先阐明了股份制改革、强化资本运营能力、走资本化发展的意义，阐释了改制"建立健全现代企业制度，改革、创新、规范、高效，全力打造百年大元"的指导思想。李建国指出，确定原始股的认购范围，集团董事会做了大量研究工作，既考虑了职务、岗位，又合理设定了不同的层级比例。原始股的认购工作，目的是让持有原始股的同志享受战略投资者的待遇，让集团核心层具有更强的责任意识，让广大员工更多地享受集团的发展成果。因此，要从讲政治、顾大局的高度认识和理解，经受住集团党委对大家"政治成熟"度的考验。

会议当场，总经理班子率先签署了"大元集团股份有限公司原始股股权认购确认书"，到4月25日，仅用了10多天的时间，全部股金就完成了上缴。

六、成立大元投资

在进行股份制改造的同时，李建国又在谋划另一件关系到1998年改制时老股东们利益的大事。改制后原始股认购进展顺利，企业资本实力增强，为企业经营活动增添了动力。这正是李建国乐见的局面，可他觉得还有一个问题必须提前解决，就是老股东们的利益应得到有效维护。

屈指一算，他进入公司马上就要满40年了，见证了几辈大元人的奋斗历程。他深知，大元能有今天的发展，是老一辈大元人艰苦奋斗打下的基业。

"从公司元老的角度看，大元集团是大家共享的一碗粥，新股东的进入，相当于是往这碗粥里掺了水，老股东的粥一同被稀释了。"李建国提出，必须保全1998年改制为有限公司时资产的完整性，"股改的目标是实现'百年大元'。'百年大元'是属于几代大元人的，更要在前辈的基业上完成。股份制改造要对老股东们负责。"

经过多次研究，李建国提出的意见得到了充分落实，即由 47 名自然人股东出资成立"大元投资股份有限公司"，控股大元建业集团股份有限公司，股权占比为 70%。其余 30% 的股权，由大元建业量化分配给在职在岗的各级骨干成员。这样既保护了老股东的利益，也使这部分管理精英能充分享受集团发展红利和个人努力奋斗的成果。

2011 年 4 月 20 日，大元投资股份有限公司成立，首次货币出资额3400 万元，其余部分由全体股东在大元建业的股权评估值出资，共计注册资本为 11187.6 万元。到 5 月 16 日完成了资产转移手续。

由此，大元投资公司成为控股大元集团的核心母公司。投资公司不仅有了充分的资本运营空间，还可以有更多的精力进行战略构思、谋划和实施。2012 年，大元投资公司升格为大元投资集团，形成了以大元投资集团控股大元建业及开元房地产、商砼等子公司，产权清晰、股权保障有力的现代企业管理结构。

七、"土办法"上了大讲堂

关于建立大元投资公司的效果，有人形象地说，是李建国为公司找了一个"娘"。其实李建国这个创意的灵感还真是来源于他母亲的治家之道。李建国和哥哥、妹妹一样，从上班工作后的第一个月起，工资收入一律都交给母亲分配。而在母亲心中，不管有多少孩子，"手心手背都是肉"。因此，她永远是最公正的，最能为子女们守好家当。

设立大元投资集团的理论和实践，再一次验证了李建国的神奇。在李建国的这发"子弹"飞了两年多后，就读清华大学总裁班的大元集团高管们，在现代企业管理课堂上惊奇地发现，这个被李建国自称为"土办法"的办法，竟然是高等学府大讲堂上专家教授们分析论证、推广介绍的"现代企业管理体制"。

尤其是 10 年后沧州市某大型集团公司发生了股权私下交易事件后，让不少人把目光再次投向了李建国的这一创举。事实证明，"大元投资"等于把公司的股权放进了一个"保险箱"，成了所有股东的"娘"。

大元投资的成立，更是得到了老同志、老领导的认可和支持。2011年7月2日早晨，一场降雨给已经干热多日的狮城带来了久违的清凉。李建国和郝书明等集团领导班子成员早早就在飘飞的细雨中等在新建成的大元大厦前的广场上。随着大元大厦进入后期装修，从6月开始，集团总部陆续回迁办公。大楼竣工，李建国第一个想到的是把老领导、老同志们请回家看看。在与刘恩治、董恩仓、宋宝堂、张铁良、胡景堂等公司老同志，还有董海、李春生等市局老领导们的座谈中，李建国汇报了集团近年来的发展状况，得到了老同志们的充分肯定和赞扬。尤其是在谈到股改中建立大元投资公司的初衷和做法，更让老同志们由衷地赞叹。时年85岁的老经理刘恩治欣慰地说："公司发展得好，我们都很高兴。看到公司改叫'大元'了，但是还保持着沧州一建的好传统，我们更放心。建国做得好，做得对，我们都支持你！"

不仅是老同志们的赞许，以李建国为首的董事会更是得到了全体股东和全体职工的信任和拥戴。从1998年改制到今天，包括2017年成立六大产业集群后，大元投资集团设立董事局，在十余次董事会（局）的换届选举中，李建国坚持要求差额选举，股东代表一人一票，无记名投票、唱票、计票不出会场，现场公布选举结果。在他看来，股东们的每一张选票都代表着他们的心声，更是对董事会成员的评价，是董事

2011年老领导通气会

2011年乔迁

会今后工作的指示棒。其不仅可以为集团的发展及时纠偏，更可以为董事会成员的工作扬鞭！而以李建国为核心的集团董事会成员连续得到了股东们的认可，李建国更是连续当选为董事长（董事局主席）。

2011年9月16日，在大元大厦前的广场上，集团隆重举行了总部大楼乔迁入驻暨大元投资、大元股份揭牌庆典仪式。可巧的是，就在典礼仪式即将开始时，又是一场喜雨骤至，将广场洗刷得格外清新，早已摆放好的鲜花更加娇艳欲滴。9月5日刚刚稳位的泰山灵石"希望之舟"，经过雨水的滋润，如踏浪而来，灵光四溢。

仪式开始的吉时刚到，雨势忽而转弱。和风甘霖，让典礼更加寓意深远。雨中列队的大元方阵，精神抖擞、意气盎然。礼炮齐鸣、气球当空，雄狮起舞、喜乐喧天，吸引了大量路过的行人一起雨中观礼。

也就在这一天，李建国创下了连他自己都吃惊的"酒量纪录"。在招待宴会上，他坚持向每一桌的客人和员工敬酒，几十桌下来，他喝下了足足3斤白酒。

"人逢喜不累，酒逢喜不醉。"的确如此。这一天李建国真的高兴，股份制改造让大元集团从此走上了现代企业发展的正轨，员工们的思想境界、精神面貌有了质的提升，由此"百年大元"有望！

八、落实股权激励

股改之后，大元建业集团股份公司也有了充分发挥股权激励作用、构建现代企业管理机制、增添企业发展活力的广阔空间。2011年4月6日，《大元建业集团股份公司股权管理办法》出台，根据集团岗位设置，将3000万股股权按不同比例分配给在职在岗的各级骨干成员。认购人首期只需要缴纳股权价值三分之一的股金，即可获得全部股份的分红权。其余部分两年内缴清后，即可获得所认购股权的所有权。

为了避免认购人在持股期间出现离职而发生股权争议，2014年对《大元建业集团股份公司股权管理办法》进行了修订，增加了对配股"三年锁定、十年服务期"的规定，即取得认购权后三年内为股权锁定期，股权派发日起十年为服务期。锁定期和服务期内股权不得转让、出售、交换、质押、偿还债务等。出现离职者，集团全部回购相关股权。回购基数设定为：实际认购股权＋红利转增股权 ×（实际服务年限 ÷10）。

2016 年再次出台新的《股权激励管理办法》，明确了各岗位的最低持股标准和以股权激励制代替股权终身制的原则。扩大了持股范围，强调了股权与岗位职级、贡献大小相对应，让股权始终掌握在在职在岗的管理精英手中。股权实行一年一考核、三年一评定，起到了以股权凝聚团队、以激励促进发展的作用。

第九章 十年擘画

一、打造路桥奇兵

在"09工程"实施中，市政路桥总公司可以说是最大的制胜奇兵。

2005年改制大元集团后，公司开始发力布局产业的多元化，迅速成立了开元房屋拆迁有限公司、狮城建设工程管理有限公司等。尤其是利润较高、市场竞争相对简单的市政、路桥项目格外受集团高层的关注。大元集团有过多项市政路桥的业绩，彩虹桥、南环路大桥、永济路大桥等市区主要运河大桥的新建、重建都是由集团完成的，当时还有正在施工的市区南湖公园的景观桥。当年11月，集团取得了市政公用工程施工总承包一级资质，利用资质优势，于2006年3月成立了大元集团路桥公司。

在战略规划实施中，集团与战略团队就推进产业转型升级进行了全面分析，认为市政路桥专业是一个机会窗口。现有的路桥公司由于业务和施工经验不足、班子建设偏软、管理不到位等方面的原因，发展缓慢，不能发挥战略转型的"破窗"作用，应加以改造。

选择一支组织完善、管理有力、敢打善战的成熟队伍，兼并、改造路桥公司，承担起集团改革转型的重任，成为集团和战略团队的首选策略。

可是，选哪支队伍？由谁来担纲？

很明显，这个任务无论落到谁头上，都将会面临由房建转市政的专业转型，必然要从头学起、从头干起。让谁来啃这个硬骨头？大家都把询问的目光投向李建国。

其实李建国心里早有了目标，那就是六公司。1992年从原地区四建变成沧州一建的施工六处，他曾经亲手调教过这支队伍，而且几次创造条件给他们争取机会，用足、用活了这支技术力量雄厚的队伍，为大元拿下了第一个"鲁班奖"。现任经理汤长礼也从一个普通的技术员成长为一名多项业绩荣誉在身的副高级工程师、一级建造师，担任中层正职已近5年，积累了一定的管理经验。

他把汤长礼叫到了办公室。

"今年刚40（岁）吧？"

"嗯，40周岁了。"汤长礼还不清楚董事长找他谈什么，就简单地应了一声。

李建国没有着急说具体事，而是聊起了汤长礼进入大元集团后的经历。"人生四十不惑，正是干事的好年纪。要抓紧机会，实现自身价值，为社会、为公司、为家庭留下更多有价值的东西。"

汤长礼一下子激灵起来。平心而论，在"09工程"实施以前，作为处于大元集团第一梯队的二级经营单位，70多人的队伍，每年都有五六个在建项目，完成一两个亿的产值、六七百万的净利润，分公司的"小日子"过得还不错。2005年，汤长礼刚刚36岁就担任了六公司经理，每年的任务指标轻轻松松就能完成，工作没有太大的压力，个人收入也随着效益水涨船高，换了房、买了车，生活无忧无虑。因此，每天的工作和生活也养成了"慢三步"的节奏，不知不觉就到了不惑之年。直到通过学习战略规划，亲身感受到集团领导实施战略的决心和魄力，尤其是李总的"四不精神"，才让他开始意识到，如果继续沉浸在小富即安的"温柔乡"里，六公司必会陷入落后、被淘汰的结局，自己也会"骈死于槽枥之间"。

李建国见汤长礼入了心，就简明地道出了原委："集团准备给你们一项新任务，由六公司与路桥公司合并，成立一个专业以市政路桥为核心业务的新公司。你要认清这次合并对集团战略实施的意义和面临的困难，做好充分的准备，拿出可行的策略。"

汤长礼无可推卸、不容犹豫，立即进入了状态。

2009年11月8日，新一届董事会第一次会议召开。第二天，大元集团市政路桥总公司开始组建，11月19日揭牌誓师，汤长礼带领公司班子集体面向董事会和全体大元员工宣誓。

大元集团公司从谋求产业布局调整、开辟新的产业空间和利润增长点的高度，加强了对市政路桥总公司的政策引导。在集团内部率先执行了新的组织架构模式，落实了法人治理机制，实行了薪酬和股权激励机制。在资源配置上，为弥补业务、管理和施工能力的不足，在加大专业技术和业务人员引进、培养力度的同时，集团与东辉路桥公司合资成立了独立法人子公司。在此基础上，集团把年度投资计划重点向路桥施工设备倾斜，满足了资质内施工的需求。

2009年年底，沧州市渤海新区海防路公开招标。为了抓住这个机会，打好第一战役，李建国亲自上阵，邀请业内专家指导，不惜代价聘请专业的造价咨询和设计公司，做足做好标书和投标准备，帮助市政路桥总公司成功拿到了路桥业务的第一单，也为路桥业务创造了一个学习、实践的课堂。

施工中，由于属于沿海公路，地勘、降水、降盐、软基处理等情况复杂，新技术应用广泛。汤长礼安排施工和技术人员，把每个环节都作为一个课题进行研究、整理，学习技术、掌握流程，锻炼队伍、积累经验。集团也派出总工程师郑培壮全力协助，在多方的共同努力下，路桥总公司的第一个项目大获成功，被评为了市级优质工程。

"好的开始是成功的一半。"到2010年年底，市政路桥总公司的市政业务与传统房建业务量达到持平，而利润却比传统土建项目多出了一倍还多。到2013年，路桥业务占比已经超过了七成，从专业技术力量、专业特种设备等全方面完成了由土建施工向专业路桥施工的转型，承担起沧州及周边地区60%的路桥施工项目，还设有多个外埠区域公司。在整个"09工程"战略实施中，无论是业务承揽还是产值创造，尤其是利润实现，市政路桥总公司都是战略目标的重要支撑，成了当之无愧的"黑马"。

"1318工程"实施后，大元市政路桥总公司的人才、技术、设备、经验、业绩再次得到大幅提升。从2014年开始，经营业绩从5亿元到10亿元、15亿元，几乎是两年一个台阶，到2018年已经站上了20亿元大关。

二、外埠公司实体化

依据战略分析，"09工程"在外埠市场布局方面确定了三条发展主线。一是充分利用河北省"三年大变样"的政策环境，"立足本地精耕细作"，做深做透沧州市场。二是"从大运河走向渤海湾"，即充分利用《京津冀共同建筑市场合作协议》，以环渤海五省二市为基点，以天津市场开拓为样板，打造大元集团环渤海市场圈。三是"从渤海湾辐射全国"，深化"八大市场"概念布局，依托河北省建设厅的驻外建管机构，重点推进上海、重庆和西南、西北、东北地区，推行区域性市场开拓、实体化分公司运作，实现员工"本地化"。

而早在"09工程"实施之前，集团已经着手布局"八大概念市场"，省内各地市和国内的天津、内蒙古、黑龙江、四川、青海、广东、海南等外埠市场业务量已经接近集团业务总量的一半。2009年3月5日，在年度股东暨职工代表大会上，李建国提出了进一步"落实走出去战略，做实外埠分公司，合理布局市场空间"的发展策略，明确了设立上海分公司、将天津市场一分为三、引入实体分公司等年度发展目标。

几天后，李建国就亲自带领刚刚获得任命的上海分公司经理刘猛赶赴上海。

刘猛，1979年出生，还不满30周岁；虽然年轻，但思维缜密，逻辑清晰，做事有条不紊，有一股与年龄不相称的成熟和稳重。尤其是他学习能力强，1999年从沧州财贸学校毕业后进入公司，2001年就担任了第九分公司的主管会计。2004年，年仅25岁的刘猛被李建国相中，被任命为沧州一建办公室主任。一年的办公室工作，让他从领导们身上学会了思考问题的站位和方法，尤其是李总驾驭全局的胸襟和气魄的影响是他最大的收获。2005年公司更名大元后，他调任经营部部长，两年后他又担起了市场开发部的担子。又是一个两年，他被任命为上海分公司经理，可这次却是要"扮演"一个独闯上海滩的"孤胆英雄"。

李建国董事长到上海还有其他业务，他带着刘猛拜访了河北省住建厅上海建管处，接洽好工作关系，指导他多与沧州市政府驻上海办事处和相关企业联系，融入业务圈，尽快打出旗号，之后就离开了上海。

送走李总，连续忙碌了几天的刘猛坐在刚租下的空房子里，一时间孤独感压顶而来。周围是听不懂的上海话、不太能理解的行事风格，让他觉得眼前这个繁华的世界大都市就像太空一样遥远而沉寂。

"别着急，先想想我们做建筑工程的需要认识谁，再翻翻本子你认识谁，路子慢慢就会有了。"李建国董事长临上车时这句看似是安慰的话语，让刘猛振作起来，开始了上海滩"筑巢结网"的十年之旅。

按照李总的指示，刘猛通过唯一可以交流的省住建厅建管处结识了几家较早进入上海的河北建筑企业，弄清楚了当地建筑行政主管部门的政策、规定，很快就办理了各种备案手续。为了融入市场，他有意在"前程无忧""智联招聘""中华英才网"等大平台上发布招聘信息，扩大分公司影响；选择一些体量小、好操作的项目跟随其他企业报名投标，多在"圈内"露面；主动融入省、市驻沪办事处的活动平台，加入上海市河北商会，结交自己的"朋友圈"，慢慢让大元集团在上海市场完整亮相。

上海的投标方式比较特殊，与强大的国际化的竞争对手相比，大元集团的资质、资金等毫无优势，只能选择一些简单易操作、垫资量小的项目，一年下来，算是解决了分公司的"温饱"。2010年上海举办世博会，所有非必要项目全部停建，市场开拓更加艰难。

转折出现在2011年。经多方考察、集团批准，上海分公司转战江苏无锡，而且切实落实了大元集团"驻外机构员工属地化、实体化"的要求，满足了所在地参与投标、评标的条件。4月完成注册，7月就成功中标了备受瞩目的军工项目"武警部队作战指挥中心"工程。10月又拿下了无锡新区地标性建筑"水广场"主体建安工程，第一年的承接量就突破了1亿元。到2013年，完成产值已经超过3亿元，业务辐射到了上海、江苏、安徽、江西等区域。为此，集团将上海公司扩建为"华东工程局"，并按照大元集团党建和业务管理体制，建立了党支部，配备了支部书记、财务、经营等管理人员。

驻外机构的实体化运行，在当地建立纳税、社保等经营记录，满足了这些地区设定的市场准入条件，为业务开展打下了基础，大元集团的资质和管理优势逐渐得以显现。合同额 2.4 亿元的无锡兰桂坊商业街主体工程、亚洲最大的中国邮政物流长三角集散中心等多项面向海内外建筑商招标的大型工程被尽收囊中。

在投标中国邮政物流长三角集散中心项目时，当地政府按照扶持地方企业的有关政策，连发数份"补疑文件"。由于大元集团上海分公司属于实体化经营的本地公司，在市场资源和经营环境方面进行了长线布局，与当地经济社会建立了广泛、密切的联系，最终得以战胜实力强大的外地公司，成功突破众多本地企业的包围。这时刘猛才真正体会了六年前李建国董事长专门对他讲过的一句话。在第一次送他去上海赴任的路上，李建国叮嘱他说："大上海是个大市场。闯荡'大市场'，要把握高端资源，要在工作中体会'不做市场、做环境''不抢市场、争资源'的道理。"

2016 年，在"1318 工程"推进过程中，集团决定将架构不全、经营不善的华南工程局并入华东工程局。由此，华东工程局从"一个人的上海分公司"壮大成了统领上海、江苏、浙江、安徽、江西、广东、广西、河南、湖北、福建十个省市的驻外实体分公司。

华东工程局只是大元集团实体化"重装"进军外埠市场的一个缩影。2009 年天津分公司扩充为天津总公司，下设了三个分公司。在大元建业集团总经理郝书明的指导下，天津总公司经过韩莹、郝天宇两任经理的奋力开拓，到 2013 年"09 工程"收官时，已经成为业务覆盖北京地区的"京津工程局"，业务承揽量占到了集团公司的近三成。"1318 工程"实施阶段，京津工程局进一步壮大，成为下辖七个事业部，统揽京、津、冀和环渤海地区的大元集团第一大异地工程局。

东北市场是在大元建安总公司总经理王连兴的指挥下，从吉林白城公司起步。2014 年派出已任集团副总经理的韩莹出征，组建了东北工程局。随着"1318 工程"的推进，2016 年集团发起"狼战役"，东北局战功卓著，成功裂变为韩莹和王刚分别领衔的东北第一工程局和东北第二工程局。

还有从无到有、从一人小公司到整体实力在当地领先的西南工程局、新疆公司、海南公司、湖南公司、陕西公司等等，大元的旗帜已经高高飘扬在除西藏、台湾、香港、澳门以外的 30 个省、直辖市和自治区。大元集团的驻外公司每到一地，都有李建国、郝书明、王连兴等集团领导的身影。在新疆乌鲁木齐，在陕西西安，在广西南宁，在甘肃兰州，在青海西宁……他们走进当地党委、政府机关，汇报大元集团资质资信、业务范围、企业文化、人员结构、市场分布，拜访当地企业、园区开展学习交流，为分公司搭建平台、创造合作机会。

三、进军海外

李建国对市场开拓有着他自己的一套理论，其核心是瞄准国家宏观政策导向和经济发展态势，提前布局，不打无准备之仗。不仅是国内市场如此，在进军国外市场上，他也早有安排。

新中国成立以来，中国建筑企业从援建第三世界国家基础建设，到 20 世纪 70 年代末开始海外工程承包业务，凭借着人力成本优势，国有大型建筑企业在国际工程市场异军突起，国际工程承包合同额及营业额连续增长。随着中国加入 WTO 进程的实质性推进，李建国开始分析探讨沧州一建这样的中小型建筑企业进入世界市场的可行性。为此，2000 年 3 月，他安排办理了"境外经营许可证"，拿到了进入国际市场的"通行证"。

"目前情况下，独立地直接获得国外项目的难度较大，我们可以想办法先派出劳务队伍，更多地获取国外建筑市场的相关信息，培养能胜任海外施工的队伍。"李建国决定"借船出海"。

2003 年 12 月，沧州一建与沧州市华夏劳务服务公司联合组建了沧州一建国际技术分公司，开始以劳务输出的方式承接海外业务。但是由于不能承揽自管、自营项目，很难获得国外施工承包的实际经验，这成了李建国一直不能释怀的心事。

转机出现在 2009 年。时任五公司技术副经理的白晓军通过朋友关系，联系到了中国驻乌兹别克斯坦共和国大使馆的改扩建项目。李建国当即决定，成立大元集团外经公司，任命白晓军为外经公司经理，带领团队出征，目标不是赚取多少利润，而是探索开拓国际市场的路径。

这年9月，白晓军与大使馆参赞谈妥了分包合同。根据外交部和大使馆的规定，为保证外交安全，项目管理和主要技术人员都要经过审查，建材也全部从国内采购，并经过严格检查。集团抓紧为白晓军和他的团队成员办理了审批手续和多次往返签证，采购了相关物资，在天津海关报送起运。

在施工过程中，大元团队严格遵守外交政策，尊重当地法律、民俗，于2010年年初高标准顺利完成任务。春节前夕，中华人民共和国驻乌兹别克斯坦共和国大使馆专门给集团发来了感谢函。

中国河北大元建业集团有限公司：

　　2009年9月至2010年1月，贵公司承担了我馆办公楼扩建改造工程任务。在李建国总经理的重视关心和设计、施工人员的共同努力下，工程于日前顺利竣工。

　　受公司委托，白晓军、王敬太两位同志带领工作人员承担了具体建设任务。他们抵达后即投入了紧张的工程施工工作，每天工作12小时以上，风雨无阻，克服了天气严寒、生活条件简陋以及冬季施工造成的诸多困难和不便，与使馆有关部门和人员友好协商，较好地完成了工程建设施工任务，使我馆外观形象得到较为明显的改观。在此，我馆谨对贵公司领导和工程设计、施工人员表示衷心感谢！

中华人民共和国驻乌兹别克斯坦共和国大使馆

2010年2月3日

这次出征乌兹别克斯坦，不仅让大元集团的旗帜首次飘扬在异国的土地上，为集团进军海外市场积累了经验，而且也为集团赢得了国际声誉。2010年，外交部专门商请大元集团为国家在海外的建设项目派出工程建设专家，代表外交部进行工程项目管理。李建国亲自挑选确定了史庆文作为外派专家。12月20日，他率领集团领导班子为即将远赴非洲喀麦隆的史庆文举行了出征仪式。史庆文也在这次外派中进一步掌握了海外市场的信息，掌握了执行海外自营项目的能力。后来担任集团在澳大利亚直营项目的经理，带队驻守三年，出色地完成建设任务。

2014年为响应国家"一带一路"倡议，大元集团组建了"一带一路"工程局。随着集团海外施工和管理力量逐渐加强，先后承揽了沙特阿拉伯政府基建和保障房项目，非洲几内亚别墅区和经济适用房项目，以及印度、菲律宾、印度尼西亚、马来西亚等多个基建工程项目，业务疆域拓展到了澳大利亚、东南亚、中东、中亚、非洲等国家和地区。

2019年9月5日至6日，李建国主席受邀出席了中国、阿拉伯国家和"一带一路"沿线其他国家500多名政要和企业家参加的"第三届中国—阿拉伯国家工商峰会"，并在峰会的合作品牌推介会上进行了主题发言。这标志着大元集团作为一个民营建筑企业，已经在国际市场上有了重要的一席之地。

史庆文出征合影

四、小装饰到大文旅

李建国从17岁参加工作就在传统建筑工地上摸爬滚打，用他自己的话说，我就是一个"老建筑人"。的确如此，他的思维是"建筑人"式的，讲究程序、质量，追求结构、完美，他的视野也总是以建筑为圆点，向外辐射散发。但是常常令人惊叹的是，李建国对于建筑和相关产业有着超强的信息捕捉力和方向洞察力。

早在2000年，他就力主成立了开元房地产开发公司。彼时，虽然全国城镇住房商品化政策已经实施，但是进入房地产开发领域的私营公司还寥寥无几，开元房地产几乎就是沧州民营房地产开发公司的鼻祖。之后，又成立了开元物业、装饰装修、建筑安装、建筑检测、市政路桥、商砼、消防、地基、文旅等分公司。

相对于房建主业来说，李建国对有些相关产业的布置就像是随手在棋局上布下的一个"闲子"，既不强烈造势，也没有大手笔的投入，而且可能一定时期内带来的并不是利润。只有他自己清楚，这些小公司可能是未来的产业方向，也可能是他为集团培养人才、锻炼队伍、开阔眼界的摇篮。

随着十年战略的实施，李建国在产业平台上的布局效果开始显现。除了市政路桥公司成为"09工程"的黑马以外，装饰公司和装配化建筑产业等，都成了"战略十年"中不俗的亮点。

装饰公司原属于沧州一建加工厂的一支专业安装队伍。1998年公司改制时，李建国就考虑把这项业务独立出来，成立可以业务对外的装饰公司。装饰公司成立之初，由于还没有独立资质，只能依靠沧州一建的资质，从沧州一建承建项目中分包一些门窗安装等简单的业务，慢慢积累业绩，尤其是技术和经验。几年下来，装饰公司一直没有太大的发展，不仅在行业中没地位，连一个专做施工的小包工头都可以在他们办公室颐指气使，更可笑的是，在大元集团内部还有很多人不知道装饰公司的存在，以至于装饰公司去集团办事，差点儿被当成骗子。

2005年，李建国安排张荣强担任装饰公司经理。张荣强上任时，公司加上他只有7个人，面对资源、品牌、经济实力几乎为零的局面，他们首先确定了工程装修、玻璃幕墙等主攻专业方向，通过小项目分包逐步积累了业绩、经验和口碑。2007年拿到了自己独立施工的第一个大单——建行沧州分行总部大楼的玻璃幕墙工程，并顺利取得了建筑幕墙工程和建筑装修装饰工程专业承包一级资质，从此在沧州工装市场站稳了脚跟。

在业务发展中，装饰公司一方面主动追踪市场发展，一方面招揽专业人才，主动向现代建筑文化品位提升、艺术化装饰装修、文化旅游设施施工等方向转型。随着专业资质全部晋升为一级，工程承揽能力得到释放，业绩水平不断提升。2013年承担的沧州市招商大厦装修装饰工程，为大元集团再次捧获"鲁班奖"，为"09工程"增添了亮丽的色彩。装饰公司也因此荣获了"董事长特别奖之质量国优奖"。

2014 年 7 月，集团根据装饰公司的专业发展前景，把装饰公司扩大为大元建业集团股份有限公司旗下的子公司——元正装饰工程股份有限公司，张荣强担任董事长、总经理。

按照"1318 工程"发展战略，元正装饰迅速提升了设计能力，壮大了设计施工一体化业务能力，在立足沧州，主攻公装和大家装市场的同时，发挥人才储备优势，开拓了大文旅建设、施工、运营等新业务。青县市民活动中心、孟村八极拳博物馆、任丘矿山公园博物馆、南皮王蒙文学馆、河间市美术馆、吴桥县云臻大酒店等一系列文旅项目的成功落地，让元正装饰找准了转型之路。2020 年 10 月，全额出资成立了河北创元数字文化发展有限公司、河北青康居装饰有限公司，组建了元正文旅建设集团股份有限公司，业务范围、市场布局进一步扩大，年完成产值突破 5 亿元。"09 工程"战略实施以来，元正文旅为大元集团两度贡献"鲁班奖"，被升格为大元集团直属子公司，成为集团的五大发展板块之一。

2020 年 10 月 8 日元正文旅建设集团成立

五、布局装配化

2008 年公司加工厂生产的装配式安置房，在救援汶川大地震中发挥了作用。在监督生产时，李建国想起了 1972 年他刚参加工作时，老一代大元技术人员自行设计施工的那座圆形餐厅。他从建筑学杂志上了解到，国外早已经广泛应用装配式建筑方式。当时他就想，装配式建筑不仅可以提高施工效率，还可以反复使用、回收再利用。未来的大元集团如果也走装配式建筑的路子，可以为国家节约多少资源啊。

就是这一闪念，才有了大元集团在装配式钢结构建筑上的异军突起。随着国家节能环保政策的连续出台，建筑领域无论是建材还是施工工艺，都在进行着技术革新。"09工程"实施后，集团在考虑新的产业布局时，李建国提出了这个思路。

集团把这个任务交给了大元新型建材厂，并组建了专门的团队。通过考察国内市场了解到，起步最早的是杭州某公司，李建国当即安排集团总工程师郑培壮带队去杭州考察学习。由于当时国家建设部对装配式建筑还没有统一的标准和规范，所以该公司也处于自定标准、技术垄断阶段，给出了不予合作的答复。

"寻访钢结构专家，走自主研发的路子！"李建国认准的事就一定要闯出个名堂来。

很快信息就汇总上来，天津大学建工学院就有钢结构研究所，所长陈志华教授是全国知名的专家。研究所有现成的研究成果，也在寻求落地实践。

钢结构团队的负责人李永顺通过关系很快联系上了陈教授。经过深入考察、沟通协商，双方建立了深度互信。商定由天津大学钢结构研究所根据大元集团需求，进行装配式钢结构住宅专项攻关。

2013年，大元集团承接了沧州市最大的公租房小区——福康家园项目的施工任务。李建国马上意识到，政府投资的公租房项目，正好可以作为装配式钢结构建筑的推广项目。他立即带上相关资料，找到市政府相关部门说明情况，争取立项支持。

当时的装配式建筑还只是一个外来概念。我国正式提出推广这一做法是在2015年年末，当时住建部印发了《工业化建筑评价标准》，其中第一次提出在全国全面推广装配式建筑。2016年2月22日国务院出台《关于大力发展装配式建筑的指导意见》，9月14日，李克强总理主持国务院常务会议，明确要大力发展装配式建筑，推动产业结构调整升级。由此，装配式建筑才进入快速发展阶段。而且直到2018年2月1日，装配式建筑才有了专门的国家标准——《装配式建筑评价标准》。

钢结构强度大、自重轻、刚度大，比传统钢筋混凝土结构更有韧性，能承受更大的动力荷载，抗震性能优越。施工工艺为干法作业，节水、节能，几乎是零建筑垃圾排放，而且回收率接近100%，环保节能。采取装配式建设住宅小区，可以实现大开间布局，便于灵活分隔布置，合理使用空间。虽然有如此明显的优势，但是2013年年底以前，河北省范围内的装配式建筑，实际应用主要是工厂厂房、生产车间等工、矿业项目，还没有装配式住宅小区建设的先例。因此，市领导和主管部门听了李建国的汇报，原则上表示支持，同时也提出要认真考察论证，谨慎行事。

李建国决定用事实说话，于2014年1月26日与天津大学钢结构研究所正式签署了战略合作意向书，专题研发福康家园项目的钢结构方案。在得知内蒙古包头市某大型住宅小区正在采用装配式钢结构施工工艺进行建设，而且一期项目已经开始预售后，3月23日，他组织带领生产、经营、开发等多个部门30多人的考察团，专门赴内蒙古调研。

随后，李建国把考察报告和与天津大学合作的研究成果"大元二代"钢结构方案提交给了政府主管部门，最终促使市领导果断做出决策，由大元集团与沧州市住房和城乡建设局合作，采用"异形柱钢结构"建设福康家园公租房高层住宅小区。

2014年7月12日，投资4.72亿元，建筑面积13.6万平方米的大型公租房住宅项目——福康家园小区举行了隆重的开工仪式。李建国亲自到场宣布了开工令。因为这是打造大元集团核心技术的一个新起点，是实现由"大元施工"向"大元制造"迈进的又一个里程碑。李建国擘画已久的平台发展、体制增速又有了新成果。

福康家园是当时沧州首家由政府与企业共同建设的公租房项目，而且还是河北省第一个全部采用装配式钢结构工艺建设的公租房小区，因此从一开始就引起了各级领导、专家的高度关注。他们密集到访参观、考察，为国家相关政策的制定调研、取样。

2014年12月10日，国家住建部人事司副司长郭鹏伟、科技发展促进中心专家柳博会、河北省住建厅副厅长王舟等现场考察了钢结构主体、楼层板连接点、防火施工等，尤其对大元集团自行研制的"钢管自密实混凝土柱"给予了高度评价。

2015年9月29日，为总结、探索钢结构技术领域的新技术、新工艺，推进装配式建筑的实践应用，解决施工建设过程中遇到的技术难点，一场国家级的钢结构住宅产业化新技术研讨会，把会议地点定在了沧州市福康家园。住建部原副部长、中国建筑金属结构协会会长姚兵，中国工程院院士马克俭，天津大学钢结构研究所所长陈志华，河北省建筑业协会副会长许孟斌等国内资深专家、学者齐聚沧州，对福康家园钢结构和装配式的生产、施工工艺进行了深入研讨，对项目质量给予了高度评价，并对一些技术领域的施工难题提出了建设性意见。

经过专家指导，由大元集团主编完成了《钢管混凝土组合异形柱结构施工技术规程》，于2016年1月19日正式发布，填补了河北省高层钢结构住宅技术标准的空白，也标志着大元集团开始成为这一领域核心技术的提供者。

2016年3月2日，住建部总工程师陈宜明专程到福康家园，就住宅装配式钢结构项目的推广应用进行调研、指导。经过现场考察勘验，陈总工程师高度赞扬福康家园项目"走在了'国家队'的前面"，给大元集团做出的评价是"三个好"，"创新意识好""队伍素质好""企业管理好"。

陈宜明总工程师的"三个好"引起了业内更广泛的关注，全国各地的住建部门、专家学者、建筑和房地产企业纷至沓来。2016年5月19日，河北省住建厅在福康家园组织了"钢结构建筑观摩暨建筑产业现代化工作现场会"，副省长姜德果出席并全程参加了观摩、研讨，全省各地市120余人到会，大大推动了河北省钢结构装配式建筑的发展，也确立了大元集团在省内装配式建筑和钢结构专业的核心地位。

为此，2016年12月25日大元集团做出决定，把装配化产业作为新的增长极，列为"六大产业集群"之一，李永顺被任命为集群总裁，下设科研技术部、企业管理部、建材科技股份有限公司、工程管理公司、钢构公司、沧州建设元达建筑科技股份有限公司等。

2017年2月至5月，"高层装配式建筑——福康家园公共租赁住房住宅项目"连续荣获天津市钢结构金奖、中国钢结构金奖，取得了专业领域内的最高荣誉。

在福康家园项目建设过程中，集团已经在布局装配式产业链的延伸。2016年10月，李建国就安排集团总工郑培壮、李永顺等人专程到日本进行了考察学习，为钢结构、装配式建材的生产加工做好了准备。2017年，一座占地300亩，总投资7.5亿元，包括钢结构生产项目、装配式建材产品生产项目、装配式建筑展示区在内的大元集团科技园项目已经开工建设。5月3日，沧州市委书记杨慧、市长梅世彤等领导专程到科技园考察指导，进一步加快了建设进度。6月8日，年产16万吨各类轻重钢结构构件的钢结构生产基地一号生产线正式投产运营。2018年9月，占地100亩的PC构件生产基地综合生产线投产，可实现年产12万立方米装配式混凝土建筑预制构件、预制楼梯、预制阳台、预制墙板、PK楼梯、PK预应力叠合板等。

基于大元集团在装配式钢结构建设领域的技术和实力，2017年6月21日，国家住建部科技与产业化发展中心与大元集团共同举办了"装配式建筑和健康人居环境产业技术模式创新研讨会"。中国勘察设计协会建筑环境与能源应用分会理事长罗继杰，住建部科技与产业化发展中心副研究员、康居认证中心副主任梁浩，中国中建设计集团暖通总工程师满孝新等80余名专家和代表与会。会议提出了创新发展，推进建筑行业转型升级，实现装配式建筑和健康人居环境产业快速发展的意见。7月26日，大元集团与中国建筑科学研究院建研科技有限公司共同成立了"建研—大元建筑产业化研发中心"，确定了建筑装配式新型结构体系、基于BIM的预制装配式建筑体系应用技术等研发主攻方向，联合研制GAC轻质节能新型板材。

随着以大元集团为主编制的中国建筑业协会团体标准《装配式混凝土建筑施工规范》、天津市地方标准《装配式模块建筑应用技术规程》、河北省工程建设标准《装配式建筑部品部件认证通用规范》的公布实施，郑培壮、杨向东、吴晟、李永顺、刘志光、孙红阁、纪俊宁等人入选河北省第一批装配式建筑专家委员会委员，大元集团稳固确立了在建筑产业化、装配式领域的全国领先地位。2017 年 11 月 9 日，经住房和城乡建设部办公厅评审，认定大元集团为第一批国家级装配式建筑产业基地。

2018 年 7 月，业界高端学术会议"第十八届全国现代结构工程研讨会"再次走进大元集团，中国钢结构泰斗刘锡良，中国工程院院士陈政清、董石麟、周绪红及 300 多名业界知名学者、大师莅临沧州。年底再传喜报，《高层装配式钢结构住宅关键技术与应用》荣获 2018 年度河北省科学技术进步奖，为大元集团"1318 工程"完美收官、"2.0 升级版"高标启动添上了一个大头彩！

全国首批国家级装配式建筑产业基地

六、管理信息化

信息化是现代企业管理必不可少的手段，也是提高管理效能和管理质量的重要保障。其中大数据的信息收集和批量处理，更是领导决策的科学依据。因此，在"09 工程"战略规划中，信息化建设被集团列入基础管理工作的重点内容之一。2009 年 12 月 8 日，成立了大元集团信息化建设推进委员会，成员包括了集团总裁班子成员、各分（子）公司负责人、项目经理等。委员会还设立了办事机构，由总裁办公室主任陈浩负责，其同时兼任集团信息中心主任，成员包括了财务部、办公室等部门。

相较于市内其他建筑企业，大元的信息化工作有着较好的基础，在沧州市市属企业乃至省内的建筑行业一直处于领先地位。这当然得益于集团领导的支持。

李建国自己对信息化并不"在行"，但在信息化建设上的投入却从来没有含糊过。2001 年资质就位时，于宙的信息化工作实践，让李建国一下子就认准了这是未来发展的必然趋势。于是，在当时很多单位的程控外线电话机还要装在上锁的盒子里时，他就特批为公司办公室开通了拨号上网功能。

2003 年，ADSL 宽带刚刚登陆沧州，公司就开通了一条 1 兆带宽的网络外线，加装了一台小型服务器，建立了内部局域网，联通了生产安全科、预算科、科技处等机关各部门。通过调研，还引入组建了 PKPM、梦龙等项目综合管理系统，并组织了对全员的信息化知识培训。此后，2004 年大元成为沧州市第一家搭建公司网站的建筑企业，有了一个内外交流的窗口和平台。2007 年主动引入财会电算化系统，在全市首家实现了财务管理现代化。2008 年委托中国建筑科学研究院开发了大元集团专属的办公自动化系统、综合项目管理系统、档案管理系统、人力资源管理系统，初步建成了覆盖集团各项业务的信息网络体系。

信息化建设推进委员会成立后，以利用信息化手段替代传统作业方式、提升远程监控能力、提高精细化管理水平为目标，制定了《大元集团信息化推进方案》和《大元集团信息化实施管理制度》。2010 年 5 月 8 日，集团召开信息化推进工作誓师大会，李建国郑重宣布，全面启动大元集团办公自动化系统、综合项目管理系统、档案管理系统、人力资源管理系统、财会电算化系统、视频会议系统六大信息化系统的建设，各级各部门要切实配合行动，带动生产经营模式的转变，进一步增强企业核心竞争力和可持续发展能力。

为保证信息化建设取得实效，李建国提议把 2011 年确定为"信息化建设年"。经过持续不断加大投入和信息中心技术人员的自主研发、主动改进维护，到 2012 年六大系统初步建设完成。

2013 年以后，为了确保集团晋升特级资质，集团又持续投资进行了系统的提档升级。远程监控指挥中心和 BIM 技术系统成了信息化工作的亮点。

2013 年年底，集团把远程监控系统建设列入年度计划，计划投资 200 万元。

远程监控系统是通过总部管理平台、项目部管理平台和施工现场采集系统的可视化通信联系，以解决异地施工中人员、材料、设备，尤其是质量和安全管理的缺失问题，为重点项目集中集团力量进行"会诊"式管理创造条件。此举不仅可以提升项目管理水平，提高运行效率，还可以节约大量人力、物力成本。但是，由于建筑行业的特点，远程监控系统建设不仅点多、域广，而且涉及设备种类多，技术细节、安装工序非常复杂。集团信息中心的技术人员有限，刚开始是由他们集中培训各分公司和项目部的技术人员自行安装。可进入实际安装调试阶段，很多时候还得他们一个工地、一个工地地去指导，甚至是亲手安装、调试。

进入总控室设备采购、安装阶段，陈浩带领团队经过多轮考察、谈判，直接溯源到了生产厂家，最终以 88 万元的价格签订了合同，为集团节约了近一半的成本。由于压价太低，厂家坚决不负责安装。也确实，由于这套设备安装的技术含量高，经销商的报价中就有一大块是安装和人力成本。陈浩一咬牙，咱们自己来！

可说着容易，做起来难。经销商有成熟的产品跟踪经验，各种配件、专用工具、施工附件一应俱全，人员也已经培训到位，安装起来当然容易。可陈浩他们却是一切从头摸索。

"这样正好让我们提前熟悉产品结构，便于今后的维护保养。"陈浩这样说是为了鼓励战友，但他作为负责人却心知有多难。他们团队技术人员只有三四个人，还要担负着其他网络系统的日常维护任务。信息系统的维护不能影响集团的业务，每次维护都是晚上公司业务部门下班后，先把数据库拷贝下来，然后再连夜断网维护。有时通宵都不能完成，只能在早晨上班前先恢复数据，等到晚上再继续。而白天上班他们还不能休息，要随时准备维修解决网络运行中的各种问题。所以，他的这帮兄弟一直是超负荷运转。

集团要求的竣工时间是 5 月 31 日前，可总控室的所有设备全部进场时已经到了 5 月 21 日，离要求的最后期限只有不到 10 天了。打开设备包装，对着产品说明书一清点才发现，不仅组装连体大屏所需要的骨架需要自行设计制作，一些零碎的通用配件也需要自行购买。陈浩是安装总指挥，他要测量安装位置、设计进出线路、绘制施工草图，请集团建材厂的师傅制作骨架等附件，还要开着车到电子市场购买配件，一直到两天后才终于具备了安装条件。

安装中，支持多条链路的巨大显示屏，光网线扎在一起直径就超过了半米。信息中心虽然都是小伙子，可干这种既要力气还要技术的活还是第一次。几百条线路怎样便利地进出控制室大厅，还要不破坏墙体结构，又是动了一番脑筋，才在工人师傅的帮助下完成。

组装、固定、调换位置，加电、联网、运行调试，一连串的工作让他们没有片刻的休息时间，几个人不约而同地选择吃住在控制室的施工现场。实在累了、困了，就把拆下来的包装箱往地上一铺，躺下眯一会儿接着再干。就这样他们在监控室连续奋战了整整七天七夜，终于按时完成任务。

2014 年 6 月 1 日，当清晰稳定的画面把远在千里之外的施工现场实况传回，集团领导的问候和指示及时传达到工地上时，李建国兴奋地宣布："河北省建筑企业第一个远程监控平台在大元集团诞生！"

平台运行中，信息中心团队又引入了"单兵"智能化监控设备，在此基础上自主研发了"智能化监控安全帽"，实现了 GPS 定位、双向语音对讲、移动视频传输，克服了原有系统的短板，大大提升了平台远程支持能力。

BIM 技术是一种在计算机辅助设计（CAD）等平台基础上发展起来的

多维建筑模型信息集成管理技术，可以在规划、设计和成品展示中实现三维效果，是建筑、设计行业的发展趋势。面对这一新兴的信息化浪潮，大元集团毫不犹豫地选择了挺立潮头。这也是李建国一生未变的性格。

2015年3月，大元集团成立了BIM技术应用中心。在成立之初，BIM中心确定的实施目标是"提升企业形象""解决技术问题""实现企业流程再造"。经过信息中心和工程设计、施工、预算、质监、运营人员的共同努力和不断磨合，BIM技术很快就在优化规划设计、预算成本控制、质量进度监控、运营维护等方面发挥了现代科学技术的作用，尤其是其三维虚拟漫游系统，可以让业主充分了解和掌握设计和实体效果，方便了甲方和房地产业主的认知和选择。

信息化建设在为大元集团带来管理和效益提升的同时，也为大元集团晋升特级资质创造了一个必须具备的先决条件。在住建部发布的施工总承包特级资质标准中，信息化建设是一个独立的验收指标，具有"一票否决权"。因此，信息化系统的完整建成和投入使用，为晋升特级资质扫清了又一个"硬件"障碍。

七、特级时代

2001年"资质就位"后，建筑企业的资质增加了"特级"，由过去的三级制，变成了四级制，分为特级、一级、二级、三级。只有取得相应施工承包资质的企业方可从事资质证书许可范围内的相应工程承包、工程项目管理等业务。级别越高，对企业自身的硬性要求也就越严格，反映出的企业实力、信誉也就越强。其中特级资质是建筑企业从业资格的"王冠"，意味着企业可以承包该专业资质下的所有工程，不再受资质等级的限制。

当年为了"资质就位"，李建国曾经与沧州炼油厂副厂长郝国栋探讨121米烟囱工程，那时他就动了晋升特级的心思。只是当时的经营规模还相差较远。2007年，国家再次调整了特级资质的认定标准，大幅提高了对经营业绩的要求，具体为近5年内要承担过下列5类工程总承包或施工总承包项目中的3类，且工程质量合格。一是高度100米以上的建筑物，二是28层以上的房屋建筑工程，三是单体建筑面积5万平方米以上的房屋建筑工程，四是钢筋混凝土结构单跨30米以上的建筑工程或钢结构单跨36米以上的房屋建筑工程，五是单项建安合同额2亿元以上的房屋建筑工程。

在企业规模上规定，晋级企业注册资本金应在3亿元以上，净资产在3.6亿元以上。同时，要求连续三年的建筑业营业税要超过5000万元，银行授信额度在5亿元以上，科技活动经费支出平均在营业额的0.5%以上。随后又降低标准，要求年度科研活动经费要在800万元以上。

在人员构成上，除了对企业经理专业经历，技术负责人资历、资格、业绩，财务负责人职称、资质提出了新要求外，关于企业拥有注册一级建造师（一级项目经理）的人员数量控制在50人以上，同时还要求企业要拥有本类别相关的行业工程设计甲级资质标准要求的专业技术人员。

新标准对企业科技研发能力高度关注，要求晋级企业必须具有省部级（或相当于省部级水平）及以上的企业技术中心，需持有国家级工法3项以上，近5年获取与工程建设相关的技术专利3项以上，并累计8项以上，其中至少有一项发明专利。同时，对企业近10年获得国家级科技进步奖或主编工程建设国家或行业标准等也提出了具体要求。

在硬件设施上，增加了企业信息化建设的新要求，必须是已经建立并有效运行了内部局域网或管理信息平台，开通了企业外部网站，使用了综合项目管理信息系统和人事管理系统、工程设计相关软件，实现了档案管理和设计文档管理，以及内部办公、信息发布、数据交换的网络化。

准确地说，这套新标准是住建部参照"一流央企"条件制定颁布的。对于绝大多数民营建筑企业来说，新标准下的"施工总承包特级资质"根本不是"咱们盘里的菜"。不仅有高企的业绩和资本标准，还有首次提出的对科技研发、信息化、资信，以及设计能力和高级技术人才的要求，可以说让地方性民营企业的"晋特"之路变得遥不可及。

但是，拿到这套新标准，李建国的第一反应不是有多难，反而是被特级资质所拥有的设计、研发和生产能力所吸引。"拥有了特级资质，不光是企业的一项荣誉，更是大元集团产业发展所需要的踏板和支撑。晋特工作必须立即进入日程！"李建国发出了命令。

"大元人想干的事就没有干不成的！"集团迅速成立了以李建国主席亲任总指挥的"晋特工作推进委员会"和执行总负责机构"晋特办公室"，下设资金财务、人力资源、科技成果、信息技术、物资设备和代表业绩六个专业工作组。各组明确了任务分工，进行针对性的专项工作。"晋特"机构坚持日常工作与专项工作同步进行，周调度、月督导、季点评，形成了常态化持续推进的机制。

在"资质就位"中已经成为河北省资质评审专家的集团副总裁于宙，再次当仁不让地担起了"晋特办"主任的担子，同时还兼任着人力资源组和信息技术组两个小组的小组长。王永生、赵建峰、郑培壮、王连兴、张春荣等分别把守着资金财务、科技成果、物资设备和代表业绩各个小组的大关。

"晋特"过程的风风雨雨很难用文字描述，但在于宙的工作记录中，清晰地记录了"晋特"之路的几个重要节点：2008年，集团与中国建研院 PKPM 签约，启动信息化建设。2009年，集团省部级企业技术研发中心通过认证，企业营业税首次突破 5000 万元。2010年，集团加大科技建设，科技活动经费支出首次突破 1000 万元。2011年，集团完成第一项专利申报，一级注册建造师突破 50 名。2012年，集团注册资本增至 3 亿元，净资产突破 3.6 亿元，中国交通银行首次授信 5 亿元。集团被列为河北省住建厅、沧州市住建局"晋特"重点扶持单位，王毅忠副厅长亲赴大元调度"晋特"事宜。2013年，集团主编建筑行业标准完成立项，代表业绩单跨 32 米的中捷青少年活动中心竣工。2014年，集团一次通过 5 项国家级工法。2015年，集团第一项发明专利获得授权，代表业绩 34 层的沧州锦绣天地小区 B-9# 住宅楼竣工。2016年，河北省住建厅苏蕴山厅长亲自调度大元"晋特"事宜，集团主编行业标准《住宅排水系统能力测试标准》正式发布，代表业绩单体面积 7 万平方米的河北省中医院综合病房楼工程竣工。2016 年 8 月 10 日，正式组卷申报。大元集团总资产75亿元，银行年授信额度15亿元；一级注册建造师247名；具备省部级技术研发中心，获评国家级工法5项，已授权专利32项（其中发明专利5项），主编建筑行业标准2项；信息化、BIM技术、"互联网＋"等得到充分应用……2016年10月25日，经国家住房和城乡建设部核准，大元集团成功晋升建筑工程施工总承包特级和建筑行业工程设计甲级资质，成为河北省第七家、沧州市首家特级资质企业。

简单精确的工作笔记，难掩背后的故事和故事中的艰辛。在2016年11月15日隆重举行的"晋特"工作总结表彰大会上，获得集团"晋特突出贡献奖"的于宙副总裁，用同样凝练但又饱含深情的语言回顾了数年如一日的"晋特"历程：

"晋特"历程就是一部大元人改革创新、团结奋进、战天斗地的奋斗史。在这段历程中涌现出大批可歌可泣的代表人物，他们是大元文化的传承者和大元精神的践行者。如"运筹帷幄、全力支持"的"晋特"总指挥李建国主席；"整合资源、调度协调"的建业集团领导班子；"资料整理一丝不苟、不放过一点瑕疵"的人资中心夏冰；"抱着孩子审图纸"的经营中心纪俊宁；"不疯魔不成活"的质量中心赵杰；有着超强执行力的财务中心赵建峰；两天转战三地行程2000千米的马阳、王梅、孙建华、张笑；每日披星戴月归、毫无怨言的张永凤、贾云婷、刘俊荣、房晓杰；还有开启大元科技与信息化之路的杨向东、陈浩；"服务大局、全力配合"的外埠工程局刘猛、韩莹、郝天宇等不胜枚举。

于宙的汇报并非惜墨如金，而是每一位人物、每一个字符之下都有着一长串感人泪下的故事，都有着一种撼人心魄的精神力量。这些早已印刻在了每一位大元人的心中。而对于他自己的辛苦与付出，于宙只字未提。其实，他的内心中也有着一段刻骨铭心的记忆。

2014年于宙的父亲罹患脑中风，当时情况十分危急。李建国听说后，马上回家取了两粒珍藏多年的救命药"安宫牛黄丸"，亲手交到了于宙手上。老人服下后总算保住了一条命，但是由于中风部位在脑干上，老人已经无法说话、行走，只能卧床。出院后，于宙坚持把生活不能自理的老人接到家中奉养，每天工作家庭两头紧张地忙碌。两位哥哥见他实在是太辛苦，几次劝说才把老人接回了老家。整整两年的时间，每周仅有的一天休息时间，于宙都要赶回东光看望，从没有间断过。集团也因此主动不安排他在周末带班值班。

2016年6月底，进入组卷的关键时期。于宙实在抽不出时间，连续一个多月没有回去。他打电话给哥哥，哥哥说："爸爸一到星期天就整天盯着门口，时而还会用询问的眼神看着我们。老人家是在等你回来呀！"

刚进8月，哥哥突然来电话说："父亲恐怕不太好。"于宙一听内心焦急万分，可看下手头的工作，稍有耽搁就会影响今年的申报。他咬咬牙才跟哥哥说："这个周末我一定赶回去！"三天多的时间，他几乎是连轴转，直到周六下午才完成了"晋特"组卷材料的网上报送和审验原件的整理，可以下周一直接去住建部报送了。

交代好工作，他动身赶往东光家中，到家时已经是周六的晚上。老人终于见到了一个多月未见的儿子，饱受病痛折磨的面容一下子舒展了许多。可没有想到的是，第二天的凌晨4点，老人就带着满足的笑容彻底地闭上了双眼。

"从我进门的那一刻起，我就感觉老父亲的目光一直停留在我的身上。老人家是在等我这个他最疼爱的小儿子呀！老人两年多都不能说话了，或许是他老人家还想用眼神再叮嘱我一遍，一定要报答那位用珍贵的中药延长他寿命的恩人吧！"这是于宙珍藏在内心多年的一份记忆和情感。而在表彰大会上，他只是袒露了一位大元无私奉献者的情怀：

　　18年前的1998年，当大学毕业后，我心怀梦想且内心忐忑地来到大元集团的前身沧州一建时，就被一个鲜红的条幅所吸引，上面写着"热烈庆祝沧州一建晋升国家一级资质"，虽然当时并不懂得什么是国家一级资质、它意味着什么，但看到人们幸福的笑脸和欢快的心情，我也由衷地高兴与自豪。18年后的2016年10月，当亲手接过拓印着住建部红色大印的国家特级资质证书时，我心情无比激动和振奋。因为它承载了太多大元人的希冀与梦想，智慧与汗水；它是大元人勇往直前、永攀第一精神的真实写照，它是大元由量变走向质变，不断蓄势成长的集中体现，它更是大元人由胜利走向辉煌的历史新起点！

成功晋升特级资质的消息，让大元集团再次被聚焦到媒体的闪光灯下。然而，就在"晋特"获批三天后的 10 月 29 日和 30 日，李建国却把包括两位外部董事在内的大元集团高层召集在一起，亲自主持，连续召开了两次"晋特研讨会"，把目光坚定地投向了大元的特级时代。

会上，李建国冷静地指出，大元"晋特"后将进入四个新的历史时期，一是新事业的开拓期，必须把握好、开发好建筑产业现代化、BIM 技术等业务新的利润增长点。二是新模式的打造期，对组织架构、运营模式、考核机制、人才培养等方面要全面进行流程改造。三是新动能的培育期，要实现由一个火车头牵引的列车时代，向若干个动力源组合的动车组时代转变，要加大引进培养行业人才力度、革新体制机制，进一步提升内生动力。四是新局面的开创期，要坚持问题导向，找准管理空心化等关键问题，从核心文化思想、管理机制、风险管控等方面明确需要改造什么、提升什么、创新什么。

李建国强调，大元集团"晋特"成功，不仅是资质等级的提升，而且赋予了大元集团更加沉重的历史责任和历史使命，为全体大元人提出了更高的目标要求。进入新时期，全体大元人更应该从现在做起、从自身做起，敢于自我否定、自我更新、自我淘汰，要破短板、增长板，主动融入时代、融入社会、融入当地经济发展，主动实现由"一级后时代"向"特级新时代"转变，人人争做合格的特级大元人，把大元建设成真正的特级企业。

在 2016 年 11 月 15 日的总结大会上，李建国面向社会各界和全体员工，再次发出了进军特级时代的号召："大元成功晋升为国家特级企业，实现了大元发展平台的提升，开始了列车时代向动车时代的伟大提速。大元'晋特'成功是方向和道路的成功，意味着大元集团进入了新的历史阶段，站在了新的历史起点上，展开了提升内生动力源、实现大元幸福时代的新画卷。"

借助特级资质的衍生作用，2017年2月，大元集团规划设计研究院正式成立，当年研发投入就达到了653万元，组建了科研设计集群，成为集团六大产业集群之一。于宙又挑起了全新的科研设计集群总裁的重担，带领集群快速发展，形成了规划设计、建筑设计、市政设施设计、"三策"咨询、科研、数字智能等多元发展的格局，并组建了天津、上海、西北三个设计院，大元商学院等机构，为大元产业扩张、产业链延伸，实现EPC总承包提供了坚强的保障，为大元集团的百年发展开创了全新的版图。主持规划、设计完成的泊头十里香文博园、青县民兵训练基地、山西十方泽商业区等，均成为当地著名的地标性建筑。2021年承揽的沧州市中心医院医教研中心（沧州市中医院）项目，总建筑面积15万平方米，设计费超千万元。

时任副总裁、晋特办主任于宙在表彰大会上发表感言

第十章 制胜之道在人

一、大元人才红利观

2019年7月，大元集团举办了一场"09工程"战略十年成果展。为此，李建国写了一篇13000多字的《2009—2019年跨越纪实》，全面回顾了大元集团十年来的发展历程、分析了取得的成果。其中在"人才篇"的开头，他强调了"人才永远是大元发展的最大红利"。

其实，李建国的"人才红利观"要追溯到他任沧州一建副经理时。1992年由他主持兼并原沧州地区四建，在调查摸底中他就发现，沧州地区四建拥有一批建筑工程专业的大学生，人员的专业素质很高，因此他力主保留原建制成立施工六处，并从业务上给予扶持指导。很快六处就显露峥嵘，创造了大元历史上的第一个"鲁班奖"和多项省优、市优工程。

1996年5月，李建国担任公司经理后，正值一年一度的大学生毕业、就业季。从这一年开始，国家开始在大多数地区取消了"包分配"制度，开始实行自主择业、双向选择。这也为一些企业、单位自主招聘创造了条件。李建国刚上任就创历史地一次性接收了15名应届大学毕业生，也招来了一些人的非议。有人说李建国的这把火烧偏了，公司本来效益就不好，大学生来了就是干部，高工资、白吃饭，这不是要往稀粥里面掺水吗？还有人说怪话：生产经营那么多事儿他不管，却干这事，不会都是他们家亲戚吧？

面对这些陈腐旧见、阴阳怪气，李建国以施工六处为例子，用一套"老人言"给予了回应："老话说，人就是财、财就是人，人旺才能财旺，没有人哪来的财？而且我们招收的是大学生，可不是一般的人，是真正的'人才'！大家看看六处的发展，为什么从原来地区四建的底子上一下子站了起来？是因为那批大学生有知识、有技术，关键时刻顶得上去。改革开放、市场经济，仍然是'老牛、破车、疙瘩套，丑妻、薄地、破棉袄'式的农民思维，是不能保证沧州一建生存的，更谈不上发展。"

"制胜之道在人而不在器"，人才是企业最大的财富。作为一名企业家，不仅要懂得广揽人才，还要会选才、育才、用才，把各种人才有机地凝聚在一起，"我为才所服、才为我所用"，才能创造出"1+1＞2"的效果。这才是李建国作为一名企业家的"人才红利观"。

二、广揽英才强基因

"远看像逃难的，近看像要饭的"，这是昔日人们对建筑工人的印象。李建国就是想从根本上改变建筑企业的这种基因。

按照公司统一安排，第一年入职的15名大学生没有一个留在机关，全部派到了工地上"劳动锻炼"，此后更是形成了制度。在李建国看来，这是一举三得的事。一是让大学生接接地气，了解施工的实际情况，为从事技术和管理工作打下基础。二是让大学生们的实际表现堵上那些认为"大学生只会坐办公室，喝茶水，看报纸"的人的嘴。三是他最想达到的目的，让这些大学生来带动公司社会形象的改变。

随着公司业务的发展，用人需求不断扩大，对大学生的招收力度更是不断加大。由前几年的每年十几名到几十名、上百名，再到后来的每年数百、上千人；由以大、中专毕业生为主，到以本科生、硕士生为主；由最初的坐等毕业生上门，到主动在燕山大学、河北工业大学、河北大学、河北农业大学、河北建工学院、河北理工大学、河北水电学院等高校举办招聘专场。使大元集团的职工队伍从数量到质量、从学历结构到专业结构均发生了质的改变。到2013年10月，集团在册的2200名员工中拥有大专以上学历人员已经超过了90%。

大学生员工群体的形成，首先让公司的精神面貌和社会形象有了质的提升。公司为管理和技术人员配发了统一的西服式工装和岗位标志，为一线工人重新设计定做了施工服，从内到外彻底改变了人们对建筑工人的印象，大大拉升了建筑企业的"颜值"系数。

更为可贵的是，大学生们的专业知识和专业视野，很快就让公司的老职工们感受到了新鲜血液带来的活力。尤其是在"09工程"战略实施中，他们能够更快、更准地领会集团领导意图、公司发展规划，并主动适应市场形势的变化，尤其是在接受新生事物、发挥主观能动性上有着巨大优势和潜力，成了集团产业结构调整，开拓新市场、新领域，以及进行信息化、科技化建设最具活力的生力军。正是有了他们，在"09工程"战略宣贯中，一批老同志心悦诚服地选择自己退下来，让他们顶上去。他们也不负重托，为集团战略规划的顺利实施和高标准完成做出了应有的贡献。

正是"人才红利"在"09工程"中的巨大显现，让集团更加坚定了深度实施人才战略的决心、信心。2014年，在招聘毕业生的同时，开始实行预签约的办法，把考察范围扩大到下一届毕业生，在毕业前一年提前锁定了200名优秀在校学生。2015年，提出了"基因转变"理念，推进校企合作，成为河北省建设教育人才协会校企合作委员会的主任委员单位，全年共招收大学毕业生813名。2016年，与河北农业大学建立了"产、学、研"全面合作，在渤海理工大学设立了"大元班"，实行"点对点"的培养模式，不仅缩短了培养周期，而且以企业文化进校园的形式，吸引了更多的青年才俊心属大元。

成功晋级建筑工程施工总承包特级资质后，集团董事局强势提出了"13365"发展总目标，把集团"未来10年、20年，从现在起100年人才发展战略"确定为发展总目标的"一个核心"。2017年，启动了"大元集团学历提升工程"，鼓励全体干部职工通过成人高考，报考在职本科和研究生班。对完成学业、提升学历和专业资质的人员，由集团出资报销学费、给予一次性奖励，同时晋升工资档级。在这一政策的激励下，3000多人次取得了更高层次的学历和专业技能资质。其中，13人通过参加国家研究生统一考试，进入天津大学建筑工程学院攻读硕士学位。2019年程龙、吴立成、于宙三人顺利通过论文答辩，成了大元集团首批自己培养出来的"工程硕士"。

三、"学习大元"健肌体

把大元打造成一个学习型企业，是李建国的理想之一。他自己就是一个爱学习的人，而且多年来坚持每周日上午是读书、学习时间。他觉得坚持学习的最大收获就是很多现学的新知识，帮助他解决了不少大元的实际问题。所以，他对学习型企业的理解，首先是要让员工认识、了解企业的内涵和发展方向，从而自觉融入大元血脉，成为大元肌体的一个细胞。这样才能学有所用，解决工作上的问题。

随着招录大学生群体的扩大，李建国提出，要想收获大元"人才丛林"中的栋梁之材，必须让这些种子落地生根，长出大元集团自己的苗，要把"某某大学毕业的某某某"培养成"大元集团的某某某"。

集团现在每年新招收的大学生，上岗前都要进行三至六个月的培训和实习。除了必不可少的思想政治教育、企业规章制度学习外，人力资源部还要安排相关部门的负责同志，带领大学生们了解公司组织架构、部门职能和运行方式，各岗位、工种的施工操作规范和安全防范，以及专业知识的应用与专业能力的提高。培训和实习的目的就是让大学生们认识大元、了解大元，进而认可大元、融入大元。

"大元集团既是你们人生展示的舞台，也可以说是你们闯荡社会、实现人生价值的武器。大元需要考察你们，你们更需要了解大元。就像战士上战场，先要了解自己手中的武器一样。"这是李建国在新招录大学生培训动员会上讲得最多的一番话。

陈浩是一名沧州师范学院计算机系的毕业生，2004 年通过招聘进入大元集团。在参加培训前，他自己也不清楚自己所学的网络工程专业在一个建筑公司究竟能干点儿啥，"估计是只能做一个电脑修理工"。这是陈浩自己的想法。毕竟当时网络化办公在一些机关事业单位都属于新生事物。培训中他才知道，公司早在 2000 年就尝试制作了自己的静态网页，财务科、预算科、科技科、总工办、安全科等部门也已经初步实现了网络化办公。而更让他心潮澎湃的是，公司老总竟然亲口为他这个"专业人才"描绘了公司信息化建设的宏伟蓝图，还勉励他说："让你来搞信息化，就必须学通集团各部门业务的流程，才能真正让你的专业知识与集团的业务相结合，成为信息管理的行家和专家。"

"了解了公司在信息化道路上的规划布局，让我一下子就坚定了在大元建功立业的决心。这些年大元集团给了我施展专业、实现抱负的平台，我也尽力做好我该做的。大元如此厚待于我，我们绝不能有负大元。这是我第一次见到李主席后就有的初心和感受。"陈浩说。也正因此，陈浩在集团信息化建设中付出了汗水，也收获了成就。如今，他已经被聘为中国施工协会信息化委员会的核心专家。

对于一个建筑企业来说，处在生产和经营一线的职工的素养才是企业展露于外的肌体。为提升大元集团整体素质，公司每年在施工淡季都要安排全员分工种、分岗位、分专项地进行技能培训，形成了"拜师制""农民工夜校""大讲堂、上讲台"等系列化、全覆盖的常态化培训、培养机制。

"拜师制"源自李建国灵魂深处"师传身授"的传统情结。

1972年7月，刚刚步入社会的李建国在沧州电厂筹建处的工地上认了一个打灰队的强义峰师傅。强师傅不仅教会了他如何打灰，也让他学到了精心、精细做好每件事的工作态度。除了强师傅，还有教会他器材管理要"账清物准"的于玉树、教给他设备物资调配知识的马志山、手把手教他建材制作要"物尽其用"的张相廷，还有教他学习汽车驾驶技术的刘洪泉……他们在自己成长道路上的教导和帮助，让李建国深深地感受到，中华民族千百年来的"言传身教"更有利于建筑行业工艺技术和工匠精神的传承。

"'拜师'传统不能丢！"2000年后，随着职工数量的大幅增长，他就开始鼓励新入职的职工要"自己认师傅"，不仅要向师傅学技术、学做事，更要学思想、学精神、学做人。2009年，集团人力资源部总结经验，制定了相关的鼓励和考核办法，隆重举办了第一场新员工拜师仪式。从此，"拜师制"得以在大元集团正式实施和长期坚持。

"拜师制"的广泛推行，不仅为青年职工更好地提升技术、提升管理方面的才能搭建了平台，也促进了青年人才的政治和思想成熟，增强了企业认同感、文化归属感，清晰了职业规划和职业目标的选择。在此基础上，为了给公司未来发展储备高层管理干部，2017年再度创新实行了"双导师制"，扩大了"师"和"徒"范围，由集团高层管理人员亲任导师，面向全体中层干部选择认领了一批作为后备干部的"徒弟"。

李建国主席一个人就带了 6 个。

　　"农民工夜校"的创立是缘于 2006 年河北省建设厅、劳动和社会保障厅、省总工会、共青团河北省委共同主办的省建筑业职业技能选拔大赛。自 2005 年更名为河北大元集团以来，公司一直不放过任何一个品牌推广的机会。接到大赛通知后，李建国当即指示人力资源部，一定要参赛，而且要把这次参赛当作一个打响大元品牌的契机，充分准备、组织到位，争取好成绩，也以此在一线施工队伍中进一步弘扬"工匠精神"。

　　按照领导批示，人力资源部制定了一个"推荐＋考核＋培训"的参赛办法。由各施工单位组织，以"夜校"的方式，利用项目工地上的业余时间"见缝插针"，进行专门的训练。这个办法不仅保证了参赛选手的学习提升，也受到了广大职工的欢迎。人力资源部因势利导，把"农民工夜校"固定下来，系统培训一线工人参加初级工、中级工、高级工和技师职称的评定，固定成了大元集团一线工人职业技能成长的一个重要通道。

　　在这次河北省建筑业职业技能选拔大赛中，第二分公司木工班班长周培凭着精湛的技术和现场表现，力压其他选手，获得木工组第一名。另外，李炳福获得钢筋工组二等奖、冯永成获木工组三等奖。获奖选手不仅以优异的成绩让大元集团高居红榜，为公司争得了声誉，也从此改变了个人的人生道路。尤其是周培，连续获得了"沧州市十大工匠""第二届河北省能工巧匠""全国建筑装饰业技术能手""河北省建设行业技术能手"等称号。2017 年当选为河北省人大代表，2021 年 4 月 27 日被中华全国总工会授予"2021 年全国五一劳动奖章"，从一名普通的木工成长为"大国工匠"，也成为大元集团一张响亮的企业名片。

木工班班长周培

同样受益于农民工夜校的还有第四分公司钢筋班班长刘振礼。2005年，只有19岁的刘振礼来到大元工地打工。2006年"农民工夜校"成立后，他主动参加学习，在师傅悉心指导下迅速成长，多次被评为集团先进个人。2017年在中国技能大赛·河北省建设行业"建工杯"职业技能竞赛中获得"钢筋工一等奖"，被授予"河北省建设行业技术能手""河北省青年岗位能手"等荣誉称号。2018年获得"河北省工匠精神最美农民工"称号。2020年又获评"全国优秀农民工"。2017年，集团在"农民工夜校"的基础上建立了大元职业培训学校，刘振礼和其他多位能工巧匠，都被聘为了实操指导讲师、实操基地管理副主任。

大元职业培训学校就是今天的大元商学院，如今已经成为集团公司中高级管理人员、专业管理人员、专业技术人员、高技能人才全过程培训、常态化培训的教学基地。以此为依托，为了创建更高层次的员工学习环境，集团还向中国建筑研究院和多所知名大学申请，在集团设立了"博士后创新实践基地"，为集团科技研发力量的成长提供了智力支撑。

人力资源部在组织落实集团层面的培训、学习中，还注意及时发现和推广基层的好方法、好形式。

第五公司有着内部坚持业务学习的传统，每周的学习日、职工夜校等得到了长期、高效的坚持。时任五公司经理王连兴精于学习、善于思索，有较强的开创意识和能力。在他的倡导和要求下，五公司学习日不是拘泥于读一读、记一记，而是开展研究性学习。组织者根据学习进度，定期布置研究课题，要求员工把学习内容和学习体会形成报告课件，在集体学习时登台演讲。通过这种形式，不仅促进了个人的融会贯通，做到了化于心、务于行，而且在交流、研讨中大大提升了学习质量和效果。

2016年，在人力资源部的主导下，这种学习形式成为集团层面的一项常态化举措——大讲堂、上讲台。经年的坚持不懈，从集团到各集群、各分公司，直到各项目部，走上过讲台的员工占到了集团公司全员的98%。不仅为公司经营、技术、施工、管理等全方位的人才建设起到了"施肥壮苗"的效果，也提升了一线职工对于公司的信任感、荣耀感和依附感，从而打造了一支属于大元、忠于大元的坚强队伍。

四、专技培训秀肌肉

建筑企业的专业技术人才在强化项目管理、控制生产质量、保证施工安全、提高企业经济和社会效益等方面起着无可替代的作用。"就像一个人，骨骼再坚硬、再结实，没有丰满的肌肉也不会强壮有力。"在李建国看来，专业技术人员是保证建筑企业能爆发出力量的肌肉。

他深知，企业的员工队伍建设，最终目的是为企业的发展战略服务。不是有学历、有知识就是企业所需的人才，只有实现员工自身素质、专业水平与企业经营战略的匹配，人才才能成为"我的财富"，才能是企业发展中攻无不克、战无不胜的劲旅。

早在"09工程"战略实施之前，如何规划和完善人才培养工作，既能为可塑之才清朗一片可以大鹏展翅的天空，又能打造一支适应大元发展、为大元所用的人才队伍，一直是李建国研究和探索的课题。

为此，李建国要求人力资源部要着手建立一套完整有效的员工培训体系，将员工个人发展纳入企业发展的轨道，让员工在服务企业、推动企业战略目标实现的同时，满足个人的发展需求。

2009年3月20日，大元集团印发了一份《三层次人才培养与开发管理办法》，对公司优秀员工按项目经理、技术负责人、施工员、质检员、安全员、资料员、预算（核算）员、会计员、资料员进行分类，分三个层次实施培养和开发管理，在资格证书考取、职称和职务晋升等方面给予专项规划，以打造一支德才兼备、高效、稳定的专业技术人才队伍。此文件的出台，为专业技术队伍的建设提供了制度保障。

企业资质的获取和晋升、项目招投标都需要达到拥有专业技术资格人员的数量要求。1997年沧州一建晋升总包一级时，曾因此而失利。当时，专业技术资格的申评主要受申报人学历条件是否达标的限制。随着大批高学历员工的引进，李建国开始从公司层面培养、鼓励和引导员工参与专业技术资格的评定。

在职称改革的初期，实行的是分指标、评委会评定制，企业的职称指标少、竞争压力大。为了增强企业的生存和竞争力，李建国多次带领公司人力资源部向上级领导反映情况，与职称主管部门沟通协调，尽量为集团多争取机会和指标。"09工程"战略实施后，各类业务激增，为了满足新上项目对专业技术和管理人员的需求，集团在落实专技人员工资、津贴的基础上，制定了对新取得专技资格和资格晋升人员给予奖励和补贴的政策，充分调动了员工自身的积极性。2011年年底，集团在册管理和技术人员1902人，1345人做到了持证上岗，其中拥有工程师、经济师、会计师、实验师、统计师等专业技术职称的人员571人，持有建造师资格证书的209人，持"八大员"上岗证的565人。

随着建造师职称政策由评向考转变，李建国又把精力转向对员工的考试培训上，决定由集团出资组织员工参加考前培训。

个人学习，公司出钱，考取职称不光涨工资，还另外有奖励，这在其他一些单位简直是想都不敢想的好事。即使这样，对于整天忙于业务的大元技术和管理人员们来说，参加培训班仍然是一个"负担"。集团安排副总裁于宙负责指导这项工作的推进。

之所以让宙来做这件事，除了他的业务分工和组织能力外，更主要的是他可以成为大家主动学习、自我提升的典范。于宙大学所学并非建筑专业，2001年在沧州一建办公室工作期间，完全凭着自学出色完成了"资质就位"工作，成了河北省建设厅建筑业资质评审委员会最年轻的专家。2004年起，先后担任市场开发处副处长、集团办公室主任，2009年被提拔为集团副总裁。在繁忙的工作中，他坚持自学，考取了法学专业和土木工程专业两个本科文凭，成为拥有横跨文、法、工三个学科门类学士学位的"斜杠青年"。

于宙为了及时掌握培训班的情况，决定以身示范，自己报名学习，跟班监督管理。令人叹服的是，于宙这位"准旁听生"却于2013年轻松考取了建筑工程专业一级建造师资格证书。之后他继续坚持，又报考了市政公用工程专业，于2015年再次通过一级资格认定。2016年，集团鼓励员工学历提升，他用了一个多月的时间复习准备，成功考取了天津大学建筑工程学院的研究生。经过三年学习，2019年第一批顺利通过论文答辩，取得了建筑与土木工程领域硕士学位。

集团的投入和管理措施的跟进，大大提高了国家专业资质的考试通过率。2013年全年17人通过了一级建造师考试，67人获得二级建造师资格。同年，还获评正高级职称1人，副高级职称10人，中级职称28人，均创下了历史新高。

2014年，李建国又亲自下令："由大元集团出资聘请专业名师在大元举办一级建造师考试培训班。培训班面向社会，可以免费参加学习。"他的本意是想激发大元员工的学习动力和竞争意识，提升培训效果，也是为社会上那些受困于考试艰难的需求人士提供一些力所能及的帮助，"毕竟钱都花出去了，为什么不多创造点儿社会价值呢"！

消息一出，沧州市其他建筑企业、在校大学生和其他行业有需求的100多名参考人员聚集到了一起。此举彰显了大元对人才的重视，在社会上引起了强烈反响，也吸引了一批专业人才把简历主动投到了大元集团人力资源部。

2015年，根据考试和培训的特点，大元集团又做出了一个超出人们想象的决定：所有参加建造师考试的100余名大元员工，一律选择同一考区。考前集中到考区的考点所在城市进行为期10天的封闭式培训，聘请老师、场地包租和食宿费用全部由大元集团承担。这一举措不仅提升了应考的培训效果，也让参加考试的人员增添了学习动力。当年，24人考取了一级建造师，70人考取了二级建造师，考试通过率超过了90%。

这一举措一直被坚持下来，集团每年的付出都在数十万元。但是，李建国却觉得值。他在做出这一决策时曾经这样说："管理者又是人才的培养者，培养人才是管理者的责任。社会的进步、企业的发展需要一代一代人的传承和发扬，重视人才的培养是实现百年企业重中之重的核心。企业要发展，企业要做大做强，企业的核心竞争力是什么？每位管理者都要清楚，我们大元的核心竞争力就是'人才'。要将人才的培养作为我们规模发展、快速发展的必由之路。管理者要将人才培养作为己任，要不断规划和完善人才培养工作，树立'人人是人才'的人才培养观点，摒弃杂念、呵护人才，拓展人才培养平台，设计和制订人才培养规划。"

由此，大元人对企业有了更深的理解、更浓的感情。因为，投身大元集团，获得的不仅是一份工作、一份薪水，更是一个可以不断迈向人生高处的阶梯。

五、团队建设硬骨骼

管理团队是一个企业的骨架，决定着企业的格局和前途。梯度培养是大元集团管理团队建设的特色之一，支撑这一做法的是李建国的"百年大元"梦。

"大元集团不是某个人的，是属于全体大元人的，也是属于社会的。要实现'幸福大元'首先要做到'百年大元'。'百年大元'需要不断地接力传承。"李建国从上任沧州一建经理以来，一直坚持管理团队的年轻化和代际衔接。随着公司业务量的快速增长，大批刚入职一两年的优秀大学生就能在项目上独当一面，三五年就提升副经理、经理的更是不在少数。

2009 年出台的《三层次人才培养与开发管理办法》中明确提出，集团公司在选拔中高层管理干部时，优先选聘一、二层次管理人员。连续两年被评为一、二层次管理的人员，并且从事相关专业工作在 5 年以上，具备任职能力要求的，作为后备干部安排相应岗位，享受相应待遇。这为员工开通了"成长双通道"，也为中高层管理团队建设扩充了资源。

中层担负着落实顶层设计、完成任务推动的中枢作用。在中层干部管理和培养中，集团始终坚持"压担子、给位子"的原则，让想干事的有机会、能干事的有平台，培养造就了一大批会学习、会谋事、会干事、会成事的管理人才。在"09 工程"战略实施过程中，根据业务发展需要，坚持 1996 年以来形成的"干部能上能下、有上有下，下了还能上""选人用人品德是主线、成绩说了算""赛马不相马"的优良传统，以"让最合适的人干最适合的事"为原则，每年都会对中层干部做出调整。

2013 年 2 月 23 日，集团召开干部大会，宣布了 89 名干部的聘任决定，其中 70 人为新任职干部。现任东北二局党支部书记的高强就是这批人中的一个。2004 年高强从部队退伍被分配到当时的沧州一建，成为一名塔吊司机。在学习掌握塔机操作技术的同时，高强主动向技术人员学习施工放线、识图、质量检验等知识。高强的好学上进，让六公司的领导相中，把他调入从事材料员工作。六公司改为路桥总公司后，高强主动学习，在器材管理由土建施工向路桥施工转型中出色地完成了任务，获得了这次提拔的机会。

2013 年 12 月 5 日，为更好地贯彻落实"1318 工程"战略，集团组织了首场干部竞聘大会，126 名现任中层干部和普通员工参加了集团的高层和中层管理岗位的竞争。他们围绕战略目标的实施各展宏图，最终 31 名优胜者首批得到了集团的任命。

此后，每年的中高层干部竞聘中，都会有一批年轻人凭着谋事、干事的本领，成功进入大元集团的管理决策和战略推动团队。2021 年 11 月 28 日，配合集团的产业板块和所属公司的调整，新一轮中高层管理干部竞聘大会如期举行。这次竞聘面向全员、全岗，集团副总裁以下，凡是符合条件的一律"就地卧倒"，通过竞聘才能重新上任。参加竞聘的 113 人中，有 20 多人是普通职员、一线施工员和项目经理。他们向包括大元集团副总裁，各集群总裁、副总裁，各集团公司总裁、副总裁，子公司总经理、副总经理，以及总部机关各部门长和各单位党支部书记在内的 50 多个岗位发起了冲锋。

大元集团在管理团队建设上的过人之处还在于大手笔、大投入的培养。

"火车跑得快，全靠车头带。"这个道理人人都懂。可这句话的反向就是"车头劲不足，牛车都不如"！为此，李建国一直强迫自己不断地主动学习，掌握行业新动向、新技术、新思想，以保证自己能牵引大元这台机车永远行驶在高速铁路上，而不是成为被拖着跑的空车厢。

但是，大元集团要实现百年企业、永续发展的目标，仅靠他一个人或者目前的这批人是远远不够的。大元精神要赓续，大元事业要传承，必须培养一批不同年龄结构的"火车头"。

和所有的男孩子一样，李建国也曾喜欢《西游记》里"大闹天宫"的孙悟空。在思考大元的百年发展目标时，李建国的脑海里经常会浮现出这一场景：每当关键时刻，孙猴子都能从脑袋后面拔出几根救命毫毛，吹上一口仙气，瞬间变成了几个一模一样的孙悟空，步调一致、齐心协力，共同打败强大的敌人。孙悟空的救命毫毛是观音菩萨给的，只有那几根，也不可能天天用。可对于企业管理来说，这样的毫毛却是越多越好。"要为大元的各级管理团队培养出更多的'孙悟空的救命毫毛'！"他希望每一位大元的中高层管理者都是一台自带动力的"动车组"。

2007年年初，李建国给人力资源部的王振部长布置了一项任务，联系清华大学、北京大学等国内顶尖高等学府的培训部门，由集团出资，选派中高层管理人员参加"总裁培训班"的学习。

当年集团就派出宫圣、范志强、汤长礼三人参加了清华大学"总裁班"为期三年的学习。到2019年，郝书明、王连兴、于宙、袁红、庄丽、张荣强、孙亮、左大虎、张万成等百余人在清华、北大、复旦接受了头脑风暴式的新管理思想洗礼，市场洞察能力、组织协调能力、人际关系沟通能力、管理推动能力、判断决策能力得到了全面提升，并以全新的精神姿态投入了引领大元集团创新发展的洪流当中。他们不仅在学习中掌握了新知识、接受了新理念，而且通过刻苦学习、自觉修身的品行表现，全面展示了大元人的文化内涵，塑造了大元的企业形象，也因此为大元积累了国内顶尖企业的大量人脉。

2014年开始，集团在加大"送出去"培养力度的同时，通过"请进来"，进一步扩大了培训范围，提升了集团内部的培训层次。聘请了11位国内知名专家、教授走进大元，分期、分批进行了施工技术、质量安全、项目管理、企业经营等培训，集团400多名中高层管理人员享受了这一送上门的"服务"。2017年，集团又与沧州市委党校建立合作，先后选送了300多名管理和技术干部进行了集中培训。

在加大管理及后备力量培训力度的同时，集团还对一些重要岗位和智囊团队采取了引进、聘任的模式。2009年开始，先后从集团外部聘请了财务总监王永生、投资集团财务副总孙磊、人力资源总监宋金峰、开元地产总裁张日曦、新商业模式总裁夏峰梅等，不仅填补了集团管理团队建设上高端人才的不足，也给企业管理带来了新的思路。在"09工程"实施过程中，集团还聘请了苏文忠博士和李春生同志为外部董事。苏文忠博士和他的团队为了制定大元发展战略，对公司文化和运行模式有着深入的了解；李春生局长从唐山大地震开展援建工作时就与大元集团一起并肩战斗过，也一直关注着大元的每一步发展。所以，他们的加入，成了大元集团当之无愧的"外脑"和"智囊"。

在这个过程中，李建国越来越觉得，不管是引进还是外训，如果不能从根本上与企业血脉相通，真正从意识上认同大元、从精神上融入大元，其作用的发挥就会大打折扣。

"热带花草再漂亮，到了北方的环境也只能养在温室里，见不得风风雨雨。原子弹威力再大，不能引爆，还不如手榴弹。大元需要培养自己土生土长的管理团队。"李建国决定办自己的"董事长班"。

2017年2月4日，正月初八。上班的第一天的"开门红——燃起六大产业集群竞赛战火"动员大会，同时吹响了全面贯彻落实"13365"工作总要求和围绕建筑全产业链打造优质高管团队的号角。

第二天，李建国亲自为首届大元总裁培训班上了第一课。根据动员大会上"六大产业集群"的工作汇报，李建国开门见山，明确要求："六大产业集群要与集团总部统一思想认识，提升境界、放大气场，用哲学的思想实现好各级班子、队伍的全面提升，最终实现'13365'和'1318'战略目标。"

李建国强调，"13365"战略目标的关键是"一个核心"，即"以集团未来十年、二十年，从现在起一百年人才发展战略为核心"。它是实现"三个融入、三个转变、六大产业集群、五大企业愿景"的基础保障。为此，首先要从六大产业集群的总裁做起，深入思考集群总裁的岗位职责的变化，谋划好如何从一名"将军"迅速向当好一名"元帅"转变。

同时，还要为集群，进而为集团培养"总裁型"梯队。

培训班学制一年，分六期学习，聘请集团领导、外部董事、高校教授和有关专家组成教学团队，学习内容主要为政治理论、哲学思想、领导科学、管理科学等。按照大元"旗文化"的理念，集团为培训班颁授了班旗。在学员班班长、专业化产业集群市场副总裁韩超的带领下，全体学员接受了象征着责任与荣誉的班旗，并在班旗上郑重地签下了自己的名字。

在为期两天的第一期学习中，中共沧州市委党校教务处处长沈志学教授对国内外经济形势、发展环境、供给侧结构性改革的分析，提高了学员们对集团扩大市场"走出去""走进去"的认识，增强了推进"三个融入"、实现大元转型升级的紧迫感。集团外部董事苏文忠博士结合国家战略对大元集团发展战略进行了深入解读，增强了学员们"用哲学思维，提升境界，放大气场"的意识和信心。李建国则通过讲述大元发展历程和大元文化的构建，明确了"政治成熟"，不断"改革、创新、发展"的学习目标。

在李建国看来，大元集团的"总裁班"是在享受外培"山珍海味"的基础上，"蒸自己的馒头、炒自己的菜，吃起来更对胃口"。

六、思想引领铸魂魄

大元集团每年花在干部和员工培养、培训上的经费都在大几百万元。有人曾经当面对李建国说："你花这么多钱，把他们培养出来，如果他们跳槽走了，岂不是既浪费金钱，更浪费感情？"

对此，李建国却不以为然："人才就是人才，是人才就要舍得培养。人才不是谁家的，是属于社会的。只要对国家、对社会有用的人才，花再多的钱培养也值得。"

"如果一个企业花那么大的精力去培养了，仍然留不住人，那么，要么是企业的路走偏了，要么是企业的掌门人水平、德行不够。这样造成的人才流失，还有什么资格去遗憾呢？"

这的确是李建国独到的人才价值观。但是，这句话的背后其实是他对大元人才战略的高度自信。大元是一个有着光荣传统和优良基因的企业。随着改制转型，构建了新型的现代企业管理体制，形成了以创新为引领、以幸福为目标、以敬信仁和为核心价值的企业文化。正如他所描绘的"大元梦"一样，这里已经成为 5000 大元人共同的"精神家园"。

李建国正是这个"精神家园"的缔造者。

他对大元精神的构建是全方位的，既有以制度文化为核心的思想引领，也有"帅之以正"的言传身教，更有涵濡浸渍式的文化熏陶。从"内提素质、外树形象"到"筑诚信大厦、创建业纪元"，从"学习改进、自我超越"到"改革、发展、责任、卓越"，从"三年拨火"到"夯基拓土"，从组建大元集团，到十年战略实施，一系列决策部署，一整套制度建设，核心目标就是"百年大元、幸福大元"！

为了实现这一目标，《政治成熟是立企之本》《论管理者》《论无私》《论思想》《论初心使命》《中国梦、大元梦》《重走长征路的感悟》等系列理论文章，《我的大元梦》《甲子抒怀》《四个为什么》《我们真的准备好了吗？》等感怀之作，在不同时期、不同阶段的发展中起到了落锤定音、擂鼓催征的战略引领和思想动员作用。

"思想比利剑更锋利。"思想建设为大元集团铸就了强劲的魂魄，这就是大元集团为什么能在风云变幻、险象环生的建筑市场大潮中破浪前行，在众多传统建筑企业中脱颖而出的真正底气。

有人说，现在大元的任何一位高管都是沧州的"风云人物"，无论走到哪个企业，都是一把手、CEO 或者董事长的材料。但是，大元的精英们却甘愿追随李建国，足见李建国有着特殊的"御人之术"。

对此，大元的高管们却有自己的理解。

"跟着李主席，你会不自觉地忘了干工作的私念，只觉得为了大元、为了社会就得好好干、干彻底。是他的觉悟和思想，是他'跟我上'的人格魅力吸引了我。"

"李主席的思想深度和眼界广度，尤其是对市场的预判能力，才是大元的动力之源。他不仅是压舱石，更是定海针和指南针。"

　　"好多人都说李主席'能折腾'，但他折腾的是事，不折腾人。有这样一个平台，我们是个人物，离了这个平台，进入另一个环境，我们可能什么都不是。"

　　"李主席能把家中珍藏的保命药'安宫牛黄丸'拿出来抢救员工的父亲，这样的老板能不让人信赖和追随吗？"

　　这似乎才是大元集团能留住人才、能够走到今天的密码。这个密码就是李建国用个人的人格魅力完成了对大元集团品格的塑造。

　　他倡导忠孝文化，躬身力行。奉养祖母、母亲，二老均得九秩高寿，无疾而终。老人生前，他坚持晨定昏省，孝字当先，为集团员工树立了典范。

　　他工作勤勉、学习不辍，一心谋事、以企为家，不计私利、造福大元，敬在其志。

　　他奉公守法、追求品质，有求必应、说到做到，严于律己、待人以诚，信在其中。

　　他关爱下属、育人为先，提携才俊、奖掖员工，慈睦亲善、品德厚朴，仁在其里。

　　他以人为本、与人为善，包容有度、行事有据，音容蔼蔼、情怀忍忍，和在其心。

　　这才是李建国的"御人之道"。

合唱：共筑家"元"

企业文化是一个企业的灵魂，决定了企业的核心竞争力。大元集团的文化特色首先是映目照心的党旗红和温馨浓郁的家文化。红色文化是魂，家文化是根，在此基础上孕育了属于大元特色的以人为本、敬信仁和、务实创新的企业精神谱系。

在中国人的传统意识中，家是一个特殊的符号。

家是最小国，国是最大家。个人、家庭、家族、国家、天下，一脉相通。修身、齐家、治国、平天下，是中华民族对人生理想的明确表达。

从"家"的定义延伸，"家文化"是一个国家的文化，是一个家族、家庭的文化，也是一个企业的文化。

企业文化，说到底还是企业家的文化。大元的"红色家文化"首先源自李建国童年时对家的美好感受和切身体悟，并融入了他对党和国家以及大元发展的思考。在他的领导下，大元集团以文化归心、以党建铸魂、以家国立志，从集团高层到普通员工、从总部和各大板块到遍布全国的分公司和项目工地，在"家"的主旋律下，形成了"万方乐奏、齐吟共唱"的大元特色"家文化"，为全体大元人缔造了一个幸福的精神家园。

第一章 文化归心

一、企业文化之思

1996 年 5 月，经过了十余年副经理位置上的锉磨，李建国成了当时沧州一建的"当家人"。上任伊始，面对人心涣散、士气低迷、经营无力、生产无序的现实状况，他从干部入手，大胆起用新人，以期为公司带入清新之风，并通过"三部曲"拨旺了这堆已经陷入沉寂的薪火。与此同时，李建国也开始了他对公司精神和文化塑造的思考。

沧州一建有着光荣的历史，也积淀了厚重的企业文化。无论是初创时期的听党指挥、自力更生、不讲价钱、四海为家，还是社会主义建设时期的艰苦奋斗、注重质量、勇于创新、敢打硬仗，都是公司宝贵的精神财富。尤其是越在艰苦的环境下越能坚持、越是在困难面前越会团结向上的顽强斗志，最值得称道。虽然发展中受到了一些社会思潮的影响，公司也出现了一些乌烟瘴气，但公司的底蕴是好的，绝大多数员工依然保持着优良的传统。

这是李建国的信心所在。

可是，为什么有着如此优良传统，却依然会出现这样、那样的问题呢？已经在沧州一建扎根 20 多年，又有着管理学专业背景的李建国逐渐悟出，企业如同一棵幼苗，即使拥有再好的基因，如果没有后天的成长环境和培养修剪，也不会成长为瑶草奇花、伟岸之材。只有营造出适宜的文化环境，才能让企业丰厚的底蕴和优良的传统充分地焕发光热，才能让企业愿景成为人们一心向往、素履蹈之的目标。

"必须从企业文化构建的高度，全面恢复和提升公司的精神品质！"李建国暗下决心。

企业文化对一个企业来说，是继人、财、物、信息之后的第五种资源，是包括价值观、经营理念、群体意识和行为规范在内的总和，是经济和文化巧妙结合的产物。"文化"这个词人人会讲，报纸杂志上、影视网络中，"企业文化"更是连篇累牍，大有泛滥之势。但是，真正适合大元集团的企业文化应该是什么样的呢？

"大元的企业文化首先必须是符合大元成长需要的文化，是能让大元人充满自信的文化，是能让全体员工提升自我、乐于接受并幸福其中的文化。而且，不仅是大元文化，所有企业的文化都应该有一个根本点，就是在基本理念之下，要能够不断与时俱进、不断自新和创造、不断积累和升华。"这是李建国对大元文化的认识，也是他主持大元工作20多年来一直努力实践的方向。

二、重塑企业自信

有自信才能赢得他信。作为一家建筑企业，自信和他信的根基首先在于产品质量。针对公司当时的状况，李建国用实际行动提出了他领导下的沧州一建第一个核心价值理念"质量第一，诚信至上"。1997年年初，他一声令下几乎砸掉了沧州一建的半个家当，让公司员工看到了领导层抓质量、立诚信的决心，从而找回了对沧州一建产品的自信，进而叫响了沧州一建的市场口碑。

领导的决心就是群众的信心！结合"内提素质，外树形象"活动的开展，李建国亲自上阵，恢复了总经理带队大联查的机制，通过"四个不放过"，为运营管理亮出"戒尺"的同时，更多的是让质量和安全管理文化进一步入脑归心。

以此为契机，公司进一步建立健全了质量管理体系，从人员素质、制度完善、监督监控等方面抓住了质量管理的关键。公司组成了以主管经理为主任的质量管理委员会，各施工处成立了懂标准、会管理，敢抓、敢管、敢负责的质量监督小组。从公司到施工处和项目部，全部明确了年度质量目标，把争创省优、市优工程指标量化，并层层分解到各施工处长、项目经理，对各个工种工长、工人也都细化提出了相应的质量目标和具体要求，形成了上下把关、人人负责、机制约束的质量管理网络。同时，公司还把质量和安全始终作为全员培训的一个重要内容，使干部职工的质量安全意识和业务水平进一步得到提高。

上任沧州一建公司经理以来，李建国力排众议，坚持推进了 ISO 9002

质量体系标准、ISO 14001 环境管理体系标准和 GB/T 28001-2011 职业健康与安全管理体系标准的认证，使沧州一建成为河北省内第一家"三标同贯"的建筑企业。全流程、全要素的 PDCA 循环管理，不仅在公司内部培养了现代商业意识，也为企业树立了良好的社会形象。

"以质量树信誉，靠品牌求发展。"公司以此为理念，以争创国优、省优、市优工程和安全文明工地为推手，不断擦亮、做强公司品牌。为此，"不惜重金"，以奖嘉善，制定、兑现了内部的创优奖励政策，传达了公司领导层的坚强决心。而李建国在捧获"长城杯"时的激情畅饮、在谋划"鲁班奖"时的苦心孤诣，都成了公司上下的一个精神指引！

三、力推制度文化

俗话说"没有规矩，不成方圆"，可是说到规章制度，人们想到的都是约束、限制，甚至是罚款、扣薪，直至除名。一些管理者也天然地认为，没有几条规则是管理不好员工的。这就直接造成了员工将企业制度建设视为自己的"紧箍咒"。

在河北建工学院的管理学课堂上，李建国已经深谙企业制度建设的现代理念。作为管理者手中的一种管理工具，企业制度绝不仅是约束、处罚或者奖励，它还是员工成长的保护伞、企业发展的防火墙、企业活力的能量源。好的企业制度可以保护员工的劳动和创新成果，让勤奋和付出受到应有的尊重和认可；好的制度可以让企业生产的各要素科学有序地运转，防止内部损耗和受到外部侵袭；好的制度可以吸引包括人力资源在内的更多、更好的生产要素向企业核心链条汇聚。

为建立一套符合沧州一建特点、行之有效的制度，1997 年李建国牵头组建了非建制性的"企业管理制度研究小组"，并一直坚持到今天，起到了大元集团"深改委"的作用。多年来，小组成员通过研讨世界著名企业管理经验、去国内相关机构取经学习、聘请专家辅导、蹲点基层做调研等方式，结合大元集团实际，不断与时俱进，从工程、技术、质量、安全、经营、材料设备、人事劳资、财务、审计、工资分配、工作考核等方面制定、修订各项基本管理制度数百项（次）。到 2022 年，《大元集团管理制度汇编》，已经达到191种，近48万字，形成了横到边、纵到底、不留死角的管理网络。

从内容上看，大元的管理制度主要是为构建企业的价值观服务的，并通过核心价值观的再引领，进而转化为企业的生命活力。比如，《大元集团员工诚信守则》《大元集团四禁令五不准》《大元集团员工家庭美德行为规范》《大元集团员工行为规范》《大元集团员工工作作风管理规范》，聚焦诚信经营的同时，更是在培育诚信价值体系，从而为大元集团的业务开拓营造了"八方齐赞"的市场氛围。2013年承建公租房项目沧州市福康家园时，面对这样一个市场利润近乎透明的项目，大元集团果断出手，自我加压，采用钢结构、装配式建造方式，以期利用这个项目完成企业生产模式的创新和突破。为此，集团制定了一系列配套制度，不计成本给予装配化板块以资金、技术等资源倾斜，起到了"立木为信"的效果，从员工意识层面培育了大元集团的整体创新氛围。

"大道无形。制度是死的，人是活的。只有把'死'制度变成全员的'活'思想，才能成为公司的文化氛围、员工的自觉行动。"李建国深知，企业文化的养成需要涵、濡、浸、渍式的培育。在李建国看来，把规章制度内化为员工的个人品质、工作作风、处事原则和为人之道，外化为大元集团的核心价值观、发展愿景、经营理念和企业精神，达到一种"有制度，但不以制度为约束"的状态，这才是他力推"制度文化"的初衷。

四、涵养精神谱系

一个企业的文化核心和灵魂是企业精神。好比一个民族、一个国家，要想能够自立于世界之林，不可或缺的是国家精神、民族精神。国家精神从根本上讲就是民族精神。民族精神是在长期的社会生活和实践中，形成的共同的价值取向、思维方式、道德规范和性格气质，是一个民族凝心聚力的兴国之魂、强国之魂。而对于一个企业来说，企业精神反映的则是企业的经营哲学、管理制度、道德风尚、团体意识和成员群体的精神风貌。可以说，优秀的企业精神是企业生存与发展的基础和动力。

大元集团70年的发展历程，尤其是1996年5月以来，逐步涵养了

"学习改进、自我超越"的奋进精神、"大元人想干的事，没有干不成的"的自信精神、"事不过时，人的潜能无限，不讲过程讲成果"的"抗震救援精神"、"旗在、人在、阵地在"的"帅旗精神"、"敢于应战、不提困难"的"南川楼精神"、"靠前指挥、科学调度、思想保障、团结协作"的"方舱医院精神"等，构成了内涵丰富的大元精神谱系，成了集团大元精诚聚力的"同心结"、精进奋斗的"加油站"、搏击风浪的"定海针"。

构建学习型企业，实现企业的自我完善、自我超越，一直是大元集团和李建国的发展目标。新世纪之初李建国提出了"学习大元"的理念，他认为学习不仅可以提升自己的知识、品位、能力、待遇，而且关乎着国家、民族、企业的发展。集团党委对党员干部提出的"会学习、会谋事、会成事、会干事"的"四会"要求，学习被放在了第一位。支持 QC 小组活动、开办农民工夜校、开展"青苗工程""百家讲坛""拜师制""大讲堂、上讲台""党校轮训"，不惜投入、坚持至今的清华、北大、复旦等名校培训工程和内部的总裁班、董事长班，以及组织并资助员工考取专业资格证书等，为大元营造了浓厚的学习、创新、自我提升的氛围。李建国喜欢爱学习、善学习的人才，在大元集团更是尽人皆知，集团原任、现任的许多中高层管理和技术人员，都是李建国亲自发现、培养的学习型人才。因此，"学习改进、自我超越"，成了大元企业文化的精神基础。

以施工质量自信为起点，以经营和技术能力自信为目标，进入新世纪的集团上下，有了"大元人想干的事，没有干不成的"整体自信。从货真价实的一级资质到资质就位的"一、二、一，齐步走"，再到 2016 年成功"晋特"，从誓夺"长城杯"到问鼎"鲁班奖"，再到装配式建筑傲居全国行业前列，大元集团不仅在技术创新、经营管理、产业拓展等各个方面一步步实现了自己的既定目标，而且做到了把自己想干的、该干的事全部做到极致。尤其是在 2008 年四川抗震救援行动中，大元人不仅展现了大灾面前倾全力、纾国难的企业情怀，也更加坚定了"事不过时，人的潜能无限，不讲过程讲成果"的企业自信。"抗震救援精神"

的总结归纳，为"09 工程"的跨越式发展完成了思想预热。2009 年提出的"不回头、不观望、不动摇、不放弃"的"四不精神"，为实现第一个五年战略发展目标扫清了思想障碍。"1318 工程"作为战略发展质变式的升级，李建国再次提出了"新四不精神"，即不骄傲、不厌战、不放松、不懈怠。为了进一步坚定新战略执行的信心和决心，他再次设计执行了"旗在、人在、阵地在"的"帅旗精神"，通过每年进行的授旗、立旗、收旗等外在程式，起到了激励人心、凝聚核心、彰显信心、传达决心的内涵作用，为奋斗 2020—2030 年、2031—2052 年两个阶段新目标不断充值着旺盛的精神动力。

2021 年，沧州市委、市政府为全面提升大运河文化带沧州市区段建设的文化层次，决定复建沧州历史名楼南川楼和朗吟楼，要求采用仿古建筑形式，年初开始征地拆迁，国庆节前完工，并作为 10 月 8 日沧州市旅发大会的主会场。面对这个几乎不可能完成的任务，各施工单位纷纷退避，唯有大元集团挺身而出，"敢于应战、不提困难"，调集集团所属建安总公司、元正文旅建设集团、城铁公司等精锐力量，自筹项目资金 1.2 亿元，从 5 月 1 日进场清理拆迁垃圾开始，到 10 月 7 日投入使用，历时 156 天完成了两栋 8100 平方米仿古建筑的内外施工和装饰装修，再次创造了沧州建筑史上的奇迹。连一些领导同志都不由得感叹：攻坚克难的任务还得靠"自己人"，交给大元才放心。

70 周年 logo

大元印

2022 年 3 月，新冠肺炎疫情突袭沧州，市委、市政府再次把建设方舱医院的艰巨任务交给了值得信赖的"自己人"。在这场疫情之下的特殊战斗中，大元人创造了仅属于他们自己的"靠前指挥、科学调度、

大元鼎

百年大元封坛大典

思想保障、团结协作"的"方舱医院精神"，让大元集团的精神谱系更加全面、精神内涵更加丰富实用。

2022年在大元集团成立70周年之际，集团隆重举办了"70年征程铭初心，百年大元践使命"系列庆祝活动。李建国深情回顾大元70年的风雨历程，高度概括了大元70年的奋斗精神——团结、无私、创新、拼搏。这是对大元精神传承的一次总结，是对大元精神谱系的一个高度概括，也必将成为实现"百年大元"目标的更大的精神动力！

五、大元旗文化

在大元集团总部，珍藏着一面长2.4米、宽1.48米，手工真丝刺绣，以龙纹为主要表达方式，以中国红、明黄和紫色搭配，寓意大元百年传承、基业长青，彰显大元坚定自信和澎湃激情的大元帅旗。这是大元集团精心打造的"旗文化"的象征。

制作这面"帅旗"是李建国的主意。第一个五年发展战略"09工程"取得了巨大成功，但也让一些人产生了"坐享""躺平"的心理，影响了"1318工程"的战略升级。为了进一步激发斗志，李建国在提出"新四不精神"的同时，也在思考一种更加直观有效的方式方法。

"'1318工程'是战略发展进入攻坚阶段的一场全新的、全面的战役，必须有革命战争中人民军队'旗在、人在、阵地在'的战斗精神。"李建国从电影中革命战士不惜牺牲、永保战旗在阵地上飘扬的战争画面中得到了启发，决定为集团制作一面"帅旗"，作为精神和意志统领的象征，同时为各二级单位制作一面"战旗"，作为执行命令、担当使命的荣誉和胜利的标志。为此，集团制定了授旗、立旗、收旗的程式。授旗是接受使命任务，二级单位在领受"战旗"时，要面向"帅旗"诵读"授旗令"：旗在、人在、阵地在。立旗是宣示目标决心，二级单位要把"战旗"立于办公区域，并在集团重大活动中展示。而收旗则是对未完成任务、架构调整被撤销的二级单位的一种鞭策。

2014年1月15日，在沧州市国际会展中心大剧场举行的"跨越·辉煌——大元集团'09工程'总结表彰颁奖庆典"上，一面长2.8米、宽1.6

米，印有"大元集团"四个金色大字的巨型红绸"帅旗"，和庄重而又充满激情的授旗仪式，引爆了现场1000多名员工奋进新时代、建功新征程的万丈豪情。

2015年，李建国去东北地区考察项目时，参观了在乌兰浩特市举办的一个传统文化展览，被其中一面有着300多年历史的皇家风格的旗帜吸引。胸怀百年大元梦想的李建国当即就有了"要制作一面有大元文化、有大元魂的'帅旗'，要把这面旗帜制成能传承百年的艺术珍品"。

深思熟虑后，他与集团班子进行了多次沟通研究，2016年5月确定了"帅旗"初稿；又经过多方考察、比较，选定了以苏绣为制作工艺。6月16日，李建国亲自赶赴苏州，与第一批国家级非物质文化遗产项目苏绣代表性传承人、苏州第三代"苏绣皇后"姚建萍大师进行了当面交流，商定由姚建萍亲手绣制这面大元帅旗。由于此前没有设计制作司旗的经验，姚建萍团队反复试验了多种刺绣方案，最终历时七个多月才完成了这一经典巨制，于2017年1月10日亲自护送旗帜到沧州，并在元月15日的集团千人大会上进行了首次展示。

大元集团帅旗交接仪式

时任集团法务总监张太盛受命撰写了大气磅礴的《大元帅旗赋》：

红日东升，霞光万丈。大元崛起，帅旗高扬。
大象人形，元含天意。虎步龙骧，盛世辉煌。
丝丝苏绣，奕奕天工。威风八面，神采飞扬！
敬我帅旗，忠诚担当。工棚草屋，缀忆珍藏。
九八改制，焕发新样。知识登台，兵精甲亮。
世纪涅槃，集团初创。放眼宇内，扩土开疆。
〇九工程，战略构想。整合资源，如云猛将。
一三一八，再谱华章。幸福企业，满院芬芳。
六大集群，箭在弦上。潮头勇立，浩浩汤汤。
敬我帅旗，不迷方向。政治成熟，社会担当。
敬信仁和，纲举目张。壁立千仞，无私则刚。
孝悌为先，善举共襄。团结包容，百炼成钢。
改革创新，活力激昂。事不过时，潜能无疆。
三个融入，根深树壮。四大指引，卓越向往。
科技领航，翘楚四方。看我帅旗，永无彷徨。
高擎帅旗，心绪激荡。雄兵百万，秣马整装。
旗威我猛，勇向前方。风云变幻，旗锋在上。
人在旗在，不负厚望。猎猎帅旗，永远飘扬！

此后，每年度的集团千人大会都把展示这面大元帅旗作为第一项议程，不断将大元旗文化和"旗在、人在、阵地在"的"帅旗精神"进一步弘扬光大，成了大元精神谱系的一个重要层面。

六、倡导以人为本

2005年公司更名为河北大元集团时，除了字简意明之外，"大元"两个字的释义是李建国拍板选定的主要原因。"大"字的字形是一个顶天立地的人，本义为大人、大事。所以《说文解字》中说："天大，地大，人亦大。故大象人形。"而"元"字的字形同样是一个人，但突出了头部，譬首领之义。据此《说文解字》中引申为"始也"。同时，"元"字与金文中的"天"字相似，后世便有了"元含天意"。这样，"大元"

356

的释义中就包含了"以人为本,天人合一"的理念。这也正是李建国的哲学观和发展观。

春秋时期名相管仲在《霸言》篇中讲:"夫霸王之所始也,以人为本。"李建国的理解更接地气,他曾经用"人就是财"这个农民式的人才理念说服了集团领导层,从20世纪90年代就开启了大元集团的人才储备和"基因改造"工程。他经常说,一个企业要想做大做强,储备人才是基础性、经常性工作,不然商机来了再去现"抓丁",靠不住。而且要广揽有德、有能的贤才,因为这样的人会主动地学习、创新,早晚会派上大用场。这在大元集团夯基添翼、跨越辉煌的过程中不止一次得到验证。当年他坚持留住铁道桥梁工程专业的郑培壮就是一个例子。

大元集团在人才引进上是大手笔的,但引进人才绝不仅仅是"占有",然后束之高阁,而是作为大元集团基因改造的"干细胞",围绕集团的发展规划,不断培养和改造,提精神、强肌体、硬骨骼,以适应产业需求,实现人与企业的共同发展。同时,集团从政策、制度设计和薪酬待遇供给等各个方面,满足人才的内外需要,激励员工的主动性、积极性、创造性。

在大元集团,"人才"的标准并非只是学历、职称。在李建国的眼中,没有一个大元人是无关紧要的存在。尤其是奋斗在一线的业务、技术、管理和施工人员,他们才是大元事业大厦真正的根基。他时常告诫中高层管理者:"没有他们做根基,你们这些栋梁也无处安放!"要尊重一线工人的劳动和人格,学习他们的智慧、技术,发挥他们的聪明才智,才能成就大元最好的发展状态。他力主创建QC小组、支持开办农民工夜校、鼓励参加各级技能大赛,从大元集团的工地上走出了一大批工匠级的人才。从一名普通木工成为省人大代表、全国五一劳动奖章获得者的周培,从一个工地小工成长为全国优秀农民工、大元商学院讲师的刘振礼等,正是大元集团以人为本理念结出的硕果。

作为集团的当家人,李建国更是把给工人们改善工作环境、解决生活问题时时放在心上。近年来,社会上出现了就业难。李建国尽力招收员工子女就业，解除他们的后顾之忧。特困员工、基层一线员工和业务技术骨干的子女就业更是优先考虑。几年间，共解决了百余名子女的就业。为所有员工办理了"五险一金"，让大元的职工"老有所养、病有所医、住有所居"；每年要对离休干部和30周岁以上职工进行免费体检；建立大元爱心救助基金，使广大员工充分感受到集团大家庭的温暖；李建国视每个员工为自己的家人，每逢谁家有婚丧嫁娶之事，如果不是出门在外，他都会到场，并帮助安排处理各项事宜。在他的示范引领下，员工谁家遇到困难，所在单位和同事们都会伸出一把手。因此，大元集团成了人们眼里"最有人情味"的单位，李建国则被员工们亲切地称为"老板"。大元集团及各下属单位每年组织多种活动，让大元人除享受大元提供的福利外，还能在一起感觉家人般的团结、和谐、温馨之氛围。

2020年年初，新冠肺炎疫情暴发，党中央、国务院果断做出决策，武汉封城，进而全国性停工、停产、停课。"疫情无情，大元有爱。"集团党委既是从维护全国抗疫大局稳定的高度出发，也是为了集团员工的安康，在坚决执行上级命令的同时，倾全力筹集资金1亿多元，用以保障遍布全国各地的上千个项目工地的维护和5000多名员工的基本工资的发放；还从"大元善基金"中拿出100多万元，专项用于解决员工突发性、紧迫性生活困难和有还贷需求员工的资金周转。

"进了大元的门，就是大元的人。大元发展的路上，一个都不能少！"这才是李建国真实的内心，他是把每一位与大元结缘的人都当成了家人。

七、推崇德孝仁爱

司马光在《资治通鉴》中引用过孔子的一句话："有才无德，小人也；有德无才，君子也；然德才皆具者，圣人也。"这也成了大元集团选人用人的标准。"有德有才破格重用，有德无才培养使用，有才无德限制录用，无才无德坚决不用。"

对于一个人的德行，李建国不仅看他在单位、在社会上的表现，还把家庭中的表现作为了一项重要考察指标。李建国是位孝子，所以对员工和身边同事的孝悌之道也有着特殊的要求。《论语》中说，孝悌是君子之本，李建国则在不同的场合反复强调"不孝敬父母、不热爱家庭的员工在大元得不到发展和进步"。

这让有些人觉得李建国这个人过于"保守"，认为不应该管人家的"私德"如何，还有人用"白猫、黑猫论"来说教，认为只要能胜任公司的工作就不必干涉。对此李建国坚决反对。"公德者私德之推也。"没有良好的私德做基础，所谓的公德就成了舞台上刻意的表演，一幕、一剧还可以应付，但终究要露出本来面目。而且，"坏人"的本领越大，对社会的伤害越大，不可不防患于未然。因此，他要求把《大元集团员工家庭美德行为规范》列为《大元集团管理制度汇编》的第一位，其中明确规定，大元人要"尊老爱幼、男女平等、夫妻和睦、勤俭持家、邻里团结"。

对私德要求的严苛，最大限度地促进了大元集团内外的公德建设。"人之寿夭在元气，国之长短在风俗。"一个企业能否持续发展，更取决于内部员工能否"相善其群"，对外能否主动承担社会责任。

主动承担社会责任是出身国企的沧州一建一直以来坚守的传统，更是以李建国为首的大元集团领导集体的共识。

1996年8月，刚刚上任的李建国了解到，河北省献县小平王中学因洪水被淹。他亲自赶赴灾区，联系相关部门，由沧州一建捐款重建小平王中学。当时，公司正处于调整之前的潜亏损状态，元气尚未恢复，却一下子拿出了3万元。李建国此举不仅传达了沧州一建的文化导向，也为他的"拨火"行动提前进行了预热。

此后20多年的岁月里，辅助民生事业、承担社会责任、回馈百姓和客户，成了大元集团的精神坐标。

2008年四川汶川大地震，大元集团在震后一小时就向全体员工发出了随时准备参与抗震救灾的动员令和为灾区募集钱物的号召。随后闻令即动，不计成本、不计代价、不惧艰险、不怕牺牲，圆满完成了上级下达的救灾任务。党、工、团组齐动，通过"献爱心、送真情""交纳特殊党费，支持灾区重建"和"支持灾区建设过渡安置房捐赠"等活动，自发捐赠善款、物资 30 多万元。

2013 年，随着"09 工程"的完美收官，集团提出了把大元集团打造成以"承担社会责任、致力企业富强、满足员工愿景、弘扬家人文化"为内涵的"幸福企业"。把"承担社会责任"列为企业幸福指数的第一项，可见大元人的德义情怀。从此，责任和担当成了大元人奔向"幸福企业"的第一要务与历史使命。

为把公益事业纳入科学、规范、持久的轨道中，把企业的责任担当精神变成常态，集团成立了志愿者服务会、设立了"大元善基金"，由企业税后利润提取和员工自发捐款持续注资，已累计募集善款超

大元善基金成立

4000 万元，全部用于面向社会的扶危济贫、修路铺桥、捐资助学等各类公益事业和集团内部员工家庭的重大灾变、重大疫病的帮扶和救助。

2015 年，积极响应市文明办组织的"微心愿"认领活动，一次性认领了 100 个市民"微心愿"，仅用了 3 天时间就全部落实。志愿者代表、现任创元数字文化发展有限公司总经理的贾云香接受了中央电视台的现场采访，并在 4 月 27 日的《焦点访谈》节目中播出，把大元之爱播撒给了全国亿万电视观众。

《焦点访谈》采访

同年，沧州市国富市场发生火灾，大元集团闻讯后第一时间成立抢险队参与救援，并为受灾群众和商户捐款 218 万元。为促进大学生"双创"和就业，2015 年公司还出资 100 万元，在沧州师范学院设立了"大元创业创新基金"。

2016年，无偿投入 200 余万元，主动完成了 307 国道黄骅市岭庄至西白庄路段的改造任务。同年，为助力沧州"好人之城"建设，积极参与组建"好人后援会"并捐款注资。

百企帮百村

2017年，积极参与脱贫攻坚战役，为海兴、南皮、盐山三个贫困县的 1023 名困难群众缴纳了商业补充医疗保险。

2018年，积极响应党中央精准扶贫号召，在沧州市率先开展"百企帮百村"活动，主动承担道路修缮，为危房改造等项目捐助善款 200 万元。先后在沧县、盐山、青县等县，针对贫困户，实施"公益岗位"帮扶工程，荣获河北省"千企帮千村"行动"就业与技术扶贫奖"。

2019年，为盐山县"大爱无疆"教育扶助基金捐资 30 万元。从报纸上看到弃婴小"平安"的报道后，李建国第一时间联系《沧州晚报》的记者，承担了小"平安" 32000 元的治疗费用并捐赠善款 2000 元，让小"平安"平安回到了妈妈的怀抱。

脱贫攻坚三年行动，大元集团积极响应党和政府的号召，主动投身"百企帮百村"活动，由集团公司出资 300 余万元，将"公益岗位"精准帮扶、危房改造、修路铺桥等模式推进至青县、南皮、吴桥、海兴、沧县等县的数十个贫困村，为助力沧州市打赢脱贫攻坚战贡献了力量。

"元志"志愿者服务会

2021年，为弘扬"奉献他人、提升自我"的志愿服务理念，大元集团"元志"志愿者服务会正式成立。各党支部、党小组作为志愿者服务会成员单位接受统一管理，以助学、助残为工作核心开展各项志愿者服务活动。据统计，大元集团6年来共计开展各类公益活动3000余场次。

一系列的慈善义举，不仅在集团内部形成了崇德尚义的文化氛围和广大员工引以为豪的企业认同，也为企业外向发展蓄足了软实力。

八、担当家国大义

大元集团的担当精神和家国大义在抗击新冠肺炎疫情中得到了集中展现。

2020年年初，新冠肺炎疫情暴发。面对病毒肆虐的严峻形势，集团各级党组织立即行动起来，短短两小时，大元374名党员就募集了210815元善款。在集团党委的号召下，广大党员发挥先锋模范作用，引领全体员工积极投身到全民抗疫的行动中来。一大批大元人有组织地加入了社区抗疫志愿者队伍，风雪中守护着一方的平安。集团在2月3日就通过沧州市红十字会捐出第一批防疫物资，当年累计捐赠测温枪、免手洗凝胶消毒剂、消毒液、智能疫情检测仪、防护服隔离衣等防疫物资价值近300万元，为全沧州市17个县（市、区）构筑生命安全防线提供了物质支撑。为解决当地疫情防控形势及物资紧缺问题，集团投资300余万元，联合河北神达药业集团，迅速建成了4条医用口罩生产线，生产口罩近亿只，无偿捐赠50万只，极大支持了全国层面的防疫抗疫工作。河北电视台对大元在灾难面前的德行义举进行了采访报道。

口罩生产线

2021年元旦，河北省省会石家庄藁城区突发群体性疫情。1月17日是一个星期天，李建国照例正在办公室看书。上午不到9点，集团办公室接到了市疫情防控办的电话通知，要求紧急准备一批保暖手套、防护面罩、对讲机等物资，火速驰援石家庄疫区。李建国闻讯，亲自打电话让总工程师郑培壮、党群文化中心总监齐平安、科技研究院院长陈浩火速赶到公司，分头去采购捐赠物资、办理进入石家庄疫区的手续等。

陈浩曾任集团办公室主任，是李建国了解并信任的干将之一。他的任务是护送捐赠物资赶赴石家庄。

11点半，陈浩和司机程超顾不上吃饭，在电话里和家人只说了一句有任务，就驶入了只有抗疫车辆通行的石黄高速。人急车快，两小时后大元集团捐赠的物资就移交给了石家庄防疫指挥部。疫情紧张，他们不给当地添麻烦，又饿着肚子踏上归程。来回520千米，他们仅用了不到5小时。

1月19日上午，集团再次接到河北省住建厅通知，要求火速增援石家庄黄庄公寓集中隔离点建设。李建国再次亲自点将郑培壮、刘志光和陈浩带队出征，分别担任前线正、副总指挥和临时党支部书记。两小时内，由50名精兵强将组成的"大元集团支援抗疫先锋队"集结完毕，在集团总部楼前进行了简短而又庄严的誓师仪式。

当晚6时，大元集团支援抗议先锋队提前抵达石家庄。下车后，郑培壮一路小跑赶到省隔离区建设指挥部报到。指挥部分配的任务是隔离2区392套隔离房供排水及电力管线设施的施工，属户外作业。

援建石家庄黄庄隔离点

隆冬之夜的滹沱河滩上，北风凛冽，寒气逼人，气温低至零下十几摄氏度。先锋队统一思想，决定连夜入场施工。队员们一边啃着方便面、火腿肠，一边认领任务、熟悉作业区。半小时后，临时分成的三个小组就已经战斗在了工位上。

现场运输条件有限，安装公司经理刘志光大喊道："没有车，走！咱们去扛材料！"从作业区到材料库房要跨 3 个工区，7 米长的工字钢、各种管材、扁铁、电焊机等，先锋队员们硬是靠手抬肩扛运到了现场。切割、焊接、穿墙套管、管道铺设，暗夜中工地照明不足，队员们仅凭安全帽上的头灯工作。也正是这头上的一簇簇微光，照亮了整个作业区，照亮疫区人民对生命健康的希望！

一口气干了 6 个多小时，队员们才在几次的催促下，停下手中的工具。可当他们准备喝口水、吃一点儿东西时，才发现瓶装水、火腿肠已经全部冻成了冰坨，只能用刀子割开塑料瓶，把冰块倒入电热壶中烧开后再泡方便面。而当水终于烧开时，很多队员已经躺在露天的硬纸板上、靠在材料堆旁沉沉地睡去，只有脸上结了一层冰凌的口罩还在一张一翕。

凌晨 3 点，工地上突然停电，队员们才无奈地集合到来时乘坐的大巴上进行短暂的休整。早晨 7 点钟，晨曦刚刚照亮工地，他们又开始了一天的奋战。就这样，大元先锋队仅用时 25 个半小时就完成了预计 3 天完成的工作任务，经检验所有工程全部合格。

20 日晚 10 时，正当突击队完成核酸检测准备凯旋时，领队郑培壮接到集团总部的命令：根据施工需要，大元集团已经主动请缨，继续投入新的战斗。郑培壮当即带领技术人员再次赶到省隔离区建设指挥部领受任务，确认施工区位，其他队员暂时进入战备休整。从 21 日上午 7 时开始，直到 22 日上午 8 时，再次连续奋战 25 小时，顺利地完成了第二项施工任务。至此，大元集团抗疫支援先锋队已经鏖战了整整 4 天 4 夜。

此时，前方将士不知道的是，1 月 20 日，大元集团所属 33 个党支部、5 个党小组全部发来请战书，请求作为第二批轮换队伍，随时投入战斗。考虑到尽量降低疫情防控的风险，集团领导才没有授命出征。"告之以祸难而观其勇。"面对大元人国难面前的勇毅精神，李建国感慨地说："石家庄抗疫援建最大的收获就是 33 个党支部、5 个党小组、全体党员干部、全体大元人危难时刻的主动请战，这充分体现了大元人的政治成熟和责任担当。"

2022年3月8日，一场不期而至的疫情遭遇战在沧州骤然打响。阳性样本从自愿检查者中发现，感染源头不清、活动范围大、密接人员多……病毒为奥密克戎变异毒株，传染能力强、传播速度快、防控难度大……

这是全球新冠肺炎疫情发生以来，沧州面临的一场最艰难的战役。3月9日0时，全市进入静默管理状态。然而，大元人却成了勇敢的逆行者。3月10日下午2点46分，集团接到市住建局紧急通知，组织人员和设备，协助搭建核酸检测方舱实验室。3点40分，由集团首席安全官王艳凤带队，集团下属建总、路桥、二建和海程商贸等部门组成的突击队，连同2台叉车、9台平板车、7台液压推车，在沧州市国际会展中心集结完毕，连续奋战一昼夜，高效完成了既定任务，以"大元速度"保证了大疫当前的全市核酸检测速度。

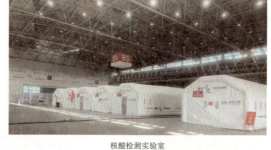

核酸检测实验室

3月11日上午8点30分，集团再次接到指令，承担改造沧州市委党校疫情防护隔离点的任务。8点39分，由集团党委副书记于宙带队，包括大元建业生产副总裁李杨、科研院院长陈浩、元正文旅建设集团董事长张容强在内的16名管理和技术人员相继出发奔赴项目现场。经市住建局的

沧州市委党校隔离点改造

协调，处于居家防疫状态的50余名作业工人分三批进场施工。到12日凌晨4时，就完成了材料采购进场、围挡安装任务，80组监控设备也进入了安装调试阶段。在改造过程中，大元人展现的大元精神和大元速度，得到了来沧州指导抗疫工作的王正谱省长的充分肯定。

3 月 17 日上午，市政府紧急通知，要征用大元集团正在升级改造的如家酒店作为抗疫医护人员的休息点。集团党委毫不犹豫，而且自我加压，保证在 3 月 18 日早上 8 点前完成酒店 6～10 层、88 间客房的改造，达到接待60 名医护人员的入住条件。时间紧、任务重，李建国亲任总指挥，于宙坚守现场调度，张容强、李双庆从元正文旅调配了 37 名工人，住在集团宿舍和住在紧邻集团总部的开元花园小区的 20 多名员工，闻讯后主动加入队伍，组成了一支环境保洁、水电维修、用品采购、网络调试、供餐保障等专业分工明确的队伍。经过 16 小时连续奋战，18 日早 6 时，经过李建国亲自验收、整改，88 个房间全部达到了入住条件。

由于酒店改造升级，没有服务人员，防疫部门想以每天 500 元的薪酬招聘一批，但没人报名。大元实业集团的宋伟剑、代立伟、王舰洋、杨广达、邵宇、杨志涛、吕鹏宇，元正文旅建设集团的张明

大元如家酒店医护人员隔离点改造

明、刘亚敏，二建公司的丰美美，生态公司的吕艳杰等 11 名员工却勇毅逆行，成立志愿服务队，24 小时为入住医护人员提供封闭式服务。集团党委还为全体医护人员送上了《致奋战在疫情防控一线医护人员的慰问信》和《大元人》内刊，志愿者们不顾疲劳，精心制作了楼道文化墙，表达了大元集团对抗疫医护人员的诚挚问候和敬意，营造了万众一心、全力抗疫的浓厚氛围。入住的医护人员深受感动，纷纷通过微博、抖音、快手、微信朋友圈等形式，赞扬大元人在衣食、生活等各方面无微不至的照顾。任务结束后，他们又通过写表扬信、发短信，微信等形式表达了对大元人辛劳付出的感谢。

为深入贯彻党中央、国务院决策部署和省委、省政府工作要求，落实好常态化防疫工作，全面提升隔离救治能力水平，4 月 2 日晚，沧州市委、

市政府把建设高标准高质量方舱医院的重任再次压在了大元人的肩上。

4月3日晨，李建国主席紧急召开沧州市方舱医院项目工作部署会。会上成立了沧州市方舱医院项目总指挥部、设计外联宣传部和后勤保障部，由王连兴、于宙、郝书明分别负责，李建国主席亲自指挥督战。项目总指挥部统筹协调、督导进度、解决问题，以元正文旅建设集团与安装公司为主力负责项目总体施工建设，集团总部、科研设计集团、建筑工业化集团、实业发展集团、租赁公司、海程商贸、钢构厂、装配化工程公司全力配合；设计外联宣传部负责项目总体设计，设计师全程驻场指导，联系政府专班，负责沟通各类工程手续、合同、资金等，协调政府各职能单位处理项目现场问题，并24小时镜头记录现场画面，做好新闻报道；后勤保障部负责调配办公和生活物资，做好现场封闭管理和防疫检测等。

沧州市首家方舱医院

简短的会议结束后，全体人员即刻赶赴现场。当日，200多人的现场管理人员和施工队伍，以及相关物资、设备快速完成进场，投入战斗。

施工期间，李建国和王连兴一直坚守在战场一线。根据时间紧、任务重的实际情况，他指示要不惜代价、不计成本，从大元所属的五大集团调集了1000多人的管理和施工优势力量，三班倒、四班倒，保证24小时施工不停。设计、技术、管理、供应部门全部驻场，现场决策、现场指挥，确保了工程质量和进度。后勤组每天要解决1000多人的就餐，最初是预订盒饭，但要么是送餐不及时，要么是发到工人手中已经冰凉。郝书明联系到了一家流动餐厅，由后勤组自购食材，现场制作，工人凭核酸检验贴条就餐，保证了随时供应、热乎可口。就这样，仅用了10天时间，就完成了27000平方米、2000张标准床位的方舱建设任务，用汗水和担当托举起了沧州人的"生命之舟"。

根据建设过程中全体大元人的精神和表现，集团党委再次提炼出了"靠前指挥、科学调度、思想保障、团结协作"的"方舱医院精神"，为集团的思想和文化建设增添了新的动力。

九、提炼核心价值

历史的发展，犹如一条恢宏壮阔的长河，绵延不绝，奔流不息。但随着一些转折性节点的出现，也会被划分成某一个时代。

一个时代有一个时代的主题，一个时代有一个时代的特征、目标和使命。时代主题和使命任务的不同，决定了这个时代价值与追求也会有本质的不同。而要引领和推动时代发展，其核心价值观必须顺应时代大势，把握时代主题，抓住时代根本，揭示其本质特征。

大元集团在由一个单纯的传统建筑企业向现代化产业集团蜕变的过程中，其核心价值观的萃取，正体现了在坚守中与时俱进的特征。在企业夯基拓土阶段，"质量第一，诚信至上"的理念保证了大元在乱象纷纷的建筑市场赢得了客户的信任和市场口碑。"以人为本、天人合一"的理念，焕发出了员工的精神动力。进入战略发展、跨越提升阶段，大元的企业核心价值观实现了一次重要的转变。

2009 年，随着"09 工程"战略的实施，在智库团队的帮助下，大元集团提出了"开放、创新，专业、规范，协同、超越，诚信、奉献"的 16 字核心价值观，明确了"助力社会发展，营建百年企业"的宗旨、"学习改进，自我超越"的企业精神，以及"改革是原动力，发展是硬道理"的企业信念。

开放是思想基础，创新是发展原动力。开放就是要用未来的眼光指导今天的实践，用高瞻远瞩的思维来打破固有观念的束缚。他山之石，可以攻玉。开放不仅要"迎进来"，广泛吸收，更要"走出去"，精挑细选。在此基础上，要善于消化吸收、创造生成，以改革创新的态度，实现管理体制、机制，生产技术、工艺，产业结构、方向等全方位的提升，并形成大元特色、大元品牌、大元核心竞争力。

集团每年都要组织相关人员外出考察学习，还要根据需要安排专题调研式、观摩式考察，全国各地都留下过大元人学习的足迹。福康家园项目取得成功后，为了深度布局装配式建筑产业，集团总工郑培壮、装配化集群负责人李永顺等还带队专程到日本考察学习，促进了大元集团在建筑产业化、装配式领域全国领先地位的形成。

创新一直是大元集团发展的主旋律。2012年党的十八大提出了实施创新驱动发展战略，标志着创新引领科技强国建设进入新阶段。《国家创新驱动发展战略纲要》的颁布，催动了以创新为统领，全面开启建设社会主义现代化国家新征程的历史车轮。"1318工程"实施后，大元集团为进一步营造创新氛围、强化创新意识、启发创新思维，2014年的"省·思·行"活动走进内蒙古赤峰，以"务实为本，创新为魂，实现两个提升（管理者向企业家提升，规模企业向大企业提升）"为主题，进行了为期五天的学习讨论，深化了对"'1318工程'是一场新的自我革命"的认识，形成了要"由'大元施工'向'大元制造'转型升级"的共识。

集团决定，从2014年8月开始，把"亲，今天你创新了吗"作为大元集团的标准化工作指导语。随后，在全集团层面开展了"亲，今天你创新了吗"主题演讲活动。集团所属各单位、各部门全员参与，层层选拔推荐，20名演讲内容有新意、演讲效果突出的优秀员工脱颖而出，在集团决赛赛场上为全体大元人展示了他们的创新思想和创新实践。最终获得一等奖的是天津四公司副经理高麒，信息管理中心总监陈浩、商砼公司技术经理回丽丽、元中公司李荣煊获得二等奖，王金英、苏娜、刘欢、贾鹏程、蒙胜强获得三等奖。通过演讲活动的分享，全体员工充分认识到了创新对于个人和企业发展的巨大作用，真正做到了入脑入心、落实到行动中。

以开放、创新为基础，大元集团选准了专业化发展的路径，市政路桥总公司一方面通过兼并整合，引入专业力量：一方面通过招聘引进专业人才，率先实行了现代企业管理制度，以规范保持专注，全方位打造了一支专业化市政路桥施工队伍。在战略发展规划中，明确了集团总部在战略管理、投资管理、财务控制、人才管理、资质品牌管理和企业文化建设六大领域的统筹协调地位，而经营、生产、质量、安全等业务性职能则全部下放到二级单位，既消除了战略投资、人才流动、资质共享等方面的"信息孤岛"，提升了企业整体运转效率，又激发了各施工单位之间的竞争意识，在互相超越中实现高质量发展。

"09工程"规划目标的成功实现，充分验证了这个时期大元核心价值观生生不息的伟力。但是，从指导思想、战略目标、战略重点和战略步骤上看，随之而来的"1318工程"绝不是"09工程"的延续，而是质的飞跃。根据新时期、新战略、新目标，大元集团把企业核心价值观再次提炼和升华为"敬、信、仁、和"，明确以"改革、发展、责任、卓越"为思想基础，"政治成熟是立企之本"，"解放思想是一切工作的核心和制胜法宝"，强调了"四大""四新"指导思想，即"大改革、大格局、大智慧、大发展""新时代、新战略、新模式、新大元"，提出了建设科技型、人文型百年幸福企业的"大元梦"。

"敬"的内涵是"尊贤礼士、敬业勤职"，"信"的内涵是"诚实守信、自信超越"，"仁"的内涵是"忠诚宽厚、正义仁德"，"和"的内涵是"和衷共济、和谐共赢"。由此可见，新的核心价值观不仅涵盖了"开放、创新，专业、规范，协同、超越，诚信、奉献"的内容，同时更加突出了"以人为本""崇德尚义"的治企理念和道德标准，为"幸福大元""百年大元"找准了精神动力之源。

第二章 党建铸魂

一、绵绵的情愫

纵观大元集团70年的发展历程，可以清晰地看到几代大元人对中国共产党诚挚而又绵绵的情愫。

作为新中国成立后沧州地区第一个在中国共产党领导下建立的国有建筑企业，沧州一建从成立的第一天开始，公司党支部就一直发挥着不可替代的政治核心、思想保障和业务监督作用，也为历代大元人厚植了听党话、跟党走的红色基因。70年来，公司党组织由党支部到党总支、党委会，不断发展壮大，团结带领广大党员和群众，在贯彻落实党和国家各个历史时期政策、方针、目标、任务中，成了大元集团思想上的主心骨、方向上的定航器、行动上的发动机。

1998年年底，沧州一建在沧州市率先完成了企业所有制改革。当时，随着全国性的改制浪潮翻涌，社会上和公司内部都有一种声音，就是公司已经是股份制了，成了大家的公司，生产经营是股东拿意见、董事会说了算、董事长领着干，还要党委干什么？不是在浪费股东的钱吗？甚至一些企业的党组织负责人已经从思想上自动"解甲归田"，几乎放弃了党组织的领导地位，把参与公司经营当成了"主业"。

李建国不这样认为。"中华人民共和国是中国共产党领导建立的新中国，只要有人民群众的地方就要有党的工作，只要有党员的地方就要有党组织，只要有党组织的地方就要开展党的活动。"不仅如此，李建国入党过程中的曲折经历让他对党组织有着更为深挚的情感，对党员身份有着更加清晰的认知。因此，在成长为一名优秀的企业家之后，他一直这样为自己定位："我首先是一名共产党员，然后才是企业家。"

1999年3月，九届全国人大二次会议通过了《宪法》修正案，正式把社会主义的基本经济制度确定为"公有制为主体、多种所有制经济共同发展"，把非公经济地位由原来的"补充"确定为"重要组成部分"，非公有制经济正式成为市场竞争的主体。2000年中组部印发了《关于在个体和私营等非公有制经济组织中加强党建工作的意见（试行）》，2002 年在党的十六大关于党章的修订案中，把非公有制经济组织中党组织的职责写入了党章，成了党的建设工作的一个重要领域。

党中央对非公经济组织党建工作的要求是，必须与促进非公有制经济的发展有机结合起来，充分发挥党员在企业两个文明建设中的先锋模范作用，提高企业的经济效益，引导、监督企业依法经营，健康发展；必须把关心和维护职工合法权益作为非公有制企业党组织的一项重要工作，密切联系群众，做好群众工作，不断增强党组织在职工中的影响力和凝聚力。

对此，从 1996 年 5 月担任公司经理到 1997 年 7 月被任命为公司党委副书记，李建国始终以一名党员的标准严格要求自己，坚决服从组织安排，主动与郑春台和张长国两任党委书记密切配合、通力合作。1998 年年底，在公司完成企业改制后的第一届股东代表大会上，李建国当选为董事长、总经理，而党委书记张长国同志则被任命为沧州一建首届董事会副董事长，党委委员李凤佩、章之海、孟凡春等都进入了公司经营决策层，确保了党委在公司发展中的领导和监督地位。

2009 年 11 月被任命为大元集团党委书记后，李建国更是主动把党建工作的责任扛在了肩上，落实在了行动中，不断探索和积累党建工作新方法、新模式、新路径。

2013 年，他响亮地提出了"政治成熟是立企之本"，"以政治成熟考量大元团队，以提高服务转变管理观念"。他要求大元人要放飞梦想、擦亮政治成熟之眼，明确责任、夯实政治成熟之基，弘扬正气、浇铸政治成熟之魂，跨越发展、

党建工作标准化手册

强化政治成熟之本，为满足人民群众的幸福愿景而努力奋斗。他主持制

定了《大元集团党建工作标准化手册》，力主申请 ISO 9001 党建质量管理体系认证，让党的建设与工程建设一样，有了实实在在的内容、考核有据的标准。他领导创建了"红心元强五心"特色党建文化品牌，创新了党建工作机制，使党的建设和党的领导全方位融入了集团的健康发展，成为河北省非公企业党建的一面旗帜。2020 年，李建国被河北省沧州非公有制经济组织和社会组织党建学院聘为师资库专家。2021 年庆祝中国共产党百年华诞之际，李建国被中共河北省委授予"河北省优秀基层党组织书记"称号。

ISO 9001 党建质量体系认证

"优秀基层党组织书记"称号荣誉证书

二、政治成熟是立企之本

发表于 2013 年 10 月 9 日《沧州日报》上的《政治成熟是立企之本》一文，是李建国对大元集团 60 年历史和"09 工程"实施以来的一个总结。文章中李建国开宗明义："政治成熟是一个国家在世界政治舞台上发挥作用的前提条件，是一个民族走向强大的根本保证，也是企业立企兴企之本、做大做强之基。"他认为，对于一个企业来说，政治成熟首要的就是坚持党的领导，把企业发展与党和国家的大政方针、决策部署紧密联系起来，坚守"听党话、跟党走"的优良传统，自觉承担社会责任。

"听党的话、跟党走，才能保证企业正确的发展方向，实现更好、更快发展。"这是李建国从 1985 年担任沧州一建副经理以来，在切身的实践中得出的体会。工作中，他有意识地加强了对党和国家方针政策的学习、领会，并将之贯彻落实到企业发展的方向、决策、部署当中。随着"09 工程"的实施，作为党委书记的李建国更加坚定了这一信念，把聘请专家解读中央精神、国家政策并指导落实作为一项常态化的工作。他经常说："作为领导十几亿中国人民不断前进的世界第一大党，共产党的方针政策必然有着科学性、前瞻性、全局性和导向性，当然会成为企业发展的方向标。我们必须紧跟党的方针政策，才能正确把握集团的决策导向和发展机遇。"

正是基于这种成熟的政治意识，改革开放以来，企业所有制改革、城镇住房商品化、加入 WTO、开放建筑市场、西部大开发、扩大内需十项措施、"五大发展理念"、全面建成小康社会、乡村振兴、"一带一路"……一系列国家宏观政策在大元集团的发展史上都留下了鲜明的印迹。建筑行业改制样板、开元地产率先登陆、市政路桥异军突起、资质建设突显品牌优势、十年战略实现跨越辉煌、建筑工业化闻名遐迩、EPC 总承包羽翼渐丰，以及元正文旅、元硕农业、海程商贸华筑通等等，成为大元集团缔造发展传奇的一步步阶梯。

在"1318 工程"收官、谋划"蓝海战略"之际，为了紧跟新时代风标，把握集团发展方向，在 2018 年 1 月 14 日召开的年度全体党员大会上，大元集团专门邀请到了国务院发展研究中心原副主任卢中原专题解读《习近平新时代国内外政策环境及建筑行业发展趋势》。在 2 月 22 日举行的集团党委扩大会议上，审议通过了《关于开展"思想大解放、作风再转变，反对形式主义、官僚主义，推进思想建设规范化、制度化、标准化"活动实施方案》，为"蓝海战略"的制定实施进行了思想再动员。

大元集团政治成熟的另一个表现是学习中国共产党百年的成功经验。2021 年 2 月，中共中央印发《关于在全党开展党史学习教育的通知》，就党史学习教育做出部署安排。而大元集团早在 2018 年就明确提出向中国共产党百年成功经验学习的治企之道。

在党的97岁生日之际，大元集团年度"省·思·行"活动来到了西柏坡，以"学习中国共产党百年成功经验，谋划大元百年发展之路"为主题，聆听了原西柏坡党校常务副校长、党史专家宋紫峰教授的"让历史照亮未来"专题辅导报告。报告通过中国近代以来的民族抗争史，阐述了历史最终选择中国共产党的必然性；通过回顾中国共产党近百年的奋斗历程，阐释了中国共产党的初心和使命。

按照惯例，在当天晚上全体学员进行的课后学习讨论中，党委书记李建国发表了他的学习感受："中国共产党的成功实属不易，总结经验，我认为一是全党重视学习、善于学习；二是共产党人有信仰、有目标、有胸怀、有使命；三是勇于担当、勇于斗争、勇于胜利；四是不断进行理论上的创新和实践上的突破；五是勇于承认错误，勇于自我革命。我们要把这些经验运用到大元发展的实践中去，坚定信念听党话，学以致用跟党走。"

2021年3月18日，集团党委隆重召开了党史学习教育动员大会，集团高管、总部部门负责人、二级单位及所属部门负责人和全体党员通过"线下＋线上"的方式参加了会议。大会对集团党史学习的组织和活动开展进行了部署，要求以习近平总书记重要讲话精神为指导，巩固深化"不忘初心、牢记使命"主题教育成果，创新开展各项党史学习教育活动，营造党史学习教育浓厚氛围，激发全体大元人知党爱党的热情，学史明理、学史增信、学史崇德、学史力行，为实现幸福大元人、百年大元梦努力奋斗。

5月28日，大元集团元正装饰公司联合投融资集群、科研设计集群、总承包部、二建总公司、四建总公司、九公司等，与集团党建共建单位沧州市中心医院一起，邀请沧州军分区军事志办公室主编孙福军同志上了一堂"从沧州的抗战历史看共产党人的初心使命"的主题党课。

1937年"七七事变"后，日寇铁蹄南下，国民党军一路溃逃。10月14日，东北军53军691团团长、共产党员吕正操在晋县誓师，宣布留在冀中抗日，成为冀中平原第一支共产党领导的抗日队伍。1938年4月，建立起了东起津浦路、西至平汉路、北起平津、南至沧石路之间的第一个平原抗日根据地——冀中根据地，开创了平原地区开展游击战、抗击日寇的先河。

孙主编整理了中国共产党为了初心使命不畏凶残、不惧牺牲，坚持平原游击战；依靠群众、敢于创新，创造了地道战、地雷战、青纱帐战役等机动灵活的"平原游击战术"，狠狠地打击了日寇嚣张气焰的革命史实，其中很多都是发生在沧州大地上的抗日故事。先烈的英勇精神深深印入了大元人的心灵。元正装饰公司以"敢于应战、不提困难"的精神，出色完成了时间紧、任务重的沧州市南川楼、朗吟楼项目，成为沧州市向党的百年华诞的献礼工程。凭着近年来的不断壮大提升，2021年年底，元正装饰正式升格为大元集团"五大集团"之一——元正文旅建设集团。元正文旅集团旗下的创元数字文化公司，由曾任集团党委办公室主任、企业文化部部长的贾云香领衔创建。贾经理充分利用自身党建工作的经验和对党史知识的深度研究成果，带领设计人员开发了一套内容上紧扣新时代党建工作主题，形式上既充分利用数字科技又独具特色的"红色展馆"方案，完成了大元科技大厦1300平方米大元特色党史展馆的样板建设，吸引省内外数十家单位竞相邀请为其设计、施工。

2020年10月8日，元正文旅建设集团揭牌成立大会

2022年，大元集团党委结合庆祝大元成立70周年系列活动，策划组织了下基层宣讲团，在集团内部各板块、各分公司进行战略宣传贯彻

活动。在宣讲中，党委副书记于宙总结了大元集团70年的发展经验："对标学习始终是大元的既定战略，大元的对标学习经历了三个阶段，第一个阶段就是向同行业先进企业学习，让我们实现了系统领先；第二个阶段是向各行业先进企业学习，进而实现了行业领先；第三个阶段即向中国共产党百年成功经验学习，创造并力争继续创造时代领先。"

这是大元集团新时代企业党建工作的一次再总结，也是奋进新时代、筑梦新征程的一次再动员。以党建赋魂企业文化，把党建工作融入企业发展的血脉，转化为"看得见、摸得着"的生产力，推动党的政治优势、组织优势、群众工作优势转化为企业的思想优势、管理优势、竞争优势、发展优势，实现党建提升和企业发展双赢，成为大元集团党建工作的坚守和目标。

三、激励初心使命

"汇聚了中华民族先进分子的中国共产党，自诞生之日起就以为中华民族谋复兴、为中国人民谋幸福为初心使命。而一个企业必须树立发展经济、为人类创造幸福的理想信念，担当为国家富强、民族振兴贡献力量的政治责任和社会责任。"2020年3月，李建国在为集团公司上党课时，再次宣示了大元集团的初心和使命：为大元人谋幸福，实现百年大元梦。

"人民对美好生活的向往就是我们的奋斗目标。""不断增强人民群众的获得感、幸福感、安全感。"党的十八大以来，党中央以人民为中心的发展思想迅速成为大元集团的发展理念。2013年，李建国首次提出了"幸福企业"的内涵：承担社会责任、致力企业富强、满足员工愿景、弘扬家人文化。2014年集团谋划新的发展目标，把"幸福企业"与"特级企业、上市企业、千亿企业、百年企业"一起列入了"五大企业愿景"。2016年集团成功晋升建筑工程施工总承包特级资质和建筑行业工程设计甲级资质，实现了第一个企业愿景。在此基础上，李建国提出了开启大元人"幸福时代"的目标，即实现员工年薪达到全省同行业最高水平，打造年薪超百万、千万的精英管理团队。2017年进一步推出"打造年收入超 50 万元、100 万元的项目团队，实现项目部的幸福时代"。
2018 年在深入学习贯彻十九大精神的指引下，大元的幸福目标聚焦到了
"不忘初心的梦想、志同道合的团队、价值体现的薪酬、社会认可的尊重"
的"幸福大元人"。

　　"四个幸福"与党的初心紧密相连，层层递进，为李建国的"这里
是奋斗者实现幸福的地方"的"大元梦"做出了完美诠释，同时也展露
了他"百年大元"、实现大元集团永续发展的宏愿。此时的李建国有了
这样的思考，大元集团虽然是一个股份制民营企业，但从根本上讲它绝
不是哪一个人的，而是属于党和国家的，属于全体大元人的。它是 5000
多大元人共同的家，是 5000 多个家庭的支撑。随着企业的规模发展，
这将是一个巨大的社会责任。只有大元集团生生不息、健康发展，才能
实现所有大元人的梦想。从《甲子抒怀》到《我的大元梦》，他已经开
始布局"百年大元"的新规划，即"大元集团 2020—2030 年、2031—
2052 年两个阶段新目标"。

　　2019 年 7 月 2 日，在总结庆祝战略发展十周年的大会上，两个阶段
新目标正式发布。由李建国亲手点燃、象征着"百年大元"初心使命、
凝聚着担当与激情的火炬，在新一代大元人手中传递！

李建国主席与青年代表共同揭牌

2022 年，在集团成立 70 周年之际，"70 年征程铭初心　百年大元践使命"，"2052 青年军"宣告成立。李建国亲自为青年军授旗、授鼎，要求青年军团队自觉坚持集团党委的全面领导，严守政治纪律和政治规矩；树立正确的人生观、世界观和价值观，做求真务实、踔厉奋发的青年榜样；敢于应战，不提困难，充分发挥主力军和生力军的作用；坚持继承和创造相结合，时刻保持旺盛的创新发展和开拓进取精神，做大元集团产业转型、引领行业发展的中坚力量，担负起筑梦百年的时代重任。

四、拧紧理想信念总开关

"拧紧理想信念总开关"是大元集团党委凝聚全员合力的硬招。

"党的理想信念是大元干部永葆先进性的坚强基石，要让正确思想始终占领高地。"这是李建国常说的一句话，也是对大元 70 年奋斗历程的一个形象概括。

2015 年，在"1318 工程"进入改革"深水区"之际，李建国把年度"省·思·行"活动选在了河南兰考，焦裕禄同志生前战斗过的最后一个岗位，成了在焦裕禄干部学院进行理想信念教育的第一个民营企业规模团队。

"习近平总书记指出，理想信念就是共产党人精神上的'钙'，没有理想信念，精神上就会缺钙，就会得软骨病。在大元集团，坚持用党的信仰力量来提升党员干部的素养，增强党员干部的纯洁性。因为只有这样，才能强壮集团的筋骨，铆足企业发展的后劲。"这是李建国安排这次活动的初衷。

在兰考，看着焦裕禄当年缝了又缝、补了又补的衣服鞋袜，看到那把为抑制肝痛而抵了一个大窟窿的藤椅，李建国流下了深情的泪水。他转身向参加活动的全体干部，也是向着自己的灵魂连着问出了四个什么：入党为什么？当官图什么？为民谋什么？身后留什么？

在晚上的讨论中，李建国总结了大家的发言，给自己的四问填上了他的答案。"我认为入党就是要为共产主义事业奋斗终身，为人民利益、国家利益、党的利益付出一切，努力实现人民的幸福、国家的富强、民族的复兴。当官图的是事业第一、感情第二，干好党和国家、人民交付的事业，不能有私心，有私心就不能当官。权为民所谋，要为员工着想，谋划员工的幸福感、获得感。身后留什么是理想信念的动力，要留下为国家、为人民、为企业、为员工、为家庭做出的贡献，留下能让后人传颂的业绩。"

按照李建国书记的提议，集团党委迅速行动，开展"四个什么"的学习讨论，进一步坚定和充实了集团党员干部改革、创新、谋发展的思想，让"四个什么"成了大元企业文化内涵的一个重要内容和党员干部的行为标准。

2016年5月28日，集团组织召开了"改革、创新、发展20年座谈会"。李建国总结自己任职20年来的工作，撰写了体会文章《论无私》。在文章中，他全面阐释了为什么说"大元集团是一群无私的人团结起来，实现了传统产业的快速发展"。他认为，做一个无私的人要具备核心意识，坚持"敬、信、仁、和"的核心价值观；要有团结和大局意识，不搞小团体、不谋团伙和个人私利，统一思想、统一认识、统一行动，一切为了集团发展大局；要有敢于担当的意识，讲求"为之则难者亦易"，不计个人得失，人人敢扛指标、人人敢担责任；要有奋斗和创新意识，坚持"大改革、大格局、大智慧、大发展"，与时俱进、开拓进取；要有躬身为民和主动作为意识，放下架子、俯下身子、身入基层、心系基层，做"会学习、会谋事、会干事、会成事"的"四会"干部。同时，还要具备信仰意识、社会责任意识、无私奉献意识、培育人才意识和孝亲敬老意识。

2017年以弘扬"忠诚、信念"长征精神为主题，参加"省·思·行"活动的大元高管团队徒步完成了从遵义到娄山关60千米的"重走长征路"之旅。"走的是路、强的是体、炼的是心、悟的是道、追的是梦！"正是这种信念，支撑着年龄最大的李建国带着腿伤坚持走完了全程。2018年的西柏坡之行，体会中国共产党人的"赶考精神"，进一步理解坚定理想信念的重要性。2019年以为"蓝海战略"实施"拧紧思想总开关"

为目标，组织实施了"不忘初心、牢记使命"主题教育系列活动60多场次。3月的"融入雄安发展、建新时代大元——大元集团2019年北京·雄安会议"，为108名中高层管理者进行了思想再夯筑。结合"跨越辉煌——战略十年成就展"，年度"省·思·行"活动来到革命圣地延安，以"弘扬延安精神、牢记为人民服务、创造伟大企业"为主题，激发了齐心共力、筑梦百年大元的雄心壮志。

重走长征路

五、组织优势是压舱石

"中国民企的平均寿命仅5年，一个重要原因就是人的因素。单靠金钱驱动不能解决民企人心问题，靠家族、血缘、亲缘、裙带关系同样不行。但是党组织却可以协调民企出资人、管理者和职工三方面的利益关系，增强企业向心力、凝聚力。还能够统筹国家利益、企业利益、顾客利益，促使企业承担社会责任、实现社会效益。因此，党组织对于民营企业来说不是可有可无的，而是引领民企健康发展不可或缺的政治核心。只有加强党的建设，才能实现企业健康可持续发展。"这是李建国在集团内部会议上的一番讲话，后来才被多家媒体的报道所引用。

"党的组织优势才是企业发展的'压舱石'。"正是在这种理念的指引下，大元集团从企业改制之初，就确立了党的组织建设与现代企业治理结构改革同步进行的指导思想。在历次进行的以法人治理为核心的现代企业管理结构改革中，集团党委"揽全局、把方向、用干部、聚合力、促发展"的职责没有变，对企业改革发展的领导权没有丢。集团重大决策部署都是由党委协商董事会提出，经全体党员大会审议通过后，再提交股东大会决定。制度化地坚持了集团董事会与集团在组织建设上党委交叉任职，规定董事会党员人数不低于80%，监事会主席必须为中共党员且需兼任党委纪检委员，人力资源总监兼任党委组织委员，文化中心总监兼任党委宣传委员。由于他是党委书记和董事局主席一肩双挑，在他的提议下，集团另设专职副书记一名，领导党群文化中心，负责组织、宣传和党委日常事务。各下属单位包括各个异地分公司都设置了专职党支部书记，赋予"政委"的职能，主管企业战略、组织、人事、文化、信息化、风险防控与党政工团建设。

建筑企业是高成本低利润行业，因此最看重的是成本控制。集团各个党支部书记专职化，肯定会增加企业人力资源成本。对此，作为大元集团党委书记、董事局主席的李建国却认为值："企业党建搞好了，对企业发展真起作用！大元集团党委是充分尝到党建的甜头儿了。可以说，正是企业党建的卓有成效，才保障了大元集团多年来重大改革与跨越发展的成功。"

大元强化组织建设的一个重要手段是坚决贯彻党管干部原则，推行"双培养"机制。一是把党员培养成企业骨干，形成提拔一名党员、树立一面旗帜、带动一群职工的局面，增强了广大职工向党组织靠拢、自觉地接受组织考察培养的动力。为此，在每年的大学生招聘中，集团人资部门都把学生党员和学生干部作为重点招聘和培养对象。二是重点把企业骨干培养成共产党员，用党员的高标准严格要求各级干部，从而保证和促进了管理队伍整体思想意识、政治素质和开拓能力的提升，更好地发挥了先锋引领作用。

为了放大这一效应，集团党委实施了"影子工程"，每年给各支部下达人才培养目标，要求各单位建立后备人才库，后备干部占比不低于10%，一些关键岗位至少培养一名后备干部，而且必须重点从党员队伍中培养。此举不仅整体上保证了管理团队的能力素质，而且为集团党的组织和队伍建设持续输送了中坚力量，为集团长远发展蓄足了后备力量。

也正因此，党员在大元集团成了"香饽饽"。人们常说"先入党后提干"，可大元的员工们却都知道"入党比提干难"。这在李建国看来是再正常不过的事，"只要工作有能力，干出了成绩，就可以提职、加薪、压担子、做管理。但是入党却不一样，还需要看你的思想境界、理想信念，甚至人格品位"。

"支部建在项目上"是大元集团党委组织建设的一大特色。1927年毛泽东主席在"三湾改编"时提出了"党支部建在连上"的组织纲领，成为加强党对人民军队的领导和中国共产党组织建设的重要原则，为中国革命取得最终胜利提供了坚强的政治保障。但是，大元集团是一个建筑企业，许多管理、技术和施工人员中的党员需要常年盯守在一线工地上，造成一个党支部的党员经常分散在各地。而一个项目上的党员人数少，不能建支部，导致支部的正常活动、一线党员的组织生活不能有效开展，党组织的作用更得不到充分发挥。

针对这一现实，集团党委要求二级单位党支部创新组织活动形式，充分利用网络技术，通过线上线下、音视频会议等多种方式，确保党员职工的组织生活。对在建项目中的单个党员，要求亮明党员身份，接受群众监督，主动做好表率；达到两名党员的要成立党小组，达到三名及以上的必须建立临时党支部。

随着大元跨越式的快速发展，集团已经成为一家国际性的建工企业，分支机构越来越多、流动性越来越强，单一项目部党员人数不足的问题越来越突出，成了基层党建工作的新难点。

"项目建设更需要党的领导，党组织不能在这个重要环节有缺失。要保证项目拓展到哪里，党组织就建到哪里；哪怕是只有一个党员，也要保证组织的管理！"李建国提出，必须制度化地压实集团党委的主体责任，主动赋予党组织在项目建设中的政治核心地位。他在思考如何创新推行"党支部建在项目上"。

在他的督导下，大元创造性提出了项目党支部"五方共建"的思路，即从项目签署合同开始，就由建设、勘察、设计、施工、监理五家单位派驻人员的党员共同组建联合党支部，充分发挥党员的责任和担当，为整个项目的运行保驾护航，提供思想和纪律保障。此举的落地实施，破解了建筑行业流动人口党员流出地"够不着"、流入地"管不了"的难题，实现了纵向到底、横向到边，为党的组织建设和党员管理的有效全覆盖提供了经验。沧州市委研究室专门调研采写了《推进党建创新、领航跨越发展——对大元集团抓党建促发展的调查》，刊发于河北省委政策研究室内刊《政研与决策》2016年第21期上。时任河北省委组织部常务副部长回建同志做出批示："'大元把支部建在连上'对流动党员的作用发挥意义很大，请组织一、三处认真分析研究。"

项目联合党支部

六、党建工作标准化

2016年春节前夕，沧州市发改委组织了一个考察组到内蒙古呼和浩特市对标考察"十个全覆盖"，李建国随团参加。从2014年开始，内蒙古自治区推行了农村牧区基本公共服务"十个全覆盖"，主要内容为：一是危房改造工程；二是安全饮水工程；三是街巷硬化工程；四是电力村村通和农网改造工程；五是村村通广播电视和通信工程；六是校舍建设及安全改造工程；七是标准化卫生室建设工程；八是文化室建设工程；九是便民连锁超市工程；十是农村牧区常住人口养老、医疗、低保等社会保障工程。呼和浩特市作为自治区首府在落实这项工作中主动作为、大胆创新，走在了自治区的前列。沧州市政府邀请大元集团参加考察，目的是借鉴其全覆盖工程项目的建设经验，加快和提升沧州市新农村的规划建设。

考察中，李建国虽然没有忘记受邀考察的任务，却把主要精力用在了"党委书记"的本职上。让李建国感兴趣的是呼和浩特市以加强村党支部建设为入口，充分发挥党组织的战斗堡垒和党员农牧民的先锋模范作用的具体做法。呼和浩特市委派出市直各部门负责人和业务骨干担任行政村的第一书记，以党的建设引领乡村经济社会发展。经过两年的实践，不仅深入推进了农村的源头治理、依法治理和系统治理，更让党的基层阵地得到了加强。在由呼和浩特市发改委主任担任第一书记的古路板村，李建国亲身感受到了村民对党支部的充分信任和依赖，感受到了党组织在发展决策和村务管理中的绝对权威，尤其村民们"家有党员、全家自豪""党员是一份责任、一份义务，也是一种光荣"的意识，让他印象深刻："如果在大元集团营造出这样的氛围，那生产经营绝对将是另一番景象！"

春节期间，李建国一直惦记着这件事。节后刚一上班，他立即指示党委副书记于宙，由他带领党委办公室主任贾云香等人，专程去内蒙古学习调研，以总结出可供大元集团党建工作借鉴的经验。

于宙带领贾云香和长期在内蒙古施工的一公司党支部书记立即启程，成了古路板村新年后的第一批客人。经过实地走访、考察、亲身感受，他们发现古路板村的经验既守本务实又有许多创新之处。一是严肃党的纪律、严格党员考核标准、强化党员先进性培养，让每名党员都成为村民群众可信赖的模范。创新之处是建立"党员五星"考核机制的具体做法，即根据党员履责表现评定星级，形成党内党外一体化监督。二是充分发挥党员在村务议事中的先导作用，赋予党员参与决策的权利，增强党员对群众的吸引力。三是严格落实发展党员、党员参加组织生活的程序和制度，明确标准，形成规范。

考察回来后，考察组连夜起草的考察报告提交到了李建国手中。其中重点总结分析了从"党员五星"考核中得到的支部星级考核，支部组织活动规范化、标准化的启发。

这让李建国想起了远在江苏无锡的红豆集团。2011年红豆集团党委顺利通过ISO 9001：2008党建质量管理体系认证，成为全国首家通过党建质量管理体系认证的民营企业。在李建国的督促下，于宙、贾云香、刘猛等人又马不停蹄地登车南下，专程赴红豆集团考察学习，汲取企业开展标准化党建工作的经验。

很快两份考察报告被提交到了集团党委会。于宙副书记关于制定《大元集团党建工作标准化手册》、创立支部十星考核机制的建议，得到了党委会的批准。经过充分研究酝酿，决定以申请通过ISO 9001质量体系认证为目标，从党建工作全流程标准化入手，全面改进党委和支部工作，抓实做细，提升干部职工对党员和党组织的认识，进而增强党在企业发展中的领导力、凝聚力。

于宙一方面借鉴考察学习中得到的经验，一方面总结、反思大元党建工作现状，有针对性地进行了结合再造。在此基础上主持制定了支部十星考核机制和《大元集团党建工作标准化手册》的总体框架，把执笔起草的任务交给了党委办公室主任贾云香。

贾云香毕业于河北农业大学，所学专业是城镇规划设计。她从小就聪明好学、活泼好动，小学、中学一直担任班长，培养了遇事有主见、处事有原则的能力。上大学前，贾云香就加入了中国共产党，大学期间学习优秀、表现突出，曾多次荣获优秀共产党员、优秀学生干部等荣誉，连年获得学校奖学金。2008年加入大元团队后，她被直接留任集团总部机关，成为党委办公室的一员。工作中，她在困难面前敢闯敢试、敢打敢拼，而且韧劲十足、不轻言放弃的品格得到了充分展现，两年后就被任命为副主任。

虽然有可供借鉴的东西，也有了总体思路，但是要把异地、不同行业的成功经验与本地的建筑企业实际相结合，还要贴近大元集团工作特殊情况，切合大元集团发展需要，并落实到一张张表格和文字当中去，也不是一项简单的劳动。她从集团党组织架构设计、两级党组织班子建设标准、党的生活制度、考核验收制度、党员阵地建设标准、党建工作流程和台账、支部活动组织标准、党建文件填写规范等全方位进行了深入研究，然后才着手动笔。

那段时间，贾云香既要坚持处理办公室的日常事务，还要整理资料、动笔编写方案、设计表格，几乎是夜以继日。连日的劳累，让她患上了阑尾炎，腹部总是时轻时重地疼痛。按照惯例，集团党委要在周六上午召开例会，已经确定了下周党委会要专题审议《大元集团党建工作标准化手册》和支部十星考核机制。本想请假去做检查的贾云香没有吭声，又强忍着常常会突然袭来的剧痛紧张地投入工作中，直到周四下班回家时已经疼得不能下车，才被姐姐发现送到了医院。此时因为拖得时间太长，已经形成了粘连，必须进行开腹手术，这让她不得不在医院躺了整整18天。

2016年3月，《大元集团党建工作标准化手册》第一版开始执行。此手册不是对党的基层组织工作原则的照搬照抄，而是有效结合了大元作为建工企业党的建设的实际情况和核心工作，为集团以党建为统领，全面促进和提升企业思想塑造、业务开展、经营效益树立了标尺、画出了红线、统一了规范，从而开创了集团党建工作的又一个新阶段。尤其是创新制定的基层支部"十星评定"机制，成为大元党建工作的一个标志性特色。

支部"十星评定"制是紧

十星评定

密融合集团业务发展，把支部建设分解为"党建坚强星""党员先锋星""项目管理星""文化建设星""人才建设星""信息化建设星""制度落实星""务实创新星""阵地建设星""和谐稳定星"等十个方面，每个方面再细化出具体的考核内容和赋分标准，满分为10分。集团党委同时出台了《党支部星级评定管理制度》，规定每年分两次对所有支部进行考核，只有单颗星得分达到6分以上才可以授星，两次评定平均低于6颗星的单位自动失去集团年度先进单位的评选资格，并与单位班子年薪直接挂钩。随着制度的落实，不仅支部建设变成了可抓可管的实务，而且其与二级单位的生产经营、科技创新、队伍建设和文化营造紧密结合，与随后创立的党员"五星考核"一起，为大元整体企业文化的形成和经营业绩的持续发展、和谐发展提供了持久动力。此举得到了中共沧州市委的关注和支持，时任市委常委、组织部长何志伟同志指示组织部门要认真调研、总结经验，以供借鉴。时任沧州市委书记商黎光同志专门批示："对大元集团抓党建的做法要进一步做好培育、宣传和推广工作。"

七、引入 ISO 9001 党建质量认证体系

在党建工作标准化的基础上，由李建国亲自谋划推动，集团党委决定把 ISO 9001 质量管理体系导入党建工作中来。经过一年多的精心设计、精细谋划、全力推动，在党委和各部门的艰苦付出和通力合作下，于 2017 年 9 月顺利通过了中国质量认证中心的审核认证，成为河北省首家通过 ISO 9001 党建质量管理体系认证的非公企业。

ISO 9001 党建质量管理体系，是按照国际通行标准组织，专门针对党建工作的指挥和控制管理体系，通过建立科学化、规范化、标准化的质量体系，并通过不间断的审核，保持质量管理水平的不断改进和提升。对此，李建国有他作为一名老建筑人的理解："ISO 9001 党建质量管理体系就是大元党建工作的'施工图'。引入这一系统，采用先进的理念和科学的方法指导党建工作，有利于将党的理论优势、政治优势、制度优势、组织优势和密切联系群众优势，转化为企业决策优势、团结优势、队伍素质优势，最终体现为发展优势。"

开展 ISO 9001 贯标认证，也充分调动了基层党支部的工作积极性。在大元集团市政路桥公司，员工们人手一册《岗位工作日志》，只不过党员职工与普通职工的版本有所不同，党员需要填写的表格除了职工都要填写的"工作内容"项目外，还要多出一项"党员完成工作内容"。时任路桥公司党支部书记王瑞生介绍说："这是为了促进党员在日常工作中自觉发挥先锋模范作用而专门设计的。"2016 年 9 月被任命为大元集团建筑安装总公司党支部书记的杨海涛，是位 2010 年参加工作的 80后。来自生产一线的他，对一线职工日常所思所想非常清楚。2017 年，在党支部的推动下，建安总公司对职工福利进行了标准化设计，注重了向一线艰苦岗位职工倾斜；驻外职工家里有人生病，他们也会派人照顾，营造"家文化"氛围，很好地激发了大家的工作热情。在杨海涛看来，是党建规范化、专人管党建为集团各项政策的落地创造了环境条件。

大元党建通过 ISO 9001 认证后，《河北日报》闻讯派出记者张岚山于 2018 年深入大元集团总部和生产一线，进行了蹲点式调研，采写了通讯《一家非公企业的党建标准化实践——大元集团 ISO 9001 党建质量管理体系探访》，7 月 19 日在多家媒体和平台发表。报道中，张记者有这样一段描述：设专职党支部书记并明确其 10 项职责是大元集团ISO 9001 党建质量管理体系中的内容之一。翻看反映这一体系的《大元集团党建工作标准化手册》，里面包含文件管理、宣传管理等 20 余项制度与规范，包含发展党员工作流程图、举行入党宣誓仪式流程图等 3类 20 余个流程图，以及 30 余项相关表单，明确规定每一项工作做什么、为什么做、谁来做、何时做、怎么做和做到什么程度，整个党建工作程序非常清楚，有"骨架"，也有"血肉"。

报道中的《大元集团党建工作标准化手册》已经是第二版。之后，这套手册又连续两年每年修订更新一版。"我们的党建质量管理体系始终在不断完善中。"李建国认为，"大元集团提出打造百年企业、建设幸福企业等目标，必须有强有力的组织保证。ISO 9001 党建质量管理体系与时俱进不断丰富，有利于企业党建保持高质量，进而把党建优势转化为企业发展优势，实现企业更好发展、长远发展。"

其实，这套标准化手册不断创新，除了这个主观原因外，还有一个客观原因。大元党建标准化和质量认证引起了全国各地包括党政机关在内的各行各业的关注。"一个与钢筋水泥打交道的建筑企业，能把党建工作与生产经营结合起来，必然有它的过人之处。"于是，来自省内外的机关团体、企事业单位纷至沓来，除了参观大元集团总部15楼的党建基地、访问集团各级党组织外，人们纷纷索要这本标准化手册，导致每年都要重新印刷并做出修订。2020年11月，第四版印刷了四五千册，结果仍是存量不多。

于宙和贾云香是这套手册的创造者。有人曾对贾云香说："这里面很多内容都是你们的'版权'，就这样让别人白白拿走了？"李建国听到后对她说："我们应该感到高兴、自豪。企业党建是关系到全党的大事，他们拿去借鉴，就可能会有新的创造、新的提高。到时我们再去向他们学习，我们也会再得益、再提高。进一步说，全党全国都会得益！"从李主席的话中，贾云香再次感受到了一个企业家对党的情怀。2021年，集团党委应中共沧州市委组织部的请求，协助编写了《沧州市村党组织工作标准化手册》。手册前言介绍，为进一步加强村党组织标准化建设，沧州市委组织部组织专门力量编写了这套手册。编写过程中，由沧州市委组织部把握总体方向，借鉴了外地和大元集团的研究成果和实践经验，并由大元集团出资付印。

八、"红心元"擦亮大元品牌

2018年6月21日，由商会智库主办，主题为"未来500强从这里启航"的首届中国新品牌论坛在北京世纪金源大饭店盛大开幕。该论坛由"质量万里行"活动发起人之一、中国社科院特约专家、大元集团首席顾问万力先生召集。据《人民日报》海外网等媒体报道："'21世纪十大品牌'首次联袂亮相，中信产业基金、贵州茅台、奥康鞋业、大元集团、志高空调、好想你健康食品、振东集团等十余位上市领军企业集团董事长与100家力创中国细分市场的单打冠军企业、50余家国内主流投资机构和

20 余家国内主流媒体机构共 300 余人共同奉献了一场精彩、充满活力的品牌盛会。"

大元集团受邀以民营建工企业代表出席会议，并作为第一位主旨演讲嘉宾。会上，李建国被论坛组委会授予了"中国新品牌工程联合发起人""未来 500 强卓越导师"称号。由于李建国主席要赶赴香港出席商务活动，在 23 日的主旨演讲中，集团党委副书记、科研设计集群总裁于宙代表大元集团以《红星照我去战斗》为题，分享了把党的政治优势转化为企业发展优势、把党的组织优势转化为企业制度和管理优势、以红色文化赋魂企业文化、擦亮大元品牌的体会，以及党建标准化、"十星评定"、"红心元"品牌建设等经验做法，阐释了党建在大元集团实现传统产业跨越辉煌中的引领作用。

10 分钟的时间，虽然只是粗略地展示了大致脉络，却在大会上引起了"超级反响"。"在这样一个国家级品牌盛会的平台上，大元党建工作得到了与会各方的高度赞赏，是我没有想到的。我的演讲刚一结束，会场就响起了由衷的热烈掌声，会后纷纷找我索要资料、加微信好友、留联系方式，媒体现场采访，让我应接不暇，真有了一种明星的感觉。"于宙对当时的情景至今记忆犹新。

这只是大元集团以党建工作成就"市场品牌"的一次集中展现。之所以得到与会专家的广泛认可和关注，是因为在民营企业尤其是民营建工企业开展党的建设，大元集团走出了一条属于自己的特色之路。长期以来，集团一直坚持党委与现代企业法人法理结构紧密融合，通过创新型的"支部建在项目上""支部书记专职化"与党员"亮身份、树旗帜、担责任、促发展"相结合，"三会一课"等规定动作与"省·思·行"等常态化自选动作相互补充，以及"做合格党员、做优秀干部"等活动，突显"红色"特质的企业文化创设，让党的领导成为大元血脉中不可或缺的成长基因、大元人生产生活中须臾不可离的水和空气。

2016 年七一前夕，《沧州日报》用头版整版的篇幅刊登了《锻造企业发展之魂——大元集团加强基层党建推动企业跨越发展纪实》的文章，从大元集团在"09工程"取得巨大成功、"1318工程"风云交汇的角度，分析了集团党委作为企业航船的压舱石，在把握发展方向和人才队伍建设方面发挥的巨大作用，概括了大元集团始终坚持"听党话、跟党走、报党恩"，从而取得企业管理决策、市场经营和团队凝聚力优势的党建特色。

2016年以来，集团党委创立并坚持党支部"十星评定"、党员"五星考核"机制，深度实施党建工作标准化、申请ISO 9001党建质量管理体系认证等，为党支部和党员在生产经营、市场开发、文化建设等方面全方位发挥战斗堡垒和先锋模范作用添加了助推剂，全面实现了"党建做实了就是生产力，党建做强了就是战斗力，党建做细了就是凝聚力，党建做好了就是竞争力"。

"党建标准化是大元的又一个特色产品。产品靠质量，还要靠品牌。品牌是一种文化塑造，没有品牌就不会持久。要提炼并持续打造大元企业党建工作的品牌。"作为一个企业经营者，李建国开始从经营的角度，把党建工作"品牌化"和企业文化建设结合起来，谋求企业的持续发展。

很快，一个名为《红心元——党建铸就大元魂》的折叠册页制作完成，全面推出并完整诠释了大元集团党建工作的"红心元"品牌。

"红心元"的释义为"红色初心，立企之本"。其中，"红心"的内涵为对党忠诚、信念坚定，而"元"即大元集团。以此为本旨，设计了"红心元"的形象logo，提炼了红心元强"五心"的主题，即红心元激发初心、红心元引领匠心、红心元凝聚人心、红心元守护爱心、红心元互联"e"心。在"互联'e'心"中，强调了大元集团通过党建引领，"强科技、高质量"的发展主基调，再次展示了大元人与时俱进、不断创新图强的强烈愿望。

红心元标识

册页中重点总结了"政治成熟是立企之本""党旗红才有企业兴"的大元经验和"12345党建工作机制"。"12345党建工作机制"是大元集团党委在长期工作中形成的行之有效的目标导引、体制构建、作用定位、支撑机制和重点工作方向。一是指确立"一个目标"，即巩固党对企业的领导力、提升企业效益、增强企业竞争力。二是建立"双向"体制，包括党委、董事会交叉任职，企业骨干和党员双向培养。三是发挥"三个主体作用"，即发挥党委的核心作用、党支部的战斗堡垒作用和党员的先锋模范作用。四是构建"四个支撑"，即把党建工作责任机制、运行机制、保障机制和考核机制作为集团持续健康发展的重要支撑。五是打造"五大品牌"，即将集团重点实施的党建标准化、基层党支部"十星评定"、后备人才库建设、"五位一体"监督、大元志愿服务等五项工作打造为大元党建工作的重要品牌。

"红心元"党建品牌的推出，让大元品牌再次聚焦了行业内外的目光。经历了新冠肺炎疫情突发的大考，党旗引领下的大元集团，"红心元"所焕发的凝聚力、生命力、战斗力得到了充分验证。2020年年底，建业集团董事长、CEO王连兴受邀为清华大学

建业集团董事长、CEO王连兴在清华大学讲大元党建工作

高级总裁研修班学员解读大元集团的党建工作经验和体会。"红心元"党建品牌入选了河北省委组织部干部网络学院及河北省"两新"组织学院等多家培训机构的干部教育培训资源"四个一百"项目教学案例。同时，"红心元"品牌及大元科技大厦1300多平方米的智能化党建教育实践基地，吸引了全国各地的党政机关、企事业单位前来参观学习。集团党委主动发挥智能化党建基地的宣教作用，全面开展了"党建共建100家"活动，让大元集团的企业品牌在党旗、党徽的映衬下，更加熠熠生辉。

百家党建共建

第三章 家"元"梦圆

一、李建国的家"元"梦

这里是以人为本、处处体现家人文化的地方；

这里是尊贤爱士、施展才华、实现梦想的地方；

这里是充满激情与智慧、勇往直前、欣欣向荣的地方；

这里是学习改进、持续创新、追求卓越的地方；

这里是奋斗者实现幸福的地方……

这是李建国发表于2018年4月《我的大元梦》的开篇，他把营造"家人文化"放在了首位，把实现员工幸福作为了落脚点。视公司为家、视同人为家人，是李建国潜在的意识；为"家人"谋幸福而奉献全部，是来自母亲的言传身教。因而，这成为他加入大元团队以来一直努力践行的目标，也是他担当起大元集团"家长"后，一个从来未曾消磨过的梦想。

营造大元家人文化的氛围，这个李建国持之以恒、不断追求的梦想，其实是源自他儿时对家庭的深层记忆。

童年时李建国的家境，可以用贫寒来描述。但是在奶奶和母亲的尽力操持下，一家三代七口人相濡以沫、甘苦与共，因而留在他记忆深处的依然是家的温暖如阳、和睦如春。李建国印象中的奶奶和妈妈，不仅是家中的权威、主心骨，更主要的是她们为家人衣食住行的日夜操劳，以及在与街坊邻里交往中的大度与担当。当然还有家人们人人努力为家奉献，永远无私无怨的和谐氛围。李建国认为，这是他们一家人能在艰苦中其乐融融，日子一天比一天好起来的根源。

大元集团是李建国有生以来第一个，也是唯一的一个工作单位。20世纪70年代艰苦的工作环境,他没有退缩。80年代中期以后，在"下海""跳槽"的声浪中，经历了十年锉磨仍坚持留下来，为公司发展的一线生机而奔走呼号，甚至只手扶倾。因为，他是真心把这里当成了自己的家。他可以为了当好打灰工，在黄昏中不顾一天的疲惫独自练习推小车；他能够为了节约每一分人力物力，在烈日与风雨中往来奔波，甚至当起了

"收破烂"的器材组组长；1985 年担任副经理后，他更是为了这个"家"，协助两任经理里里外外、勤勉于身。因此，1996 年成为"家长"后，李建国首先想到的就是要把公司建设成广大员工内心归依的精神家园。

为了这个梦，他苦心拨火、三年不辍，苦心孤诣强素质、升资质、固本夯基，展业务、上规模、浚源拓土，为大元创下了可以谋幸福的"家业"，也为他自己的家"元"梦铺就了一个开始的地方。2013 年正值"09工程"取得超预想的成功，集团实力大增之际，他就提出了实现大元"幸福企业"的目标，为之明确了"承担社会责任、致力企业富强、满足员工愿景、弘扬家人文化"的内涵。随后的"幸福时代""幸福项目部""幸福大元人"，以及"为大元人谋幸福""实现百年大元"的初心使命，无不体现了大元集团对"家人"的亲情与关爱。

二、家和万事兴

经历了大元集团改革开放初期的起起伏伏，李建国更懂得了母亲常说的一句话"家和万事兴"。家人之间最重要的是和睦，和睦的根本在于成员之间的无私。而作为家长，还要做到公平、公正，以身示范。

"大元集团是一群无私的人团结起来，实现了传统产业的快速发展。"这是李建国在各种场合都经常说到的一句话。团结、无私是"家和"的基础，团结是大局，无私是基础。在大元集团有几条不容触犯的禁区，首先就是不允许高管有自己的公司、不允许有个人利益交换、不允许有小团体利益。曾经有一位公司高层，因不愿意放弃私利，在大元规矩面前，只能选择离开。李建国的态度是，无私才是最大的公平，不能因为一个人的私利，而破坏公正、影响团结。

作为公司的"当家人"，李建国更是一切为股东着想、为全员谋划。1998 年企业改制，他优先让员工认股；2011 年，他自主创新成立大元投资公司，保护原始股东利益；落实股权激励政策，让全员分享集团改革发展红利；2016 年提出"打造年薪超百万、千万管理精英团队"，但作为"老板"，他的薪资却从来不在第一阶层……

也正是他的无私，才有了大元管理团队和全体大元人的团结一心，而他却把功劳归于大家。"大元集团多年来是一个团结的集体，有一个团结的领导班子，每个人在工作中都做到了不计个人私利、个人面子、个人情绪、个人的岗位和分工。"这是李建国对大元集团和管理团队发自肺腑的评价。

事实也确实如此。比如，曾任一分公司经理的韩秀海，在大元与蒙牛合作中厥功至伟，然后进入集团管理高层，并担任集团所属华筑通公司CEO，新业务正风生水起。2021年牛根生彻底退出蒙牛后，一些业务关系需要重新接续和维护，韩秀海无疑是合适人选。可真让这位老将再次披挂出征内蒙古大草原，连李建国本人都着实有些不忍心。但韩秀海只有一句话、两个字："我去！"

"在团结的问题上，一把手负主要责任，也起关键作用。"李建国不仅这样要求各部门、各单位的领导，更是从一言一行上严格做出表率。说起李建国在绝大多数人心目中的印象，有人说是儒家的"谦谦君子"，有人说是佛家的"和敬"。佛教中有"六和敬"之说，"和"即"外同他善"，"敬"即"内自谦卑"，具体讲就是见和同解、戒和同修、身和同住、口和无诤、意和同悦、利和同均。李建国从不迷信宗教，但在实践中却自然而然地奉行了这一理念，为大元家人文化的营造树立了典范。

从他个人角度看，无论是在生活中还是在业务上，他都遵从与人为善的处世原则，既有与蒙牛合作中为朋友两肋插刀的豪侠之气，也有关爱小"平安"回家的绕指之柔，既有对不正之风的"铁面无私"，更有对员工、下属的关怀包容。而他对自己所做的一切，又总是一副风轻云淡、谦和自若的样子。

从工作的角度看，"见和同解"就是要在思想上、观念上保持高度的统一。在大元集团，以"团结、无私、创新、拼搏"70年奋斗精神为统领，丰厚的大元精神谱系早已成为5000多大元人的行动纲领；"戒和同修"是指在共同组织框架、共同的行为规范和准则之下，共同修正自己的行为；而大元人深入骨髓的规矩意识和制度文化，已经成了行业的典范！急难险重的任务面前，大元集团的管理层永远驻守一线，正是

"身和同住"的体现；两个"四不精神""业绩万岁"创造了"口和无诤"的内部环境；"大元初心使命""四个幸福""五大愿景"已经舒展开了"意和同悦""利和同均"的和谐画卷。

三、以孝治企

孝，本是家庭建设的理念，在大元集团却被引入了企业治理的范畴。李建国常说："孝道是中华民族的传统美德。孝是尊老爱幼、忠于家庭、无私奉献的道德基础。推而广之，孝顺的人在公司就能做到服从管理、执行决策、忠于企业、不谋私利、奉献集体。"因此，他反复要求"每一个大元人都要爱父母、爱家庭、爱同事。集团的管理者更要做中华孝道的积极传承和模范遵守者"。

翻开《大元集团管理制度汇编》，近50万字、191项各类生产、技术和管理制度中，排在第一位的是大元的三个行为规范，即《大元集团员工家庭美德行为规范》《大元集团员工行为规范》《大元集团员工工作作风管理规范》。在《大元集团员工家庭美德行为规范》中，明确要求大元人要"尊老爱幼、男女平等、夫妻和睦、勤俭持家、邻里团结"，"不孝敬父母、不热爱家庭的人，在大元永远得不到信任和尊重、得不到发展和进步"！

从性质来看，这三个"行为规范"不属于"硬性规章制度"，而是属于道德伦理、自身修养、文明仪表、待人接物等"自律"层面的规定。而"行为规范"在大元集团却最受重视，被放在了最重要的位置。对此，李建国的解释是："做到自律，是做人的最高境界。相对来说，遵守制度容易，因为破坏制度往往付出代价；做到自律难，尤其一个人的场合下自律更难，能否做到自律代表着个人道德修养。如果全体大元人都能做好三个行为规范，制度就没用了，我就会把所有的规章制度都去掉。"

日常工作中，李建国还经常通过个人的一些言行嘉奖孝道。他和夫人孙建经常从家中拿来一些营养品、珍贵中药等，让员工转送给父母；在许多正式、非正式的场合，他会表扬那些孝敬父母、家庭和睦的员工，郝书明夫妇无微不至地照料93岁高龄的岳父的事迹就是他常举的例子，这样做的目的就是要为大元集团营造"小孝齐家、中孝治企、大孝治国平天下"的家人文化。

不仅是在公司管理上提要求，生活中的李建国更是通过行动来示范。在朋友圈里，他是一位公认的孝子。他的母亲清苦大半生，拉扯他们兄妹三个长大成人。晚年在三兄妹的侍奉下，安享天伦，得90寿寝。李建国在家中排行老二，母亲生前，他不仅敬重兄长、爱护妹妹，而且主动承担赡养义务，把老人接到自己家中侍奉。只要有可能，他都要尽量推掉一些应酬和饭局，为的是陪老人一起吃顿饭、聊聊天，以承膝下之欢。而且坚持晨省昏定，甚至出差途中都要时不时地打上一个电话。母亲晚年要求回青县祖屋居住，他和夫人就坚持每周日的下午赶回去，陪老娘说说话、一起做顿家常饭。2021年5月8日，母亲溘然长逝，李建国痛彻之中，含泪写下了800多言的《祭母文》。文中历数了母亲一生"勤劳朴实、任劳任怨""忠厚善良、仁义热忱""积极乐观、意志坚强"的优秀品质，而且追承母亲遗志，不设账房、不收礼金，其中的孝心、孝行被广为称颂。

四、营造家庭氛围

一个企业的"家人文化"是否成功，一个显性的标志就是员工上班时的心情是否有和回家时一样的感受。

"要为员工创造像家一样舒适、温馨、和谐、轻松的工作氛围。"李建国1996年刚刚上任沧州一建公司经理，就着手重新装修了办公楼，改善了办公环境。2009年集团投资建设了总部大楼，购置了全新的桌椅、电脑、沙发等办公设施，设置了平价餐厅、茶饮等后勤保障设施，还统一配发了西服式工装，让大家直观地有了一家人的感受。过去，公司里面老同志多，吸烟的人也多。搬入新楼后，为了员工的身体健康，尤其是保护女同志的权益，他下令实行全楼禁烟。整洁清新的工作环境、现代便利的工作条件，加之集团既昂扬上进又如沐春风的人文环境，让全体员工都有了"大元如家"的感受。

在内部管理上，集团充分发挥工会职能，组织文娱演出、体育比赛、节日联欢、走访慰问、青年员工联谊相亲等活动，把"大元一家亲"的理念形象地传达到每一位大元人内心深处。

全部由公司员工组建而成的百人合唱团，阵容齐整、排演专业，演出效果上乘。合唱团成立20多年来，连续参加省、市重大节庆、纪念活动的演出，不仅令业界同行惊讶，更让社会各界对建筑工人刮目相看，成为公司凝聚精神力量的重要载体。

在体育项目中，大元集团篮球队久负盛名，数十次征战省、市行业系统和业余俱乐部联赛。2005年，由公司冠名的河北省男篮俱乐部锦标赛，大元队一路过关斩将荣获冠军，2006年在河北省第三届职工运动会上，再次勇夺季军。还有公司出资组建的乒乓球队、羽毛球队等，队员们在训练和比赛中表现出的精神意志，成为公司员工奋发图强、奉献大元的精神激励。

集体婚礼

根据公司项目分布全国各地，员工流动性大、青年职工谈恋爱难等特点，集团经常利用节假日组织公司青年员工与社会的联谊、联欢活动，尽量为他们多搭起一座通向爱情、婚姻和家庭的"鹊桥"。由集团出资，每年组织优秀管理人员和技术工人到各地考察学习、旅游观光。通过这种工作以外的交流方式，让员工们对"大元一家亲"的印象更加强烈而生动。

在这些活动中，集团领导和普通员工无差别出现，丰富了企业的文化生活，密切了员工之间、干群之间的关系，增强了员工作为主人翁的意识和自豪感。2010年创办的内刊《大元人》上，每期都会有许多一线职工积极投稿，通过自己创作的诗歌、散文、小说和摄影、绘画、手工等作品，抒发他们对大元集团的热爱和对大元家人文化的自觉融入。

作为拥有5000多名员工的大企业的"老板"，李建国对家人文化的营造不仅上心，而且还坚持亲自"上手"。对此，韩秀海等人有着一个永远难忘的记忆。

2020年年初，集团决定于1月14日在沧州师范学院齐越大礼堂召开年度千人大会。之所以比往年的惯例提前了一天，是因为这一天是大元集团"华筑通"集采网重磅上线的日子，上线剪彩将作为年度大会的一项重要议程。为了迎接这一天的到来，华筑通CEO韩秀海非常激动，因为这一天正好也是他的生日。说者无心，听者有意。李建国当时并没有太多的表示，而是指示办公室的同志去查询了一下全集团还有没有同一天过生日的。结果还真巧，居然还有四位，分别是建安总公司的王同庆、一建公司的冯锁成、三建公司的王和明和四建公司的马楠。于是，李建国亲自交代主持人，要临时增加一项生日祝福的内容。

大会上，在"华筑通"集采网成功上线的欢庆声中，突然全场灯光熄灭，现场响起了《祝你生日快乐》的音乐声。随即，偌大的礼堂被插在生日蛋糕上的一簇烛光所散发的温暖填充得无处不在……"我们5个人站在台上，全身被烛光的温馨包裹。台下1000多只打开闪光灯的手机随着音乐的节奏晃动，我们的眼泪一下子就涌出了眼眶。"

这只是李建国视员工为家人的一个典型。服务大元50年，尤其是他担任公司领导以来，只要是员工家中有急难之事，他都会及时伸出援手。集团员工的老人去世，只要时间允许他都要前去吊唁，安排集团出人出力操办丧事。老职工去世，他还会亲自布置由办公室、工会撰写生平、主持悼念仪式，"给每位大元人和他们的家属一个交代"。2022年，一位 88 岁高龄、退休将近 40 年的老职工去世，全集团只有李建国还与之认识。家属走程序式地告知了集团，李建国当即放下手头的工作赶去吊唁，还指示办公室主任齐平安，安排人员、车辆，全程协助家属办理丧葬事宜。

对于更多的大元人来说，最能体现集团家人氛围的还是灾难面前的相濡以沫。2020 年新冠肺炎疫情世界大流行，建筑业成为受冲击最严重的行业之一，各大企业不得不采取隐性裁员、降薪以求自保。但是艰难面前，大元集团却选择了与家人共同面对，不仅勇于承担一个良心企业的社会责任，在严格遵守防疫政策的同时，主动投身战"疫"行列，屡屡逆行出征，踊跃捐款捐物。为了保障集团 5000 多名员工、5000 多个家庭的正常生活，集团总部调动资金 1 亿多元，保证了工资按时发放。还从"大元善基金"中拿出 100 万元，为几十名突发性、紧迫性生活困难的员工和部分有还贷需求的员工解了燃眉之急，把同心战"疫"具体成了一个个关于"家"的暖心故事。

五、关注员工成长

一个家庭最受人尊重的是每一位成员都能不断地成长，持续向好、向善。在大元集团，关注每一位员工的成长进步已经成为共识。

在李建国看来，大元人的成长应该首先是政治和思想道德的进步。在《政治成熟是立企之本》《论思想》等文章中，他反复强调了思想建设的意义。为此，集团建立了党员和管理队伍"双培养"机制，坚持用党员的标准来衡量大元的管理者。为了鼓励员工思想进步，在市委书记来大元集团调研时，他提出的唯一请求居然是尽可能满足企业员工对加入党组织的愿望，理由是大元集团的员工政治进步的愿望比升职加薪更迫切。

对于企业员工来说，另一个关注点是专业技术和技能的成长。集团推行了"师徒制""农民工夜校""大讲堂、上讲台"，成立了大元商学院（前身为大元职业培训学校），实施了"大元集团学历提升工程"，大手笔出资，支持、奖励员工考取专业资格证……一系列暖心的举措，传达的是"大元一家亲"的温情，凝聚的是"大元一家人"的力量。

在管理队伍的培养上，集团除了派出高中层管理人员参加国内名校的"总裁班"学习、与市委党校合作定期轮训、开办大元集团自己的"董事长培训班"外，2009年开始执行的《三层次人才培养与开发管理办法》，为普通员工畅通了晋升通道。

"我们的初心是为大元人谋幸福，使命是实现百年大元。要实现'幸福大元''百年大元'，需要几代人不断接力传承。"2015年在《论管理者》一文中，李建国重点强调了管理者"既要做优秀人才，又要做优秀人才的培养者"这一理念，并在《论无私》中将之列为企业管理者无私的十大表现之一。也正因此，1996年以来公司的各级管理团队在知识化、年轻化、现代化的标准下，积极稳妥地完成了多轮代际衔接，始终保持着大元集团旺盛的创新发展活力。

2022年，大元集团再次组合推出了七大培训计划。"大元领袖计划"面向集团高管及潜力中层，培养合格党员、优秀干部；"大元精英计划"面向中层管理干部，培养企业优秀中高管；"大元灯塔计划"面向各体系精英、专家，培养企业内训师；"大元栋梁计划"面向项目经理，培养国家级优秀项目经理；"大元未来之星计划"面向潜力基层员工，培养企业后备干部；"大元精兵计划"面向专业技术人员，培养大元技术标兵；"大元青苗计划"面向新入职员工，培养有共同使命、共同愿景、共同价值观、遵纪守法的大元人。

多媒体考试教室

七大计划覆盖了全体大元人，在为大元的"家业兴旺"源源不断地培育新栋梁的同时，也把家的温暖像阳光一样普照到了大元的每一个角落。随着实现"百年大元"新征程的开启，一项新的管理团队建设机制已经酝酿成形，将在 2023 年开始实行。

六、汇聚共同愿景

在家人文化中，一个重要的内涵就是家人要有着共同的目标和愿景。从"内提素质、外树形象"，到"以质量、诚信强根，以改革、创新强身，以党建、文化铸魂"，大元人书写了一段躬身爬坡的奋进历程。2013 年，在集团以全新姿态投入"1318 工程"之际，李建国首次提出要打造承担社会责任、致力企业富强、满足员工愿景、弘扬家人文化的"幸福企业"，并将之与"特级企业、上市企业、千亿企业、百年企业"一起列为"五大企业愿景"。

2016 年在成功晋升建筑工程施工总承包特级资质后，把"特级企业"更新为"创新企业"，并再次提出了"实现员工年薪达到全省同行业最高水平和打造年薪超百万、千万的管理精英团队"的大元人"幸福时代"的目标。2017 年集团领导目光向下，推出了打造"幸福项目部"的系列举措，通过项目部扩权、升级，以实现项目团队年收入超 50 万元、100万元的目标。

2018 年以来，在深入学习贯彻十九大精神和奋进新时代、创造新辉煌思想的指引下，大元集团开启了"1318 工程"2.0 升级版，制定实施了以"从 0 到 1"为特质的、全新的"蓝海战略"，提出了"成为中国城市建设综合运营服务商，成为科技的、人文的、杰出的幸福企业、百年企业"的伟大愿景。大元集团的幸福目标也聚焦到了"不忘初心的梦想、志同道合的团队、价值体现的薪酬、社会认可的尊重"的"幸福大元人"。2022 年提出的"快速上规模、体系标准化、管理大数据、落实责权利"的大元集团新时代改革总目标，再次为大元人的百年幸福路划定了新的路标！

纵观大元集团的企业愿景，无时无刻都与大元家人的幸福相连，因而汇聚起了同心共向、实现"百年大元"的磅礴力量。家"元"梦圆，大元集团的"四个幸福"与党的初心使命紧密相连，为李建国"这里是奋斗者实现幸福的地方"的"大元梦"谱下了宏阔乐章！

号角：向蓝海，再出发

"蓝海战略"是一种思维，是一种引领，是为了塑造不断追求卓越、不断创造奇迹的企业思想。

如果说2009年到2019年的十年战略发展，带给大元集团的是气质性的改变。那么，"蓝海战略"赋予大元的则是彻底的精神升华。

这必将成为大元集团百年征程中最为宝贵的财富！

向蓝海，再出发！

大元人将永远走在幸福的大路上！

第一章 蓝海战略

一、从0到1

2019年7月2日，大元集团举办了"跨越·辉煌——大元集团'09工程'战略实施十周年暨2020—2030年、2031—2052年两阶段新的目标发布大会"，明确提出到2030年实现"千亿企业"、到2052年实现"百年大元"目标。为此，李建国亲自策划了那场用心良苦的火炬传递仪式。

为推动百年目标的实现，集团经过多方考察，决定继续与东方博融团队合作，研究制订2020—2025年战略规划，并于7月30日正式签订了合作协议。

李建国为这个规划取名为"蓝海战略"。

"蓝海"是相对于市场竞争激烈的"红海"而言的，蓝海战略是通过开拓未知领域，让企业在全新的环境下占领更多的市场。其核心理念是要求企业打破现有产业和业务边界，通过差异化手段建立新的竞争优势，进而创造新需求、开辟新的市场领域。

李建国的这一思想来自他对一本书的阅读心得。这本书是美国硅谷创投教父、PayPai创始人彼得·蒂尔的《从0到1》。书中贯彻了一个理念，即市场是一张有限的大饼，每个人都想凶猛地撕下最大的一块，否则将会面临落后，直至被淘汰出局。于是，企业之间只能比拼增长速度，比拼执行能力，比拼谁能更好地复制或者翻版新的产品和商业模式。纵然如此，大多数企业仍将逃脱不了利润越来越稀薄，逐渐进入亏损、倒闭的命运。因为"从1到N"只能是把饼摊得越来越薄，真实的获取反而越来越少。这可能是处于行业中游水平的企业挤在"红海"中厮杀的唯一结果。因此，彼得·蒂尔认为，企业应当开辟一个只属于自己的"蓝海"市场，并且争取成为这个市场的唯一。

对此，应该说李建国深有体会。进军房地产开发、打开市政路桥市场、长线布局装配式建筑、打造文旅建设新军，都是出自对大元集团市场布局和产业领域的再规划。大元集团历史上曾经创造过众多"沧州第一"，第一个取得总包一级资质、特级资质，第一个执行质量体系、环境管理体系、职业健康与安全管理体系三标认证，第一个取得境外经营资格，第一个捧回"长城杯"，第一个拿下"鲁班奖"，第一个进行 CI 形象设计，第一个实现信息化管理、全面落实智慧工地，第一个走在国家宏观政策之前掌握装配式建筑关键技术……尤其是经过"09 工程""1318 工程"和"1318 工程"2.0 升级版战略规划的持续推进，大元集团已经初步具备了"从 0 到 1"的创新思想基础。

但是，在李建国看来，"这些成绩依然是在'红海'中'打扑腾'的水平，还远远没有进入蔚蓝色的大海"。

经过集团深化改革领导小组与战略团队的充分沟通，决定由东方博融战略规划团队引入 BIM 分析模型，对大元集团进行个人和单位差距的深入分析，深度研究资源配置方式和创新的方向，找准驶入蓝海的出海口。

经过四个多月的努力，东方博融团队于 12 月 5 日正式提交了《大元集团蓝海战略报告（2020—2025 年）》，确定了大元蓝海战略的核心要义，即转变"从 1 到 N"的传统思维扩张，实现"从 0 到 1"的创新创造发展，坚持以"世界眼光、国内领先、强科技、高质量"为改革目标，以"业绩导向、成本意识"为思想统领，以"装配式建筑＋"为核心，打造科技型现代化建筑企业。

"蓝海战略"根据国家宏观形势和大元集团的"两阶段新目标"，提出了第一阶段（2020—2030 年）坚持"一颗初心、十大变革、百人计划、千亿企业、万人团队"五位一体的战略方针，加快转型升级，成为中国城市综合运营服务商，向中国高科技、高质量、创新型企业 500 强迈进。第二阶段（2031—2052 年）将通过科技创新、产品创新、技术创新、模式创新、管理创新谋求高质量可持续发展，实现幸福企业、百年企业，跻身世界 500 强。

二、守正出奇

在战略制定过程中，李建国与战略规划团队反复沟通，全面分析了传统建筑产业的市场环境，提出了"守正出奇、革故鼎新"的战略发展思路。

"守正"即坚持房建主业路径，进一步做精、做专、做大、做强。"出奇"即通过创新的战略思维、商业模式，重新审视定义建筑行业内涵，从理念上完成由"满足市场需求"向"创造市场需求"的转变，在创新中提高行业附加值，把大元打造成拥有核心竞争力的建筑科技企业。

李建国认为，房建主业在今后一个相当长的时期都会是"朝阳产业"。他说，中国的基本国情仍属于发展中国家，尤其是改善性建设和创新性发展将是一个长期的主题。国内的一线城市需要完善，中小城市需要发展，建筑业一马当先。随着国家城镇化进程加速和乡村振兴战略的实施，美丽乡村建设更是一个巨大的新市场。

他用宏观经济的大数据算了一笔账。国民经济面对西方社会的科技和经济围剿，在投资、消费和出口"三驾马车"中有意加大了国内投资拉动的力度，占到了国民经济总量的60%。其中的70%为基本建设，而基本建设的70%为传统的建筑业所有。这样算下来的传统建筑市场容量在30万亿元以上。

因此，在"蓝海战略"中，明确了大元集团"真诚建造绿色空间"的核心使命，重申了"敬、信、仁、和"的核心价值观，强化了"成为中国城市建设综合运营服务商，成为科技的、人文的、杰出的幸福企业、百年企业"的发展愿景。

"蓝海战略"确立了以"装配式建筑"为基础，以"装配式建筑+"为核心理念，打造"建筑科技集团"的大

2019年蓝海战略交接

元发展新定位。明确了重点发展 EPC 总承包、PPP 开发、路桥、安装、装饰等核心业务能力，从而推动大元集团整体发展，实现从传统竞争的"红海"向新模式、新理念的"蓝海"转航。

第二章 思想筑元

一、扫清思想障碍

"蓝海战略"并不完全等同于产业转型,区别在于"从1到N"是复制,"从0到1"是创造。这需要首先从思想意识和发展理念上做出根本性的转变。

"思想建设要成为企业长期的、常规的基础建设。抓思想就是抓队伍,'事靠人为',抓好队伍建设,打造一支无私、拼搏,团结、干事,创新、有为的干部队伍,就是抓住了企业长盛不衰的命脉。"李建国决定亲自握住这个"总开关"。

变革面前总会有畏惧、有担心,甚至患得患失。对于李建国提出的勇闯"蓝海",探索尝试全新领域的战略构想,一些人总是习惯性地先问上一句:"以前没这么干过,能行吗?"

对此,李建国早有心理准备。人们对未知的事物存有疑虑或者恐惧,这是再正常不过的事情。俗话说"远怕水、近怕鬼",一个人到了一个完全陌生的环境,即使面前是一条清澈见底、可以平蹚而过的小河沟,同样也会变得小心翼翼。他想起了过去小学语文课本上的一个寓言故事《小马过河》。故事中,老马对小马说:"河水是深是浅,你去试一试就会明白了。"毫无经验的小马在老马的鼓励下尚能勇敢地去尝试,而有些人却死抱着"经验"不敢去闯、去试,这已经不是"小马式"的幼稚,而是一种习惯性的"幼稚病"了。

"现在流行一句话:'不亲自试试,你可能永远不知道自己有多么优秀!'"李建国语带鼓励,随后话锋一转,"但是,如果我们连试一试的机会都不给自己,而只是一味地用'已知'否定'未知',那就是典型的'无知'!"李建国道出了又一个哲理。

"蓝海战略"客观分析了"1318工程"及2.0升级版执行过程中集团外部环境发生的变化和内部发展模式、管理体制等出现的种种危机。报告认为,全员尤其是干部队伍中存在的思想松懈、安于现状、乐而无忧,对环境变化警惕性不足，战略执行力与穿透力下降等问题，已经积累成了企业的"中年病"。

为了解决这些问题，李建国向大元管理团队发出了一连串的设问：

"我们已有业务模式成功的条件，明天是否还成立？"

"当下的成功经验还能不能适应未来市场的变化？"

"建筑行业是否会有跨界而来的野蛮人争抢、撕夺？"

借此，他告诫全体大元人："舒适是扼杀人精神斗志的最大顽凶。我们必须毅然决然地跳出自己的舒适区，审视过去成功的经验、成功的模式，勇于开拓'从0到1'的新领域、新模式。要大胆尝试，为大元集团面向未来寻找新的战略机遇。"

"无知论"和"舒适致死论"为大元管理团队敲响了警钟，也为蓝海战略的实施扫清了思想上的障碍。各大板块迅速行动起来，以"装配式建筑＋"为核心，集团自2018年以来已经与碧桂园集团等国内一线地产企业，四川宣汉县、德州万众智能产业园、沧州市开发区等产业园区，以及天鹅铝业、沧州建投、海江集团、阜阳建工等相关企业签订了战略合作协议、组建了合资股份公司，重点进行装配式建筑的推广应用。在此基础上，集团加大了钢结构生产和装配式建筑施工等技术领域的研发投入，取得了一批突破性的成果，行业地位进一步巩固和提升。经营业绩上，相继承接了京沈高铁星火站全封闭声屏障、青海大学体育馆、雄安高铁站等标志性重钢结构工程，并成功进入海外市场，承接了卡塔尔、菲律宾等国的钢结构加工业务。

2020年9月23日，大元投融资集群与北京畅速物流公司和黄骅市政府签订了共建河北元畅智能仓配科技园的协议，由大元集团与北京畅速物流共同投资7亿元，以装配式建筑为主，在沧州黄骅市建设一座规划占地229亩，集仓储、物流、电商、大数据服务等八大功能区为一体的现代物流中心。

10月8日，元正文旅建设集团股份有限公司正式成立，并在石家庄股权交易所成功挂牌上市，开辟了文化旅游项目规划、设计、建设、运营的新领域。

由集团所属海程商贸有限公司自行设计研发的"华筑通"建筑材料集中采购平台正式上线,与大元集团"云装配"实现了无缝协同,充分发挥了大数据技术全要素、全过程精准分析的优势,降本增效明显,推动大元集团成功跻身建筑产业现代科技企业行列。

开元地产深化"地产+"理念,在智慧社区、智慧楼宇等领域发力,提高产品附加值,吴桥"大元上苑"项目成功入选"广厦奖"。

二、明确初心使命

以"蓝海战略"为指导,大元集团结合党和国家冲刺"全面建成小康社会"的"第一个百年目标",制订了"不忘初心、牢记使命,以制度建设推进治理体系和治理能力现代化"的2020年工作计划。

2020年1月,一场突如其来的新冠肺炎疫情,让整个华夏大地度过了一个历史上最为漫长的"冬天"。大元集团秉持"勇于承担社会责任"的企业情怀,一方面迅速行动,落实防疫措施,并以捐款、捐物、上马口罩等抗疫物资生产线、组织志愿者队伍等形式,投身抗疫斗争当中;一方面坚信在中国共产党的坚强领导下,"没有哪一个春天不会到来",积极从思想和物质上为复工、复产做好充分准备。

从3月开始,一场以"坚守初心使命、凝聚硬核力量"为主题的"守初心、担使命、找差距、抓落实"活动在集团内部全面展开。李建国撰写了《坚守初心、勇担使命,为全力实现蓝海战略目标拼搏奋斗》(后定名《论初心使命》),发表在《大元人》第三期上。文章紧紧围绕中国共产党"为中国人民谋幸福、为中华民族谋复兴"的初心和使命,结合大元集团2013年提出的"幸福企业"、2015年提出的"幸福时代"、2017年提出的"幸福项目部"和2018年提出的"幸福大元人"等,论述了大元集团"为大元人谋幸福、实现百年大元梦"的初心和使命。文章还通过回顾他个人的学习和成长经历,鼓励广大干部员工要坚持学习,不断提升思想境界、放大事业格局,坚定推进"蓝海战略",为实现"百年大元、幸福大元"而拼搏奋斗。

在集团党委的统一组织下，总部和各支部、各二级单位积极参与活动，通过学习习近平总书记重要讲话，深入领会"蓝海战略"，对照集团发展目标和要求，找准了工作差距，重新修订了部门工作计划和整改措施，不仅为疫情有效控制之后的复工复产擂响了战鼓，更是全面提升了集团上下对"蓝海战略"的认识高度。

全面复工后，为确保"蓝海战略"快速落实，2020年5月4日集团对相关改革文件进行了系统的再宣传贯彻，着重激发大元人锐意进取、开拓创新、砥砺"大元梦"的热情和干劲。

6月30日到7月1日的年度"省·思·行"活动，以"学习运河文化、践行蓝海战略、推动经济发展"为主题，汲取大运河吐故纳新、生生不息、无私奉献的时代精神，为蓝海战略行动培实了精神土壤。8月1日开始的"学习习近平同志系列讲话，提升政治素养、提升管理能力"活动，对战略执行核心团队提出了"信念过硬、政治过硬、责任过硬、能力过硬、作风过硬"的新要求。

2020年"省·思·行"

三、强化党建引领

2018年12月，在庆祝改革开放40周年大会上，习近平总书记明确提出了"九个必须坚持"，准确把握了40年来取得巨大成就的根本原因，高度概括了坚持和发展中国特色社会主义的重要规律，深刻揭示了新时代改革开放的努力方向。其中，第一个就是必须坚持党对一切工作的领导，不断加强和改善党的领导。

大元集团在70年的发展历程中，赓续了听党指挥、一心为公、敢闯敢试、顽强拼搏的红色基因。1998年国企改制以来，李建国作为董事长、总经理坚持以党组织为领导核心，为企业党建工作起了示范作用。

2010年1月担任集团党委书记后，发挥中国共产党"支部建在连上"的政治优势，进一步健全了基层党组织，发挥了党支部的战斗堡垒作用和党员的先锋模范作用，成了大元集团稳健发展的动力之源。

"中国共产党可以说凝聚了中华大地上最精英的社会群体。建党百年来，党的政治纲领的先进性、引领性，党员队伍的先锋模范作用，是中国其他任何一个历史时期都不具备的人才优势。必须抓住和利用好这一政治优势，使之成为大元集团跨越式发展的核心力量！"

基于这种认识，李建国总结多年来的非公企业党建工作经验，于2016年主持制定了《大元集团党建工作标准化手册》，并于2017年申请通过了ISO 9001党建质量管理体系认证。2021年6月全市村党支部换届选举前，在沧州市委组织部的指导下，借鉴大元集团党建工作实践经验和理论研究成果，由大元集团参与编写并出资印制了《沧州市村党组织工作标准化手册》，免费发放至全市5659个村党组织。

2021年，中国共产党成立100周年。中共中央从年初就布置了中共党史学习教育活动，以激励全党不忘初心、牢记使命，在新时代不断加强党的思想建设。

在党史学习教育实践中，大元集团提出了"做合格党员、做优秀干部、创造大元新奇迹"的学习目标。集团党委坚持把学习教育"融入日常、抓在经常"，投资700多万元，精心设计布置了1300多平方米，集图片、文字、影像、音频和现代数字网络技术于一体的"四史"教育主题综合馆。开馆以来，已经接待包括省、市、区、县领导和省内外"两新"组织党建人员在内的访客近万人次。负责承建大元集团"四史"展馆的元正文旅建设集团创元数字文化有限公司一战成名，连续"接单"，为省内十余家行政和企事业单位设计、施工完成了各级各类展馆十余处。

在丰富党建活动形式的同时，大元集团党委结合企业自身特点，主动谋划、倾力打造了"红心元"党建品牌，形成了"12345"党建工作机制，开展了"十星党支部"评定和"五星党员"考核活动。红心元激发初心、红心元引领匠心、红心元凝聚人心、红心元守护爱心、红心元互联"e"

心，"红心元强五心"党建品牌和配套机制的落实，把党的理论优势、政治优势、组织优势、制度优势，切实转化成了企业健康发展、品牌推广、形象塑造的内在动能。

党建品牌化、党建体系标准化，让大元集团成为省内外"两新"组织党建工作的标杆，省、市党委组织部门和行业协会多次组团来大元参观学习。2020年11月沧州市委组织部组建了沧州"两新"组织党建学院，李建国被聘请为学院师资库专家，并为首期50多名"两新"组织党务工作者和党支部书记上了第一课。受清华大学邀请，2020年12月11日，大元建业集团董事长、CEO王连兴登上了清华大学讲台，以《党建与项目管理》为题，给清华大学高级总裁研修班学员讲授了大元集团的党建工作经验和体会。2021年7月，在中国共产党建党百年之际，大元集团荣获了"全国工程建设行业党建工作示范单位"，集团报送的"红星照我去战斗"主题党建活动，被评选为"全国工程建设企业党建工作最佳案例"。党委书记李建国光荣地被中共河北省委授予"河北省优秀基层党组织书记"称号。

李建国主席荣获"河北省优秀基层党组织书记"

四、五个回头看

2021年7月5日—7月8日，大元集团"省·思·行"活动选择了革命圣地井冈山。活动以"敢闯新路井冈山、思想建设筑大元"为主题，旨在学习弘扬坚定信念、艰苦奋斗，实事求是、敢闯新路，依靠群众、勇于胜利的24个字"井冈山精神"，加强全体党员、干部的思想教育，强化理论武装，聚焦解决思想根子问题，并通过"寻初心、讲党史、挖思想、促行动"，为全面实现"蓝海战略"，推进思想大提升、政治大提升、行动大提升做准备。

2021年井冈山"省·思·行"

为深化年度"省·思·行"活动的主题和成果，促进全员思想观念的转变，集团党委结合"1318工程"总结分析和"蓝海战略"实施以来的实际情况，决定从8月开始，利用半年的时间在全集团组织开展"思想建设回头看"活动。

按照活动要求，集团高层领导分别深入各党支部，通过学党史、讲大元史，提炼大元集团发展过程中的经验、教训，激发员工的创新意识、前进动力。同时开展"我为基层办实事"活动，通过深入基层"望"实情、走访调研"闻"意见、座谈交流"问"进展、现场点评"切"症结，形成了多篇有问题、有分析、有建议、有措施的调研报告。

李建国自己则带头深入二级单位、项目部一线，与党支部一起过组织生活，参加批评与自我批评民主生活会，现场督导、指导工作，解决关系员工切身利益的"小事、实事"。

为持续推动"回头看"，李建国还利用集团月度工作调度会，连续进行了五场"思想建设回头看"的专题辅导。

在 7 月 31 日召开的 8 月调度会上，面向与会的集团总部、各集群、各二级单位、外埠单位的班子成员，李建国先是通过分享《让历史告诉我们》一书的学习体会，强调了学习的重要性："习总书记说，加强学习是解决'本领恐慌'的唯一途径，学习不学习、本领大小，关系到党和国家的事业。具体到我们身上，就是关乎大元集团发展的大事。"

然后，按照"思想建设回头看"的活动要求，李建国为大家指明了学习的态度和内容："学习是一种过程，学习的目的全在于运用。大元的历史选择了我们，我们就要承担起大元发展的历史使命。因此，我们要强调主动学习、常态化学习，学毛泽东思想、学习近平新时代中国特色社会主义思想、学'四史'、学大元发展史，努力做合格党员、优秀干部，创造奇迹，实现大元高质量跨越式发展。"

在 9 月的调度会上，李建国就"回头看"中梳理的思想作风问题，重点阐述了如何学习、如何做到学以致用。10 月，结合集团在沧州市南川楼和朗吟楼项目建设中的出色表现，概括了"敢于应战、不提困难"的"南川楼精神"，为大元思想建设增添了新的精神成果，进一步丰富了大元精神谱系。李建国就此鼓励大家，要弘扬"南川楼精神"，为实现"蓝海战略"向年度目标发起"百日攻坚"战役。

11 月的调度会，围绕实现发展总目标，李建国全面提出了"转观念、强服务、抓落实、重结果"的工作总要求，进一步把"思想建设回头看"与集团实际工作结合起来，要求全体干部员工要发扬"敢于应战"的"南川楼精神"，树立强迫发展的观念、突破固化思想的观念，摒弃怕出风险、畏首畏尾的观念；集团总部要强化主动服务的意识，为二级单位的改革创新搭桥铺路；要狠抓落实，将简政放权的系列政策精准高效地落实到位；要发扬"不讲过程讲成果"的"抗震救援精神"，把各项改革措施变成实际成果。

12月，李建国全面总结了"思想建设回头看"的成果，提出要认真总结大元发展的历史经验，提炼大元党建文化，以促进大元文化融合；要求全体党员要发挥"一个党员一面旗帜、一个支部一个堡垒"的作用，牢记初心和使命，履职尽责，吸引更多的社会资源融入大元文化，形成尊重大元文化、合力提升大元文化的氛围，确保全面实现2021年各项任务指标和2023年300亿规模目标。

历时半年的思想建设活动，尤其是李建国主席环环入扣的"五个回头看"，让集团上下对"蓝海战略"的内涵形成了统一的认识，行动上有了坚定的纲领，党组织和党员的先锋示范作用进一步强化。2022年3月8日，防疫工作一直处于高度戒备状态的沧州市，与新冠肺炎疫情打响了一场遭遇战。在城市封控，各行各业停工、停产、停课、停业的情况下，大元集团所属的五个集团公司全部上阵，逆行出征，直面肆虐的病毒。临时隔离点建设、核酸快速检测场地建设、方舱医院建设、城市基本保障设施建设，每一处工地上，鲜红的党旗与大元集团的旗帜一起高高飘扬，每一项急、难、险、重的任务，都是共产党员带领的突击队冲锋在前！

第三章 向蓝海，再出发

一、明确总目标

党的十八大以来，在以习近平同志为核心的党中央坚强领导下，进入"深水区"的改革开放事业不断前进。2020 年 12 月 30 日下午，习近平同志主持召开了中央全面深化改革委员会第十七次会议，再次强调要坚定改革信心、汇聚改革合力、推动新发展阶段改革取得更大突破。

李建国带领集团核心团队深入学习领会了党中央的改革决心和对基础性制度框架进行系统性重塑、整体性重构的改革方向，提出了大元集团新时代改革总目标——快速上规模、体系标准化、管理大数据、落实责权利。

建筑行业的特点是规模效益，只有企业达到适度的规模，才能降低管理成本、运营成本，实现资源的优化配置。为此，集团提出了到 2023 年实现产值 300 亿元的目标。在李建国看来，达到这个规模以上，集团才能从容应对"红海"风云变幻的市场风险，才能拥有搏击"蓝海"的实力。

体系标准化是对集团质量、安全等各项管理机制改革的总目标。十年的战略推进，在不断试验、磨合中，大元集团形成了总工体系、生产体系、安全体系、经营体系、财务体系、市场体系、法务体系和行政体系八大运营体系，并形成了严格的岗位职责、技术标准等管理规范。尤其是在质量、环境和职业健康与安全方面，一直坚持了国际标准的认证。随着改革的推进，大元集团强化了主动为基层服务、压实基层责任、赋予基层权和利的理念，在原有管理体系上，梳理出了简政放权 66 条、标准化 63 条、负面清单 116 条和服务清单 85 条，并逐一落实，进一步规范了大元集团的治理体系。

管理大数据和落实责权利，则从技术手段、思维方式、思想意识等方面杜绝了决策、运营、监督、落实各个环节的盲目性和无序化，为挺进"蓝海"提供了"北斗导航"。

二、"五龙"闯蓝海

根据"蓝海战略"的发展方向，大元集团在市场开发上，瞄准国家"一带一路"、京津冀协同发展、雄安新区建设、渤海湾大湾区建设等战略目标，充分发挥集团工程总承包特级和规划设计甲级资质优势，加大集设计、采购、施工于一体的 EPC 项目总承包模式的市场开发，利用大元投资集团的投资实力、元正文旅建设集团的运营管理业务资质和团队力量，向上延伸拓展 PPP 项目模式，向下延伸增加运营管理服务项目，进一步拓展了产业链条，扩大了经营规模。在 2022 年沧州市方舱医院和内涝治理项目建设中，设计、施工、安装等全部任务都是在大元集团内部运行，大元所属的五大集团公司协调联动、快速反应、提前介入、互相融入、主动衔接、积极配合，集团总部统筹协调、提供保障、周到服务，创造了新的大元速度、大元奇迹。

随着国家治理体系和治理能力现代化进程的加速，大元集团在房建主业的基础上，以"城市建设综合运营服务商"为宗旨，以"智慧社区"建设为延展，致力为政府基层社会治理提供专业化的基础配套设施，把产业布局扩大到了社区管理、服务和运营等第三产业。

积极响应国家"乡村振兴战略"，投身"美丽乡村"行动计划，元正文旅建设集团及所属创元数字文化有限公司在乡村环境改造、文化创设以及乡村文化旅游项目的开发、建设、运营方面取得了突破性发展。2021 年成立的元硕农业公司也迅速形成了集团化发展规模，以农业种植、生产加工、新农村建设、电子商务为载体，一、二、三产业融合，线上线下齐动，推出了"大元上品"农产品电商品牌，创造了乡村振兴的"大元模式"。

在装配式建筑领域，由于大元集团超前的产业布局、持续的科研和生产能力投入，随着国家宏观利好政策的连续出台，"大元装配化"已经在国内形成了一定的引领性品牌优势。

由于装配式建筑的整体市场环境仍然要面对成本高、市场容量小和地方政策落实力度弱等停滞性因素的影响，一直没有形成对集团业务规模的有力支撑。但是李建国却对此保持了高度的信心和顽强的耐心。他坚信，装配化是节能、减排、环保和可持续发展的"未来产业"，目前的困境只是暂时的。中国政府已经向世界公开承诺，2030年实现"碳达峰"、2060年实现"碳中和"。未来，占全国碳排放问题一半以上的传统建筑产业必将是"双碳"治理的第一目标。为了布局大元集团的百年发展，更是为了保护人类赖以生存的自然环境，大元集团有责任，也有动力把装配式建筑进行到底。

为了整合力量，持续推动装配化建筑板块的发展和升级，2022年，集团将装配式集群改组整合为"建筑工业化集团"，围绕助力大元绿色低碳发展、打造一流建筑工业基地的转型定位，进一步优化了集团内部产业资源，增强了市场开拓实力。

在十年战略实施期间，大元集团主营产业从房建主业"一家独大"，扩张到六大产业集群各领风骚。以改革促发展，在发展中求改革，六大产业集群比肩前进、优胜劣汰，到2022年形成了大元投资集团强大资金支持下的科研设计、建筑工业化、大元建业、实业发展、元正文旅五个集团化公司。

科研设计集团定位为科技引领，打造集团创新大脑。旗下的规划设计、"三策"咨询、科技研发、教育培训四大业务体系，已经成为集团产业向纵深发展的智慧引领。

建筑工业化集团拥有大元钢构、商砼建材、元达科技、机械租赁、开元检测五个业务板块，在加速产业裂变创新的同时，瞄准未来政策和行业发展方向，专题开展建筑工业化研究和布局。

实业发展集团以房地产公司为基础，把握国家强化基层社会治理的方向，重点推出智慧社区建设项目，在为城市社区赋能中，突破新的发展空间。

元正文旅定位于大元集团的文化产业新引擎，坚持"世界眼光、中国高度、本土文化"，以"文化引领、科技赋能、设计创新"为路径，发挥大元集团全产业链优势，在文化创设、文创开发、文旅项目建设和运营等方面，向更高的层次、更广阔的领域延伸了大元产业链条。

五大集团犹如五条海中蛟龙，正朝着大元集团心向往之的"蓝海"，劈波斩浪、一往无前！

三、永远在路上

"'蓝海战略'的价值不仅仅是一个奋斗目标，更在于它是一种思维、一种引领。目的是在大元集团形成一种进取无止境的企业文化氛围，塑造企业不断追求卓越、不断创造奇迹的新思想。这将成为最终实现'大元梦'的不竭动力！"这是一位卓越企业家的高瞻远瞩，更是李建国主席为"百年大元"创造的第一财富。

正如画技再高超的工笔大师，也不可能点染出繁花的每一片花瓣，对于大元集团这艘正在驶向深蓝色海洋的建筑业航母，我们也无法完整描述它每一点、每一面的光辉业绩。但是，尽管文墨粗疏浅陋，仍可以帮助大家清晰地看到，有了大元集团党建引领、守正创新的强大基因，有了大元领导集体拼搏奉献、团结无私的强悍素质，有了大元人同心共筑"幸福家园"的强势文化，有了大元精神家园的缔造者——李建国主席"追梦、压舱"的强烈情怀，我们完全有理由相信，大元人幸福百年的梦想一定会实现，也一定能够实现！

看，矗立于大元集团门前的泰山灵石"希望之舟"，犹如一艘承载着全体大元人幸福梦想的航船，正在不断创新、不断嬗变、不断为人类社会进步而奋斗的航路上扬帆远航！

大元人的幸福之旅，将永远在路上！

缘分之旅

（代后记）

如此近距离接触大元集团是一次不期的缘分。

大元集团在我奉职的学校设有"大元创业创新基金"，每年都会资助学校相关师生。2021年9月的一天，学校党委云电军书记亲自打电话，命我和戴汝庆、刘用良两位老师一起，协助大元集团整理创作《大元传》。不想这一头扎进来，却经历了一番完全不在我想象之内的体验。

这是一次为"答案"寻找答案的探究之旅。

作为一个诞生于1952年的国营传统建筑企业，70年与共和国同呼吸、共命运，最终昂首跨入新时代。尤其是1996年以来的拨火燃情、夯基拓土、文化归心、党建铸魄、战略谋划、跨越辉煌，大元集团已经把成功的答案书写在广阔的大地之上。

建筑是凝固的音符，但是音符还不足以表现过程的一咏三叹；做法决定命运，但是措施不一定都是成功的原因。因此，作为主创，我按照大元发展的肌理，把传记的结构设计成了一部跌宕的歌剧，尝试为"答案"寻找答案，竭力回答了大元为什么好、为什么行、为什么能。

这是一场幸福着大元人幸福的体验之旅。

在与大元职工接触中，最强烈的感受就是他们都有着一种由衷的幸福感、自豪感。他们会跟我讲起家庭，父母、妻子、丈夫、孩子，甚至房子、车子、票子。更多的是讲他们的工作，业务的提升、技术的精进、事业的成就，当然也会有他们的艰辛与付出。但是，我能体会出，他们言语中的那份欣慰和满足，因为他们有着一个共同的精神家园——幸福企业、百年大元！

这也是一次自我精神升华的收获之旅。

写作的过程并不轻松，尤其是还要完成学校教学、教研和其他社会事务性工作。三人中我最"年轻"，我担起了规划设计、编制大纲、确定体例、起草范本等任务。刚刚做出分工，戴汝庆老师因个人原因请求退出，他的任务全部转由我承担。后期刘用良老师因故不能完成，又将他负责的两编中的一编并入我的写作计划。其间，曾经重新聘请孙云殿老师执笔完成了第七编《共筑家"元"》，但因角度和笔法等原因，又由我重新来采访、撰写。

现场采访是获取线索、感受情境的过程，可大元人的朴实、敬诚，却让这个过程变得有些困难。查阅资料是必不可少的功课，不仅要学习理解一大堆专业术语，厘清数得出"个十百千万"，却道不出所以然的数据，还要伏在灯下，忍受着老档案刺鼻的气味，一边干咳，一边仔细辨认几十年前的字迹。疫情封城，居家防疫，幸得大元集团抗疫指挥人员把办公室的笔记、资料设法取出。思路阻塞，心憔力悴，曾经无数次在深夜的小区甬路上踟蹰。落笔艰难，食不甘味，曾因顿笔多日无一字成文而萌生退念。

支撑我坚持下来能够勉强成章的是大元集团厚重的企业情怀，是大元人顽强旺盛的进取意志，是李建国主席百年大元梦想的执着与付出。尤其是李主席的支持、信任和肯定，让我最终收获了这次疲惫中不断感动的精神之旅。

在此，还要感谢具体负责传记创作指导工作的于宙副书记，专门对接服务的王金英总监、齐平安主任、贾云香经理、张鹏秘书等，以及所有热情接受我们采访的大元家人们。

最后，谨以至诚，致敬大元集团！致敬李建国主席！致敬大元全体兄弟姐妹！

艾洪涛

2022 年 5 月